나의 겁없는
중국뉴스
중국어

다락원

중국어에는 '识时务者为俊杰'라는 말이 있습니다 '시대의 흐름을 꿰뚫고 적응해 나가는 사람은 걸출한 인물이다'라는 뜻이죠. 중국은 현재 이미 명실상부한 G2 국가로 부상했으며 경제, 문화, 사회 등 여러 분야에서 거대한 시장을 형성하고 있습니다. 그런 의미에서 중국어에 대한 배움의 끈을 계속 이어나가는 여러분이 진정으로 '걸출한 인물'이라고 칭찬해 드리고 싶습니다.

이 책은 다음과 같은 고민을 가진 학습자를 위해 기획되었습니다. '곧 중국으로 교환 학생을 가는데 어떤 공부를 하면 좋을까요? 3달 뒤 베이징에 주재원으로 파견 가는데 실용적인 중국어를 공부하고 싶어요! HSK를 땄는데 감을 잃고 싶지 않아요. 전문 통역사를 위한 시사 뉴스 말고 일상생활과 가까운 뉴스 청취 교재는 없을까요?' 이 중 하나라도 공감이 되는 분들께 이 책을 적극 추천합니다.

이 책은 크게 '생활' '사회' '문화' '경제·정치' 네 개의 영역으로 나누어 총 100개의 뉴스를 담았습니다. '쓰촨 훠궈와 충칭 훠궈의 차이점은?' '택배에 파업 붐? 왜?' '고공 행진하는 물가, 왜?' 등 흥미롭고 실용적인 뉴스로 본문을 구성했습니다. '뉴스 표현 필살기'에는 뉴스에서 자주 쓰이는 주요 표현을 선정해 응용 예문을 제시했습니다. '알아 두면 뉴스가 들리는 중국 이야기'에는 중국 문화나 자주 혼동되는 어휘의 용법 등 중국 뉴스를 듣고 이해하는 데 유용한 내용을 담았습니다.

『나의 겁 없는 중국뉴스 중국어』를 집필하게 되어 영광입니다. 수많은 뉴스에서 100개의 뉴스를 선정하기 위해 많이 고민했습니다. 이 책을 접하시는 분들의 중국어 학습에 도움이 되기를 바랍니다. 마지막으로 책 집필 과정에서 소중한 의견과 피드백을 준 출판사 다락원과 제 친구 아진, 메이린, 리앙에게 감사의 마음을 전합니다.

『나의 겁 없는 중국뉴스 중국어』는 중국 현지 뉴스에서 생활 정보를 얻어야 하는 중국 생활자, 중급 수준의 뉴스를 이해하고 싶은 학습자를 위한 책입니다. 초급 수준의 중국어를 이해할 수 있지만 아나운서나 기자의 리포팅 속도를 따라가기 힘든 학습자를 위해 음원을 보통 속도와 빠른 속도 두 가지로 제공합니다.

뉴스 주제는 '생활' '사회' '문화' '경제·정치' 네 분야로 나누어져 있어 일상생활과 밀접한 가벼운 주제부터 거시적인 주제까지 폭넓게 접할 수 있습니다. 순차적으로 학습해도 좋고, 차례를 보고 흥미 있는 주제부터 학습해도 좋습니다. 본책의 학습을 마치면 듣기 집중 훈련 워크북으로 복습해 보세요.

❶ 중국 현지의 생생한 뉴스 보도문을 담았습니다. 녹음을 먼저 듣고 내용을 이해하면서 듣기 실력을 키워 보세요.

❷ 본문에서 나온 새 단어와 표현을 정리했습니다. 사전적인 의미보다는 뉴스에서 쓰인 자연스러운 뜻을 제시하고자 하였습니다. ★표시된 표현은 뉴스 헤드라인에 자주 등장하는 표현입니다.

❸ 페이지를 넘기지 않고 해석을 바로 확인할 수 있습니다. 중국어 문장을 직역하기보다는 어순과 표현을 자연스럽게 제시하고자 하였습니다.

❹ 뉴스에 등장한 표현 중 하나를 뽑아 그 뜻과 쓰임을 살펴보고, 이를 응용한 예문을 제공합니다.

❺ 뉴스를 이해하는 데 도움이 되는 중국 문화와 중국어 이야기를 담았습니다.

MP3 다운로드

• 교재 음원은 '다락원 홈페이지 (www.darakwon.co.kr)'를 통해 무료로 다운로드할 수 있습니다.

• 스마트폰으로 QR코드를 스캔하면 MP3 다운로드 및 실시간 재생 가능한 페이지로 바로 연결됩니다.

차례

❶ 생활

❸ 문화

이 책의 표기법

① 이 책에 나오는 중국의 지명이나 건물, 기관, 관광명소의 명칭 등은 중국어 발음을 한국어로 표기하는 것을 원칙으로 했습니다. 단, 우리에게 이미 널리 알려진 것에 한하여 익숙한 발음으로 표기하였습니다.

예 上海 상하이   长城 만리장성

④ 경제 · 정치

❷ 인명은 각 나라 현지에서 쓰이는 발음을 우리말로 표기하였습니다.

예 习近平 시진핑   小李 샤오리

쓰촨 훠궈와 충칭 훠궈의 차이점은?

四川火锅和重庆火锅有什么区别?

◉ 001-01

火锅，古代被称为"古董羹"，因食物投入沸水时发出的
Huǒguō, gǔdài bèi chēngwéi "gǔdǒng gēng", yīn shíwù tóurù fèishuǐ shí fāchū de

"咕咚"声而得名，是中国独创的美食之一，更是一种老少皆宜
"gūdōng" shēng ér démíng, shì Zhōngguó dúchuàng de měishí zhī yī, gèng shì yì zhǒng lǎoshàojiēyí

的食物。千里不同风，百里不同俗，我国的火锅花色纷呈，
de shíwù. Qiān lǐ bù tóng fēng, bǎi lǐ bù tóng sú, wǒguó de huǒguō huāsè fēnchéng,

火锅种类可以分为六大派30多个种类。川系火锅中的
huǒguō zhǒnglèi kěyǐ fēnwéi liù dà pài sānshí duō ge zhǒnglèi. Chuānxì huǒguō zhōng de

四川火锅和重庆火锅以辣味为主，都非常出名，但两者在
Sìchuān huǒguō hé Chóngqìng huǒguō yǐ làwèi wéi zhǔ, dōu fēicháng chūmíng, dàn liǎng zhě zài

汤底、口味、食材、蘸料都有区别。四川火锅通常使用菜籽油或
tāngdǐ, kǒuwèi, shícái, zhànliào dōu yǒu qūbié. Sìchuān huǒguō tōngcháng shǐyòng càizǐyóu huò

食用油做汤底，使用大量香料，口味以香辣为主，而重庆火锅
shíyòngyóu zuò tāngdǐ, shǐyòng dàliàng xiāngliào, kǒuwèi yǐ xiānglà wéi zhǔ, ér Chóngqìng huǒguō

则使用牛油，口味以麻辣为主。前者食材种类较多、有丰富的肉
zé shǐyòng niúyóu, kǒuwèi yǐ málà wéi zhǔ. Qiánzhě shícái zhǒnglèi jiào duō, yǒu fēngfù de ròu

类、蔬菜类，蘸料有芝麻碎、蚝油、芝麻酱等，而后者主要以肉
lèi, shūcài lèi, zhànliào yǒu zhīma suì, háoyóu, zhīmajiàng děng, ér hòuzhě zhǔyào yǐ ròu

类为主，蘸料主要以香油、蒜泥、醋为主。
lèi wéi zhǔ, zhànliào zhǔyào yǐ xiāngyóu, suànní, cù wéi zhǔ.

단어+표현 ◉ 001-02

四川 Sìchuān 쓰촨 [지명] | **区别** qūbié 구분하다 | **沸水** fèishuǐ 끓는 물 | **咕咚** gūdōng 첨벙 | **独创** dúchuàng 독창적이다 | **老少皆宜**[*]lǎoshàojiēyí 노소불문 | **千里不同风，百里不同俗** qiān lǐ bù tóng fēng, bǎi lǐ bù tóng sú 백 리·천 리마다 그 풍속이 다르다, 각 고장마다 고유의 풍속이 다르다 | **花色纷呈** huāsè fēnchéng 꽃 색상이 다양하다 | **川** Chuān 쓰촨 [지명] | **汤底** tāngdǐ 육수 | **蘸料** zhànliào (찍는) 소스 | **菜籽油** càizǐyóu 유채 기름 | **食用油** shíyòngyóu 식용유 | **芝麻碎** zhīma suì 다진 깨 | **蚝油** háoyóu 굴 소스 | **芝麻酱** zhīmajiàng 참깨 소스 | **蒜泥** suànní 다진 마늘 | **醋** cù 식초

◀ 훠궈는 고대에 '古董羹'이라고 불리었는데, 음식이 끓는 물에 투입되었을 때 나는 '첨벙' 소리에 의해 이름이 붙여진 것입니다. 중국의 독창적인 음식 중의 하나이며, 노소를 불문하고 모두에게 적합한 음식입니다. 지역마다 풍습이 제각각인 것처럼 중국의 훠궈는 종류가 다양하여, 6대파 30여 개 종류로 나눌 수 있습니다. 쓰촨 계열 훠궈에 속하는 쓰촨 훠궈와 충칭 훠궈는 모두 매운맛이 주를 이루며, 매우 유명합니다. 그러나 두 가지는 육수와 맛, 재료, 소스가 모두 다릅니다. 쓰촨 훠궈는 보통 유채 기름이나 식용유를 사용해 육수를 만들고, 대량의 향신료를 사용하며, 매콤한 맛이 주를 이룹니다. 충칭 훠궈는 소기름을 사용하며 얼얼하고 매운맛이 주를 이룹니다. 전자는 식재료 종류가 비교적 다양하고 육류, 채소류가 풍부하며, 소스로는 참깨 가루, 굴 소스, 참깨 소스 등이 있으며, 후자는 육류를 위주로 하고, 소스는 참기름, 다진 마늘, 식초 등을 위주로 합니다.

뉴스 표현 필살기

'因A, 而B' 형식은 'A로 인해 B하다'라는 뜻을 나타내며 A는 원인, B에는 결과가 쓰입니다.

该项目因合同解除而终止。
Gāi xiàngmù yīn hétóng jiěchú ér zhōngzhǐ.
해당 프로젝트는 계약 취소로 인해 종료되었다.

桂林因其独一无二的美景而驰名中外。
Guìlín yīn qí dúyì-wú'èr de měijǐng ér chímíng Zhōngwài.
구이린은 독특한 아름다운 풍경으로 중국 내외에서 명성이 자자하다.

什刹海因一个寺庙而得名。
Shíchàhǎi yīn yí ge sìmiào ér démíng.
스차하이는 한 사찰에서 이름을 얻었다.

알아 두면 뉴스가 들리는 중국 이야기

'중국인은 훠궈를 좋아하는 사람과 훠궈를 싫어하는 사람으로 나눌 수 있지만, 후자는 아직 본 적이 없다'라는 말이 있을 정도로 훠궈는 중국에서 전 국민적인 인기를 얻고 있습니다. 한국에는 매운맛을 위주로 하는 쓰촨 훠궈나 충칭 훠궈가 널리 알려져 있습니다. 매운 것을 못 먹거나 담백한 맛의 훠궈를 함께 맛보고 싶다면 '鸳鸯锅 yuānyāng guō'나 '拼锅 pīn guō'를 시키면 됩니다. 태극(太极 tàijí) 모양으로 나뉜 금속제 냄비인데, 고소하고 뽀얀 백탕과 칼칼하고 뻘건 홍탕이 함께 나오는 훠궈 육수 메뉴를 말합니다. 식당에서 훠궈를 주문할 때 '锅底 guōdǐ(육수)' 메뉴에서 '鸳鸯锅'나 '拼锅'를 선택하고 육수를 두 가지 선택하면 됩니다.
사골 국물에 당귀, 황기, 천궁, 숙지황, 백작약, 구기자, 감초 등의 한약재를 더해 6~7시간 끓여 내면 백탕이 되고, 여기에 고추와 산초, 후추, 고추기름 등을 추가하면 홍탕이 됩니다. 중국 현지에 가면 정말 다양한 훠궈 육수를 발견할 수 있는데요, 토마토탕(番茄火锅 fānqié huǒguō), 해산물탕(海鲜火锅 hǎixiān huǒguō), 버섯탕(菌汤火锅 jūn tāng huǒguō)' 등이 있습니다.

중국의 '8대 요리'에는 어떤 것들이 있나?

中国"八大菜系"有哪些?

🔊 002-01

俗话说民以食为天。"吃"在中国人的生活里有着至高
Súhuà shuō mín yǐ shí wéi tiān. "Chī" zài Zhōngguórén de shēnghuó li yǒuzhe zhìgāo-

无上的地位。中国作为一个餐饮文化大国,有着著名的"八大
wúshàng de dìwèi. Zhōngguó zuòwéi yí ge cānyǐn wénhuà dàguó, yǒuzhe zhùmíng de "bā dà

菜系"——川菜、鲁菜、粤菜、苏菜、闽菜、浙江菜、湘菜、
càixì"—— Chuāncài、 Lǔcài、 Yuècài、 Sūcài、 Mǐncài、 Zhèjiāngcài、 Xiāngcài、

徽菜。在数千年的历史文化发展过程中,受环境、气候、物产、
Huīcài. Zài shù qiān nián de lìshǐ wénhuà fāzhǎn guòchéng zhōng, shòu huánjìng、qìhòu、wùchǎn、

风俗以及饮食习惯的影响,中国不同地区,形成了不同的餐饮
fēngsú yǐjí yǐnshí xíguàn de yǐngxiǎng, Zhōngguó bù tóng dìqū, xíngchéngle bù tóng de cānyǐn

文化。清朝初年,川菜、鲁菜、淮扬菜、粤菜"四大菜系"最初
wénhuà. Qīngcháo chūnián, Chuāncài、Lǔcài、Huáiyángcài、Yuècài "sì dà càixì" zuìchū

形成;到了清朝末年,浙江菜、闽菜、湘菜、徽菜四大新地方
xíngchéng; dàole Qīngcháo mònián, Zhèjiāngcài、Mǐncài、Xiāngcài、Huīcài sì dà xīn dìfang

菜系分化形成,构成了目前被广泛认可的"八大菜系"。以八大
càixì fēnhuà xíngchéng, gòuchéngle mùqián bèi guǎngfàn rènkě de "bā dà càixì". Yǐ bā dà

菜系为代表的中国美食,口味丰富多样、做法繁杂,在世界范围
càixì wéi dàibiǎo de Zhōngguó měishí, kǒuwèi fēngfù duōyàng、zuòfǎ fánzá, zài shìjiè fànwéi

内首屈一指。
nèi shǒuqū-yìzhǐ.

🔊 002-02

단어+표현

八大菜系 bā dà càixì 8대 요리 | 民以食为天 mín yǐ shí wéi tiān 백성은 먹을 것을 하늘로 여긴다 | 至高无上 zhìgāo-wúshàng 더할 수 없이 높다, 지고지상이다 | 著名* zhùmíng 유명하다 | 鲁 Lǔ 산둥 [지명] | 粤 Yuè 광둥 [지명] | 苏 Sū 장쑤 [지명] | 闽 Mǐn 푸젠 [지명] | 浙江 Zhèjiāng 저장 [지명] | 湘 Xiāng 후난 [지명] | 徽 Huī 안후이 [지명] | 环境* huánjìng 환경 | 风俗* fēngsú 풍습 | 习惯 xíguàn 습관 | 淮扬 Huáiyáng 화이양 | 广泛* guǎngfàn 광범위하다 | 繁杂 fánzá 복잡하다 | 首屈一指* shǒuqū-yìzhǐ 첫째로 손꼽다

◀ 속담에 백성은 먹는 것을 하늘로 여긴다는 말이 있습니다. '먹는 것'은 중국인의 생활에서 최고의 지위를 차지하고 있습니다. 중국은 음식 문화 대국으로서, 쓰촨 요리·산둥 요리·광둥 요리·장쑤 요리·푸젠 요리·저장 요리·후난 요리·안후이 요리의 '8대 요리'로 유명합니다. 수천 년의 역사 문화 발전 과정에서 환경·기후·물산·풍속·식습관의 영향을 받아 중국은 지역별로 다양한 음식 문화가 형성됐습니다. 청나라 초에는 쓰촨 요리, 산둥 요리, 화이양 요리, 광둥 요리의 '4대 요리'가 처음에 형성되었고, 청나라 말에 이르러서 저장 요리, 푸젠 요리, 후난 요리, 안후이 요리 등 새로운 4대 지방 요리가 나뉘어 형성되어 현재 널리 인정받는 '8대 요리'가 구성되었습니다. 8대 요리로 대표되는 중국 음식은 다양한 맛과 조리법으로 세계적으로 손꼽힙니다.

뉴스 표현 필살기

'受……影响'은 '~의 영향 아래', '~의 영향을 받아'라는 뜻으로 HSK뿐만 아니라 연설문, 보고서, 뉴스에 자주 등장하는 표현입니다. '在……影响下 zài……yǐngxiǎng xià'로 바꿔 쓸 수 있습니다.

受北方气流的影响，近期天气将持续降温。
Shòu běifāng qìliú de yǐngxiǎng, jìnqī tiānqì jiāng chíxù jiàngwēn.
북방 기류의 영향을 받아, 당분간 온도가 지속적으로 하락할 것이다.

受两国政治关系的影响，双方贸易往来不断恶化。
Shòu liǎng guó zhèngzhì guānxì de yǐngxiǎng, shuāngfāng màoyì wǎnglái búduàn èhuà.
양국 정치적 관계의 영향으로 양측의 무역 거래가 계속 악화되고 있다.

全球经济增速受中美贸易摩擦影响，将在明年放缓。
Quánqiú jīngjì zēngsù shòu Zhōngměi màoyì mócā yǐngxiǎng, jiāng zài míngnián fànghuǎn.
전 세계의 경제 성장 속도가 중미 무역 마찰의 영향을 받아 내년에 둔화될 것이다.

알아 두면 뉴스가 들리는 중국 이야기

중국의 8대 요리 명칭을 보면 우리가 익히 알고 있는 지역 이름으로 명명한 것이 아님을 발견할 수 있습니다. 이처럼 뉴스나 일기 예보에서는 각 성(省)의 약칭을 사용합니다. 여러 도시를 묶어 가리킬 때도 약칭을 사용하는데, '京津冀 Jīngjīnjì'는 베이징(北京 Běijīng), 톈진(天津 Tiānjīn), 허베이(河北 Héběi)를 가리키고, '黑吉辽 Hēijíliáo'는 헤이룽장(黑龙江 Hēilóngjiāng), 지린(吉林 Jílín), 랴오닝(辽宁 Liáoníng)을 가리킵니다. 생활 속에서 성의 약칭을 가장 쉽게 접할 수 있는 것이 바로 차량 번호판인데요, 보통 차량 번호판은 '성의 약칭+알파벳+숫자'로 이루어져 있습니다. 알파벳은 도시 코드나 차량의 종류를 나타내며 지역마다 차이가 있습니다. 예를 들어 '辽A'로 시작하는 차량은 랴오닝성 선양(沈阳 Shěnyáng)시에 등록된 차량이고, '京B'로 시작하는 차량은 베이징에 등록된 택시라는 정보를 담고 있습니다. 이렇게 각 지역의 약칭을 알아 두면 중국 뉴스나 일상생활에서 정보를 얻는 데 큰 도움이 됩니다.

봄철 중국 레스토랑 위크 드디어 시작, 예약 팁은?

春季中国餐厅周终于开始，有预约小窍门吗？

003-01

中国餐厅周是一次以超值价格在中高端餐厅享用
Zhōngguó cāntīngzhōu shì yí cì yǐ chāozhí jiàgé zài zhōnggāoduān cāntīng xiǎngyòng

精致美食的美食活动，一年举办两次，活动期间可以选择不同
jīngzhì měishí de měishí huódòng, yì nián jǔbàn liǎng cì, huódòng qījiān kěyǐ xuǎnzé bù tóng

价格档位的固定套餐，最低78元起（最高套餐298元）
jiàgé dàngwèi de gùdìng tàocān, zuì dī qīshíbā yuán qǐ (zuì gāo tàocān liǎngbǎi jiǔshíbā yuán)

便可体验城中大牌餐厅套餐。2021年春季餐厅周将于
biàn kě tǐyàn chéng zhōng dàpái cāntīng tàocān. Èr líng èr yī nián chūnjì cāntīngzhōu jiāng yú

3月11日起，截止到4月4日。此次活动将覆盖全国14个城市，
sān yuè shíyī rì qǐ, jiézhǐ dào sì yuè sì rì. Cǐ cì huódòng jiāng fùgài quánguó shísì ge chéngshì,

600多家臻选餐厅。由于活动限价、限时，因此部分爆款餐厅
liùbǎi duō jiā zhēn xuǎn cāntīng. Yóuyú huódòng xiànjià, xiànshí, yīncǐ bùfen bàokuǎn cāntīng

往往5秒钟就全部订满。此次餐厅周的合作伙伴是美国
wǎngwǎng wǔ miǎozhōng jiù quánbù dìngmǎn. Cǐ cì cāntīngzhōu de hézuò huǒbàn shì Měiguó

通运，如果你是会员，可以提前预定。另外午市套餐和晚市套餐
Tōngyùn, rúguǒ nǐ shì huìyuán, kěyǐ tíqián yùdìng. Lìngwài wǔshì tàocān hé wǎnshì tàocān

有差价，午市的性价比往往更高，晚市的品质往往更好。
yǒu chājià, wǔshì de xìngjiàbǐ wǎngwǎng gèng gāo, wǎnshì de pǐnzhì wǎngwǎng gèng hǎo.

最后一定要看清楚价格是不是含服务费，部分餐厅会需要额外
Zuìhòu yídìng yào kàn qīngchu jiàgé shì bu shì hán fúwùfèi, bùfen cāntīng huì xūyào éwài

加10-15%的服务费。
jiā bǎi fēn zhī shí zhì shíwǔ de fúwùfèi.

단어+표현

003-02

中国餐厅周 Zhōngguó cāntīngzhōu 중국 레스토랑 위크 | 预约 yùyuē 예약하다 | 小窍门* xiǎo qiàomén 요령, 비법, 팁 | 超值 chāozhí 실제 가치를 뛰어넘다 | 享用 xiǎngyòng 맛보다, 사용하다 | 精致 jīngzhì 정교하다 | 举办* jǔbàn 개최하다 | 档位 dàngwèi 등급 | 套餐 tàocān 정식 | 体验 tǐyàn 체험하다 | 覆盖* fùgài 포함하다, 덮다 | 臻选 zhēn xuǎn 선별하다 | 限价 xiànjià 가격 한정 | 限时 xiànshí 시간 한정 | 爆款* bàokuǎn 히트 상품 | 伙伴* huǒbàn 파트너 | 美国通运 Měiguó Tōngyùn 아메리칸 익스프레스 (American Express) [기업명] | 会员 huìyuán 회원 | 午市 wǔshì 점심 메뉴 | 晚市 wǎnshì 저녁 메뉴 | 性价比* xìngjiàbǐ 가성비 | 品质 pǐnzhì 품질 | 服务费 fúwùfèi 서비스료

🔊 중국 레스토랑 위크는 중고급 레스토랑에서 맛있는 요리를 저렴한 가격으로 즐길 수 있는 미식 행사로, 연 2회 개최되며, 행사 기간에 다양한 가격대의 세트 메뉴를 선택할 수 있습니다. 78위안을 시작으로 (가장 비싼 세트는 298위안) 지역의 유명 레스토랑에서 세트 메뉴를 경험할 수 있습니다. 2021년 봄철 레스토랑 위크는 3월 11일부터 4월 4일까지 개최될 예정입니다. 이 행사는 전국 14개 도시의 600개 이상의 엄선된 레스토랑이 포함되며 행사 가격 제한과 시간제한으로 인해 일부 인기 레스토랑은 5초 만에 예약이 전부 마감되기도 합니다. 이번 레스토랑 위크의 협력 파트너는 아메리칸 익스프레스이며, 회원이라면 사전 예약이 가능합니다. 또한 런치 세트와 디너 세트는 가격 차이가 있습니다. 보통 런치는 가성비가 더 좋고, 디너는 품질이 더 좋은 편입니다. 마지막으로 가격에 서비스료가 포함되어 있는지 확인해야 합니다. 일부 레스토랑은 10~15%의 서비스료가 별도로 추가됩니다.

뉴스 표현 필살기

'由于'는 '~ 때문에', '~로 인하여'라는 뜻의 개사로 원인을 나타냅니다. '因而 yīn'ér, 因此 yīncǐ, 以致 yǐzhì'와 함께 쓸 수 있습니다. '由于'와 '因为'는 용법이 비슷하지만 '由于'는 글말에 주로 사용됩니다.

由于受到台风影响，这场比赛延期到下个星期举行。
Yóuyú shòudào táifēng yǐngxiǎng, zhè chǎng bǐsài yánqī dào xià ge xīngqī jǔxíng.
태풍의 영향으로 인해 이번 경기는 다음 주로 연기되어 진행된다.

由于董事长病情恶化，因而明天无法出席董事会议。
Yóuyú dǒngshìzhǎng bìngqíng èhuà, yīn'ér míngtiān wúfǎ chūxí dǒngshì huìyì.
회장은 병세가 악화되었기 때문에 내일 이사회에 출석할 수 없다.

由于没有受到及时管控，因此市场秩序比较混乱。
Yóuyú méiyǒu shòudào jíshí guǎnkòng, yīncǐ shìchǎng zhìxù bǐjiào hùnluàn.
적시에 통제를 받지 못해서 시장 질서가 혼란해졌다.

알아 두면 뉴스가 들리는 중국 이야기

중국 TV에서 광고나 드라마를 보다 보면 '爆 bào'가 들어간 표현을 심심치 않게 들을 수 있는데요, 일상생활에서도 자주 사용되니 잘 알아두도록 합시다. '爆'는 '폭발하다'라는 뜻인데요, 다른 단어와 결합해서 쓰이면 그 뜻을 강조합니다.

这个口红是今年春季的爆款。
Zhège kǒuhóng shì jīnnián chūnjì de bàokuǎn.
이 립스틱은 올해 봄 시즌 히트 상품이에요.

这个电视剧的男主真的帅爆了。
Zhège diànshìjù de nán zhǔ zhēn de shuài bào le.
이 드라마의 남자 주인공은 정말 잘생겼어.

怎么办，月初我就把卡刷爆了。
Zěnme bàn, yuèchū wǒ jiù bǎ kǎ shuā bào le.
어떡하지, 월초에 벌써 카드를 너무 많이 긁었네.

전염병 유행 계절, 어떻게 예방하나?

传染病多发季，怎样做好预防？

🔘 004-01

春天万物复苏、生气勃勃，是一年最美好的季节，但也
Chūntiān wànwù fùsū、 shēngqì bóbó, shì yì nián zuì měihǎo de jìjié, dàn yě

是一些传染病的高发阶段。比较容易发生的传染病有流脑、
shì yìxiē chuánrǎnbìng de gāofā jiēduàn. Bǐjiào róngyì fāshēng de chuánrǎnbìng yǒu liúnǎo、

流感、水痘、风疹、猩红热等等。不同的传染病有不同的
liúgǎn、shuǐdòu、fēngzhěn、xīnghóngrè děng děng. Bù tóng de chuánrǎnbìng yǒu bù tóng de

治疗方法，但基本的预防措施是相通的，专家呼吁做好以下几
zhìliáo fāngfǎ, dàn jīběn de yùfáng cuòshī shì xiāngtōng de, zhuānjiā hūyù zuòhǎo yǐxià jǐ

点预防工作：按时注射预防疫苗；每天开窗通风，保持室内
diǎn yùfáng gōngzuò: Ànshí zhùshè yùfáng yìmiáo; měi tiān kāi chuāng tōngfēng, bǎochí shì nèi

空气新鲜；勤洗手，并用流动水彻底清洗干净，包括不用污浊的
kōngqì xīnxiān; qín xǐshǒu, bìng yòng liúdòng shuǐ chèdǐ qīngxǐ gānjìng, bāokuò búyòng wūzhuó de

毛巾擦手；到医院就诊最好戴口罩，回家后洗手，避免交叉感染；
máojīn cā shǒu; dào yīyuàn jiùzhěn zuìhǎo dài kǒuzhào, huí jiā hòu xǐshǒu, bìmiǎn jiāochā gǎnrǎn;

注意不要过度疲劳，以免抗病力下降；合理膳食，增加营养；
zhùyì búyào guòdù píláo, yǐmiǎn kàngbìnglì xiàjiàng; hélǐ shànshí, zēngjiā yíngyǎng;

发热或有其它不适及时就医；避免接触传染病人，对传染病人
fārè huò yǒu qítā búshì jíshí jiùyī; bìmiǎn jiēchù chuánrǎn bìngrén, duì chuánrǎn bìngrén

用过的物品及房间适当消毒，房内门把手、桌面、地面用含氯
yòngguo de wùpǐn jí fángjiān shìdàng xiāodú, fáng nèi mén bǎshou、zhuōmiàn、dìmiàn yòng hán lǜ

消毒剂喷洒、擦拭。
xiāodújì pēnsǎ、cāshì.

🔘 004-02

단어+표현

多发季* duōfājì 자주 발생하는 시기 | 万物复苏 wànwù fùsū 만물이 소생하다 | 生气勃勃 shēngqì bóbó 생기가 넘치다 | 高发* gāofā 발병율이 높다 | 流脑* liúnǎo 유행성 뇌척수막염 | 流感 liúgǎn 독감 | 水痘 shuǐdòu 수두 | 风疹 fēngzhěn 풍진 | 猩红热 xīnghóngrè 성홍열 | 措施 cuòshī 조치 | 呼吁* hūyù 호소하다, (원조·동정 등을) 구하다 | 注射 zhùshè 주사하다 | 疫苗 yìmiáo 백신 | 包括* bāokuò 포함하다 | 污浊 wūzhuó 오염되다 | 就诊 jiùzhěn 병원을 방문하다 | 口罩 kǒuzhào 마스크 | 避免* bìmiǎn 피하다 | 交叉感染 jiāochā gǎnrǎn 교차 감염 | 膳食 shànshí 식사 | 不适* búshì (몸이) 불편하다 | 及时 jíshí 때맞추어 | 接触 jiēchù 접촉하다 | 喷洒 pēnsǎ 분사하다, 뿌리다 | 擦拭 cāshì 닦다

◀ 봄은 만물이 소생하고 생기발랄하며 일 년 중 가장 아름다운 계절이지만, 일부 전염병이 자주 발병하는 시기이기도 합니다. 비교적 발생하기 쉬운 전염병은 유행성 뇌척수막염, 독감, 수두, 풍진, 성홍열 등이 있습니다. 전염병마다 치료법이 다르지만 기본적인 예방 조치는 서로 비슷합니다. 전문가들은 다음과 같이 예방법을 제안합니다. 제때 예방 접종을 할 것, 매일 창문을 열어 환기하고 실내 공기를 신선하게 할 것, 손을 자주 씻고, 흐르는 물에 깨끗이 씻으며, 오염된 수건으로 닦지 말 것, 병원을 방문할 때 마스크를 착용하고 집에 돌아와서 손을 씻어 교차 감염을 피할 것, 병에 대한 저항력이 떨어지지 않도록 과하게 피로해지지 않도록 주의할 것, 적절한 식사로 영양을 보충할 것, 열이 나거나 기타 증상이 있으면 진료를 받을 것, 전염병 환자와의 접촉을 피하고 환자가 사용한 물품과 방은 소독할 것, 방 안의 문고리, 책상, 바닥은 염소가 함유된 소독제를 뿌리고 닦을 것 등이 있습니다.

뉴스 표현 필살기

'呼吁'는 '호소하다, (원조·동정 등을) 구하다, 촉구하다'라는 뜻으로 '呼吁+대상+촉구하는 내용'의 형식으로 사용됩니다. 여기에서 주의해야 할 점은 불편 등을 호소하는 것이 아닌, 정부나 대중들에게 어떻게 할 것을 제안하거나 촉구하는 경우 사용된다는 것입니다.

国际社会呼吁各国加强环境保护。
Guójì shèhuì hūyù gè guó jiāqiáng huánjìng bǎohù.
국제 사회는 모든 국가에게 환경 보호를 강화할 것을 호소했다.

专家呼吁公众提升对疾病的认知，加强预防。
Zhuānjiā hūyù gōngzhòng tíshēng duì jíbìng de rènzhī, jiāqiáng yùfáng.
전문가들은 대중에게 질병에 대한 인식을 높이고 예방을 강화할 것을 촉구했다.

政府呼吁公众加强对水资源的保护。
Zhèngfǔ hūyù gōngzhòng jiāqiáng duì shuǐ zīyuán de bǎohù.
정부는 대중에게 수자원 보호 강화를 촉구했다.

알아 두면 뉴스가 들리는 중국 이야기

뉴스에서 자주 등장하는 전염병의 중국어 표현을 소개합니다. 뉴스에서는 전염병 발생 상황과 함께 예방 수칙을 전달하니 다음과 같은 표현이 들리면 주의 깊게 지켜보세요!

艾滋病 àizībìng 에이즈
结核病 jiéhébìng 결핵
红眼病 hóngyǎnbìng 결막염
甲型肝炎[甲肝] jiǎ xíng gānyán [jiǎgān] A형 간염
禽流感 qínliúgǎn 조류독감
非洲猪瘟 fēizhōu zhūwēn 아프리카 돼지 열병
新冠病毒 xīnguān bìngdú 코로나19 바이러스
中东呼吸综合征 zhōngdōng hūxī zōnghézhēng 중동 호흡기 증후군

麻疹 mázhěn 홍역
手足口病 shǒuzúkǒubìng 수족구 질환
诺如病毒 nuòrú bìngdú 노로 바이러스
乙型肝炎[乙肝] yǐ xíng gānyán [yǐgān] B형 간염
狂犬病 kuángquǎnbìng 광견병
非典 fēidiǎn 사스

조심! 일부 지역 조류독감 발생!

警惕! 部分地区发生禽流感疫情!

🔊 005-01

据报道，今年以来，重庆、湖南等地已报告多例人感染
Jù bàodào, jīnnián yǐlái, Chóngqìng、Húnán děngdì yǐ bàogào duō lì rén gǎnrǎn

H5N6、H9N2等禽流感病例，病例数较往年有所上升。为此，
H5N6、H9N2 děng qínliúgǎn bìnglì, bìnglì shù jiào wǎngnián yǒu suǒ shàngshēng. Wèi cǐ,

市疾控中心提醒市民注意预防禽流感。禽流感一般指人感染
shì jí kòng zhōngxīn tíxǐng shìmín zhùyì yùfáng qínliúgǎn. Qínliúgǎn yìbān zhǐ rén gǎnrǎn

禽流感。禽流感病毒可以通过呼吸道、消化道、皮肤损伤和眼
qínliúgǎn. Qínliúgǎn bìngdú kěyǐ tōngguò hūxīdào、xiāohuàdào、pífū sǔnshāng hé yǎn

结膜等多种途径进行传播，其中呼吸道传播是主要途径。高危
jiémó děng duō zhǒng tújìng jìnxíng chuánbō, qízhōng hūxīdào chuánbō shì zhǔyào tújìng. Gāowēi

行为包括宰杀、加工被感染禽类。据介绍，并不是接触禽流感
xíngwéi bāokuò zǎishā、jiāgōng bèi gǎnrǎn qín lèi. Jù jièshào, bìng bú shì jiēchù qínliúgǎn

之后一定会感染，老年男性、患有慢性病、呼吸道疾病的更
zhīhòu yídìng huì gǎnrǎn, lǎonián nánxìng、huàn yǒu mànxìngbìng、hūxīdào jíbìng de gèng

容易感染禽流感病毒。中老年人感染H5N6中重症居多，死亡率
róngyì gǎnrǎn qínliúgǎn bìngdú. Zhōnglǎonián rén gǎnrǎn H5N6 zhōng zhòngzhèng jūduō, sǐwánglǜ

较高。虽然还没有证据发现H5N6病毒能在人和人之间大规模
jiào gāo. Suīrán hái méiyǒu zhèngjù fāxiàn H5N6 bìngdú néng zài rén hé rén zhī jiān dà guīmó

传播，但是既往的经验也提示：在近距离接触和照顾流感、禽流感
chuánbō, dànshì jìwǎng de jīngyàn yě tíshì: Zài jìn jùlí jiēchù hé zhàogù liúgǎn、qínliúgǎn

病人时，一定要做好个人防护。
bìngrén shí, yídìng yào zuòhǎo gèrén fánghù.

🔊 005-02

단어+표현

警惕 jǐngtì 경계하다 | 禽流感* qínliúgǎn 조류독감 | 重庆 Chóngqìng 충칭 [지명] | 湖南 Húnán 후난 [지명] | 感染* gǎnrǎn 감염되다 | 病例* bìnglì 감염 사례 | 往年 wǎngnián 과거 | 有所 yǒu suǒ 다소, 어느 정도 | 疾控中心 jí kòng zhōngxīn 질병 관리 센터 | 指 zhǐ 일컫다, 가리키다 | 病毒* bìngdú 바이러스 | 呼吸道 hūxīdào 호흡기 | 损伤 sǔnshāng 손상되다 | 眼结膜 yǎn jiémó 각막 | 途径 tújìng 경로 | 高危行为 gāowēi xíngwéi 고위험 행위 | 宰杀 zǎishā 도살하다 | 加工* jiāgōng 가공하다 | 疾病 jíbìng 질병 | 重症 zhòngzhèng 중증 | 规模* guīmó 규모 | 既往 jìwǎng 과거의 | 经验 jīngyàn 경험 | 个人防护 gèrén fánghù 개인 보호

🔊 보도에 따르면 올해부터 충칭, 후난 등지에서 H5N6, H9N2 등 조류독감의 인체 감염 사례가 많이 보고되고 사례 수가 예년보다 증가했습니다. 이에 시 질병관리센터는 시민들에게 조류독감 예방에 주의를 기울일 것을 당부했습니다. 조류독감은 일반적으로 인간이 조류독감에 감염되는 것을 말합니다. 조류독감 바이러스는 호흡기, 소화관, 피부 상처, 결막 등 여러 경로를 통해 전파될 수 있으며, 이 중 호흡기를 통한 전파가 주된 경로입니다. 고위험 행위에는 감염된 가금류를 도축하거나 가공하는 경우가 포함됩니다. 보고에 따르면 조류독감에 노출된다고 반드시 감염되는 것은 아니며, 고령 남성, 만성 질환자, 호흡기 질환자는 조류독감 바이러스에 감염될 가능성이 더 높습니다. H5N6에 감염된 중장년층 중에는 중증인 경우가 많으며, 사망률이 상대적으로 높습니다. H5N6 바이러스가 사람 간에 대규모로 전파될 수 있다는 증거는 없지만 과거 경험에 따르면 독감이나 조류독감 환자를 가까이서 접촉하고 돌볼 때, 개인 보호가 반드시 이루어져야 함을 시사합니다.

뉴스 표현 필살기

'在……时'는 '~할 때'라는 뜻으로 어떤 동작이 진행되거나 상태가 유지됨을 나타냅니다. '在……的时候 zài……de shíhou'와 같은 뜻이며 '在'는 생략이 가능합니다. 전자는 주로 글말에, 후자는 주로 입말에 사용됩니다.

中国国家主席在英国国事访问时，提到了中国特色文化。
Zhōngguó guójiā zhǔxí zài Yīngguó guóshì fǎngwèn shí, tídàole Zhōngguó tèsè wénhuà.
중국 국가주석이 영국을 국빈 방문할 때 중국 특유의 문화를 언급하였다.

在面临危机时，整个民族选择了勇敢。
Zài miànlín wēijī shí, zhěnggè mínzú xuǎnzéle yǒnggǎn.
위기에 직면했을 때, 모든 민족은 용감함을 선택하였다.

一消防员在执行任务时，不幸牺牲。
Yì xiāofángyuán zài zhíxíng rènwù shí, búxìng xīshēng.
소방원 한 명이 업무를 집행하는 중에 불행히도 희생되었다.

알아 두면 뉴스가 들리는 중국 이야기

한국어로는 뜻이 비슷하지만, 중국어로는 용법이 다른 단어들이 있습니다. 이런 단어들은 공통점과 차이점을 잘 알아 두면 뉴스를 들을 때 큰 도움이 될 거예요. 그중 하나가 '一般 yìbān'과 '普遍 pǔtōng'인데요, 둘은 모두 '보통이다, 일반적이다'라는 뜻을 나타내는 형용사로, '특별하지 않다'라는 의미입니다.

他的汉语水平很普通。= 他的汉语水平很一般。
Tā de Hànyǔ shuǐpíng hěn pǔtōng. = Tā de Hànyǔ shuǐpíng hěn yìbān.
그의 중국어 수준은 보통이다.

'一般'은 부사로도 사용이 가능하지만 '普通'은 부사로 사용할 수 없습니다.

经济增长一般是指GDP的增加。
Jīngjì zēngzhǎng yìbān shì zhǐ GDP de zēngjiā.
경제 성장이란 일반적으로 GDP의 증가를 말한다.

'一般'은 중첩해서 사용할 수 없지만 '普通'은 중첩할 수 있습니다.

我是一个普普通通的人。[我是一个一一般般的人。（×）]
Wǒ shì yí ge pǔputōngtōng de rén. 나는 그냥 평범한 사람이다.

일반 감기와 독감, 구분은 어떻게?

普通感冒和病毒感冒怎样区分?

◉ 006-01

秋季感冒流行，一不小心就是大规模的传染。感冒初期
Qiūjì gǎnmào liúxíng, yí bù xiǎoxīn jiù shì dà guīmó de chuánrǎn. Gǎnmào chūqī

很多人分不清自己是病毒性感冒还是普通感冒，无从下手，
hěn duō rén fēn bu qīng zìjǐ shì bìngdúxìng gǎnmào háishi pǔtōng gǎnmào, wúcóng xiàshǒu,

延误了感冒的最佳治疗时期，如果能及时区分，也方便采取最
yánwùle gǎnmào de zuì jiā zhìliáo shíqī, rúguǒ néng jíshí qūfēn, yě fāngbiàn cǎiqǔ zuì

佳的治疗措施。病毒性感冒主要通过空气或手接触，经由
jiā de zhìliáo cuòshī. Bìngdúxìng gǎnmào zhǔyào tōngguò kōngqì huò shǒu jiēchù, jīngyóu

鼻腔传染。感染者通常会有上呼吸道的症状，比如鼻塞、流
bíqiāng chuánrǎn. Gǎnrǎnzhě tōngcháng huì yǒu shàng hūxīdào de zhèngzhuàng, bǐrú bísè, liú

鼻涕、打喷嚏、咽痛、头疼、关节痛、全身不舒服等症状。普通
bítì, dǎ pēntì, yāntòng, tóuténg, guānjiétòng, quánshēn bù shūfu děng zhèngzhuàng. Pǔtōng

感冒传染性弱得多，往往个别出现，当抵抗力下降时才容易
gǎnmào chuánrǎnxìng ruò de duō, wǎngwǎng gèbié chūxiàn, dāng dǐkànglì xiàjiàng shí cái róngyì

患病。普通感冒诱因有受寒、淋雨、过度疲劳、营养不良等。当
huàn bìng. Pǔtōng gǎnmào yòuyīn yǒu shòuhán, lín yǔ, guòdù píláo, yíngyǎng bùliáng děng. Dāng

出现病毒性感冒时，建议患者及时服用含有抗病毒成分的
chūxiàn bìngdúxìng gǎnmào shí, jiànyì huànzhě jíshí fúyòng hán yǒu kàng bìngdú chéngfèn de

感冒药。普通感冒严重时，也可以用药物治疗，不是太严重的多
gǎnmào yào. Pǔtōng gǎnmào yánzhòng shí, yě kěyǐ yòng yàowù zhìliáo, bú shì tài yánzhòng de duō

加休息，多喝热水，采取针灸泡脚等办法，等待感冒自行痊愈。
jiā xiūxi, duō hē rè shuǐ, cǎiqǔ zhēnjiǔ pào jiǎo děng bànfǎ, děngdài gǎnmào zìxíng quányù.

无从下手 wúcóng xiàshǒu 손댈 방법이 없다 | 延误 yánwù 놓치다 | 最佳* zuì jiā 최적의 | 采取* cǎiqǔ 취하다 | 经由 jīngyóu ~을 통해 | 鼻腔 bíqiāng 비강 | 鼻塞 bísè 코가 막히다 | 打喷嚏 dǎ pēntì 재채기하다 | 关节痛 guānjiétòng 관절통 | 诱因 yòuyīn 유인 | 受寒 shòuhán 찬 바람을 맞다 | 淋雨 lín yǔ 비에 젖다 | 建议 jiànyì 제안하다 | 患者 huànzhě 환자 | 针灸 zhēnjiǔ 침 요법 | 泡脚 pào jiǎo 발을 담그다, 족욕하다 | 痊愈 quányù 병이 낫다, 완쾌하다

◀️ 가을철에는 감기가 유행하는데 자칫하면 대규모 전염으로 이어질 수 있습니다. 감기 초기에는 바이러스성 감기인지 일반 감기인지 헷갈리는 사람이 많아서 방치하다 적절한 치료 시기를 놓칠 수 있습니다. 만약 제때 구분할 수 있으면 적절한 조치를 취해 치료할 수 있습니다. 바이러스성 감기는 주로 공기나 손 접촉, 비강을 통해 전염됩니다. 감염자는 보통 상부 호흡기에 증상이 나타나는데 코막힘, 콧물, 재채기, 인후통, 두통, 관절통, 몸살 등의 증상이 나타납니다. 일반 감기는 전염성이 약해 개별적으로 나타나며 면역력이 떨어질 때 잘 걸립니다. 일반 감기의 발병 원인은 추위, 비 맞기, 과로, 영양실조 등이 있습니다. 바이러스성 감기에 걸렸을 때는 환자로 하여금 제때 항바이러스 성분이 함유된 감기약을 복용하는 것을 권장하며 일반 감기가 심할 때도 약물로 치료가 가능하고, 심하지 않은 경우에는 휴식을 취하고, 따뜻한 물을 많이 마시고, 침술, 족욕 등의 방법으로 감기가 저절로 낫도록 기다릴 수 있습니다.

뉴스 표현 필살기

'采取措施'는 '조치를 취하다'라는 뜻으로 '措施' 앞에 구체적인 형용사나 명사를 추가할 수 있습니다.

欧盟将采取措施对应美国加征关税行为。
Ōuméng jiāng cǎiqǔ cuòshī duìyīng Měiguó jiā zhēng guānshuì xíngwéi.
EU는 조치를 취해 미국의 관세 추가 부과에 대응할 것이다.

中国将采取必要措施，捍卫国家主权和安全。
Zhōngguó jiāng cǎiqǔ bìyào cuòshī, hànwèi guójiā zhǔquán hé ānquán.
중국은 필요한 조치를 취해 국가의 주권과 안보를 보호할 것이다.

政府应该采取有效措施，建立长期监管机制。
Zhèngfǔ yīnggāi cǎiqǔ yǒuxiào cuòshī, jiànlì chángqī jiānguǎn jīzhì.
정부는 효과적인 조치를 취해 장기적인 관리 감독 메커니즘을 구축해야 한다.

알아 두면 뉴스가 들리는 중국 이야기

중국인들은 혈액 순환, 변비, 구강 건강, 면역력 향상에 도움이 된다는 이유로 따뜻한 물을 즐겨 마십니다. 평소에도 '多喝热水。Duō hē rè shuǐ.(따뜻한 물을 많이 마셔요.)'라는 말을 입에 달고 살 정도이고, 특히 주변 사람이 감기에 걸렸을 때도 따뜻한 물을 많이 마시라고 위로의 말을 건넵니다. 중국인들은 보온병에 따뜻한 물을 담아서 밖에서도 수시로 마시기도 합니다. 그래서 차가운 물을 기본적으로 제공하는 한국 식당과 달리 중국 식당에서는 미지근한 물이 제공되고, 심지어 음료도 대개 미지근한 것을 내옵니다. 그러니 미리 '请给我一杯/瓶冰水。Qǐng gěi wǒ yì bēi / píng bīng shuǐ.(차가운 물 한 잔/병 주세요.)'라고 주문하면 번거롭지 않겠지요!

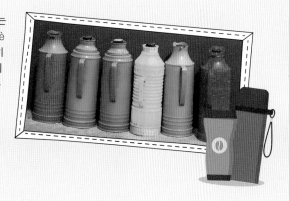

여름철 식중독 예방하기

夏季谨防食物中毒

🔵 007-01

夏季是由细菌引发食物中毒的多发期。食物中毒最常见
Xiàjì shì yóu xìjūn yǐnfā shíwù zhòngdú de duōfāqī.　　Shíwù zhòngdú zuì chángjiàn

的症状有"腹痛"、"呕吐"、"腹泻"、"发烧"。轻者几天后即可
de zhèngzhuàng yǒu "fùtòng"、"ǒutù"、"fùxiè"、"fāshāo".　　Qīngzhě jǐ tiān hòu jí kě

自愈，重者伴随肠道出血会导致症状进一步恶化，上吐下泻，
zì yù, zhòngzhě bànsuí chángdào chūxiě huì dǎozhì zhèngzhuàng jìnyíbù èhuà, shàng tù xiàxiè,

受罪好几天，家人也可能因为吃了被细菌污染的饭菜而中毒。
shòuzuì hǎo jǐ tiān,　　jiārén yě kěnéng yīnwèi chīle bèi xìjūn wūrǎn de fàncài ér zhòngdú.

尤其是免疫力较差的老人和孩子，很可能出现较重的症状。
Yóuqí shì miǎnyìlì jiào chà de lǎorén hé háizi, hěn kěnéng chūxiàn jiào zhòng de zhèngzhuàng.

因此为了自己和家人，都需要小心谨慎做好预防工作，绝不能
Yīncǐ wèile zìjǐ hé jiārén,　　dōu xūyào xiǎoxīn jǐnshèn zuòhǎo yùfáng gōngzuò, jué bù néng

轻视食物中毒。首先，要彻底清洗手和器皿，最好能在工具上
qīngshì shíwù zhòngdú. Shǒuxiān, yào chèdǐ qīngxǐ shǒu hé qìmǐn, zuìhǎo néng zài gōngjù shang

浇热水，提高杀菌效果。第二，可以生吃的食材，不要和鱼肉等
jiāo rèshuǐ, tígāo shājūn xiàoguǒ.　　Dì-èr, kěyǐ shēng chī de shícái, búyào hé yúròu děng

使用同一个菜板，最好分开使用。第三，可以根据需要，将食材
shǐyòng tóng yí ge càibǎn, zuìhǎo fēnkāi shǐyòng.　　Dì-sān, kěyǐ gēnjù xūyào, jiāng shícái

冷藏或冷冻，预防细菌繁殖。但是，细菌并不会因低温而死亡，
lěngcáng huò lěngdòng, yùfáng xìjūn fánzhí.　　Dànshì, xìjūn bìng bú huì yīn dīwēn ér sǐwáng,

因此最好避免长期冷藏保存。
yīncǐ zuìhǎo bìmiǎn chángqī lěngcáng bǎocún.

─────────────────────────────

단어+표현 🔵 007-02

谨防 jǐnfáng 조심하여 방비하다, 경계하다 | 食物中毒 shíwù zhòngdú 식중독 | 细菌 xìjūn 세균, 박테리아 | 引发* yǐnfā 유발하다 |
常见* chángjiàn 흔하다 | 腹痛 fùtòng 복통 | 呕吐 ǒutù 구토하다 | 腹泻 fùxiè 설사하다 | 轻者 qīngzhě 경증 환자 | 自愈 zì yù 스
스로 치유하다 | 伴随 bànsuí (증상을) 동반하다 | 导致 dǎozhì 야기하다, 초래하다 | 进一步* jìnyíbù 한 걸음 나아가 | 上吐下泻 shàng
tù xiàxiè 토하고 설사하다 | 受罪 shòuzuì 고생하다 | 免疫力 miǎnyìlì 면역력 | 杀菌 shājūn 살균하다 | 菜板 càibǎn 도마 | 冷藏
lěngcáng 냉장하다 | 繁殖 fánzhí 번식하다

◀ 여름은 박테리아에 의한 식중독이 빈번하게 발생하는 시기입니다. 식중독의 가장 흔한 증상은 '복통', '구토', '설사', '발열'입니다. 경증인 경우 며칠 내에 저절로 치유될 수 있지만 중증인 경우 장 출혈로 증상이 한층 악화되고 구토와 설사로 며칠 동안 고생하며 가족도 박테리아에 오염된 음식을 먹음으로써 중독될 수 있습니다. 특히 면역력이 약한 노인과 아이는 심각한 증상을 보일 가능성이 높습니다. 따라서 자신과 가족을 위해 조심스럽고 신중하게 예방 조치를 취하고 식중독을 가볍게 여겨서는 안 됩니다. 먼저 손과 식기를 깨끗하게 씻어야 하며, 도구에 뜨거운 물을 부어 살균 효과를 높이는 것이 좋습니다. 둘째, 날로 먹는 식재료는 생선 등과 같은 도마를 사용하지 말고 따로 사용하는 것이 가장 좋습니다. 셋째, 박테리아 번식을 방지하기 위해 필요에 따라 식재료를 냉장 또는 냉동 보관해야 합니다. 그러나 저온으로 박테리아가 죽지는 않으므로 장기 냉장 보관은 피하는 것이 가장 좋습니다.

뉴스 표현 필살기

'尤其'는 '특히, 더욱'이라는 뜻의 부사로, 여러 사물이나 상황 중에서 한 가지를 강조합니다. '特別 tèbié'와 비슷하지만 두 단어에는 차이점이 있습니다. 예를 들어서 '秋天的香山特別美。Qiūtiān de Xiāng Shān tèbié měi.'와 '秋天的香山尤其美。Qiūtiān de Xiāng Shān yóuqí měi.'는 모두 '가을의 상산산은 특히 아름답다.'로 해석되지만, 앞의 문장은 가을의 상산이 매우 아름답다는 것을 강조하고 뒤의 문장은 다른 계절에도 아름답지만 '가을에 특히 더 아름답다'는 것을 강조합니다.

做人，诚信尤其重要。
Zuòrén, chéngxìn yóuqí zhòngyào.
신용은 사람으로서 특히 중요하다.

今天的会议尤其重要，因为涉及到人事变动。
Jīntiān de huìyì yóuqí zhòngyào, yīnwèi shèjí dào rénshì biàndòng.
인사 변동과 관련 있기 때문에 오늘의 회의가 특히 중요하다.

面临新的挑战，心态尤其重要。
Miànlín xīn de tiǎozhàn, xīntài yóuqí zhòngyào.
새로운 도전에 직면했을 때, 마음가짐이 특히 중요하다.

알아 두면 뉴스가 들리는 중국 이야기

중국에는 '病从口入 bìng cóng kǒu rù'라는 성어가 있습니다. '병은 입으로 들어간다'라는 뜻인데 올바르지 않은 식생활 탓에 질병에 걸릴 수 있다는 의미입니다. 영어에도 이런 속담이 있죠. 'You are what you eat', 즉 '당신이 먹은 음식이 곧 당신이다'라는 뜻입니다. 결국 무엇을 먹는지가 건강을 결정한다는 의미입니다. 흥미로운 것이 또 하나 있는데 '암'을 뜻하는 '癌 ái'를 보면 입을 뜻하는 '口 kǒu'가 3개 있습니다 이것은, 먹는 것과 건강이 직결된다는 것을 직관적으로 보여 줍니다. 그래서 중의(中医 Zhōngyī)에서 '想健康，就要先管好自己的嘴。Xiǎng jiànkāng, jiù yào xiān guǎnhǎo zìjǐ de zuǐ.(건강하고 싶으면 먼저 자신의 입을 관리하라.)'라는 말을 하는 것 같습니다.

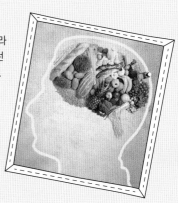

구내염, 고위험군은?

口腔溃疡，高发人群是?

008-01

冬季是口腔溃疡的高发期，该疾病的出现是多种因素综合
Dōngjì shì kǒuqiāng kuìyáng de gāofāqī, gāi jíbìng de chūxiàn shì duō zhǒng yīnsù zōnghé

作用的结果，一般患上口腔溃疡的患者发作时都会出现
zuòyòng de jiéguǒ, yìbān huànshàng kǒuqiāng kuìyáng de huànzhě fāzuò shí dōu huì chūxiàn

疼痛、局部灼痛明显的症状，严重者还会影响饮食、
téngtòng, júbù zhuó tòng míngxiǎn de zhèngzhuàng, yánzhòngzhě hái huì yǐngxiǎng yǐnshí,

说话，对日常生活造成极大不便。口腔溃疡患者在饮食
shuōhuà, duì rìcháng shēnghuó zàochéng jí dà búbiàn.　Kǒuqiāng kuìyáng huànzhě zài yǐnshí

上要注意禁忌，避免食用一些刺激性调味品。因为这些食物不但
shang yào zhùyì jìnjì, bìmiǎn shíyòng yìxiē cìjīxìng tiáowèipǐn.　Yīnwèi zhèxiē shíwù búdàn

会诱发疼痛，还会刺激溃疡面，使其进一步扩大。同时要避免
huì yòufā téngtòng, hái huì cìjī kuìyáng miàn, shǐ qí jìnyíbù kuòdà.　Tóngshí yào bìmiǎn

吃过烫的食物，开水或热汤无法杀灭溃疡面的细菌，只会刺激
chī guò tàng de shíwù, kāishuǐ huò rè tāng wúfǎ shāmiè kuìyáng miàn de xìjūn, zhǐ huì cìjī

伤口、加重病情。那么高发人群有哪些呢? 1、免疫紊乱患者。
shāngkǒu, jiāzhòng bìngqíng. Nàme gāofā rénqún yǒu nǎxiē ne?　Yī, miǎnyì wěnluàn huànzhě.

2、糖尿病、血液病、结核病等慢性病患者。3、营养缺乏或
Èr, tángniàobìng, xuèyèbìng, jiéhébìng děng mànxìngbìng huànzhě.　Sān, yíngyǎng quēfá huò

贫血的人。4、胃肠不好的人。通常情况下服用维生素B2或
pínxuè de rén. Sì, Wèicháng bù hǎo de rén. Tōngcháng qíngkuàng xià fúyòng wéishēngsù B èr huò

降火药物两三天就可恢复，如情况不见好转，建议及时就医。
jiàng huǒ yàowù liǎng-sān tiān jiù kě huīfù, rú qíngkuàng bújiàn hǎozhuǎn, jiànyì jíshí jiùyī.

단어+표현 008-02

口腔溃疡 kǒuqiāng kuìyáng 구내염, 구강 궤양 | 发作 fāzuò 갑자기 일어나다 | 局部 júbù 국부 | 灼痛 zhuó tòng 따가운 통증 | 禁忌 jìnjì 금기 | 刺激性 cìjīxìng 자극적이다 | 调味品 tiáowèipǐn 조미료 | 诱发 yòufā 유발하다 | 刺激* cìjī 자극하다 | 紊乱 wěnluàn (호르몬 등이) 불균형하다 | 糖尿病 tángniàobìng 당뇨병 | 血液病 xuèyèbìng 혈액 질환 | 结核病 jiéhébìng 결핵 | 贫血 pínxuè 빈혈 | 维生素 wéishēngsù 비타민 | 好转 hǎozhuǎn 호전되다

🔊 겨울철은 구내염 발생이 잦은 시기입니다. 이 질병의 출현은 여러 요인이 복합적으로 작용한 결과입니다. 일반적으로 구내염을 앓고 있는 환자는 통증과 국소적인 화끈거림을 증상으로 보이며 심한 경우에는 식사, 말하기에도 영향을 끼쳐 일상생활에 큰 불편을 줄 수 있습니다. 구내염 환자는 식단의 금기 사항에 주의를 기울이고 자극적인 조미료를 피해야 합니다. 이러한 음식은 통증을 유발할 뿐만 아니라 궤양 표면을 자극하여 환부를 더욱 확대할 수 있기 때문입니다. 또한 뜨거운 음식을 피해야 하는데, 끓인 물이나 뜨거운 탕은 궤양 표면의 박테리아를 죽일 수 없으며 상처를 자극하고 상태를 악화시키기만 합니다. 그렇다면 구내염 고위험군은 누구일까요? 1. 면역 장애가 있는 환자. 2. 당뇨병, 혈액 질환, 결핵 등 만성 질환자. 3. 영양 결핍 또는 빈혈이 있는 사람. 4. 위장이 약한 사람. (구내염 환자는) 일반적으로 비타민 B2 또는 면역력 회복제를 복용하면 2~3일 내로 회복할 수 있는데, 상황이 호전되지 않을 경우 빨리 진료를 받는 것이 좋습니다.

뉴스 표현 필살기

'造成'은 '초래하다, 야기하다'라는 뜻으로, '损失 sǔnshī(손실), 后果 hòuguǒ(나쁜 결과), 不良影响 bùliáng yǐngxiǎng(부정적인 영향)' 등 부정적인 결과가 목적어로 주로 쓰입니다.

此次自然灾害直接造成经济损失12亿元。
Cǐ cì zìrán zāihài zhíjiē zàochéng jīngjì sǔnshī shí'èr yì yuán.
이번 자연재해는 12억 위안의 경제적 손실을 직접적으로 초래했다.

酒驾造成的交通事故只增不减。
Jiǔjià zàochéng de jiāotōng shìgù zhǐ zēng bù jiǎn.
음주운전으로 인한 교통사고는 줄어들지 않고 늘어나기만 한다.

此次事件会对社会造成不良影响。
Cǐ cì shìjiàn huì duì shèhuì zàochéng bùliáng yǐngxiǎng.
이번 사건은 사회에 부정적인 영향을 미칠 것이다.

알아두면 뉴스가 들리는 중국 이야기

하루는 학생이 이런 질문을 합니다. "선생님, 중국에서는 구내염에 걸려도 '上火 shànghuǒ(상초열이 나다)'라고 하고 눈에 염증이 생겨도 '上火'라고 하는데 도대체 '上火'가 무슨 병이에요?" '上火'는 중의학에서 쓰이는 개념으로, 면역력 하락으로 인한 모든 증상을 '上火'라고 합니다. '上火'를 치료하는 것은 '降火 jiàng huǒ' 혹은 '去火 qù huǒ'라고 합니다. '上火'는 또한 일상생활에서 '답답하다, 속이 타다'라는 뜻으로도 쓰입니다.

你这是上火症状，我给你开点儿去火药吧。
Nǐ zhè shì shànghuǒ zhèngzhuàng, wǒ gěi nǐ kāi diǎnr qù huǒ yào ba.
상초열이 나셨네요. 화기를 없애는 약을 처방해 드릴게요.

你连表白都不敢啊，真是让人上火。
Nǐ lián biǎobái dōu bù gǎn a, zhēn shi ràng rén shànghuǒ.
고백할 용기도 없니? 정말 답답해.

장기적인 수면 부족, 건강에 해로워

长期睡眠不足，有害身体健康

🔘 009-01

每个人都知道睡眠的重要性，但是实际上真正能够
Měi ge rén dōu zhīdào shuìmián de zhòngyàoxìng, dànshì shíjìshang zhēnzhèng nénggòu

拥有充足睡眠的人很少，尤其是现在的80后90后，白天
yōngyǒu chōngzú shuìmián de rén hěn shǎo, yóuqí shì xiànzài de bālínghòu jiǔlínghòu, báitiān

忙于工作和应酬，晚上会充分"利用"属于自己的时间沉溺
mángyú gōngzuò hé yìngchóu, wǎnshàng huì chōngfèn "lìyòng" shǔyú zìjǐ de shíjiān chénnì

于玩儿手机游戏或者看八卦并乐此不疲，把睡觉有利于健康
yú wánr shǒujī yóuxì huòzhě kàn bāguà bìng lècǐ-bùpí, bǎ shuìjiào yǒulì yú jiànkāng

抛在脑后。根据调查，现在的90后睡眠不足的人占到80%
pāo zài nǎo hòu. Gēnjù diàochá, xiànzài de jiǔlínghòu shuìmián bùzú de rén zhàndào bǎi fēn zhī bāshí

以上。这个数据非常惊人，因为睡眠不足必然会给健康带来
yǐshàng. Zhège shùjù fēicháng jīngrén, yīnwèi shuìmián bùzú bìrán huì gěi jiànkāng dàilái

隐患疾病，那我们来看一下睡眠不足究竟会对健康带来哪些
yǐnhuàn jíbìng, nà wǒmen lái kàn yíxià shuìmián bùzú jiūjìng huì duì jiànkāng dàilái nǎxiē

伤害。首先，晚睡会引起饥饿感，而吃夜宵会导致肠胃超负荷，
shānghài. Shǒuxiān, wǎn shuì huì yǐnqǐ jī'ègǎn, ér chī yèxiāo huì dǎozhì chángwèi chāo fùhè,

容易患上胃肠疾病，不仅如此，新陈代谢低下还会导致发胖。
róngyì huànshàng wèicháng jíbìng, bùjǐn rúcǐ, xīnchéndàixiè dīxià hái huì dǎozhì fā pàng.

其次，晚睡会影响肝脏正常排毒，增加肝脏负担。第三，晚睡会长
Qícì, wǎnshuì huì yǐngxiǎng gānzàng zhèngcháng páidú, zēngjiā gānzàng fùdān. Dì-sān, wǎnshuì huì cháng

时间让心脏处于工作状态，从而加速心脏衰老，严重时危及生命。
shíjiān ràng xīnzàng chǔyú gōngzuò zhuàngtài, cóng'ér jiāsù xīnzàng shuāilǎo, yánzhòng shí wēijí shēngmìng.

🔘 009-02

단어＋표현

睡眠 shuìmián 수면 | 不足 bùzú 부족하다 | 真正 zhēnzhèng 진정한 | 充足 chōngzú 충분하다 | 应酬 yìngchóu 술자리 | 沉溺* chénnì 빠지다, 중독되다 | 八卦 bāguà 가십, 잡담 | 乐此不疲 lècǐ-bùpí 즐거워서 피곤하지 않다 | 惊人 jīngrén 놀랍다 | 隐患* yǐnhuàn 잠재적 위험 | 究竟 jiūjìng 도대체 | 饥饿感 jī'ègǎn 허기, 배고픔 | 夜宵 yèxiāo 야식 | 超负荷 chāo fùhè 과부하 | 新陈代谢 xīnchéndàixiè 신진대사 | 排毒 páidú 독소를 배출하다, 해독하다 | 负担 fùdān 부담 | 衰老 shuāilǎo 노화되다 | 危及 wēijí 위태롭게 하다

◀ : 수면의 중요성은 누구나 알고 있지만 실제로 충분히 잘 수 있는 사람은 드뭅니다. 특히 요즘 80~90년대생은 낮에는 업무와 술자리로 바쁘고, 밤에는 나만의 시간을 충분히 '활용'하여 휴대폰 게임을 하거나 가십을 보고 즐기느라 잠이 건강에 이롭다는 사실을 까맣게 잊어버립니다. 조사에 따르면 현재 90년대생 중 수면이 부족한 사람은 80% 이상인 것으로 나타났습니다. 수면 부족으로 질병을 일으키는 잠재적 위험이 생길 수 있다는 것으로 봤을 때 굉장히 놀라운 수치입니다. 그렇다면 수면 부족은 도대체 건강에 어떤 해를 끼칠까요? 우선 늦게 자면 허기가 지는데 야식을 먹으면 위장에 과부하를 일으켜 위장 질환에 걸리기 쉬울 뿐 아니라 신진대사 저하로 살이 찌게 됩니다. 다음으로, 늦게 자면 간이 해독을 제대로 하지 못해 간에 부담을 줍니다. 셋째, 늦게 자면 심장을 장시간 작동시켜 심장 노화가 가속화돼 심하면 생명이 위태로워집니다.

뉴스 표현 필살기

'究竟'은 상황에 따라 다양한 뜻을 나타냅니다. 의문문에서는 '도대체'라는 뜻으로 쓰여 어떤 일의 원인을 묻는 역할을 하고, 감탄문에서는 '역시'라는 뜻을 나타냅니다. 명사로 쓰이면 '경위'나 '결과'를 뜻합니다.

这个问题究竟有没有得到解决?
Zhège wèntí jiūjìng yǒu méiyǒu dédào jiějué?
이 문제는 도대체 해결이 되었나요?

究竟还是教授有经验，一听就知道问题在哪里!
Jiūjìng háishi jiàoshòu yǒu jīngyàn, yì tīng jiù zhīdào wèntí zài nǎlǐ!
역시 교수님께서는 경험이 풍부하시니, 듣자마자 문제가 어디 있는지 아시네요!

我们有必要去问一问究竟。
Wǒmen yǒu bìyào qù wèn yi wèn jiūjìng.
우리는 자초지종을 물어볼 필요가 있어.

알아 두면 뉴스가 들리는 중국 이야기

'어제 불면증 때문에 못 잤어.'라는 표현을 중국어로 어떻게 말할까요? 대부분 일차적으로 '昨天因为不眠症，没睡好。Zuótiān yīnwèi bùmiánzhèng, méi shuì hǎo.' 혹은 '昨天因为失眠症，没睡好。Zuótiān yīnwèi shīmián zhèng, méi shuì hǎo.'라고 하는데 '不眠症 bùmiánzhèng'이나 '失眠症 shīmián zhèng' 모두 잘 쓰지 않는 표현입니다. 특히 '不眠症'은 일본어식 표현이고 중국어에서는 쓰지 않습니다. 정확한 중국어 표현은 '昨天失眠，没睡好。Zuótiān shīmián, méi shuì hǎo.'입니다. '昨天不眠，没睡好。Zuótiān bùmián, méi shuì hǎo.'라는 표현도 틀리니 주의하세요.

담이 결리면 어떻게 해야 하나?

落枕了该怎么办?

🔊 010-01

落枕，是一种常见病，好发于青壮年，以冬春季多见。
Làozhěn, shì yì zhǒng chángjiàn bìng, hào fā yú qīngzhuàngnián, yǐ dōngchūnjì duō jiàn.

现代医学将其归入"急性颈痛"范畴。据统计，落枕发病率约为
Xiàndài yīxué jiāng qí guīrù "jíxìng jǐngtòng" fànchóu.　　Jù tǒngjì, làozhěn fābìnglǜ yuē wéi

14.6%，而患者首次发病后1-5年内持续性颈痛或
bǎi fēn zhī shísì diǎn liù, ér huànzhě shǒucì fābìng hòu yī zhì wǔ nián nèi chíxùxìng jǐngtòng huò

因复发引起的落枕发病率为14%。落枕的常见发病经过是
yīn fùfā yǐnqǐ de làozhěn fābìnglǜ wéi bǎi fēn zhī shísì. Làozhěn de chángjiàn fābìng jīngguò shì

入睡前并无任何症状，晨起后却感到项背部明显酸痛，
rùshuì qián bìng wú rènhé zhèngzhuàng, chén qǐ hòu què gǎndào xiàng bèibù míngxiǎn suāntòng,

颈部活动受限。因此主要与睡姿不佳、枕头不适有关，最主要的
jǐngbù huódòng shòu xiàn. Yīncǐ zhǔyào yǔ shuìzī bù jiā, zhěntou búshì yǒuguān, zuì zhǔyào de

病因是肌肉扭伤。另外，外受风寒，使颈背部气血凝滞都容易
bìngyīn shì jīròu niǔshāng.　　Lìngwài,　wài shòu fēnghán, shǐ jǐngbèibù qìxuè níngzhì dōu róngyì

导致"落枕"。落枕之后该怎么办?"落枕"以后，应当慢慢地轻揉
dǎozhì "làozhěn". Làozhěn zhīhòu gāi zěnme bàn? "Làozhěn" yǐhòu, yīngdāng mànmān de qīng róu

颈部，使紧绷的肌肉松弛下去，加快血液循环。若快速好转，可以
jǐngbù, shǐ jǐnbēng de jīròu sōngchí xiàqù, jiākuài xuèyè xúnhuán. Ruò kuàisù hǎozhuǎn, kěyǐ

使用毛巾包裹一些碎冰粒，每次敷20分钟左右，一天之内很快就会
shǐyòng máojīn bāoguǒ yìxiē suìbīnglì, měi cì fū èrshí fēnzhōng zuǒyòu, yì tiān zhī nèi hěn kuài jiù huì

康复。
kāngfù.

단어+표현　　　　　　　　　　　　　　　　　　　　　　　　　　　🔊 010-02

落枕 làozhěn 낙침, 담이 결리다 | 颈痛 jǐngtòng 목 통증 | 范畴* fànchóu 범주 | 发病率 fābìnglǜ 발병률 | 持续* chíxù 지속되다 |
晨起 chén qǐ 새벽에 일어나다 | 酸痛 suāntòng 뻐근하다, 쑤시다 | 受限* shòu xiàn 제한을 받다 | 睡姿不佳 shuìzī bù jiā 수면 자세가
잘못되다 | 扭伤 niǔshāng 삐다 | 凝滞 níngzhì 막히다 | 紧绷 jǐnbēng (근육·신경 등이) 긴장되다 | 松弛 sōngchí 이완되다 | 若* ruò 만
약 | 敷 fū 바르다, 칠하다

◀ 담은 일반적으로 청장년층에서 자주 발생하며 겨울과 봄에 쉽게 발생하는 흔한 질병입니다. 현대 의학은 이를 '급성 목 통증'의 범주로 분류하고 있습니다. 통계에 따르면 담의 발생률은 약 14.6%이고, 첫 발병 후 환자가 1~5년 이내에 지속적인 목 통증을 겪거나 재발로 인한 담 발생률은 14%입니다. 담이 걸리면 보통 일반적으로 잠자리에 들기 전에는 아무런 증상이 없지만 아침에 일어나면 목 뒷부분에 강한 통증이 느껴지고, 목의 움직임이 제한됩니다. 따라서 주로 수면 자세 불량, 베개의 불편함과 관련이 있으며 근육 뭉침이 주원인입니다. 또한 외부에서 추위에 노출되면 목 뒤쪽의 혈액 순환이 정체되어 쉽게 '담'이 걸리게 됩니다. 담이 걸리면 어떻게 해야 할까요? '담'이 걸린 후에는 목을 천천히 마사지하면서 긴장된 근육을 이완하고 혈액 순환이 빨라지게 해야 합니다. 만일 빨리 호전되면 얼음 조각을 수건에 싸서 매번 20분 정도 냉찜질해 주면, 하루 만에 빠르게 회복할 수 있습니다.

🥷 뉴스 표현 필살기

'若'는 '만약'이라는 뜻으로 '如果 rúguǒ'로 바꿔 쓸 수 있습니다. 그러나 '若'는 글말에, '如果'는 입말에 주로 사용됩니다.

人若犯我，我必犯人。
Rén ruò fàn wǒ, wǒ bì fànrén.
누군가 나를 불쾌하게 하면 나도 반드시 그 사람을 불쾌하게 할 것이다.

若无大碍，可以回家疗养。
Ruò wú dà ài, kěyǐ huí jiā liáoyǎng.
큰 문제가 없다면 집에 가서 요양해도 됩니다.

你若盛开，蝴蝶自来。
Nǐ ruò shèngkāi, húdié zì lái.
당신이란 꽃이 만개하면 나비가 자연스럽게 날아온다.
[자신이 충분히 훌륭하면 기회가 자연스럽게 찾아온다는 뜻]

알아 두면 뉴스가 들리는 중국 이야기

하루는 중국에서 일하고 있는 한국인 동기에게 연락이 왔는데요, 회사 상사가 담이 걸려서 약국에 갔는데 '담이 걸리다'라는 표현을 중국어로 모르겠다고 도움을 요청한 것입니다. 저도 외국인으로서 타국 생활을 하면서 곤란할 때가 이처럼 아플 때 정확한 표현이 생각나지 않는 것입니다. 그러니 평소에 증상에 관한 표현을 외워 두는 게 좋겠습니다. '落枕 làozhěn(담이 걸리다)'은 '자다가 베개에서 떨어졌다'라는 뜻으로 수면 자세가 잘못 되었다는 의미입니다. '打嗝(儿) dǎgé(r)(트림하다, 딸꾹질하다), 中暑 zhòngshǔ(더위를 먹다), 胃胀 wèi zhàng(위에 가스가 차다), 腹胀 fù zhàng / 肚子胀气 dùzi zhàngqì(배에 가스가 차다)' 같은 표현도 함께 알아 두면 좋습니다.
정확한 증상 표현을 알기 어렵다면 최대한 알고 있는 단어를 활용하여 증상을 의사나 약사에게 설명해야겠지요? 가령 담이 걸렸다면, '脖子疼。Bózi téng.(목이 아파요.)'이라고 하거나 '脖子动不了。Bózi dòng bu liǎo.(목을 움직일 수 없어요.)'라고 말하면 기본적인 의미 전달은 가능하니까요!

소화 불량, 어떻게 예방하나?

消化不良怎样预防?

🔊 011-01

消化不良是一种临床症候群，是由胃动力障碍所
Xiāohuà bùliáng shì yì zhǒng línchuáng zhènghòuqún, shì yóu wèi dònglì zhàng'ài suǒ

引起的疾病，也包括食道反流病。消化不良主要分为功能性
yǐnqǐ de jíbìng, yě bāokuò shídào fǎnliú bìng. Xiāohuà bùliáng zhǔyào fēn wéi gōngnéngxìng

消化不良和器质性消化不良。值得强调的是，轻型消化不良，
xiāohuà bùliáng hé qìzhìxìng xiāohuà bùliáng. Zhídé qiángdiào de shì, qīngxíng xiāohuà bùliáng,

大都由于情绪不好、工作过于紧张、天寒受凉或多食不易
dà dōu yóuyú qíngxù bù hǎo、 gōngzuò guòyú jǐnzhāng、tiān hán shòuliáng huò duō shí bú yì

消化食物所引起，仅有轻微的上腹不适、饱胀、烧心等
xiāohuà shíwù suǒ yǐnqǐ, jǐn yǒu qīngwēi de shàng fù búshì、bǎo zhàng、shāoxīn děng

症状。由于现代人工作生活节奏较快、饮食不规律、精神压力
zhèngzhuàng. Yóuyú xiàndàirén gōngzuò shēnghuó jiézòu jiào kuài、yǐnshí bù guīlǜ、jīngshén yālì

大，消化不良越来越普遍。长期的消化不良易导致便秘、腹泻、
dà, xiāohuà bùliáng yuè lái yuè pǔbiàn. Chángqī de xiāohuà bùliáng yì dǎozhì biànmì、fùxiè、

不易安睡，因此专家建议要积极预防。具体内容如下；尽量选择
bú yì ānshuì, yīncǐ zhuānjiā jiànyì yào jījí yùfáng. Jùtǐ nèiróng rúxià; Jǐnliàng xuǎnzé

在家就餐、改善饮食结构、保持心情愉悦、注意胃部保暖、戒烟
zài jiā jiùcān、 gǎishàn yǐnshí jiégòu、 bǎochí xīnqíng yúyuè、 zhùyì wèibù bǎonuǎn、jiè yān

戒酒、养成良好生活习惯、避免熬夜等。
jiè jiǔ、yǎngchéng liánghǎo shēnghuó xíguàn、bìmiǎn áoyè děng.

단어+표현
🔊 011-02

消化不良 xiāohuà bùliáng 소화 불량 | 临床症候群 línchuáng zhènghòuqún 임상 증후군 | 障碍*zhàng'ài 장애 | 食道反流病 shídào fǎnliúbìng 식도 역류 질환 | 功能*gōngnéng 기능 | 器质性 qìzhìxìng 기질성 [기능성과 상대되는 말] | 情绪 qíngxù 정서 | 烧心 shāoxīn 속이 쓰리다 | 人工 réngōng 인공의, 인위적인 | 节奏*jiézòu 템포, 리듬 | 便秘 biànmì 변비 | 具体*jùtǐ 구체적이다 | 尽量 jǐnliàng 최대한 | 就餐 jiùcān 식사하다 | 结构*jiégòu 구조 | 戒 jiè (술·담배 등을) 끊다 | 熬夜 áoyè 밤을 새우다

소화 불량은 식도 역류 질환을 포함한 위 운동 장애로 인해 발생하는 임상 증후군입니다. 소화 불량은 주로 기능성 소화 불량과 기질성 소화 불량으로 나뉩니다. 강조해야 할 점은 경미한 소화 불량은 대부분 기분이 좋지 않거나 직장에서 스트레스를 많이 받거나 날씨가 너무 춥거나 소화하기 어려운 음식을 너무 많이 섭취해서 발생하는데, 경미한 상복부의 불편함, 포만감, 속 쓰림 등의 증상이 있습니다. 현대인의 빠른 업무 및 생활 리듬, 불규칙한 식습관, 심한 정신적 스트레스로 인해 소화 불량이 점점 더 흔해지고 있습니다. 장기간의 소화 불량은 쉽게 변비, 설사 및 수면 장애로 이어질 수 있으므로 전문가들은 적극적인 예방을 권장합니다. 구체적인 내용은 다음과 같습니다. 최대한 집에서 식사하고, 식단을 개선하고, 즐거운 기분을 유지하고, 배를 따뜻하게 하며, 담배와 술을 끊고, 올바른 생활 습관을 기르고, 밤을 새우지 않는 것입니다.

뉴스 표현 필살기

'导致'는 '초래하다, 야기하다'라는 뜻으로 뒤에 보통은 부정적인 내용이 붙습니다. '造成 zàochéng'과 비슷하지만 '导致'는 인과 관계를, '造成'은 결과를 강조합니다.

物价上涨，导致消费骤减。
Wùjià shàngzhǎng, dǎozhì xiāofèi zhòu jiǎn.
물가 상승으로 소비가 급격히 감소했다.

贸易摩擦导致双方关系破裂。
Màoyì mócā dǎozhì shuāngfāng guānxì pòliè.
무역 갈등으로 인해 양측의 관계가 틀어졌다.

市场的供不应求，导致房价持续上涨。
Shìchǎng de gōngbúyìngqiú, dǎozhì fángjià chíxù shàngzhǎng.
시장에서 공급이 수요에 미치지 못해 지속적인 집값 상승을 초래했다.

알아 두면 뉴스가 들리는 중국 이야기

중국에 막 도착하면 새로운 생활에 적응하느라 스트레스도 받고 낯선 음식에 적응이 안 되어서 소화 불량을 겪을 때가 종종 있을 것입니다. 그럴 때는 참지 말고 증상을 완화하는 약을 꼭 사 먹기를 바랍니다. 그런 의미에서 중국인들의 '국민 소화제'를 소개하고 싶은데요, 약 이름은 '江中健胃消食片 Jiāngzhōngjiàn Wèi Xiāoshípiàn'입니다. 귤 껍질, 마, 맥아 등의 약재로 만들어 상대적으로 부작용이 적은 반면 맛이 달달하고 효과도 좋습니다. 물론 약이기 때문에 맛있다고 많이 먹으면 안 됩니다.
그리고 한국에도 잘 알려진 동인당(同仁堂 Tóngréntáng)에서 만든 '大山楂丸 Dà Shānzhā Wán'도 있는데요, 중국인들은 약보다는 소화를 돕는 건강한 간식으로 여깁니다. 산사를 환으로 만든 것이기 때문에 맛도 새콤달콤합니다. 중국에 살고 있는 저의 한국인 친구들이 한국에 올 때 선물로 많이 사 오는 제품이기도 합니다. 한국에서는 산사를 열매보다는 약재로 쓰는 경우가 많지만, 중국에서는 산사를 반죽에 넣고 얇게 펴서 구운 '山楂片 shānzhāpiàn'으로 많이 만들어 먹습니다.

숙취는 병이다? 완화법은?

宿醉是病? 怎样缓解?

🔊 012-01

据报道德国将宿醉当成疾病。对于宿醉定义为疾病，有人
Jù bàodào Déguó jiāng sùzuì dàngchéng jíbìng. Duìyú sùzuì dìngyì wéi jíbìng, yǒu rén

调侃道，酒后是不是可以请病假。醉酒之后，人的语言能力、
tiáokǎn dào, jiǔ hòu shì bu shì kěyǐ qǐng bìngjià. Zuìjiǔ zhīhòu, rén de yǔyán nénglì、

判断力、感知能力都会下降，而且情绪很容易失控。当然还
pànduànlì、gǎnzhī nénglì dōu huì xiàjiàng, érqiě qíngxù hěn róngyì shīkòng. Dāngrán hái

有一些人醉酒之后会诱发一些疾病，比如中风或者猝死。
yǒu yìxiē rén zuìjiǔ zhīhòu huì yòufā yìxiē jíbìng, bǐrú zhòngfēng huòzhě cùsǐ.

还有一些人醉酒之后开车，因此酿成交通事故的概率会更高。
Hái yǒu yìxiē rén zuìjiǔ zhīhòu kāichē, yīncǐ niàng chéng jiāotōng shìgù de gàilǜ huì gèng gāo.

现实中大部分人很难控制自己不喝醉，甚至很多人喜欢
Xiànshí zhōng dà bùfen rén hěn nán kòngzhì zìjǐ bù hē zuì, shènzhì hěn duō rén xǐhuan

一醉方休，其实这会导致伤己害人。那醉酒之后该如何尽快
yízuìfāngxiū, qíshí zhè huì dǎozhì shāngjǐhàirén. Nà zuìjiǔ zhīhòu gāi rúhé jǐnkuài

解除宿醉症状? 专家给出以下几点建议: 1、喝牛奶，牛奶中的
jiěchú sùzuì zhèngzhuàng? Zhuānjiā gěi chū yǐxià jǐ diǎn jiànyì: Yī、hē niúnǎi, niúnǎi zhōng de

蛋白质可以保护胃黏膜。2、凉拌白菜，白菜有解毒作用，也可以
dànbáizhì kěyǐ bǎohù wèi niánmó. Èr、liángbàn báicài, báicài yǒu jiědú zuòyòng, yě kěyǐ

帮助醒酒。3、喝浓茶，茶叶本身有提神的作用，浓茶还可以
bāngzhù xǐngjiǔ. Sān、hē nóng chá, cháyè běnshēn yǒu tíshén de zuòyòng, nóng chá hái kěyǐ

缓解酒精中毒的症状。
huǎnjiě jiǔjīng zhòngdú de zhèngzhuàng.

단어+표현

🔊 012-02

宿醉 sùzuì 숙취 | 调侃 tiáokǎn 비웃다 | 病假 bìngjià 병가 | 醉* zuì 취하다 | 判断力 pànduànlì 판단력 | 感知能力 gǎnzhī nénglì 인지 능력 | 失控 shīkòng 제어하지 못하다 | 中风 zhòngfēng 중풍, 뇌졸증 | 猝死 cùsǐ 급사하다 | 酿成* niàng chéng 빚어 내다 | 甚至* shènzhì 심지어 | 一醉方休 yízuìfāngxiū 코가 삐뚤어지게 술을 마시다 | 伤己害人 shāngjǐhàirén 자신과 다른 사람을 다치게 하다 | 解除* jiěchú 없애다 | 胃黏膜 wèi niánmó 위 점막 | 醒酒 xǐngjiǔ 술이 깨다 | 提神 tíshén 상쾌하게 하다 | 酒精中毒 jiǔjīng zhòngdú 알코올 중독

◀ 보도에 따르면 독일은 숙취를 질병으로 간주한다고 합니다. 숙취가 질병으로 정의된 것에 대해 어떤 사람들은 음주 후에 병가를 낼 수 있는지 농담하기도 했습니다. 술에 취한 후에는 사람의 언어 능력, 판단력 및 인지 능력이 떨어지고 감정이 쉽게 제어되지 않습니다. 물론 술에 취한 후에 뇌졸중이나 돌연사 등의 질병이 일어나는 사람도 있습니다. 음주운전을 하는 사람도 있는데 이는 교통사고 발생률을 더 높일 수 있습니다. 실제로 대부분의 사람은 술에 취하지 않도록 자신을 통제하기가 어렵고, 심지어 많은 사람은 코가 비뚤어지도록 마시기를 즐기는데, 사실 이것은 자신과 타인에게 해를 끼칠 수 있습니다. 술에 취한 후 가능한 한 빨리 숙취 증상을 없애려면 어떻게 해야 할까요? 전문가들은 다음과 같은 제안을 합니다. 1. 우유를 마시기. 우유에 함유된 단백질은 위 점막을 보호할 수 있습니다. 2. 배추무침 먹기. 배추는 해독 효과가 있으며 술 깨는 데에 도움이 됩니다. 3. 농차 마시기. 차는 그 자체로 정신을 상쾌하게 하는 효과가 있으며 농차는 알코올 중독 증상을 완화할 수 있습니다.

뉴스 표현 필살기

'对于'는 '～에 대하여'라는 뜻으로 동작이나 행위의 대상을 함께 씁니다. '对 duì'도 뜻이 같지만 '对于'는 글말에, '对'는 입말에 주로 사용됩니다. 또한 '对'가 '对人 duì rén, 对事 duì shì'처럼 동사로 쓰인 경우에는 '对于'로 바꿔 쓸 수 없습니다.

国际社会对于人权问题十分重视。
Guójì shèhuì duìyú rénquán wèntí shífēn zhòngshì.
국제 사회는 인권 문제를 매우 중시한다.

组织内对于这个问题的看法都不一致。
Zǔzhī nèi duìyú zhège wèntí de kànfǎ dōu bù yízhì.
이 문제에 대한 조직의 견해는 일치하지 않는다.

对于一些社会问题，我们应该进行客观分析。
Duìyú yìxiē shèhuì wèntí, wǒmen yīnggāi jìnxíng kèguān fēnxī.
일부 사회 문제에 대해, 우리는 객관적인 분석을 진행해야 한다.

알아 두면 뉴스가 들리는 중국 이야기

중국에서 직장 생활을 하게 된다면, 중국인 사업 파트너들과 술자리도 가지게 될 것입니다. 한 가지 팁이 있다면, 중국에는 아직 숙취 해소 음료가 많지 않은 편이라 술자리에서 선물하기 좋습니다. 그렇다면 '술자리'는 중국어로 무엇일까요? 바로 '应酬 yìngchóu'라고 합니다. '应酬'에는 ① (비즈니스 관계를 위해) 응대하다, 접대하다 ② 교제하다 ③ (사적인) 연회, 이렇게 총 3가지 뜻이 있는데 첫 번째 뜻으로 가장 자주 쓰입니다. 원래 '应酬'는 '酬酢 chóuzuò'로 쓰였는데요, '酬'는 주인이 손님에게 술을 권하는 것이고 '酢'는 손님이 다시 주인에게 답례 술을 권하는 것입니다. '应酬'는 '주인이 권하는 술(酬)에 응하다(应)'라는 뜻이 되는 셈이죠.

最近公司应酬特别多，几乎每天都凌晨才回家。
Zuìjìn gōngsī yìngchóu tèbié duō, jīhū měi tiān dōu língchén cái huí jiā.
요즘 회사 술자리가 너무 많아요. 거의 매일 새벽이 되어서야 집에 가요.

서브헬스, 70%가 처한 상태

亚健康——70%所处的状态

013-01

世界卫生组织根据近半个世纪的研究成果，将"健康"定义
Shìjiè Wèishēng Zǔzhī gēnjù jìn bàn ge shìjì de yánjiū chéngguǒ, jiāng "jiànkāng" dìngyì

为"不但是身体没有疾病或虚弱，还要有完整的生理、心理
wéi "búdàn shì shēntǐ méiyǒu jíbìng huò xūruò, hái yào yǒu wánzhěng de shēnglǐ、xīnlǐ

状态和社会适应能力"。中国符合世界卫生组织关于健康定义
zhuàngtài hé shèhuì shìyìng nénglì". Zhōngguó fúhé Shìjiè Wèishēng Zǔzhī guānyú jiànkāng dìngyì

的人群只占总人口数的15%，与此同时，有15%的
de rénqún zhǐ zhàn zǒng rénkǒu shù de bǎi fēn zhī shíwǔ, yǔ cǐ tóngshí, yǒu bǎi fēn zhī shíwǔ de

人处在疾病状态中，剩下70%的人处在"亚健康"状态。
rén chù zài jíbìng zhuàngtài zhōng, shèngxià bǎi fēn zhī qīshí de rén chù zài "yàjiànkāng" zhuàngtài.

通俗地说，就是这70%的人通常没有器官、组织、功能
Tōngsú de shuō, jiù shì zhè bǎi fēn zhī qīshí de rén tōngcháng méiyǒu qìguān、zǔzhī、gōngnéng

上的病症和缺陷，但是自我感觉不适，疲劳乏力，反应迟钝、活力
shang de bìngzhèng hé quēxiàn, dànshì zìwǒ gǎnjué búshì, píláo fálì, fǎnyìng chídùn、huólì

降低、适应力下降，经常处在焦虑、烦乱、无聊的状态中，自觉
jiàngdī、shìyìnglì xiàjiàng, jīngcháng chù zài jiāolǜ、fánluàn、wúliáo de zhuàngtài zhōng, zìjué

活得很累。亚健康与国外的慢性疲劳综合征是一回事，都是对以
huó de hěn lèi. Yàjiànkāng yǔ guówài de mànxìng píláo zōnghézhēng shì yì huí shì, dōu shì duì yǐ

慢性疲劳为主要特征的一组躯体心理症状的研究。
mànxìng píláo wéi zhǔyào tèzhēng de yì zǔ qūtǐ xīnlǐ zhèngzhuàng de yánjiū.

013-02

단어+표현

亚健康 yàjiànkāng 서브헬스, 병은 없지만 몸이 좋지도 않은 상태 | 世界卫生组织* Shìjiè Wèishēng Zǔzhī 세계보건기구(WHO) |
虚弱 xūruò 허약하다 | 生理 shēnglǐ 생리 | 适应* shìyìng 적응하다 | 符合* fúhé 부합하다 | 与此同时 yǔ cǐ tóngshí 이와 동시에 |
通俗 tōngsú 일반적인 | 器官 qìguān 장기 | 缺陷 quēxiàn 결함 | 疲劳乏力 píláo fálì 피로하고 힘이 없다 | 反应 fǎnyìng 반응하다 |
迟钝 chídùn 느리다 | 降低 jiàngdī 절감하다 | 焦虑 jiāolǜ 초조하다 | 烦乱 fánluàn 심란하다 | 无聊 wúliáo 지루하다 | 躯体 qūtǐ 신체

◀ : 반세기에 걸친 연구 결과를 바탕으로 세계보건기구는 '건강'을 '신체에 질병이나 허약함이 없을 뿐만 아니라 완전한 생리적, 심리적 상태 및 사회적 적응력이 있는 것'으로 정의했습니다. WHO가 내린 건강의 정의에 부합하는 중국 인구는 전체 인구의 15%에 불과합니다. 이와 동시에 15%의 사람들은 질병 상태에 있고 나머지 70%는 '서브헬스' 상태에 있습니다. 쉽게 말해 이 70%의 사람들은 일반적으로 장기, 조직, 기능적 질병과 결함은 없지만 불편함과 피로감을 느끼며 반응이 느리고 활력이 떨어지며 적응력이 떨어진다는 것입니다. 또한 종종 불안하고 짜증이 나며 지루한 상태이며, 매우 피곤하게 살고 있다고 느낍니다. 서브헬스는 해외의 만성 피로 증후군과 같은 말인데, 모두 만성 피로를 주요 특징으로 하는 신체적, 심리적 증후군에 대한 연구입니다.

뉴스 표현 필살기

'与此同时'는 '이와 동시에'라는 뜻으로 앞뒤 문장이 병렬 관계임을 나타냅니다.

与此同时，传来了一个好消息。
Yǔ cǐ tóngshí, chuánláile yí ge hǎo xiāoxi.
이와 동시에 좋은 소식이 전해져 왔다.

与此同时，要加强对售后服务的管理。
Yǔ cǐ tóngshí, yào jiāqiáng duì shòuhòu fúwù de guǎnlǐ.
이와 동시에 A/S 관리 강화가 필요하다.

欧洲央行将重新评估风险，与此同时不会停止对希腊的紧急援助。
Ōuzhōu yāngháng jiāng chóngxīn pínggū fēngxiǎn, yǔ cǐ tóngshí bú huì tíngzhǐ duì Xīlà de jǐnjí yuánzhù.
유럽 중앙은행은 위험을 재평가하는 동시에 그리스에 대한 긴급 지원을 중단하지 않을 것이다.

알아 두면 뉴스가 들리는 중국 이야기

건강을 위해서는 술을 마시면 안 되는데, 입은 만족시켜야 하고……. 이런 상황에서 여러분이라면 어떻게 할 건가요? 과연 두 마리 토끼를 잡을 수 있을까요? 중국 네티즌들은 '啤酒加枸杞 píjiǔ jiā gǒuqǐ(맥주에 구기자를 더하다)'라는 방법을 제시합니다. 구기자는 한국에서도 슈퍼 푸드로 유명하죠? 진시황이 불로장생의 꿈을 이루기 위해 즐겨 먹었다고도 하는데, 질병과 노화의 원인인 활성 산소를 제거하는 능력이 딸기의 30배 이상이라고 합니다. 맥주를 마시면서도 건강도 놓치고 싶지 않을 때, 그럴싸한 방법이죠?
사실 '啤酒加枸杞'는 중국 네티즌들이 마음은 아직 젊지만 몸은 늙어 가는 상황에서 술을 마시면서도 건강을 지키기 위해 애쓰고 있는 자신의 '웃픈' 상황을 자조하기 위한 유행어입니다. 그러니 이 방법을 실제로 따라하지는 마세요!

향후 7일간 스모그 심해, 어떻게 대비하나?

未来七天霾天来袭，如何做好防护?

🔊 014-01

近期天气回暖，静稳天气建立，预计霾天气即将来袭。我
Jìnqī tiānqì huínuǎn, jìng wěn tiānqì jiànlì, yùjì mái tiānqì jíjiāng lái xí. Wǒ

省部分地区将有中度雾霾，局部地区将有重度雾霾。如果
shěng bùfen dìqū jiāng yǒu zhōngdù wùmái, júbù dìqū jiāng yǒu zhòngdù wùmái. Rúguǒ

赶上雾霾天气，应如何防护呢? 专家给出以下建议: 尽量减少
gǎnshàng wùmái tiānqì, yīng rúhé fánghù ne? Zhuānjiā gěichū yǐxià jiànyì: Jǐnliàng jiǎnshǎo

外出，特别是不要到人员密集的地方。如需外出，一定要戴
wàichū, tèbié shì búyào dào rényuán mìjí de dìfang. Rú xū wàichū, yídìng yào dài

医用口罩或N95口罩。也可随身携带湿纸巾，及时擦拭污染物。
yīyòng kǒuzhào huò N jiǔ-wǔ kǒuzhào. Yě kě suíshēn xiédài shī zhǐjīn, jíshí cāshì wūrǎnwù.

雾霾天气尽量不要开窗。如需开窗，应尽量避开早晚雾霾
Wùmái tiānqì jǐnliàng búyào kāi chuāng. Rú xū kāi chuāng, yīng jǐnliàng bì kāi zǎowǎn wùmái

高峰时段。还可以使用空气净化器，对PM10、PM2.5都有很好
gāofēng shíduàn. Hái kěyǐ shǐyòng kōngqì jìnghuàqì, duì PM shí, PM èr diǎn wǔ dōu yǒu hěn hǎo

的吸附效果。研究表明，使用空气净化器，室内颗粒物浓度达到
de xīfù xiàoguǒ. Yánjiū biǎomíng, shǐyòng kōngqì jìnghuàqì, shì nèi kēlìwù nóngdù dádào

稳定需要3小时。运动时，可在室内走动或在家中的跑步机上
wěndìng xūyào sān xiǎoshí. Yùndòng shí, kě zài shì nèi zǒudòng huò zài jiā zhōng de pǎobùjī shang

锻炼。适当的运动，可以增强呼吸功能，增加污染天气下抵御
duànliàn. Shìdàng de yùndòng, kěyǐ zēngqiáng hūxī gōngnéng, zēngjiā wūrǎn tiānqì xià dǐyù

呼吸道传染病的能力。
hūxīdào chuánrǎnbìng de nénglì.

단어+표현
🔊 014-02

霾天* mái tiān 스모그 날씨 | 来袭* lái xí 다가오다 | 回暖 huínuǎn (날씨가) 따뜻해지다 | 静稳 jìng wěn 정적이다, 차분하다 | 即将 jíjiāng 곧, 머지 않아 | 密集 mìjí 밀집되다 | 携带* xiédài 휴대하다 | 高峰时段 gāofēng shíduàn 성수기, 러시아워 | 空气净化器 kōngqì jìnghuàqì 공기청정기 | 吸附 xīfù 흡착하다 | 颗粒物浓度 kēlìwù nóngdù 미세 입자 농도 | 跑步机 pǎobùjī 러닝머신 | 增强* zēngqiáng 강화하다 | 抵御* dǐyù 방어하다

◀ 최근 날씨가 풀리고 차분한 날씨가 이어지고 있는 가운데 스모그가 곧 찾아올 것으로 보입니다. 우리 성의 일부 지역은 일반 단계 스모그가, 국지적으로 심각 단계 스모그가 발생할 것입니다. 만약 스모그가 온다면 어떻게 대비해야 할까요? 전문가들은 가급적 외출을 자제하고, 특히 사람이 많이 모이는 곳에는 가지 말 것을 조언합니다. 만약 외출해야 한다면 반드시 의료용 마스크나 N95 마스크를 착용해야 하고 물티슈를 휴대하고 다니며 오염 물질을 즉시 닦아 낼 것도 제안하고 있습니다. 또 스모그가 유입된 날에는 가급적 창문을 열지 말고, 열려면 되도록 아침저녁에 스모그가 피크인 시간대를 피해야 합니다. 공기청정기를 사용할 수도 있는데, PM10, PM2.5에 대한 흡착 효과가 좋은 것으로 나타났습니다. 연구에 따르면 공기청정기를 사용하면 실내 미세먼지 농도가 안정되기까지 3시간이 걸립니다. 운동할 때는 실내를 돌아다니거나 집 안에서 러닝머신으로 운동합니다. 적절한 운동은 호흡 기능을 강화해 오염된 날씨에서 호흡기 전염병을 막는 능력을 키울 수 있습니다.

뉴스 표현 필살기

'建议'는 '제안하다, 제안, 의견'이라는 뜻의 동사 및 명사로 사용됩니다. 주로 주장을 내세울 때 쓰는 표현입니다. 명사로 쓰일 경우, '意见 yìjiàn'으로 바꿔 쓸 수 있습니다. 다만 불만이라는 뜻을 나타낼 때 '有意见 yǒu yìjiàn, 意见很大 yìjiàn hěn dà'로 표현하지만 '建议'에는 이런 용법이 없습니다.

如果有什么建议可以向领导提出来。
Rúguǒ yǒu shénme jiànyì kěyǐ xiàng lǐngdǎo tí chūlái.
의견이 있으면 리더에게 제기할 수 있다.

部分网民建议出台男女同休产假政策。
Bùfen wǎngmín jiànyì chūtái nánnǚ tóng xiū chǎnjià zhèngcè.
일부 네티즌들은 남녀 공동 출산휴가 제도의 도입을 제안했다.

领导对于此次项目的实施提出了若干建议。
Lǐngdǎo duìyú cǐ cì xiàngmù de shíshī tíchūle ruògān jiànyì.
상사는 이번 프로젝트의 실행에 대해 몇 가지 의견을 제시했다.

알아 두면 뉴스가 들리는 중국 이야기

스모그에 관련된 재미있는 이야기를 소개하고 싶은데요. 중국의 유명 여성 작가 장샤오셴(张小娴 Zhāng Xiǎoxián)의 소설에 굉장히 유명한 시구가 있어요.

世界上最遥远的距离，不是生与死的距离，而是，我就站在你面前，你却不知道我爱你。
Shìjiè shang zuì yáoyuǎn de jùlí, bú shì shēng yǔ sǐ de jùlí, ér shì, wǒ jiù zhàn zài nǐ miànqián, nǐ què bù zhīdào wǒ ài nǐ.
세상에서 가장 먼 거리는 삶과 죽음의 거리가 아니라 당신의 앞에 서 있는데 내가 당신을 사랑한다는 것을 모른다는 것이다.

스모그가 심한 날씨가 이어지면서 네티즌들이 이 시구를 재미있게 패러디하기도 했어요.

世界上最遥远的距离，不是生与死的距离，而是，我在大街上牵着你的手，却看不见你。
Shìjiè shang zuì yáoyuǎn de jùlí, bú shì shēng yǔ sǐ de jùlí, ér shì, wǒ zài dàjiē shang qiānzhe nǐ de shǒu, què kàn bu jiàn nǐ.
세상에서 가장 먼 거리는 삶과 죽음의 거리가 아니라 길거리에서 손을 잡고 있는데 당신이 보이지 않는다는 것이다.

우리 시 고온 황색 경보,
국부 지역 기온 40도 이상에 달해

我市发布高温黄色预警，局部地区气温达40℃以上

● 015-01

昨日，受暖气流控制，本市出现高温天气，市气象台6时
Zuórì,　　shòu nuǎn qìliú kòngzhì, běn shì chūxiàn gāowēn tiānqì, shì qìxiàngtái liù shí

50分发布高温黄色预警。市气象台预计，今天高温范围继续
wǔshí fēn fābù gāowēn huángsè yùjǐng. Shì qìxiàngtái yùjì,　　jīntiān gāowēn fànwéi jìxù

扩大，平原地区最高气温36-37℃，局部地区将达40℃
kuòdà, píngyuán dìqū zuì gāo qìwēn sānshíliù zhì sānshíqī shèshìdù, júbù dìqū jiāng dá sìshí shèshìdù

以上，紫外线强，体感炎热。本周天气格局整体来看都以晴热
yǐshàng, zǐwàixiàn qiáng, tǐgǎn yánrè.　　Běn zhōu tiānqì géjú zhěngtǐ lái kàn dōu yǐ qíng rè

为主，预计这轮晴晒天气将至少持续至周五。专家建议外出
wéi zhǔ, yùjì zhè lún qíng shài tiānqì jiāng zhìshǎo chíxù zhì zhōuwǔ.　　Zhuānjiā jiànyì wàichū

时，注意做好以下防护。首先，尽量避免午后高温时段的户外
shí, zhùyì zuòhǎo yǐxià fánghù.　　Shǒuxiān, jǐnliàng bìmiǎn wǔhòu gāowēn shíduàn de hùwài

活动，对老、弱、病、幼人群提供防暑降温指导，并采取必要的
huódòng, duì lǎo、ruò、bìng、yòu rénqún tígōng fángshǔ jiàngwēn zhǐdǎo,　　bìng cǎiqǔ bìyào de

防护措施。第二，有关部门应注意防范因用电量过高，电线、
fánghù cuòshī.　　Dì-èr, yǒuguān bùmén yīng zhùyì fángfàn yīn yòngdiànliàng guò gāo, diànxiàn、

变压器等电力设备负载大而引发火灾。第三，户外或者高温条件下
biànyāqì děng diànlì shèbèi fùzài dà ér yǐnfā huǒzāi.　　Dì-sān, hùwài huòzhě gāowēn tiáojiàn xià

的作业人员应当采取必要的防护措施。
de zuòyè rényuán yīngdāng cǎiqǔ bìyào de fánghù cuòshī.

● 015-02

发布*fābù 발령하다 | 高温黄色预警 gāowēn huángsè yùjǐng 고온 황색 경보 | 气象台 qìxiàngtái 기상청 | 平原 píngyuán 평원 |
摄氏度 shèshìdù 섭씨 온도 | 紫外线 zǐwàixiàn 자외선 | 体感*tǐgǎn 체감하다 | 炎热 yánrè 무덥다 | 格局 géjú 구도, 상황 | 晴热
qíng rè (날씨가) 맑고 무덥다 | 轮*lún 차례 | 至少*zhìshǎo 최소한 | 防暑 fángshǔ 더위를 막다 | 降温 jiàngwēn 온도를 내리다 | 防范
fángfàn 예방하다 | 变压器 biànyāqì 변압기 | 负载 fùzài 부하

◀ː 어제는 난기류 통제로 인해 우리 시에 폭염이 나타나 시 기상청이 6시 50분에 고온 황색 경보를 발령했습니다. 시 기상청에서는 오늘 고온의 범위가 계속 확대되어 평원 지역의 최고 기온은 36~37도, 국지적으로 40도 이상에 달할 것이며 자외선이 강하고 체감 온도가 매우 높을 것으로 예상했습니다. 이번 주에는 전반적으로 맑고 무더운 날씨가 주를 이루고, 맑은 날씨가 적어도 금요일까지 이어질 전망입니다. 전문가들은 외출 시 다음과 같이 주의할 것을 권고했습니다. 우선 가급적 오후의 폭염 시간대의 야외 활동을 피하고, 노약자, 환자, 유아 등에게는 더위를 막고 온도를 낮출 수 있도록 지도하면서 필요한 보호 조치를 취해야 합니다. 둘째로, 관련 부서에서는 전력 사용량이 많아져 전선, 변압기 등의 전력 설비가 과부하되어 발생하는 화재에 대비해야 합니다. 셋째로, 야외나 고온 환경에서 작업하는 사람은 반드시 필요한 보호 조치를 취해야 합니다.

뉴스 표현 필살기

'以……为主'는 '~을 위주로 하다, ~을 중심으로 하다'라는 뜻으로 어떤 특징, 상황, 현상을 대상으로 합니다. '以……为中心 yǐ……zhōngxīn'으로 바꿔 쓸 수 있습니다.

今年公司重心将以扩大基础设施建设为主。
Jīnnián gōngsī zhòngxīn jiāng yǐ kuòdà jīchǔ shèshī jiànshè wéi zhǔ.
올해 회사의 중심은 인프라 건설 확대를 위주로 할 것이다.

今年政府的工作重点仍然以发展经济为主。
Jīnnián zhèngfǔ de gōngzuò zhòngdiǎn réngrán yǐ fāzhǎn jīngjì wéi zhǔ.
올해 정부의 업무 중심은 여전히 경제 발전을 위주로 한다.

我司的供应商主要以中国企业为主。
Wǒ sī de gōngyìng shāng zhǔyào yǐ Zhōngguó qǐyè wéi zhǔ.
당사의 공급 업체는 중국 기업이 주를 이룹니다.

알아 두면 뉴스가 들리는 중국 이야기

중국 생활에서는 날씨뿐만 아니라 폭염이나 폭설 등 기상 재해 경보에도 주의를 기울여야 하겠죠? 미세먼지, 폭우, 폭설, 태풍 등이 심각한 경우 중국 기상청에서는 경보를 발령하는데, 예상 피해 규모나 재해의 강도에 따라 일반, 약간 심각, 심각, 매우 심각 4개의 등급으로 나눕니다. 각 등급은 각각 파란색, 황색, 주황색, 적색으로 표시합니다. 기상 재해 종류에 따라 네 등급으로 나누기도 하고 그 이하의 등급으로 나누기도 합니다. 가령 폭염 경보 같은 경우, 파란색 없이 '高温黄色预警 gāowēn huángsè yùjǐng(고온 황색 경보), 高温橙色预警 gāowēn chéngsè yùjǐng(고온 주황색 경보), 高温红色预警 gāowēn hóngsè yùjǐng(고온 적색 경보)'의 세 등급으로 나뉩니다. '高温黄色预警'은 3일 연속 최고 온도가 35℃ 이상인 경우, '高温橙色预警'은 24시간 내 최고 온도가 37℃ 이상인 경우, '高温红色预警'은 24시간 내 최고 온도가 40℃ 이상인 경우 발령됩니다.

우리 시 매우기 진입, 강수량 증가할 것

我市进入梅雨期，降水量将有所增加

🔘 016-01

过去一周，我市天气晴雨相间，气温小幅起伏，入梅首场
Guòqù yì zhōu, wǒ shì tiānqì qíngyǔ xiāngjiàn, qìwēn xiǎofú qǐfú, rùméi shǒu chǎng

降雨，中心城区普降中到大雨，远城区局部地区暴雨，累计
jiàng yǔ, zhōngxīn chéngqū pǔjiàng zhōng dào dàyǔ, yuǎn chéngqū júbù dìqū bàoyǔ, lěijì

雨量为42.3mm。预计未来一周西南暖湿气流活跃，我市多
yǔliàng wéi sìshí'èr diǎn sān háomǐ. Yùjì wèilái yì zhōu xīnán nuǎnshī qìliú huóyuè, wǒ shì duō

阵雨或雷雨天气，其中3日夜里前后各有一次较明显的降水天气
zhènyǔ huò léiyǔ tiānqì, qízhōng sān rì yèlǐ qiánhòu gè yǒu yí cì jiào míngxiǎn de jiàngshuǐ tiānqì

过程。此次强降雨区域与上一轮强降雨区域发生重叠，间隔
guòchéng. Cǐ cì qiáng jiàng yǔ qūyù yǔ shàng yì lún qiáng jiàng yǔ qūyù fāshēng chóngdié, jiàngé

时间短，累计雨量大、范围广，持续雨水容易引发小流域山洪、
shíjiān duǎn, lěijì yǔliàng dà, fànwéi guǎng, chíxù yǔshuǐ róngyì yǐnfā xiǎo liúyù shānhóng,

地质灾害等次生灾害，加大了治灾风险和防御难度。目前，
dìzhì zāihài děng cìshēng zāihài, jiādàle zhì zāi fēngxiǎn hé fángyù nándù. Mùqián,

我市已经派出5个工作组前往实地指导，并要求气象、水文、
wǒ shì yǐjīng pàichū wǔ ge gōngzuòzǔ qiánwǎng shídì zhǐdǎo, bìng yāoqiú qìxiàng, shuǐwén,

自然资源等部门继续做好预测、预报、预警工作，强化山洪地质
zìrán zīyuán děng bùmén jìxù zuòhǎo yùcè, yùbào, yùjǐng gōngzuò, qiánghuà shānhóng dìzhì

灾害防御，对山洪地质灾害易发区群众做好提前转移。
zāihài fángyù, duì shānhóng dìzhì zāihài yì fā qū qúnzhòng zuòhǎo tíqián zhuǎnyí.

🔘 016-02

단어+표현
晴雨相间 qíngyǔ xiāngjiàn 맑다가 비가 오다가 하다 | **小幅** xiǎofú 소폭 | **起伏** qǐfú 기복 | **入梅** rùméi 매우기에 진입하다 | **远城区** yuǎn chéngqū 도시 주변 지역 | **累计*** lěijì 누적하다 | **暖湿** nuǎnshī 따뜻하고 습하다 | **活跃*** huóyuè 활발하다 | **阵雨** zhènyǔ 소나기 | **雷雨** léiyǔ 뇌우, 천둥과 번개를 동반한 비 | **区域*** qūyù 구역 | **重叠*** chóngdié 겹치다 | **间隔** jiàngé 간격 | **小流域** xiǎo liúyù 작은 규모 | **山洪** shānhóng 산간 홍수 | **地质灾害** dìzhì zāihài 지질 재해 | **次生** cìshēng 2차 | **风险*** fēngxiǎn 리스크, 위험 | **防御** fángyù 방어하다, 예방하다 | **转移*** zhuǎnyí 이전하다

◀ 지난 한 주, 우리 시의 날씨는 맑음과 비가 교차하면서 기온이 소폭 변동했습니다. 매우기에 들어선 후 처음으로 비가 내리면서 도시 중심부에는 큰비가 고루 내렸고, 일부 도시 주변 지역에는 폭우가 내려 누적 강우량이 42.3mm에 달했습니다. 다음 한 주는 남서부의 따뜻하고 습한 기류가 활발해져, 우리 시는 소나기나 뇌우가 많을 것이며, 그중 3일 밤 전후에 더 많은 강수가 찾아올 것으로 예상됩니다. 이번 호우 발생 지역은 지난 한 차례의 호우 지역과 겹치고, 시간 간격이 짧고 누적 강우량이 많으며 범위가 넓습니다. 지속적인 강수는 소규모 산간 홍수와 지질 재해 등의 2차 재해를 유발할 가능성이 있어 재난의 위험과 예방에 어려움을 가중시켰습니다. 현재 우리 시는 5개 실무 팀을 파견하여 현장 지도를 진행하고 기상, 수문, 자연 자원 등의 부서가 예측, 예보, 경보 작업을 계속하여 산간 홍수 지질 재해 예방을 강화하고 산간 홍수 지질 재해에 취약한 지역의 주민은 사전에 이전을 마칠 것을 요구했습니다.

뉴스 표현 필살기

'加大难度'는 '난도를 높이다, 어려워지다'라는 뜻입니다. '增加难度 zēngjiā nándù'로 바꿔 쓸 수 있습니다. '难度' 앞에 구체적인 대상을 추가할 수도 있습니다. '난도를 낮추다'는 '降低难度 jiàngdī nándù'라고 합니다.

生态环境脆弱，加大了治理难度。
Shēngtài huánjìng cuìruò, jiādàle zhìlǐ nándù.
생태 환경이 취약하여 거버넌스의 어려움이 커졌다.

员工人数增加了一倍，加大了公司的管理难度。
Yuángōng rénshù zēngjiāle yí bèi, jiādàle gōngsī de guǎnlǐ nándù.
직원 수가 두 배로 늘어나 회사의 관리가 어려워졌다.

加大考试难度，会对学生造成心理压力。
Jiādà kǎoshì nándù, huì duì xuéshēng zàochéng xīnlǐ yālì.
시험 난도를 높이는 것은 학생들에게 심리적 압박감을 줄 수 있다.

알아 두면 뉴스가 들리는 중국 이야기

'梅雨 méiyǔ(매우)'는 매년 6월 중순부터 7월 초·중순까지 중국 창장강(长江 Chángjiāng) 중·하류에 내리는 궂은 비를 뜻하며, 한국의 장마철과 비슷한 뜻입니다. 이때 날씨가 습해 곰팡이가 쉽게 슬기 때문에 '곰팡이가 생기는 시기의 비'라는 뜻으로 '霉雨 méiyǔ'라고도 하고, 창장강 이남 지역에서는 매실이 누렇게 익을 때라 하여 '黄梅雨 huángméiyǔ'라고도 합니다. 매우가 시작되는 것을 '入梅 rùméi', 끝나는 것을 '出梅 chūméi'라고 하며 매우가 내리는 기간은 '梅雨期 méiyǔqī'라고 합니다. 주의해야 할 점은 창장강 중·하류 지역에 내리는 비만을 가리켜 '梅雨'라고 하고 다른 지역의 장마철은 '雨季 yǔjì'라고 한다는 점입니다. 장마철이 시작되면 '进入雨季了。Jìnrù yǔjì le.(장마철에 들어섰다.)' '雨季到了。Yǔjì dào le.(장마철이 되었다.)'라고 표현합니다.

태풍이 '편애'하는 광둥 지역은 어디?

台风"偏爱"广东哪里?

🔊 017-01

中国天气网大数据显示, 1949-2019年, 共有
Zhōngguó tiānqì wǎng dàshùjù xiǎnshì,　　yī jiǔ sì jiǔ zhì èr líng yī jiǔ nián,　gòng yǒu

491个台风登陆我国, 其中有189个登陆过广东,
sìbǎi jiǔshíyī ge táifēng dēnglù wǒguó, qízhōng yǒu yìbǎi bāshíjiǔ ge dēnglùguo Guǎngdōng,

占比38.5%, 为全国台风登陆最多的省份。由于
zhànbǐ bǎi fēn zhī sānshíbā diǎn wǔ, wéi quánguó táifēng dēnglù zuì duō de shěngfen.　Yóuyú

部分台风存在多次登陆的情况, 这189个台风共计登陆
bùfen táifēng cúnzài duō cì dēnglù de qíngkuàng, zhè yìbǎi bāshíjiǔ ge táifēng gòngjì dēnglù

广东194次。广东不仅是台风登陆总数最多的省份, 也
Guǎngdōng yìbǎi jiǔshísì cì. Guǎngdōng bùjǐn shì táifēng dēnglù zǒngshù zuì duō de shěngfén, yě

是登陆我国的台风最"青睐"的地方, 统计显示, 过去71年间, 有
shì dēnglù wǒguó de táifēng zuì "qīnglài" de dìfang, tǒngjì xiǎnshì, guòqù qīshíyī niánjiān, yǒu

31年的初台风是在广东"上岸", 占比近44%, 这个比例也
sānshíyī nián de chū táifēng shì zài Guǎngdōng "shàng'àn", zhànbǐ jìn bǎi fēn zhī sìshísì, zhège bǐlì yě

是全国最高的。粤西台风来得更频繁, 湛江最易遭遇台风。1949
shì quánguó zuì gāo de. Yuè xī táifēng lái de gèng pínfán, Zhànjiāng zuì yì zāoyù táifēng. Yī jiǔ sì jiǔ

-2019年期间, 台风登陆湛江共计54次。气象台提醒, 目前已经
zhì èr líng yī jiǔ nián qījiān, táifēng dēnglù Zhànjiāng gòngjì wǔshísì cì. Qìxiàngtái tíxǐng, mùqián yǐjīng

进入台风多发季, 沿海居民要注意关注天气预报, 提前做好防台
jìnrù táifēng duōfājì,　　yánhǎi jūmín yào zhùyì guānzhù tiānqì yùbào,　tíqián zuòhǎo fáng tái

准备。
zhǔnbèi.

🔊 017-02

단어+표현

台风*táifēng 태풍 | 广东 Guǎngdōng 광둥 [지명] | 大数据*dàshùjù 빅데이터 | 登陆 dēnglù 상륙하다 | 占比*zhànbǐ 차지하는 비율, 백분율 | 青睐 qīnglài 특별한 호감, 선호 | 上岸 shàng'àn 상륙하다 | 比例*bǐlì 비율 | 频繁 pínfán 빈번하다 | 湛江 Zhànjiāng 잔장 [지명] | 遭遇 zāoyù (부정적인 것을) 맞이하다 | 沿海*yánhǎi 연해 지역 | 关注*guānzhù 주목하다

◀ 중국 기상망의 빅데이터에 따르면 1949년부터 2019년 사이 총 491개의 태풍이 중국에 상륙했으며 이 중 38.5%인 189개가 광둥에 상륙한 적이 있어, 전국에서 태풍이 가장 많이 상륙한 성이 되었습니다. 일부 태풍은 여러 차례 상륙한 적이 있어 189개 태풍이 총 194회 광둥에 상륙했습니다. 광둥은 태풍이 상륙한 총횟수가 가장 많은 성일 뿐 아니라, 중국에 상륙하는 태풍이 가장 '선호'하는 곳입니다. 통계에 따르면 지난 71년 중 31년 동안 첫 태풍이 광둥에 '상륙'했는데, 44% 가까이 차지해 전국에서 가장 높은 수치를 보였습니다. 광둥 서부 지역에 태풍이 더 자주 찾아오는 한편 잔장에 가장 많이 상륙합니다. 1949년부터 2019년까지 잔장에 태풍이 상륙한 횟수는 모두 54차례에 달하는 것으로 나타났습니다. 현재 태풍이 많이 발생하는 시기에 접어든 만큼 해안 주민들은 일기예보에 유의하고 미리 태풍에 대비해야 한다고 기상청은 당부했습니다.

뉴스 표현 필살기

'不仅A, 也B'는 'A할 뿐만 아니라, B하기도 하다'라는 뜻으로 '不仅A, 而且B bùjǐn A, érqiě B'로 바꿔 쓸 수 있습니다. A, B에 형용사가 사용되는 경우에는 각 형용사가 나타내는 주어가 달라야 합니다. 즉 '不仅+주어1+형용사1, 주어2+也+형용사2'의 형식으로 써야 하며, '~가 ~할 뿐만 아니라 ~도 ~하다'라는 뜻을 나타냅니다.

中国不仅是韩国最大的贸易伙伴也是最大的投资对象国。
Zhōngguó bùjǐn shì Hánguó zuì dà de màoyì huǒbàn yě shì zuì dà de tóuzī duìxiàngguó.
중국은 한국 최대의 무역 파트너이자 최대의 투자 대상국이다.

我们公司不仅有资金，也有技术。
Wǒmen gōngsī bùjǐn yǒu zījīn, yě yǒu jìshù.
우리 회사는 자금뿐만 아니라 기술도 있다.

这个设备不仅体积大，结构也很复杂。
Zhège shèbèi bùjǐn tǐjī dà, jiégòu yě hěn fùzá.
이 장비는 크기가 클 뿐만 아니라 구조도 복잡하다.

알아 두면 뉴스가 들리는 중국 이야기

기상 재해, 지질 재해 등의 자연재해도 뉴스와 기사에 자주 등장하는 주제 중의 하나입니다. 중국은 토지가 광활하고 지형이 복잡한 나라인 만큼 폭우, 태풍, 홍수, 지진 등 자연재해가 많이 발생할 수밖에 없습니다. 각종 재난 상황에 대응하는 중국 응급관리부(应急管理部 yìngjí guǎnlǐbù)에서 발표한 자료에 따르면 2021년 한 해 동안 자연재해로 인한 중국의 직접 경제 손실이 3340억 2000만 위안에 달한다고 합니다. 그만큼 자연재해는 뉴스에서 자주 보도되는 주제일 텐데요, 자주 등장하는 자연재해 표현을 정리해 보았습니다.

干旱 gānhàn / 旱灾 hànzāi 가뭄	洪涝 hónglào 홍수	台风 táifēng 태풍
风暴潮 fēngbào cháo 폭풍 해일	冻害 dònghài 서리 피해	雹灾 báozāi 우박 피해
海啸 hǎixiào 쓰나미	地震 dìzhèn 지진	森林火灾 sēnlín huǒzāi 산불
滑坡 huápō 산사태	泥石流 níshíliú 흙·모래가 뒤섞인 물사태	火山爆发 huǒshān bàofā 화산 폭발

올해 들어 최대 규모의 폭설이 몰아친다!

今年以来最大规模雨雪天气来袭!

🔊 018-01

近期，影响我国的冷空气较活跃，中东部将出现两轮
Jìnqī, yǐngxiǎng wǒguó de lěng kōngqì jiào huóyuè, zhōngdōngbù jiāng chūxiàn liǎng lún

雨雪和降温过程。其中，未来三天，雨雪波及我国20多个省份，
yǔxuě hé jiàngwēn guòchéng. Qízhōng, wèilái sān tiān, yǔxuě bōjí wǒguó èrshí duō ge shěngfèn,

5省局地今有大雪或暴雪，为今年以来最大规模的雨雪天气。
wǔ shěng júdì jīn yǒu dàxuě huò bàoxuě, wéi jīnnián yǐlái zuì dà guīmó de yǔxuě tiānqì.

新一轮冷空气也已是蓄势待发，25日起，强冷空气将从新疆
Xīn yì lún lěng kōngqì yě yǐ shì xùshìdàifā, èrshíwǔ rì qǐ, qiáng lěng kōngqì jiāng cóng Xīnjiāng

开始，自西向东影响我国大部分地区。随着该股冷空气东移，
kāishǐ, zì xī xiàng dōng yǐngxiǎng wǒguó dà bùfen dìqū. Suízhe gāi gǔ lěng kōngqì dōng yí,

中东部地区将出现一次大范围降水降温过程；西北地区东部、
zhōngdōngbù dìqū jiāng chūxiàn yí cì dà fànwéi jiàngshuǐ jiàngwēn guòchéng; Xīběi dìqū dōngbù,

华北北部和西部、东北地区有雨夹雪或雪，降温幅度有6-10℃，
Huáběi běibù hé xībù, Dōngběi dìqū yǒu yǔ jiā xuě huò xuě, jiàngwēn fúdù yǒu liù zhì shí shèshìdù,

其中东北地区、华北北部的部分地区降幅可达12℃以上，
qízhōng Dōngběi dìqū, Huáběi běibù de bùfen dìqū jiàngfú kě dá shí'èr shèshìdù yǐshàng,

长江中下游以北有4-6级偏北风。本周降温、雨雪接连来袭，
Chángjiāng zhōngxiàyóu yǐ běi yǒu sì zhì liù jí piān běi fēng. Běn zhōu jiàngwēn, yǔxuě jiēlián lái xí,

公众请注意关注天气变化，及时调整着装，谨防感冒，雨雪
gōngzhòng qǐng zhùyì guānzhù tiānqì biànhuà, jíshí tiáozhěng zhuózhuāng, jǐnfáng gǎnmào, yǔxuě

天气出行请注意交通安全。
tiānqì chūxíng qǐng zhùyì jiāotōng ānquán.

🔊 018-02

波及 bōjí 파급하다, 영향을 미치다 | 局地 júdì 국지 | 暴雪* bàoxuě 폭설 | 蓄势待发* xùshìdàifā 충분한 준비를 마치고 대기하다 | 新疆 Xīnjiāng 신장 [지명] | 股* gǔ 줄기, 가닥 | 华北* Huáběi 화베이 [중국 북부] | 幅度 fúdù 폭 | 降幅 jiàngfú 하락 폭 | 长江 Chángjiāng 창장강, 양쯔강 [지명] | 中下游 zhōngxiàyóu 중하류 | 接连* jiēlián 연이어 | 调整* tiáozhěng 조정하다 | 着装 zhuózhuāng 의상

◀ 최근 중국에 영향을 주는 찬 공기가 활발해지면서 중동부에는 눈과 비가 두 차례 내리고 기온이 떨어질 것으로 보입니다. 이 가운데, 앞으로 사흘간 전국 20여 개 성에 눈과 비가 영향을 미치게 될 것이며 5개 성에 국지적으로 많은 눈이 내리는데, 올해 들어 최대 규모의 눈과 비입니다. 새로운 찬 공기도 이미 세력이 발달하기 시작하여 25일부터 강추위가 신장에서 시작하여 서쪽에서 동쪽으로 중국 대부분 지역에 영향을 줄 것입니다. 이 찬 공기가 동쪽으로 이동함에 따라 중동부 지역은 한 차례 넓게 비가 오고 기온이 떨어질 것이며, 시베이 지역 동부, 화베이 북부 지역과 서부, 둥베이 지역은 진눈깨비나 눈이 내리며 기온이 6~10℃ 하락할 것으로 예상됩니다. 이 중 둥베이 지역, 화베이 북부의 일부 지역은 기온이 12℃ 이상 하락할 것이고, 창장강 중하류 이북에는 4~6급의 편북풍이 예상됩니다. 이번 주에는 기온이 내려가고 눈과 비가 연이어 내릴 예정이니 날씨 변화에 주의하시고, 제때 옷차림을 조정하여 감기에 대비하고, 눈과 비가 오는 날에는 이동 시 교통안전에 주의하셔야겠습니다.

뉴스 표현 필살기

'蓄势待发'는 '충분한 준비를 마치고 대기하다'라는 뜻을 가진 사자성어입니다.

新一轮科技革命和产业革命蓄势待发。
Xīn yì lún kējì gémìng hé chǎnyè gémìng xùshìdàifā.
새로운 한 차례의 과학 기술 혁명과 산업 혁명이 준비를 마치고 대기 중이다.

电子阅读产业蓄势待发已久。
Diànzǐ yuèdú chǎnyè xùshìdàifā yǐ jiǔ.
전자 독서 산업은 준비를 마친 지 이미 오래되었다.

休息片刻，蓄势待发。
Xiūxi piànkè, xùshìdàifā.
잠깐 휴식하고 본격적으로 시작할 준비를 한다.

알아 두면 뉴스가 들리는 중국 이야기

하루의 기분을 결정할 수 있는 날씨. 일상생활에 가장 중요한 부분 중 하나죠. 출근을 하든, 등교를 하든, 여행을 가든 꼭 챙겨 봐야 할 일기예보에서 자주 등장하는 날씨 관련 표현과 성어를 정리해 보았습니다.

● 날씨와 관련된 표현

(小/中/大)雨 (xiǎo / zhōng / dà) yǔ (작은/중간/큰) 비

阵雨 zhènyǔ 소나기

暴雨 bàoyǔ 폭우

雾 wù 안개

晴转多云 qíng zhuǎn duōyún 맑은 뒤 구름 많음

多云转雨 duōyún zhuǎn yǔ 구름 많은 뒤 비

(小/中/大)雪 (xiǎo / zhōng / dà) xuě (작은/중간/큰) 눈

阵雪 zhèn xuě 갑자기 내리는 눈

暴雪 bàoxuě 폭설

冰雹 bīngbáo 우박

阴转晴 yīn zhuǎn qíng 흐린 뒤 맑음

● 날씨와 관련된 성어

风和日丽 fēnghé-rìlì 바람이 부드럽고 날이 따뜻하다

万里无云 wàn lǐ wú yún 구름 한 점 없다

天寒地冻 tiānhán-dìdòng 날씨가 차고 땅이 얼다

春暖花开 chūn nuǎn huā kāi 봄은 따뜻하고 꽃이 피다

秋高气爽 qiūgāo-qìshuǎng 가을 하늘은 높고 날은 상쾌하다

오늘부터 철도 '전자 탑승권' 시대 본격화

今日起铁路全面进入"电子客票"时代

● 019-01

获悉，6月20日，电子客票将在全国普速铁路推广实施，
Huòxī, liù yuè èrshí rì, diànzǐ kèpiào jiāng zài quánguó pǔsù tiělù tuīguǎng shíshī,

覆盖1300多个普速铁路车站。届时，更多旅客群众将享受
fùgài yìqiān sānbǎi duō ge pǔsù tiělù chēzhàn. Jièshí, gèng duō lǚkè qúnzhòng jiāng xiǎngshòu

电子客票"一证通行"带来的便利，出行体验进一步提升。旅客
diànzǐ kèpiào "yí zhèng tōngxíng" dàilái de biànlì, chūxíng tǐyàn jìnyíbù tíshēng. Lǚkè

可通过互联网、车站窗口、自动售票机和代售点等各个渠道
kě tōngguò hùliánwǎng、 chēzhàn chuāngkǒu、 zìdòng shòupiàojī hé dàishòudiǎn děng gège qúdào

购买车票，购票流程和购票证件均没有变化，购买电子
gòumǎi chēpiào, gòu piào liúchéng hé gòu piào zhèngjiàn jūn méiyǒu biànhuà, gòumǎi diànzǐ

客票后，旅客可通过互联网退票和改签；出行方面，旅客进站、
kèpiào hòu, lǚkè kě tōngguò hùliánwǎng tuìpiào hé gǎi qiān; chūxíng fāngmiàn, lǚkè jìn zhàn、

乘车均不再提供纸质车票，可直接刷身份证或出示二维码进
chéng chē jūn bú zài tígōng zhǐzhì chēpiào, kě zhíjiē shuā shēnfènzhèng huò chūshì èrwéimǎ jìn

站检票乘车。电子客票制度的实施，使闸机检票速度提高3倍
zhàn jiǎnpiào chéng chē. Diànzǐ kèpiào zhìdù de shíshī, shǐ zhájī jiǎnpiào sùdù tígāo sān bèi

左右，检票平均速度由每人3.8秒缩短至每人1.3秒，
zuǒyòu, jiǎnpiào píngjūn sùdù yóu měi rén sān diǎn bā miǎo suōduǎn zhì měi rén yī diǎn sān miǎo,

且能够有效防范丢失车票、购买假票等风险。
qiě nénggòu yǒuxiào fángfàn diūshī chēpiào、 gòumǎi jiǎ piào děng fēngxiǎn.

단어+표현 ● 019-02

全面* quánmiàn 포괄적인, 전면적인 | 电子客票 diànzǐ kèpiào 전자 탑승권 | 获悉* huòxī 소식에 따르면 | 普速 pǔsù 정속 열차 | 推广* tuīguǎng 보급하다 | 实施* shíshī 실시하다 | 车站 chēzhàn 역, 정거장 | 届时 jièshí 그때가 되다 | 通行 tōngxíng 통행하다 | 互联网* hùliánwǎng 인터넷 | 窗口 chuāngkǒu 창구 | 自动售票机 zìdòng shòupiàojī 자동 매표기 | 代售点 dàishòudiǎn 대리 판매 지점 | 渠道* qúdào 채널 | 购买 gòumǎi 구입하다 | 流程* liúchéng 과정 | 证件* zhèngjiàn 증명서 | 均 jūn 모두 | 退票 tuìpiào 표를 환불하다 | 改签 gǎi qiān 표를 변경하다 | 二维码 èrwéimǎ QR코드 | 检票 jiǎnpiào 검표하다 | 闸机 zhájī 자동 개찰기 | 平均 píngjūn 평균

🔊 소식에 따르면, 6월 20일 1300개 이상의 정속 철도역을 포함하여 전국의 정속 철도에서 전자 탑승권이 보급 및 시행될 것으로 알려졌습니다. 그때가 되면 더 많은 탑승객이 '원패스' 전자 탑승권이 가져다주는 편리함을 누리게 될 것이고 여행 경험이 더욱 향상될 것입니다. 탑승권은 인터넷, 역 창구, 자동 매표기, 판매 대리점 등 다양한 채널을 통해 기차표를 구매할 수 있으며, 표 구매 절차와 표 구매 증명서에는 모두 변경이 없으며 전자 탑승권을 구매한 후에는 인터넷에서 환불과 변경이 가능합니다. 탑승객들은 역 입장과 탑승 과정에서 더 이상 종이 탑승권을 제시하지 않아도 되며 신분증을 스캔하거나 QR코드를 제시하면 바로 역 입장과 검표, 승차가 가능합니다. 전자 탑승권 제도의 시행으로, 자동 개찰기 속도가 약 4배 빨라졌으며 평균 검표 속도는 1인당 3.8초에서 1.3초로 단축되었으며, 탑승권을 분실하거나 가짜 표를 구매하는 등의 위험을 효과적으로 방지할 수 있습니다.

뉴스 표현 필살기

'届时'는 '그때가 되다, 정해진 시간이 되다'라는 뜻으로 미래에 발생할 일에 대한 예측을 언급할 때 사용합니다. '到时候 dào shíhou'와 같은 표현이지만, '届时'는 글말에, '到时候'는 입말에 주로 사용됩니다.

望相互转告，欢迎大家届时观看。
Wàng xiānghù zhuǎngào, huānyíng dàjiā jièshí guānkàn.
서로에게 전달하시기 바라며, 그때가 되면 모두 시청해 주시기 바랍니다.

请各位届时参加我司举行的说明会。
Qǐng gè wèi jièshí cānjiā wǒ sī jǔxíng de shuōmínghuì.
그때가 되면 저희 회사에서 진행하는 설명회에 참석해 주세요.

届时，将有1000多名业界人士出席论坛。
Jièshí, jiāng yǒu yìqiān duō míng yèjiè rénshì chūxí lùntán.
그때가 되면 1000여 명의 업계 인사들이 포럼에 참석할 것이다.

알아 두면 뉴스가 들리는 중국 이야기

중국어는 '배수 증가'를 표현하는 방법이 한국어와 다릅니다. 본문의 '闸机检票速度提高3倍左右.'라는 문장은 '자동 개찰기 속도가 약 4배 빨라졌다.'라고 해석됩니다. 즉, 한국어에서는 1이었던 것이 4로 증가한다면 '4배 증가했다' '4배가 되었다'라고 말하지만, 중국어에서는 '提高3倍'라고 합니다. 왜 이런 차이가 있는 것일까요? 이는 중국어에서는 증가한 부분으로 배수를 나타내기 때문입니다. 즉, 1이었던 것이 4로 증가한다는 것은 3만큼 증가한 것이기 때문에 '3倍'라고 표현한 것이지요. 마찬가지로 '增加了一倍 zēngjiāle yì bēi'라고 하면 '1배 증가했다'가 아닌 '2배 증가했다'라는 뜻입니다. 배수 증가에 관한 중국어와 한국어의 개념 차이를 정확하게 이해한다면 뉴스나 기사를 볼 때 큰 도움이 될 것입니다.

외국인은 어떻게 기차표를 구매하나?

外国人怎么购买火车票?

🔊 020-01

外国人怎么购买火车票? 外国人购买实名制火车票,
Wàiguórén zěnme gòumǎi huǒchē piào? Wàiguórén gòumǎi shímíngzhì huǒchē piào,

有两种方式: 本人或代购人可持乘车人的有效身份
yǒu liǎng zhǒng fāngshì: Běnrén huò dàigòurén kě chí chéngchērén de yǒuxiào shēnfèn

证件原件或复印件, 在铁路售票窗口购买车票。在铁路部门
zhèngjiàn yuánjiàn huò fùyìnjiàn, zài tiělù shòupiào chuāngkǒu gòumǎi chēpiào. Zài tiělù bùmén

规定的二十四种可用来购买火车票的有效身份证件中,
guīdìng de èrshísì zhǒng kě yònglái gòumǎi huǒchē piào de yǒuxiào shēnfèn zhèngjiàn zhōng,

外国人可以使用选择不同类型的证件来证明自己的身份, 其中
wàiguórén kěyǐ shǐyòng xuǎnzé bù tóng lèixíng de zhèngjiàn lái zhèngmíng zìjǐ de shēnfèn, qízhōng

护照是最常见也是最方便的一种。或者可以在12306.CN
hùzhào shì zuì chángjiàn yě shì zuì fāngbiàn de yì zhǒng. Huòzhě kěyǐ zài yāo èr sān líng liù diǎn CN

网站凭借有效护照编号购票, 届时再去车站或代售点取票。
wǎngzhàn píngjiè yǒuxiào hùzhào biānhào gòu piào, jièshí zài qù chēzhàn huò dàishòudiǎn qǔ piào.

若无账号, 凭借有效护照号码进行注册即可。需要注意的是,
Ruò wú zhànghào, píngjiè yǒuxiào hùzhào hàomǎ jìnxíng zhùcè jí kě. Xūyào zhùyì de shì,

自动取票机上只能用二代身份证刷卡取票, 凭护照只能
zìdòng qǔpiàojī shang zhǐ néng yòng èr dài shēnfènzhèng shuākǎ qǔ piào, píng hùzhào zhǐ néng

办理人工取票。
bànlǐ réngōng qǔ piào.

🔊 020-02

实名制 shímíngzhì 실명제 | **代购人** dàigòurén 구매 대리인 | **持**＊chí 소지하다 | **乘车人** chéngchērén 승차인 | **身份** shēnfèn 신분 | **原件**＊yuánjiàn 원본 | **类型** lèixíng 유형 | **凭借**＊píngjiè ～을 근거로 | **编号** biānhào 일련 번호 | **取票** qǔ piào 발권하다 | **账号** zhànghào 계정 | **注册** zhùcè 회원 가입 | **即可**＊jí kě ～하면 된다 | **自动取票机** zìdòng qǔpiàojī 자동 발권기 | **二代身份证** èr dài shēnfènzhèng 2세대 신분증 | **刷卡** shuākǎ 카드를 긁다 | **办理** bànlǐ 처리하다

🔊 외국인들은 기차표를 어떻게 구매할까요? 외국인이 실명제 기차표를 구입하려면 두 가지 방법이 있습니다. 본인이나 구매 대리인이 탑승자의 유효 신분증명서 원본이나 사본을 소지하고 철도 매표창구에서 기차표를 구매할 수 있습니다. 철도부에서 규정한 기차표를 살 수 있는 유효 신분증명서 24가지 중, 외국인은 여러 유형의 증명서를 선택하여 자신의 신분을 증명할 수 있는데, 그중 여권이 가장 흔히 사용되고 또 가장 편리합니다. 아니면 12306.CN(중국의 공식 승차권 예매 사이트) 웹 사이트에서 유효 여권 번호로 표를 구매하고 나중에 기차역이나 대리점에 가서 발권할 수 있습니다. 만약 계정이 없으면 유효 여권 번호로 회원 가입을 하면 됩니다. 주의할 점은 자동 발권기에서는 2세대 신분증으로만 발권할 수 있고, 여권으로는 직원을 통해서만 발권할 수 있습니다.

뉴스 표현 필살기

'即可'는 '~하면 된다'라는 뜻으로, 어떤 방법이나 절차를 설명할 때 사용됩니다. 이때 '即'는 제4성이 아닌 제2성으로 발음합니다. 'A即可B' 형식으로 쓰면 앞선 조건에 따른 결과를 나타냅니다.

把水烧开，将面投入水中即可。
Bǎ shuǐ shāokāi, jiāng miàn tóurù shuǐ zhōng jí kě.
물을 끓여 물에 국수를 넣으면 된다.

这个平台特别开放，只要有问题提出即可。
Zhège píngtái tèbié kāifàng, zhǐyào yǒu wèntí tíchū jí kě.
이 플랫폼은 아주 개방적이어서, 문제가 있으면 바로 제기하면 된다.

在网上报名即可免费获得两张电影票。
Zài wǎngshàng bàomíng jí kě miǎnfèi huòdé liǎng zhāng diànyǐng piào.
온라인으로 가입하면 영화 표 2장을 무료로 받을 수 있다.

알아두면 뉴스가 들리는 중국 이야기

제가 한국에서 생활하면서 가장 불편했던 부분 중 하나가 바로 본인 인증이었습니다. 외국인 신분이기 때문에 여권으로 본인 인증을 진행하는데, 입력한 이름에서 띄어쓰기 하나라도 틀리면 인증이 진행되지 않았습니다. 여러분도 중국에서 생활하게 되면 '外国人居留许可 wàiguórén jūliú xǔkě(거류허가증)'를 발급받아야 합니다. 또는 중국에서 직장을 다닌다면 '外国人工作许可证 wàiguórén gōngzuò xǔkězhèng(외국인 취업 허가증)'을 발급받아야 하고요. 이 서류에도 여권에 적힌 이름과 똑같은 영문 이름을 사용해야 합니다. 성씨를 앞에 적고 띄어쓰기를 한 번 한 후, 이름을 적어야 한다는 점을 주의하세요.
중국에서 기차를 탈 때는 온라인으로 기차표를 구매한 뒤, 현장에서 발권하거나 전자 탑승권을 제시해야 합니다. 일부 지역에서는 전자 탑승권도 제시할 필요 없이 여권 등 신분증만 소지하고 있어도 된다고 합니다. 실물 기차표가 필요한지, 전자 탑승권이 필요한지는 지역마다 확인이 필요하지만 어떤 상황이든 가장 중요한 건 바로 여권이 필수라는 것! 기차를 탈 때 절대 잊지 마세요!

베이징-톈진, 편도 시속 최고 350km에 달해

北京-天津，单程时速高达350公里

🔘 021-01

我国第一条真正意义上的高速铁路——京津城际铁路
Wǒguó dì-yī tiáo zhēnzhèng yìyì shang de gāosù tiělù—— Jīngjīn chéngjì tiělù

近日将实施新的列车运行图，复兴号动车组全部按350公里
jìnrì jiāng shíshī xīn de lièchē yùnxíngtú, Fùxīng Hào dòngchēzǔ quánbù àn sānbǎi wǔshí gōnglǐ

时速运行，北京到天津只需30分钟。京津城际铁路是中国
shísù yùnxíng, Běijīng dào Tiānjīn zhǐ xū sānshí fēnzhōng. Jīngjīn chéngjì tiělù shì Zhōngguó

第一条设计时速350公里的高速铁路，2008年8月1日开通
dì-yī tiáo shèjì shísù sānbǎi wǔshí gōnglǐ de gāosù tiělù, èr líng líng bā nián bā yuè yī rì kāitōng

以来，运输安全持续稳定，旅客运量快速增长，社会综合效益
yǐlái, yùnshū ānquán chíxù wěndìng, lǚkè yùnliàng kuàisù zēngzhǎng, shèhuì zōnghé xiàoyì

显著，已经成为展示我国高铁发展成就和运营品质的一张靓丽
xiǎnzhù, yǐjīng chéngwéi zhǎnshì wǒguó gāotiě fāzhǎn chéngjiù hé yùnyíng pǐnzhì de yì zhāng liànglì

名片。此次京津城际铁路在提高速度的同时，也通过各种
míngpiàn. Cǐ cì Jīngjīn chéngjì tiělù zài tígāo sùdù de tóngshí, yě tōngguò gè zhǒng

措施来保证列车安全运行。为保障列车的平稳安全，该段从
cuòshī lái bǎozhèng lièchē ānquán yùnxíng. Wèi bǎozhàng lièchē de píngwěn ānquán, gāi duàn cóng

人员适应性培训、优化班制、物料管理、设备工装、技术支撑、
rényuán shìyìngxìng péixùn, yōuhuà bān zhì, wùliào guǎnlǐ, shèbèi gōngzhuāng, jìshù zhīchēng,

质量控制等方面均做了充分的准备。
zhìliàng kòngzhì děng fāngmiàn jūn zuòle chōngfèn de zhǔnbèi.

🔘 021-02

 단어+표현

北京 Běijīng 베이징 [지명] | 天津 Tiānjīn 톈진 [지명] | 时速 shísù 시속 | 高速铁路 gāosù tiělù 고속 철도 | 京津 Jīngjīn 베이징과
톈진 [지명] | 城际* chéngjì 도시 간 | 运行图 yùnxíngtú 운행도 | 动车组 dòngchēzǔ 고속 열차 | 运行 yùnxíng 운행하다, 운영하다
设计 shèjì 설계하다, 디자인하다 | 开通* kāitōng 개통하다 | 旅客运量 lǚkè yùnliàng 여객 운송량 | 效益 xiàoyì 이익 | 运营* yùnyíng
운영하다 | 靓丽 liànglì 빛나다 | 保障 bǎozhàng 보장하다 | 平稳 píngwěn 안정적이다 | 优化班制 yōuhuà bān zhì 운행 제도 최적화 |
物料 wùliào 자재 | 设备工装 shèbèi gōngzhuāng 장비 툴링 | 支撑 zhīchēng 지원하다

◀️ 중국의 진정한 첫 번째 고속 철도인 징진(베이징–톈진) 도시 간 철도가 근래에 새로운 열차 운행도를 운영할 예정입니다. 푸싱호 고속 철도는 모두 시속 350km로 운행해, 베이징에서 톈진까지 30분이면 도착합니다. 징진 도시 간 철도는 중국에서 처음으로 설계된 시속 350km의 고속 철도로, 2008년 8월 1일에 개통한 이후 안전한 운행을 안정적으로 지속하고 있고, 여객 수송량이 빠르게 증가했으며, 사회의 종합적인 이익이 눈에 띄게 나타나 이미 중국 고속 철도의 발전 성과와 운영 품질을 보여 주는 '빛나는 명함'이 되었습니다. 이번 징진 도시 간 철도는 속도를 높이는 한편 각종 조치를 통해 안전한 열차 운행을 보증하고 있습니다. 고속 철도의 안전을 보장하기 위해 이 구간은 인원 적응 훈련, 운행 제도 최적화, 자재 관리, 장비 툴링, 기술 지원, 품질 관리 등 측면에서 모두 충분한 준비를 마쳤습니다.

뉴스 표현 필살기

'以来'는 '~이래, ~이후'라는 뜻으로 어떤 사건이 발생한 뒤의 성과나 상황을 설명합니다.

新中国成立以来，中国发生了翻天覆地的变化。
Xīn Zhōngguó chénglì yǐlái, Zhōngguó fāshēngle fāntiān-fùdì de biànhuà.
중화인민공화국 건국 이래, 중국에는 천지개벽의 변화가 일어났다.

改革开放以来，我国经济社会发展取得了长足的进步。
Gǎigé kāifàng yǐlái, wǒguó jīngjì shèhuì fāzhǎn qǔdéle chángzú de jìnbù.
개혁 개방 이래, 중국의 경제 사회 발전은 장족의 발전을 거두었다.

公司成立以来，每年新入职员工不断增加。
Gōngsī chénglì yǐlái, měi nián xīn rù zhí yuángōng búduàn zēngjiā.
회사가 설립된 이후, 매년 새로 입사하는 직원이 계속 증가하고 있다.

알아 두면 뉴스가 들리는 중국 이야기

중국인들도 헷갈려 하는 '高铁 gāotiě'와 '动车 dōngchē'의 차이를 알아보도록 하겠습니다. 사실 둘은 개념 자체가 다릅니다. '高铁'는 '高速铁路 gāotiě tiělù(고속 철도)'의 줄임말로서 열차가 고속으로 달릴 수 있는 철도와 그 시스템을 가리킵니다. 반면 '动车'는 '动车组列车 dōngchēzǔ lièchē'의 줄임말로서 철도 위를 달리는 고속 열차 자체를 가리킵니다. 기차의 머리칸만 동력이 있던 기존의 열차와 달리 '动车'는 여러 개의 열차가 모두 동력을 갖추었기 때문에 '动车组'라고 이름이 붙었습니다. 그래서 '动车'는 기존 기차보다 훨씬 빠른 속도로 달릴 수 있는 것입니다. '动车'는 열차번호가 G나 D로 시작하는데, 보통 열차번호가 G로 시작하는 열차를 '高铁'라고 부르고, D로 시작하는 열차를 '动车'라고 부르면서 두 개념을 혼용해서 사용하고 있습니다. G로 시작하는 열차는 운행 속도가 시속 300~350km에 달하고, D로 시작하는 열차는 시속 200~250km에 달합니다. 따라서 G로 시작하는 열차는 표값이 더 비싸고, 새로 설치한 전용 고속 철로에서만 달릴 수 있습니다.

다싱 국제 공항 주차비는 얼마?

大兴国际机场停车费怎么收?

◉ 022-01

日前，被评为"世界新七大奇迹"之一的大兴新机场正式
Rìqián,　bèi píng wéi "shìjiè xīn qī dà qíjì" zhī yī de Dàxīng Xīn Jīchǎng zhèngshì

启用。机场在黑科技方面受到了人们的广泛关注和讨论，人脸
qǐyòng. Jīchǎng zài hēi kējì fāngmiàn shòudàole rénmen de guǎngfàn guānzhù hé tǎolùn, rén liǎn

识别、无纸化与机器人泊车等技术让我们赞叹。为了便于社会
shíbié、wúzhǐhuà yǔ jīqìrén bóchē děng jìshù ràng wǒmen zàntàn.　Wèile biànyú shèhuì

车辆停车，大兴国际机场设置了社会车辆停车楼，分东、西
chēliàng tíngchē, Dàxīng Guójì Jīchǎng shèzhìle shèhuì chēliàng tíngchēlóu,　fēn dōng、xī

停车楼，共有4200个车位。此外，另有5处停车场，包括
tíngchēlóu, gòng yǒu sìqiān èrbǎi ge chēwèi.　Cǐwài, lìng yǒu wǔ chù tíngchēchǎng, bāokuò

远端停车场、内部交通场站停车场、航站楼前停车场
yuǎn duān tíngchēchǎng、nèibù jiāotōng chǎngzhàn tíngchēchǎng、hángzhànlóu qián tíngchēchǎng

等，共有4800个车位。也就是说，大兴国际机场一共可以提供
děng, gòng yǒu sìqiān bābǎi ge chēwèi. Yě jiù shì shuō, Dàxīng Guójì Jīchǎng yígòng kěyǐ tígōng

九千余个停车位。根据收费标准看，大兴国际机场停车楼收费
jiǔqiān yú ge tíngchēwèi.　Gēnjù shōufèi biāozhǔn kàn, Dàxīng Guójì Jīchǎng tíngchēlóu shōufèi

标准与首都机场完全一致，短停和长停都是15分钟内
biāozhǔn yǔ Shǒudū Jīchǎng wánquán yízhì,　duǎn tíng hé cháng tíng dōu shì shíwǔ fēnzhōng nèi

免费，过夜车可停放在"长期停车场"，每天停车费封顶80元。
miǎnfèi, guòyè chē kě tíngfàng zài "chángqī tíngchēchǎng", měi tiān tíngchēfèi fēngdǐng bāshí yuán.

◉ 022-02

단어+표현

奇迹 qíjì 기적 | 大兴机场 Dàxīng Jīchǎng 다싱 공항 | 正式* zhèngshì 정식으로 | 启用* qǐyòng 사용하다, 활성화하다 | 黑科技*
hēi kējì 블랙 테크, 흑기술 [현재의 수준을 넘어서는 첨단 기술] | 人脸识别 rén liǎn shíbié 안면 인식 | 机器人 jīqìrén 로봇 | 泊车 bóchē
주차하다 | 赞叹 zàntàn 감탄하다 | 设置 shèzhì 설치하다 | 车位 chēwèi 주차 자리 | 停车场 tíngchēchǎng 주차장 | 远端 yuǎn
duān 먼 거리 | 航站楼 hángzhànlóu 터미널 | 收费 shōufèi 요금 | 完全一致 wánquán yízhì 완전히 일치하다 | 短停 duǎn tíng 단
기 주차 | 长停 cháng tíng 장기 주차 | 过夜车 guòyè chē 야간 차량 | 封顶 fēngdǐng 최대 한도를 정하다

🔊 며칠 전 '새로운 세계 7대 불가사의'중 하나로 평가받는 다싱 신공항이 정식으로 개장했습니다. 공항은 블랙 테크에 대한 많은 관심과 논의를 받고 있으며 안면 인식, 페이퍼리스, 로봇 주차 등의 기술이 사람들의 감탄을 자아냈습니다. 다싱 국제 공항은 외부 차량의 주차를 용이하게 하기 위해 주차장을 동서 주차동으로 나누어 총 4200개의 주차 공간을 갖추었습니다. 또한 원격 주차장, 내부 종합 환승 센터 주차장, 공항 터미널 주차장 등 5곳의 주차장이 별도로 있으며 총 4800개의 주차 공간이 있습니다. 즉, 다싱 국제 공항은 총 9000여 개의 주차 공간을 제공할 수 있습니다. 요금 기준을 보면 다싱 국제 공항 주차동의 요금 기준은 서우두 공항과 동일하며 장단기 주차 모두 15분 이내는 무료이고, 야간 차량은 '장기 주차장'에 주차할 수 있으며, 일일 주차 요금은 최고 80위안으로 제한됩니다.

뉴스 표현 필살기

'在……方面'은 '~ 방면에서'라는 뜻으로 범위를 나타냅니다. '在……领域 zài……lǐngyù'로 바꿔 쓸 수 있습니다.

在教育方面，儒家的主张是什么？
Zài jiàoyù fāngmiàn, rújiā de zhǔzhāng shì shénme?
교육 방면에 있어 유교의 주장은 무엇인가?

他在艺术方面很有天赋。
Tā zài yìshù fāngmiàn hěn yǒu tiānfù.
그는 예술 방면에 재능이 뛰어나다.

中国在科技领域，有哪些成就？
Zhōngguó zài kējì lǐngyù, yǒu nǎxiē chéngjiù?
중국은 과학 기술 분야에서 어떤 성과를 얻었을까?

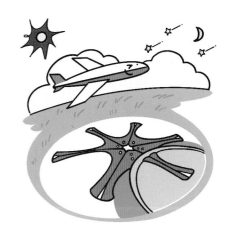

알아 두면 뉴스가 들리는 중국 이야기

2019년 9월 25일, 영국 가디언지로부터 '새로운 세계 7대 불가사의'로 불린 '北京大兴国际机场 Běijīng Dàxīng Guójì Jīchǎng(베이징 다싱 국제 공항)'이 정식으로 문을 열었습니다. 베이징-톈진-슝안신구(雄安新区 Xióng'ān Xīnqū)의 중간 지점에 위치한 이 공항은 연간 1억 명의 탑승객을 운송할 수 있다고 합니다.

'세계 최대 규모의 공항'이라는 수식어에 걸맞게 다싱 국제 공항의 탑승구는 82개에 달합니다. 세계 최초로 도착층과 출발층이 각각 2층으로 나뉘었고, 고속 전철, 지하철, 버스 등을 이용할 수 있는 종합 환승 센터가 공항 지하 2층에 바로 위치하고 있는데 이 또한 세계 최초의 사례입니다. 또 한 가지 다싱 공항이 세계의 이목을 끈 부분은 공항 곳곳에 친환경 기술과 첨단 기술을 적용했다는 부분입니다. 활주로 전체에 에너지 절감형 LED 광원을 사용하였고, 터미널은 자연 채광과 통풍이 가능하도록 디자인되었습니다. 보안 검사에 인공지능, 안면 인식 기술을 적용하였고, 탑승 수속을 전자화하여 탑승권이나 여권을 별도로 제시할 필요 없이 지문만 인식하면 탑승이 가능합니다.

'마지막 1km'를 위한 선택, 공유 자전거

"最后一公里"的选择，共享单车

🔊 023-01

当下中国各大城市大街小巷、地铁站、公交站、居民区、
Dāngxià Zhōngguó gè dà chéngshì dàjiē xiǎo xiàng、dìtiě zhàn、gōngjiāo zhàn、jūmín qū、

商业区附近基本都能看到共享单车的身影。据统计，截至目前
shāngyè qū fùjìn jīběn dōu néng kàndào gòngxiǎng dānchē de shēnyǐng. Jù tǒngjì, jiézhì mùqián

共享单车注册用户达到了2.6亿人。很多人称共享单车
gòngxiǎng dānchē zhùcè yònghù dádàole èr diǎn liù yì rén. Hěn duō rén chēng gòngxiǎng dānchē

是完成乘坐公共交通工具后"最后一公里"的最佳选择。
shì wánchéng chéngzuò gōnggòng jiāotōng gōngjù hòu "zuìhòu yì gōnglǐ" de zuì jiā xuǎnzé.

日常通勤对每个人来说不是一件容易的事：漫长的等车时间、
Rìcháng tōngqín duì měi ge rén lái shuō bú shì yí jiàn róngyì de shì: Màncháng de děng chē shíjiān、

发车不确定、巴士和地铁过于拥挤、交通堵塞……而在没有
fāchē bú quèdìng、 bāshì hé dìtiě guòyú yōngjǐ、 jiāotōng dǔsè…… Ér zài méiyǒu

公共交通的路段，共享单车没有出现之前人们只能依靠步行。
gōnggòng jiāotōng de lùduàn, gòngxiǎng dānchē méiyǒu chūxiàn zhīqián rénmen zhǐ néng yīkào bùxíng.

共享单车的出现，让越来越多中国人从这些烦人事中
Gòngxiǎng dānchē de chūxiàn, ràng yuè lái yuè duō Zhōngguórén cóng zhèxiē fánrén shì zhōng

解放出来，并成功推广了一种更健康、环保及时髦的生活
jiěfàng chūlái, bìng chénggōng tuīguǎngle yì zhǒng gèng jiànkāng、huánbǎo jí shímáo de shēnghuó

方式。可以说，共享单车是一种分时租赁模式，也是一种新型
fāngshì. Kěyǐ shuō, gòngxiǎng dānchē shì yì zhǒng fēn shí zūlìn móshì, yě shì yì zhǒng xīnxíng

绿色环保共享经济。
lǜsè huánbǎo gòngxiǎng jīngjì.

🔊 023-02

단어+표현
───────────────────────────────────

共享单车 gòngxiǎng dānchē 공유 자전거 | 居民区 jūmín qū 주거 단지 | 商业区 shāngyè qū 상업 지구 | 身影 shēnyǐng 그 림자 | 截至* jiézhì ~까지 | 乘坐 chéngzuò 탑승하다 | 通勤 tōngqín 통근하다 | 漫长 màncháng (시간·공간이) 길다, 멀다 | 发车 fāchē 배차하다 | 拥挤 yōngjǐ 붐비다 | 堵塞 dǔsè 막히다 | 路段 lùduàn 구간 | 依靠* yīkào 의존하다 | 烦人 fánrén 귀찮다, 번거롭다 | 解放 jiěfàng 해방하다 | 时髦 shímáo 유행하다, 최신식이다 | 租赁 zūlìn 빌리다, 빌려주다 | 模式* móshì 모델 | 共享经济* gòngxiǎng jīngjì 공유 경제

◀ 현재 중국 각 대도시의 거리와 골목, 지하철역, 버스 정류장, 주거 지역, 상업 지역 근처에서 모두 공유 자전거의 모습을 볼 수 있습니다. 통계에 따르면 현재까지 공유 자전거에 가입한 사용자는 2억 6천만 명에 달합니다. 많은 사람은 공유 자전거를 대중교통을 이용하고 난 후 '마지막 1km'를 완성하는 최적의 선택이라고 일컫습니다. 매일 출퇴근하는 것은 모두에게 쉬운 일이 아닙니다. 긴 승차 대기 시간, 불확실한 배차, 혼잡한 버스와 지하철, 교통 체증……. 그리고 대중교통이 없는 구간에서 공유 자전거가 등장하기 전에 사람들은 보행에 의지할 수밖에 없었습니다. 공유 자전거의 등장은 점점 더 많은 중국인을 이러한 성가신 일에서 해방시켰고 더 건강하고 환경친화적이며 세련된 생활 방식을 성공적으로 보급했습니다. 공유 자전거는 시간대로 이루어지는 대여 모델이자 새로운 형태의 친환경 공유 경제라고 할 수 있습니다.

뉴스 표현 필살기

'截至'는 '~까지'라는 뜻으로 뒤에 구체적인 날짜나 시간이 쓰입니다. 뉴스에서는 '지금까지'라는 뜻의 '截至目前 jiézhì mùqián'이라는 표현이 자주 등장합니다. 뒤에 등장하는 통계치는 최종 통계 결과가 아니며, 이후로도 계속 통계가 지속된다는 점을 주의해야 합니다.

截至2020年，全国范围内已经设立了46个跨境电商综合试验区。
Jiézhì èr líng èr líng nián, quánguó fànwéi nèi yǐjīng shèlìle sìshíliù ge kuà jìng diànshāng zōnghé shìyàn qū.
2020년 기준 전국에 46개의 국경 간 전자 상거래 종합 시범 구역이 구축되었다.

截至2020年6月底，全国已收获冬小麦3亿亩。
Jiézhì èr líng èr líng nián liù yuèdǐ, quánguó yǐ shōuhuò dōng xiǎomài sān yì mǔ.
2020년 6월 말 기준 전국적으로 3억 묘의 겨울 밀이 수확되었다.

截至目前，本市共计1700套住宅房源将入市。
Jiézhì mùqián, běn shì gòngjì yìqiān qībǎi tào zhùzhái fángyuán jiāng rùshì.
현재까지 우리 시에는 총 1700개의 주택이 시장에 공급될 예정이다.

알아 두면 뉴스가 들리는 중국 이야기

중국의 공유 자전거 시장은 2014년부터 자본력에 힘입어 폭발적인 성장을 거두었습니다. 그만큼 경쟁도 치열해 불과 몇 년 사이에 수많은 공유 자전거 브랜드가 시장에 나타났다가 사라지고는 했습니다. 브랜드마다 서비스 이용 방법이 조금씩 다르니, 중국 현지에서 공유 자전거를 이용하려면 '브랜드명+使用方法 shǐyòng fāngfǎ(사용 방법)'라고 검색해 보면 자세한 내용을 알 수 있습니다. 그래도 큰 틀에서 먼저 해당 앱을 다운로드해서 회원 가입을 하고 '押金 yājīn(보증금)'을 충전한 다음, 자전거에 붙어 있는 QR코드를 스캔하거나 앱에서 잠금 해제 번호를 받아서 자전거를 사용한다는 점은 비슷합니다. 현 시점에서 공유 자전거 시장에는 또 다른 변화가 일어나고 있는데요, 바로 '共享电动车 gòngxiǎng diàndòngchē(공유 전동차)'가 빠른 속도로 늘어나고 있다는 것입니다. '助力自行车 zhùlì zìxíngchē, 助力单车 zhùlì dānchē'라고도 불리는데 전기 자전거로 이해할 수 있습니다.

빠르면 2024년, 드론 자동차 출시

最快在2024年，投放飞车产品

024-01

据报道，吉利科技集团旗下公司和一家德国公司共同研发
Jù bàodào, Jílì Kējì Jítuán qíxià gōngsī hé yì jiā Déguó gōngsī gòngtóng yánfā

的飞车产品最快在2024年投放于中国市场。据相关负责人
de fēichē chǎnpǐn zuì kuài zài èr líng èr sì nián tóufàng yú Zhōngguó shìchǎng. Jù xiāngguān fùzérén

介绍，飞车产品计划由双方合资公司在中国市场运营，目前
jièshào, fēichē chǎnpǐn jìhuà yóu shuāngfāng hézī gōngsī zài Zhōngguó shìchǎng yùnyíng, mùqián

合资公司前期准备工作基本完成。飞车产品计划于2023
hézī gōngsī qiánqī zhǔnbèi gōngzuò jīběn wánchéng. Fēichē chǎnpǐn jìhuà yú èr líng èr sān

年获得欧洲航空安全局的适航证。取得适航证后，该飞车就
nián huòdé Ōuzhōu hángkōng ānquánjú de shìhángzhèng. Qǔdé shìhángzhèng hòu, gāi fēichē jiù

将在欧洲开始商业化应用并推向市场。与此同时，该产品
jiāng zài Ōuzhōu kāishǐ shāngyèhuà yìngyòng bìng tuī xiàng shìchǎng. Yǔ cǐ tóngshí, gāi chǎnpǐn

在中国的适航认证工作也将随即完成。负责人还介绍到，
zài Zhōngguó de shìháng rènzhèng gōngzuò yě jiāng suíjí wánchéng. Fùzérén hái jièshào dào,

飞车的客户不止是高端和商务群体，在婚庆、文旅、特殊场景等
fēichē de kèhù bùzhǐ shì gāoduān hé shāngwù qúntǐ, zài hūnqìng, wénlǚ, tèshū chǎngjǐng děng

方面的需求也不会小，今后将进一步衍生到大众化立体出行。
fāngmiàn de xūqiú yě bú huì xiǎo, jīnhòu jiāng jìnyíbù yǎnshēng dào dàzhònghuà lìtǐ chūxíng.

投放* tóufàng 집행하다, 런칭하다, 출시하다 | 吉利科技集团 Jílì Kējì Jítuán 지리(GEELY) 테크놀로지 그룹 [중국의 자동차 제조사] | 旗下* qíxià 산하 | 研发* yánfā 연구 개발하다 | 合资公司 hézī gōngsī 합자회사 | 获得 huòdé 획득하다 | 欧洲航空安全局 Ōuzhōu hángkōng ānquánjú 유럽 항공 안전국(EASA) | 适航证 shìhángzhèng 감항 인증서 | 商业化* shāngyèhuà 상업화 | 认证* rènzhèng 인증하다 | 随即* suíjí 즉시, 곧 | 高端 gāoduān 상류층의, 프리미엄의 | 婚庆 hūnqìng 결혼식 | 特殊 tèshū 특수하다 | 衍生* yǎnshēng 파생하다 | 大众化 dàzhònghuà 대중화 | 立体 lìtǐ 입체적이다

◀ 보도에 따르면 지리 테크놀로지 그룹 산하의 회사가 한 독일 회사와 공동 개발한 드론 자동차 상품이 빠르면 2024년 중국 시장에 출시될 예정입니다. 담당자의 소개에 따르면 드론 자동차 상품은 양측의 합자 회사가 중국 시장에서 운영할 계획이며 현재 합자 회사의 예비 준비 작업은 기본적으로 완료되었습니다. 드론 자동차 상품은 2023년에 유럽 항공 안전국의 감항 인증서를 취득할 예정입니다. 인증서 취득 후, 해당 드론 자동차는 유럽 지역에서 상용화 및 판매될 예정이며 동시에 중국에서도 감항 인증 작업이 곧 완료될 예정입니다. 담당자는 드론 자동차의 고객은 상류층 및 비즈니스 단체에 그치지 않고 결혼식, 문화 관광, 특별한 이벤트 등의 분야에서의 수요도 클 것으로 보이며 점차 대중화되어 종합 외출 수단으로 부상할 것이라고 설명했습니다.

뉴스 표현 필살기

'投放'은 '(광고를) 집행하다, (제품을) 출시하다, 런칭하다'라는 뜻으로 시장, 광고, 자금, 제품 등을 나타내는 표현과 함께 사용할 수 있습니다.

我们公司的这款新产品，将在9月投放到中国市场。
Wǒmen gōngsī de zhè kuǎn xīn chǎnpǐn, jiāng zài jiǔ yuè tóufàng dào Zhōngguó shìchǎng.
당사의 신제품은 9월에 중국 시장에 출시될 예정입니다.

巴士是投放商业广告的最佳位置之一。
Bāshì shì tóufàng shāngyè guǎnggào de zuì jiā wèizhi zhī yī.
버스는 상업 광고를 집행하기에 가장 좋은 곳 중 하나이다.

这笔资金是否会投放，我们还需要观察。
Zhè bǐ zījīn shìfǒu huì tóufàng, wǒmen hái xūyào guānchá.
해당 자금을 집행할 것인지는 더 지켜봐야 한다.

알아 두면 뉴스가 들리는 중국 이야기

신문 기사나 뉴스에서 '场景 chǎngjǐng'이라는 단어를 심심치 않게 볼 수 있는데요, 사전적인 의미는 '(연극이나 영화의) 장면, 신(scene)'인데 어떤 의미로 사용된 것일까요? 먼저 예문을 보겠습니다.

这个电影中的场景设计不太合理。
Zhège diànyǐng zhōng de chǎngjǐng shèjì bú tài hélǐ.
이 영화 속의 장면 설계가 그다지 합리적이지 않다.

消费场景的升级能够加强产品的竞争力。
Xiāofèi chǎngjǐng de shēngjí nénggòu jiāqiáng chǎnpǐn de jìngzhēnglì.
소비 신의 업그레이드는 상품 경쟁력을 향상시킬 수 있다.

첫 번째 예문에서의 '场景'은 본래의 뜻인 영화나 드라마 등에 나오는 '장면'을 뜻하는데, 두 번째 예문의 '场景'을 똑같이 해석하면 어색하죠? '场景'은 마케팅 용어로 '신'이라는 뜻인데, 소비자가 특정 소비를 하는 장소와 형식 등을 가리킵니다. 본문에서 '特殊场景 tèshū chǎngjǐng'이라고 한 것은 드론 자동차를 사용할 수 있는 특수한 '장소, 환경, 적용 분야' 정도로 이해할 수 있습니다. '使用场景 shǐyòng chǎngjǐng'이라는 표현도 있는데요, 이때는 '신'보다는 '사용 과정'으로 해석하는 것이 더 자연스럽습니다.

전국 487개 고속도로 성 경계 톨게이트 전부 철수

全国487个高速公路省界收费站全部取消

🔵 025-01

自今年1月1日零时起，全国29个省份的487个高速
Zì jīnnián yī yuè yī rì líng shí qǐ, quánguó èrshíjiǔ ge shěngfèn de sìbǎi bāshíqī ge gāosù

公路省界收费站全部取消，此举将有效改善人民群众
gōnglù shěng jiè shōufèizhàn quánbù qǔxiāo, cǐ jǔ jiāng yǒuxiào gǎishàn rénmín qúnzhòng

出行体验，助力节能减排、降本增效。数据显示，撤站后在
chūxíng tǐyàn, zhùlì jiénéng jiǎnpái、jiàngběn zēng xiào. Shùjù xiǎnshì, chè zhàn hòu zài

正常通行情况下，客车平均通过省界的时间由原来的
zhèngcháng tōngxíng qíngkuàng xià, kèchē píngjūn tōngguò shěng jiè de shíjiān yóu yuánlái de

15秒减少为2秒，货车通过省界时间由原来的29秒
shíwǔ miǎo jiǎnshǎo wéi liǎng miǎo, huòchē tōngguò shěng jiè shíjiān yóu yuánlái de èrshíjiǔ miǎo

减少为3秒。目前ETC累计用户超2亿。ETC推广发行是实现
jiǎnshǎo wéi sān miǎo. Mùqián ETC lěijì yònghù chāo liǎng yì. ETC tuīguǎng fāxíng shì shíxiàn

不停车快捷收费的核心措施，也是确保撤站任务顺利进行的
bù tíngchē kuàijié shōufèi de héxīn cuòshī, yě shì quèbǎo chè zhàn rènwù shùnlì jìnxíng de

关键因素。从发达国家实践经验来看，ETC安装率如果达不到
guānjiàn yīnsù. Cóng fādá guójiā shíjiàn jīngyàn lái kàn, ETC ānzhuānglǜ rúguǒ dá bu dào

一定的比例，快捷通行就无法实现。截至2019年年底，全国ETC
yídìng de bǐlì, kuàijié tōngxíng jiù wúfǎ shíxiàn. Jiézhì èr líng yī jiǔ nián niándǐ, quánguó ETC

推广发行了1.23亿户，累计用户已达到2.04亿。省界收费站取消
tuīguǎng fāxíngle yī diǎn èr sān yì hù, lěijì yònghù yǐ dádào èr diǎn líng sì yì. Shěng jiè shōufèizhàn qǔxiāo

后，在出入口收费站仍将保留少量的人工收费车道。
hòu, zài chūrùkǒu shōufèizhàn réng jiāng bǎoliú shǎoliàng de réngōng shōufèi chēdào.

*ETC(Electronic Toll Collection): 유료 도로에서 정차하지 않고 통행료를 지불하는 전자 요금 시스템

🔵 025-02

省界收费站 shěng jiè shōufèizhàn 성 경계 톨게이트 | **此举** cǐ jǔ 이번 조치 | **助力** zhùlì 일조하다, 추진하다 | **节能** jiénéng 에너지를 절약하다 | **减排** jiǎnpái 탄소 배출을 감축하다 | **降本** jiàngběn 비용을 감축하다 | **增效** zēng xiào 효율을 향상하다 | **撤** chè 철수하다 | **发行** fāxíng 발행하다 | **快捷** kuàijié 편리하다 | **核心** héxīn 핵심 | **确保** quèbǎo 확보하다 | **关键因素** guānjiàn yīnsù 핵심 요소 | **实践** shíjiàn 실천하다 | **安装率** ānzhuānglǜ 설치율 | **保留** bǎoliú 보류하다

◀ 올해 1월 1일 0시부터 전국 29개 성에 있는 487개의 고속도로 성 경계 톨게이트가 전부 철수되었습니다. 해당 조치는 사람들의 여행 경험을 효과적으로 개선하고 에너지 절약과 탄소 배출 저감, 비용 감축과 효율 향상에 일조할 것으로 보입니다. 데이터에 따르면 톨게이트가 철수된 후 정상 운영되는 상황에서 버스가 성 경계를 통과하는 데 걸리는 평균 시간이 15초에서 2초로 단축되었고 화물차가 성 경계를 통과하는 데 걸리는 시간이 29초에서 3초로 단축된 것으로 나타났습니다. 현재 ETC 누적 이용자는 2억 명이 넘습니다. ETC의 보급과 발행은 무정차 통행료 신속 징수를 실현하기 위한 핵심 조치이며, 톨게이트 철수 작업의 원활한 진행을 보장하는 핵심 요소이기도 합니다. 선진국의 실제 경험으로 볼 때, ETC 설치율이 일정 비율에 미치지 못하면 신속한 통행은 실현되기 어렵습니다. 2019년 말까지 전국적으로 1억 2300만 명에게 ETC를 발행했으며, 누적 이용자는 2억 4천만 명에 도달했습니다. 성 경계 톨게이트가 철수된 후에도 출입구 톨게이트에는 약간의 유인 수납 차선이 남을 예정입니다.

뉴스 표현 필살기

'是A，也是B'는 'A이기도 하고 B이기도 하다'라는 뜻으로 두 가지 속성을 동시에 가진 경우 사용하는 표현입니다.

广州是一个现代化的大都市，也是一座美丽的花城。
Guǎngzhōu shì yí ge xiàndàihuà de dà dūshì, yě shì yí zuò měilì de huā chéng.
광저우는 현대화된 대도시이기도 하고, 아름다운 꽃의 도시이기도 하다.

临机应变是一种处事方式，也是一种智慧。
Línjī yìngbiàn shì yì zhǒng chǔshì fāngshì, yě shì yì zhǒng zhìhuì.
임기응변은 일종의 일 처리 방식이자 지혜이다.

工作是一种义务，也是一种责任。
Gōngzuò shì yì zhǒng yìwù, yě shì yì zhǒng zérèn.
업무는 일종의 의무이자 책임이다.

알아 두면 뉴스가 들리는 중국 이야기

중국에서는 몇 년 전부터 '真想来一场说走就走的旅行。Zhēn xiǎng lái yì chǎng shuō zǒu jiù zǒu de lǚxíng.'이라는 말이 유행하기 시작했는데요, '정말 무작정 떠나는 여행을 한번 가고 싶다.'라는 뜻입니다. 경제적, 시간적 자유를 갈망하는 사람들의 내면을 잘 표현하는 문장이라고 할 수 있습니다. 당일치기로 여행을 갔다 오거나 계획하지 않은 여행을 가면 '说走就走的旅行 shuō zǒu jiù zǒu de lǚxíng'이라는 말과 함께 사진을 SNS에 올리기도 해요. 중국의 교통 인프라가 빠른 속도로 발전하면서 이 같은 '说走就走 shuō zǒu jiù zǒu'를 실현하기 쉬워진 측면도 있습니다. 예를 들어 예전에 광저우(广州 Guǎngzhōu)에서 베이징에 가려면 25시간이 걸렸지만, 두 도시를 잇는 고속 철도인 '京广高铁 Jīngguǎng gāotiě'가 개통되면서 소요 시간이 8시간으로 단축되었습니다. '早上在广州吃早茶，晚上到北京品烤鸭 zǎoshang zài Guǎngzhōu chī zǎochá, wǎnshàng dào Běijīng pǐn kǎoyā(아침에 광저우에서 아침을 먹고 저녁에 베이징에서 카오야를 먹는다)' 같은 하루가 가능해진 것이죠. 기회가 된다면 꼭 한번 체험해 보고 싶지 않나요?

청두 3월 1일부터 쓰레기 분류 실행, 요령은?

成都自3月1日起实施垃圾分类，是否有小窍门?

🔊 026-01

自今年3月1日起，　成都将全面实施《成都市生活垃圾
Zì jīnnián sān yuè yī rì qǐ,　Chéngdū jiāng quánmiàn shíshī《Chéngdū Shì shēnghuó lājī

管理条例》。随着越来越多的地区开始实施垃圾分类，居民们
guǎnlǐ tiáolì).　Suízhe yuè lái yuè duō de dìqū kāishǐ shíshī lājī fēnlèi,　jūmínmen

也开始参与配合，虽然社区也会有志愿者帮忙监督，但是很
yě kāishǐ cānyù pèihé,　suīrán shèqū yě huì yǒu zhìyuànzhě bāngmáng jiāndū,　dànshì hěn

多人表示记不住垃圾种类。为此，成都日报记者梳理了四步
duō rén biǎoshì jì bu zhù lājī zhǒnglèi.　Wèi cǐ,　Chéngdū Rìbào jìzhě shūlǐle sì bù

垃圾分类小窍门，供居民参考。第一步，先确认垃圾是否有毒，
lājī fēnlèi xiǎo qiàomén,　gōng jūmín cānkǎo.　Dì-yī bù,　xiān quèrèn lājī shìfǒu yǒu dú,

有害垃圾可以记住口诀"汞(水银，温度计)、灯(灯管)、药(药品)、
yǒu hài lājī kěyǐ jìzhù kǒujué "gǒng (shuǐyín, wēndùjì)、dēng (dēng guǎn)、yào (yàopǐn)、

池(电池)、漆(油漆等)"。第二步，分清是否是可回收垃圾，可
chí (diànchí)、qī (yóuqī děng)".　Dì-èr bù, fēnqīng shìfǒu shì kě huíshōu lājī,　kě

回收垃圾种类也很多，但也有背诵秘诀
huíshōu lājī zhǒnglèi yě hěn duō,　dàn yě yǒu bèisòng mìjué

"纸(废纸)、塑(塑料制品)、玻(玻璃制品)、
"zhǐ (fèi zhǐ)、sù (sùliào zhìpǐn)、bō (bōli zhìpǐn)、

金(金属)、衣(废织物)"。第三步，分辨
jīn (jīnshǔ)、yī (fèi zhīwù)".　Dì-sān bù, fēnbiàn

是不是易腐物质，厨余垃圾(绝大多数
shì bu shì yì fǔ wùzhì,　chúyú lājī (jué dàduōshù

🔊 026-02

食物）基本上都属于易腐生活垃圾。第四步，剩下的都是其他垃圾，大多数
shíwù) jīběn shang dōu shǔyú yì fǔ shēnghuó lājī.　Dì-sì bù,　shèngxià de dōu shì qítā lājī,　dàduōshù

家用卫生品、化妆品都属于其他垃圾。
jiāyòng wèishēngpǐn, huàzhuāngpǐn dōu shǔyú qítā lājī.

올해 3월 1일부터 청두는《청두시 생활 쓰레기 관리 조례》를 본격적으로 시행할 예정입니다. 점점 더 많은 지역에서 쓰레기 분류를 실시하기 시작하면서 주민들도 협조에 참여하기 시작했습니다. 지역 사회에도 관리 감독을 돕는 자원봉사자가 있지만 많은 사람은 쓰레기 종류를 기억하지 못하겠다고 호소했습니다. 이를 위해, 청두 데일리 기자가 주민들이 참고할 수 있도록 쓰레기 분류에 대한 요령 네 단계를 정리했습니다. 첫 번째 단계는 먼저 유독성 쓰레기인지 확인하는 것입니다. 유독성 쓰레기는 '汞(수은, 온도계), 灯(램프), 药(약품), 池(건전지), 漆(페인트 등)'의 암기법으로 기억할 수 있습니다. 두 번째 단계는 재활용 쓰레기인지 구별하는 것입니다. 재활용 쓰레기도 종류가 많지만 '纸(폐지), 塑(플라스틱 제품), 玻(유리 제품), 金(금속), 衣(폐직물)'로 외우는 비결도 있습니다. 세 번째 단계는 부패하기 쉬운 물건인지 구별하는 것입니다. 음식물 쓰레기(대부분 음식)는 기본적으로 부패하기 쉬운 생활 쓰레기입니다. 네 번째 단계로, 나머지는 모두 기타 쓰레기인데 대부분의 생활 위생품, 화장품이 모두 기타 쓰레기에 속합니다.

뉴스 표현 필살기

'虽然A，但是B'는 '비록 A하지만 B하다'라는 뜻으로, 전환을 나타냅니다.

虽然竞争很激烈，但是A公司凭借领先技术成功占据了市场。
Suīrán jìngzhēng hěn jīliè, dànshì A gōngsī píngjiè lǐngxiān jìshù chénggōng zhànjùle shìchǎng.
치열한 경쟁에도 불구하고 A사는 앞선 기술력으로 시장 점유에 성공했다.

虽然有理论支持，但是实践还是失败了。
Suīrán yǒu lǐlùn zhīchí, dànshì shíjiàn háishi shībài le.
이론적인 근거는 있지만 실천은 결국 실패했다.

虽然经济政策放宽，但是经济下行压力依然存在。
Suīrán jīngjì zhèngcè fàngkuān, dànshì jīngjì xiàxíng yālì yīrán cúnzài.
비록 경제 정책이 완화되었지만, 경기 하락 압박은 여전히 존재한다.

알아 두면 뉴스가 들리는 중국 이야기

현재 중국에서 일어나고 있는 가장 큰 변화 중 하나는 바로 쓰레기 분리배출 정책이 실시되기 시작했다는 점입니다. 일반 쓰레기, 재활용 쓰레기, 음식물 쓰레기를 구분하지 않고 한데 모아서 버리던 것을 종류별로 분리하여 버리고 처리하도록 하였습니다. 2019년 중국은 상하이(上海 Shànghǎi)부터 시작하여 주요 46개 도시에서 생활 쓰레기 분리배출 제도를 시행하고, 2025년까지 중국 전역에 분리배출 시스템을 정착시키기 위한 계획을 발표하였습니다. 따라서 중국인들은 새로운 제도의 도입에 맞춰 쓰레기를 분류하는 법을 알아 가고 있습니다.
한국인들에게 쓰레기 분리배출은 익숙하기 때문에 중국에 가더라도 당황스럽지는 않겠지만, 한국과 중국의 쓰레기 분류법이 약간 다르니 알아 두는 게 좋겠죠? 지역마다 용어가 약간 다를 수 있겠지만 크게 4가지로 분류됩니다. 각각 '有害垃圾 yǒu hài lājī(유해 쓰레기), 可回收垃圾 kě huíshōu lājī(재활용 쓰레기), 厨余垃圾 chúyú lājī(음식물 쓰레기), 其他垃圾 qítā lājī(기타 쓰레기)'입니다. '其他垃圾'는 '干垃圾 gān lājī'라고도 합니다.

상하이, 내일부터 일회용 비닐봉지 사용 금지
上海，明日起禁止使用一次性塑料购物袋

🔊 027-01

去年年中，《上海市关于进一步加强塑料污染治理的实施
Qùnián niánzhōng,《Shànghǎi Shì guānyú jìnyíbù jiāqiáng sùliào wūrǎn zhìlǐ de shíshī

方案》正式出台，方案中明确提出：全市范围的商场、
fāng'àn》zhèngshì chūtái,　fāng'àn zhōng míngquè tíchū: quán shì fànwéi de shāngchǎng、

超市、药店、书店等场所及各类展会活动，禁止使用一次性
chāoshì、yàodiàn、　shūdiàn děng chǎngsuǒ jí gè lèi zhǎnhuì huódòng, jìnzhǐ shǐyòng yícìxìng

塑料购物袋。全市范围的餐饮行业禁止使用不可降解一次
sùliào gòuwùdài.　Quán shì fànwéi de cānyǐn hángyè jìnzhǐ shǐyòng bùkě jiàngjiě yícìxìng

塑料吸管；餐饮食堂服务禁止使用不可降解一次性塑料餐具；
sùliào xīguǎn;　cānyǐn shítáng fúwù jìnzhǐ shǐyòng bùkě jiàngjiě yícìxìng sùliào cānjù;

餐饮打包外卖服务也禁止使用不可降解塑料购物袋。据了解，
cānyǐn dǎbāo wàimài fúwù yě jìnzhǐ shǐyòng bùkě jiàngjiě sùliào gòuwùdài.　Jù liǎojiě,

方案出台后，顾客们可以看到超市收银机边的塑料袋换成了纸
fāng'àn chūtái hòu,　gùkèmen kěyǐ kàndào chāoshì shōuyínjī biān de sùliàodài huànchéngle zhǐ

袋子、外卖中使用的一次性餐具都替换成了木质餐具、一些大型
dàizi、　wàimài zhōng shǐyòng de yícìxìng cānjù dōu tìhuàn chéngle mùzhì cānjù、　yìxiē dàxíng

商场启用环保袋、还有部分场所建议顾客自备购物袋，真的是
shāngchǎng qǐyòng huánbǎo dài、hái yǒu bùfen chǎngsuǒ jiànyì gùkè zì bèi gòuwùdài, zhēn de shì

付钱也买不起塑料袋了。不少网友表示自己也已经做好了准备，
fù qián yě mǎi bu qǐ sùliàodài le.　Bù shǎo wǎngyǒu biǎoshì zìjǐ yě yǐjīng zuòhǎole zhǔnbèi,

同时非常支持此次规定。
tóngshí fēicháng zhīchí cǐ cì guīdìng.

🔊 027-02

上海 Shànghǎi 상하이 [지명] | 禁止*jìnzhǐ 금지하다 | 一次性*yícìxìng 일회용 | 购物袋 gòuwùdài 쇼핑백 | 加强*jiāqiáng 강화하다 | 出台*chūtái (정책·조치 등을) 공포하다, 실시하다 | 明确 míngquè 명확하다 | 提出*tíchū 제시하다 | 各类 gè lèi 여러 유형의 | 展会活动 zhǎnhuì huódòng 전시회 | 降解 jiàngjiě 분해하다 | 吸管 xīguǎn 빨대 | 餐具 cānjù 식기 | 打包 dǎbāo 포장하다 | 外卖服务 wàimài fúwù 배달 서비스 | 替换 tìhuàn 대체하다, 바꾸다 | 木质 mùzhì 목제 | 自备 zì bèi 자체적으로 준비하다 | 支持 zhīchí 지지하다

🔊 작년 중반, 《플라스틱 오염 처리 강화에 관한 상하이시 시행 방안》이 공식적으로 발표되었습니다. 방안에 따르면 도시 전역의 쇼핑몰, 슈퍼마켓, 약국, 서점 등의 장소와 각종 전시 활동에서 일회용 비닐봉지의 사용이 금지됩니다. 도시 전역의 요식 업계에서 분해되지 않는 일회용 플라스틱 빨대를 사용하는 것, 식당 서비스에서 분해되지 않는 일회용 플라스틱 식기를 사용하는 것, 음식 포장과 배달 서비스에서도 분해되지 않는 비닐봉지를 사용하는 것이 금지됩니다. 알려진 바에 따르면, 방안이 발표된 후, 고객들은 슈퍼마켓 계산대 근처의 비닐봉지가 종이봉투로 교체되었고, 배달에 사용되는 일회용 식기가 나무 식기로 교체되었으며, 일부 대형 쇼핑몰은 에코백을 쓰기 시작했으며, 또 일부 장소에서는 고객들에게 장바구니를 자체적으로 준비할 것을 권장하는 것을 볼 수 있는데, 정말 돈을 내도 비닐봉지를 살 수 없게 되었습니다. 많은 네티즌은 자신도 이미 준비를 마쳤으며, 이번 규정을 적극 지지함을 드러냈습니다.

뉴스 표현 필살기

'出台'는 '배우가 무대에 오르다' '공개적으로 활동하다'라는 뜻이지만, 뉴스에서는 '(정책·조치 등을) 공포하다, 실시하다, 출범하다'라는 뜻을 나타냅니다.

虽然政府出台了相关管控政策，但房价还是不断飙升。
Suīrán zhèngfǔ chūtáile xiāngguān guǎnkòng zhèngcè, dàn fángjià háishi búduàn biāoshēng.
정부가 관련 규제책을 내놓았지만 집값은 여전히 천정부지로 치솟고 있다.

地方政府出台19条措施，以促进中小企业发展。
Dìfāng zhèngfǔ chūtái shíjiǔ tiáo cuòshī, yǐ cùjìn zhōngxiǎo qǐyè fāzhǎn.
지방 정부는 중소기업의 발전을 촉진하기 위해 19개의 조치를 내놓았다.

中国出台首个零碳经济示范区。
Zhōngguó chūtái shǒu ge líng tàn jīngjì shìfàn qū.
중국이 최초의 탄소 제로 경제 시범 구역을 출범한다.

알아 두면 뉴스가 들리는 중국 이야기

중국은 현재 베이징, 상하이 등의 주요 도시를 시작으로 '限塑令 xiàn sù lìng'이라고 하는 단계별 일회용 비닐봉지 퇴출 정책을 발표하였습니다. 이제는 가게에서 점차 비닐봉지(塑料袋 sùliàodài)를 사용할 수 없게 되니 다른 '袋 dài(가방)'를 준비해야 하겠죠? '袋'가 들어간 각종 가방을 소개합니다.

购物袋 gòuwùdài 쇼핑백

环保袋 huánbǎodài 에코백

无纺布购物袋 wúfǎngbù gòuwùdài 부직포 쇼핑백

保鲜袋 bǎoxiāndài 위생팩, 위생백

纸袋 zhǐdài 종이봉투

连卷袋 liánjuǎndài 롤백

帆布袋 fānbùdài 캔버스 가방

布袋 bùdài 베로 만든 백, 에코백

신선도를 유지하는 아이스팩, 처리는 어떻게?

保鲜冰袋应该怎样处理?

🔊 028-01

生鲜电商平台的快速发展，让公众足不出户就能
Shēngxiān diànshāng píngtái de kuàisù fāzhǎn, ràng gōngzhòng zúbùchūhù jiù néng

吃到新鲜的水产品、果蔬，这也催生出对保鲜冰袋的巨大
chīdào xīnxiān de shuǐchǎnpǐn, guǒshū, zhè yě cuīshēng chū duì bǎoxiān bīngdài de jùdà

需求。冷链运输前，冰袋呈凝胶冰体状态，当环境温度高
xūqiú. Lěngliàn yùnshū qián, bīngdài chéng níngjiāo bīngtǐ zhuàngtài, dāng huánjìng wēndù gāo

于冰袋温度，冰袋会发生液化现象，从环境中吸热，为箱内
yú bīngdài wēndù, bīngdài huì fāshēng yèhuà xiànxiàng, cóng huánjìng zhōng xī rè, wèi xiāng nèi

降温。这样生鲜食品就得以长时间保持低温，锁住鲜美。问题是
jiàngwēn. Zhèyàng shēngxiān shípǐn jiù déyǐ cháng shíjiān bǎochí dīwēn, suǒzhù xiānměi. Wèntí shì

有些冰袋含有高分子化合物，在土壤中较难分解，那么怎么扔呢?
yǒuxiē bīngdài hán yǒu gāo fēnzǐ huàhéwù, zài tǔrǎng zhōng jiào nán fēnjiě, nàme zěnme rēng ne?

专家建议大家丢弃冰袋时，将外层塑料和内部填充物分类投放。但
Zhuānjiā jiànyì dàjiā diūqì bīngdài shí, jiāng wàicéng sùliào hé nèibù tiánchōngwù fēnlèi tóufàng. Dàn

由于当前保鲜冰袋普遍存在成分、含量标示不清的情况，
yóuyú dāngqián bǎoxiān bīngdài pǔbiàn cúnzài chéngfèn、hánliàng biāoshì bù qīng de qíngkuàng,

很难准确分辨冰袋内容物并安全操作，因此公众可将未
hěn nán zhǔnquè fēnbiàn bīngdài nèiróngwù bìng ānquán cāozuò, yīncǐ gōngzhòng kě jiāng wèi

明确标示"无毒"的一次性冰袋，整袋投入有害垃圾桶中。
míngquè biāoshì "wú dú" de yícìxìng bīngdài, zhěng dài tóurù yǒu hài lājītǒng zhōng.

🔊 028-02

단어+표현

冰袋 bīngdài 아이스팩 | 生鲜 shēngxiān 신선 식품 | 电商* diànshāng 전자 상거래 | 平台* píngtái 플랫폼 | 足不出户 zúbùchūhù 집 밖으로 한 발짝도 나가지 않다 | 催生* cuīshēng ~로 인해 나타나다 | 冷链运输 lěngliàn yùnshū 콜드 체인 운송 | 呈……状态 chéng……zhuàngtài ~의 상태를 보이다 | 凝胶冰体 níngjiāo bīngtǐ 겔 아이스 | 液化 yèhuà 액화하다 | 锁住 suǒzhù 잠그다 | 高分子化合物 gāo fēnzǐ huàhéwù 고분자 화합물 | 分解 fēnjiě 분해하다 | 丢弃 diūqì 버리다 | 填充物 tiánchōngwù 충전물 | 含量* hánliàng 함량 | 标示* biāoshì 표시하다

◀ 신선 식품 전자 상거래 플랫폼의 급속한 발전으로 대중은 집 밖을 나서지 않고도 신선한 수산물, 과일과 채소를 먹을 수 있게 되었으며, 이는 또한 아이스팩에 대한 엄청난 수요를 창출했습니다. 콜드 체인 운송 전에 아이스팩은 겔 아이스 상태로 있다가, 주변 온도가 아이스팩의 온도보다 높으면 아이스팩이 액화되는 현상이 나타나 주변의 열을 흡수해서 상자 내부의 온도를 낮춥니다. 이런 식으로 신선 식품은 오랫동안 저온을 유지할 수 있고, 신선도를 유지할 수 있습니다. 문제는 일부 아이스팩에는 토양에서 분해하기 어려운 고분자 화합물이 포함되어 있다는 것인데, 그렇다면 어떻게 버려야 할까요? 전문가들은 아이스팩을 버릴 때 겉의 비닐과 내부 충전재를 분류하여 넣을 것을 제안합니다. 그러나 현재 아이스팩은 대부분 성분과 함량 표시가 불명확하기 때문에 아이스팩의 내용물을 정확하게 구분하고 안전하게 처리하기 어려우므로 일반인은 '무독성'이라고 명확하게 표시되어 있지 않은 일회용 아이스팩을 통째로 유해 쓰레기통에 버리면 됩니다.

뉴스 표현 필살기

'催生'은 원래 '산모를 도와 빨리 분만시키다'라는 뜻이지만, 보통은 '어떤 새로운 사물을 낳다, 발생시키다'라는 뜻으로 많이 쓰입니다.

人工智能的出现将催生出很多新的岗位。
Réngōng zhìnéng de chūxiàn jiāng cuīshēng chū hěn duō xīn de gǎngwèi.
인공지능의 출현은 많은 새로운 일자리를 낳을 것이다.

这件产品能提早问世，完全是业务部门催生的结果。
Zhè jiàn chǎnpǐn néng tízǎo wènshì, wánquán shì yèwù bùmén cuīshēng de jiéguǒ.
이 제품이 조기에 출시될 수 있었던 것은 전적으로 사업부의 빠른 추진의 결과이다.

国际金融危机正在催生新的科技革命。
Guójì jīnróng wēijī zhèngzài cuīshēng xīn de kējì gémìng.
국제 금융 위기는 새로운 기술 혁명을 낳고 있다.

알아 두면 뉴스가 들리는 중국 이야기

중국에는 '早吃好，中吃饱，晚吃少 zǎo chīhǎo, zhōng chībǎo, wǎn chīshǎo(아침은 잘 먹고, 점심은 배불리 먹고, 저녁은 적게 먹어라)'라는 말이 있습니다. 아침에는 영양이 풍부한 음식을 먹고, 점심은 오후 시간이 상대적으로 길기 때문에 양껏 먹고, 저녁은 곧 자야 하니 위 건강을 위해 많이 먹지 말라는 얘기입니다. 중국의 음식 문화에서 빼놓을 수 없는 부분 중 하나가 바로 아침 식사입니다. 지역별로 즐겨 먹는 음식이 다양한데, 특히 식문화가 고도로 발달한 광둥에는 '早茶文化 zǎochá wénhuà'가 있어요. 바로 차와 딤섬을 아침 식사로 즐기는 문화입니다. 한동안 광둥에 출장을 갔었는데, 호텔 조식에 나온 딤섬의 종류가 어마어마했던 기억이 납니다. 중국인들이 보통 즐겨 먹는 아침 메뉴로는 콩 음료인 '豆浆 dòujiāng'과 꽈배기 같은 '油条 yóutiáo', 밀가루 반죽을 얇게 부쳐 각종 재료 넣어 말아 먹는 '煎饼果子 jiānbing guǒzi', 두부에 양념을 얹어 먹는 '豆腐脑 dòufunǎo', 만두의 일종인 '包子 bāozi', 비빔면의 일종인 '热干面 règānmiàn', 국의 일종인 '胡辣汤 húlàtāng' 등이 있습니다. 중국은 아침 식사를 주로 밖에서 사 먹기 때문에 이른 새벽부터 식당이 문을 열기도 하고, 노점상도 쉽게 찾아볼 수 있습니다. 이런 메뉴를 하나씩 맛보는 것도 중국 생활의 즐거움이니 최대한 다양한 가게에 가 보는 걸 추천합니다!

주의! 9월 13일부터 음주운전 단속 강화

注意! 自9月13日起严查酒驾

🔊 029-01

公安部交管局近日部署全国公安交管部门开展酒驾醉驾
Gōng'ānbù jiāoguǎnjú jìnrì bùshǔ quánguó gōng'ān jiāoguǎn bùmén kāizhǎn jiǔjià zuìjià

集中整治行动。9月13日起，全国交警将开展为期10天的
jízhōng zhěngzhì xíngdòng. Jiǔ yuè shísān rì qǐ, quánguó jiāojǐng jiāng kāizhǎn wéiqī shí tiān de

酒驾醉驾执法直播联动，边执法边宣传，最大限度警示并提示
jiǔjià zuìjià zhífǎ zhíbō liándòng, biān zhífǎ biān xuānchuán, zuì dà xiàndù jǐngshì bìng tíshì

驾驶人抵制酒驾醉驾，将安全风险排除在萌芽阶段，保障群众
jiàshǐ rén dǐzhì jiǔjià zuìjià, jiāng ānquán fēngxiǎn páichú zài méngyá jiēduàn, bǎozhàng qúnzhòng

节日出行安全。根据道路交通安全法相关规定，酒驾被发现将
jiérì chūxíng ānquán. Gēnjù dàolù jiāotōng ānquánfǎ xiāngguān guīdìng, jiǔjià bèi fāxiàn jiāng

暂扣6个月机动车驾驶证、罚款1000-2000元、一次记满12分；
zàn kòu liù ge yuè jīdòngchē jiàshǐzhèng、fákuǎn yìqiān zhì liǎngqiān yuán、yí cì jìmǎn shí'èr fēn;

再次饮酒驾驶除罚款外，将受到10日以下拘留并吊销驾驶证；
zàicì yǐnjiǔ jiàshǐ chú fákuǎn wài, jiāng shòudào shí rì yǐxià jūliú bìng diàoxiāo jiàshǐzhèng;

发生重大交通事故时将构成犯罪，不仅追究刑事责任、吊销
fāshēng zhòngdà jiāotōng shìgù shí jiāng gòuchéng fànzuì, bùjǐn zhuījiū xíngshì zérèn、diàoxiāo

驾驶证还会被终身禁驾。专家提醒，酒驾违法行为，后果影响
jiàshǐzhèng hái huì bèi zhōngshēn jìn jià. Zhuānjiā tíxǐng, jiǔjià wéifǎ xíngwéi, hòuguǒ yǐngxiǎng

深远，将影响无数家庭，而且犯罪记录将伴随终生，无论是子女
shēnyuǎn, jiāng yǐngxiǎng wúshù jiātíng, érqiě fànzuì jìlù jiāng bànsuí zhōngshēng, wúlùn shì zǐnǚ

公安部交管局 gōng'ānbù jiāoguǎnjú 공안부 교통관리국 | 部署* bùshǔ (정책이나 계획 등을) 전개하다 | 酒驾醉驾* jiǔjià zuìjià 음주운전 | 整治* zhěngzhì 단속하다 | 为期 wéiqī ~을 기한으로 하다 | 执法 zhífǎ 법을 집행하다 | 直播联动 zhíbō liándòng 라이브 방송 | 排除* páichú 배제하다 | 萌芽 méngyá 맹아 [사물의 초기 단계] | 暂扣 zàn kòu 일시정지하다 | 驾驶证 jiàshǐzhèng 운전면허 | 罚款* fákuǎn 벌금 | 吊销 diàoxiāo 증명을 회수하여 취소하다 | 追究* zhuījiū 책임을 묻다, 추궁하다 | 刑事责任 xíngshì zérèn 형사 책임 | 终身 zhōngshēn 평생 | 无数 wúshù 수많은 | 公务员 gōngwùyuán 공무원 | 军警学校 jūnjǐng xuéxiào 군사·경찰 특화 학교 | 入党 rù dǎng 입당하다

报考公务员还是上军警学校、入党等或多或少都会受限。因此
bàokǎo gōngwùyuán háishi shàng jūnjǐng xuéxiào、rù dǎng děng huò duō huò shǎo dōu huì shòu xiàn。Yīncǐ

一定要遵守交通法规、不酒驾，安全出行。
yídìng yào zūnshǒu jiāotōng fǎguī、bù jiǔjià，　　　ānquán chūxíng.

공안부 교통관리국은 최근 전국 공안 교통 관리 부서를 배치하여 음주운전 집중 단속을 전개하였습니다. 9월 13일부터 열흘간 전국 교통경찰은 음주운전 단속 생방송을 통해 운전자에게 음주운전에 대해 강력한 경고와 억제를 함으로써 안전 위험을 초기 단계에서 없애 주민들이 명절에 안전하게 외출할 수 있도록 보장하기 위해 법 집행과 홍보를 동시에 진행할 예정입니다. 도로교통안전법에 따르면 음주운전 적발 시 자동차 운전면허 6개월 정지, 1000~2000위안의 벌금, 1회 12점의 벌점에 처해지며, 음주운전 재적발 시 벌금 외에 10일 이하의 구류와 면허 취소에 처해집니다. 중대 교통사고 발생 시 범죄가 성립되어, 형사 책임을 묻고 운전면허를 취소하는 것은 물론 평생 운전이 금지될 수 있습니다. 전문가들은 음주운전은 수많은 가정에 큰 영향을 미칠 수 있고, 범죄 기록이 평생 남기 때문에 자녀가 공무원에 지원할 때나 군경학교에 진학하거나 입당할 때도 제한을 받을 수 있다고 조언합니다. 따라서 교통 법규를 준수하고 음주운전을 하지 않고 안전하게 다녀야 합니다.

뉴스 표현 필살기

‘一边A，一边B’는 ‘A하면서 B하다’라는 뜻으로 두 가지 동작을 동시에 진행할 때 사용됩니다. ‘一’는 생략할 수 있습니다.

(一)边照顾家庭，(一)边工作不是一件易事。
(Yì)biān zhàogù jiātíng, (yì)biān gōngzuò bú shì yí jiàn yì shì.
가정을 돌보며 일하는 것은 쉬운 일이 아니다.

我们要(一)边推进项目进展，(一)边做好下一步计划。
Wǒmen yào (yì)biān tuījìn xiàngmù jìnzhǎn, (yì)biān zuòhǎo xià yí bù jìhuà.
우리는 프로젝트를 추진하면서 다음 계획을 세워야 한다.

(一)边亏钱(一)边被消费者骂的生意，当然不在我们的考虑范围。
(Yì)biān kuī qián (yì)biān bèi xiāofèizhě mà de shēngyì, dāngrán bú zài wǒmen de kǎolǜ fànwéi.
손해 보면서 소비자로부터 욕먹는 비즈니스는 당연히 우리의 고려 범위에 없다.

알아 두면 뉴스가 들리는 중국 이야기

운전면허는 중국어로 ‘驾驶证 jiàshǐzhèng’ 또는 ‘驾照 jiàzhào’라고 합니다. 중국도 한국과 마찬가지로 운전면허를 따려면 필기 시험, 장내 기능 시험, 도로 주행 시험을 봐야 하는데요, 중국어로는 각각 ‘科目一 kēmù yī’, ‘科目二 kēmù èr’, ‘科目三 kēmù sān’이라고 합니다. 수도인 베이징의 경우, 도로 주행 시험에 합격한 후, 추가로 필기 시험을 봐야 하는데 이 시험을 ‘科目四 kēmù sì’라고 합니다. 기억하기 쉽죠?
중국 생활 중에 대중교통을 이용하거나 택시를 타면서 ‘老司机 lǎo sījī’라는 표현을 듣게 되는데, ‘老 lǎo’에는 ‘나이가 많다’라는 뜻도 있지만, ‘노련하다, 베테랑이다’라는 뜻도 있습니다. 그러니 ‘老司机’는 정말로 나이가 많은 운전기사를 가리킬 수도 있고, 경력이 많은 노련한 운전기사를 가리킬 수도 있어요. 한 가지 더, ‘老司机’에는 ‘카사노바’라는 뜻도 있습니다.

상하이, 헬스장 멤버십 발급 7일 냉정기 도입

上海健身会员卡办卡设七天冷静期

🔊 030-01

据报道，为更好地保护消费者权益，2021年起，在上海
Jù bàodào, wèi gèng hǎo de bǎohù xiāofèizhě quányì, èr líng èr yī nián qǐ, zài Shànghǎi

健身会员卡办卡设七天冷静期。部分市民称，这对于冲动
jiànshēn huìyuánkǎ bàn kǎ shè qī tiān lěngjìngqī. Bùfen shìmín chēng, zhè duìyú chōngdòng

办卡的市民来说，算是有了"后悔药"。　所谓"健身会员卡办卡七
bàn kǎ de shìmín lái shuō, suànshì yǒule "hòuhuǐyào".　Suǒwèi "jiànshēn huìyuánkǎ bàn kǎ qī

天冷静期"指的是，　消费者在与健身房签署合同次日起的7日内，
tiān lěngjìngqī" zhǐ de shì,　xiāofèizhě zài yǔ jiànshēnfáng qiānshǔ hétóng cìrì qǐ de qī rì nèi,

在未开卡使用会员服务的情况下，　都可以单方面解除合同
zài wèi kāi kǎ shǐyòng huìyuán fúwù de qíngkuàng xià,　dōu kěyǐ dān fāngmiàn jiěchú hétóng

并获得全额退款。需要提醒的是，　"七天冷静期退费"条款必须
bìng huòdé quán'é tuì kuǎn. Xūyào tíxǐng de shì,　"qī tiān lěngjìngqī tuì fèi" tiáokuǎn bìxū

是在合同中明确约定的，而不是双方口头约定，如果商家的
shì zài hétóng zhōng míngquè yuēdìng de, ér bú shì shuāngfāng kǒutóu yuēdìng, rúguǒ shāngjiā de

服务合同文本中未列明该条，消费者有权要求商家予以补充。
fúwù hétóng wénběn zhōng wèi liè míng gāi tiáo, xiāofèizhě yǒu quán yāoqiú shāngjiā yǔyǐ bǔchōng.

上海一家健身房负责人在接受采访时建议想尝试健身的消费者，
Shànghǎi yì jiā jiànshēnfáng fùzérén zài jiēshòu cǎifǎng shí jiànyì xiǎng chángshì jiànshēn de xiāofèizhě,

可以先购买诸如周卡、月卡等短期健身卡，感受一下是否
kěyǐ xiān gòumǎi zhūrú zhōu kǎ、　yuè kǎ děng duǎnqī jiànshēn kǎ,　gǎnshòu yíxià shìfǒu

可以坚持。
kěyǐ jiānchí.

🔊 030-02

단어+표현

会员卡 huìyuánkǎ 회원카드, 멤버십 | **冷静期** lěngjìngqī 냉정기 | **冲动** chōngdòng 충동 | **算是** suànshì ~인 셈이다 | **后悔药** hòuhuǐyào 후회약 | **所谓** suǒwèi 소위의 | **签署** qiānshǔ 체결하다 | **合同** hétóng 계약 | **次日** cìrì 익일 | **单方面** dān fāngmiàn 일방적 | **全额退款** quán'é tuì kuǎn 전액 환불 | **条款** tiáokuǎn 조항 | **口头约定** kǒutóu yuēdìng 구두로 약속하다 | **商家** shāngjiā 업체 | **列明** liè míng 명시하다 | **予以** yǔyǐ ~을 주다 | **尝试** chángshì 시도하다 | **周卡** zhōu kǎ 주간 회원 카드 | **月卡** yuè kǎ 월간 회원 카드

🔊 보도에 따르면 소비자의 권익을 보다 잘 보호하기 위해 2021년부터 상하이 헬스장 멤버십 발급에 7일간 냉정기가 도입됩니다. 일부 시민들은 이것이 충동적으로 멤버십을 신청하는 시민들에게 '후회 약'이 생기는 셈이라고 했습니다. 이른바 '헬스장 멤버십 발급 7일 냉정기'란 소비자가 헬스장과 계약을 체결한 다음 날부터 7일 이내에 회원 서비스를 사용하지 않은 상황에서 일방적으로 계약을 해지하고 전액 환불받을 수 있는 제도를 의미합니다. 주의해야 할 점은 '7일 냉정기 환불' 조항은 반드시 계약서에 명시되어야 하며 양 당사자 간에 구두로 합의하지 말아야 합니다. 이 조항이 업체의 서비스 계약서 본문에 명시되지 않은 경우 소비자는 업체에 보충을 요구할 권리가 있습니다. 상하이의 한 헬스장 담당자는 인터뷰에서 헬스를 시도하려는 소비자는 먼저 주간, 월간 멤버십 같은 단기 헬스 멤버십을 구매해서 운동을 지속할 수 있을지 확인해 보기를 제안했습니다.

뉴스 표현 필살기

'予以'는 '~을 주다' '~해 주다'라는 뜻이며, 주로 글말에 사용됩니다. 비슷한 표현으로 '给予 jǐyǔ(~을 주다)'가 있는데, '予以'는 부정적인 내용과 긍정적인 내용 모두 쓰일 수 있지만 '给予'는 주로 긍정적인 내용이 쓰입니다.

希望贵公司能够予以及时处理。
Xīwàng guì gōngsī nénggòu yǔyǐ jíshí chǔlǐ.
귀사에서 제때 처리해 주실 수 있기를 바랍니다.

多数专家对此观点予以支持。
Duōshù zhuānjiā duì cǐ guāndiǎn yǔyǐ zhīchí.
많은 전문가들은 이 관점에 대해 지지를 표했다.

公司决定对此次违规行为予以处分。
Gōngsī juédìng duì cǐ cì wéiguī xíngwéi yǔyǐ chǔfèn.
회사에서는 이번 위반 사항을 처벌하기로 했다.

알아 두면 뉴스가 들리는 중국 이야기

중국에서 소비자 권익 보호라고 하면 빠트릴 수 없는 TV 프로그램이 하나 있는데요, 바로 '3·15晚会 Sān-yāo wǔ Wǎnhuì'입니다. '3·15晚会'는 CCTV 방송국과 정부 기관이 함께 소비자 권리를 수호하고 올바른 시장 질서를 유지하려는 취지에서 출발해 매년 3월 15일, 세계 소비자 권리의 날에 맞춰 불량 기업들을 고발하는 생방송 프로그램입니다. 1991년 3월 15일 첫 방송을 시작으로 중국 기업은 물론 글로벌 기업의 제품과 서비스를 대상으로 문제점을 폭로하고 있습니다. 다루는 주제도 가짜 제품, 허위 광고, A/S 대응, 부실 공사, 식자재 위생, 유통기한 초과 등 매우 광범위합니다. 해당 프로그램은 일명 '기업 잡는 저승사자'라고 불리는데 고발된 기업들은 매출 부진은 물론, 심한 경우 시장에서 퇴출되기도 하기 때문이죠. 화제성에 힘입어 해마다 3월 15일이 되면 중국 소비자와 기업은 물론 글로벌 기업들도 꼭 챙겨 보는 프로그램이 되었습니다. 중국에 진출하고자 하는 기업은 물론 중국에 가서 생활하고자 하는 사람들도 프로그램을 보면서, 식품 안전이나 제품의 안정성 등을 파악해 개인의 안전과 소비자의 권리를 지키시기를 바랍니다.

식품 포장에 '무첨가' 문구, 금지된다

食品包装禁止标注"零添加"字样

🔘 031-01

近日，国家市场监督管理总局发布公告称，对《食品标识
Jìnrì, guójiā shìchǎng jiāndū guǎnlǐ zǒngjú fābù gōnggào chēng, duì《shípǐn biāoshí

监督管理办法(征求意见稿)》进行公开征求意见，拟规定不得
jiāndū guǎnlǐ bànfǎ (zhēngqiú yìjiàn gǎo)》jìnxíng gōngkāi zhēngqiú yìjiàn, nǐ guīdìng bùdé

标注"无添加""零添加"等字样。如今，很多食品包装都标注
biāozhù "wú tiānjiā" "líng tiānjiā" děng zìyàng. Rújīn, hěn duō shípǐn bāozhuāng dōu biāozhù

"零添加""不添加合成着色素"等字样，受到了广大消费者的
"líng tiānjiā" "bù tiānjiā héchéng zhuósèsù" děng zìyàng, shòudàole guǎngdà xiāofèizhě de

青睐。"零添加"直观理解就是没有任何添加剂。但生活中即便
qīnglài. "Líng tiānjiā" zhíguān lǐjiě jiù shì méiyǒu rènhé tiānjiājì. Dàn shēnghuó zhōng jíbiàn

是在家蒸馒头都要放些添加剂，更何况食品在工业化生产
shì zài jiā zhēng mántou dōu yào fàng xiē tiānjiājì, gèng hékuàng shípǐn zài gōngyèhuà shēngchǎn

的情况下，恐怕很难做到不含任何食品添加剂。事实上食品
de qíngkuàng xià, kǒngpà hěn nán zuòdào bù hán rènhé shípǐn tiānjiājì. Shìshí shang shípǐn

添加剂只要合法、适量，是无碍于人体健康的。问题是，很多
tiānjiājì zhǐyào héfǎ, shìliàng, shì wú ài yú réntǐ jiànkāng de. Wèntí shì, hěn duō

商家醒目标注"无添加"，实际上却使用了添加剂，这直接损害了
shāngjiā xǐngmù biāozhù "wú tiānjiā", shíjìshang què shǐyòngle tiānjiājì, zhè zhíjiē sǔnhàile

消费者知情权。因此上述意见一旦正式通过，将具有多重意义。
xiāofèizhě zhīqíngquán. Yīncǐ shàngshù yìjiàn yídàn zhèngshì tōngguò, jiāng jùyǒu duōchóng yìyì.

🔘 031-02

단어+표현

包装 bāozhuāng 포장하다 | 标注* biāozhù 표시하다 | 零添加 líng tiānjiā 제로 첨가 | 国家市场监督管理总局 guójiā shìchǎng jiāndū guǎnlǐ zǒngjú 국가시장감독관리총국 | 标识 biāoshí 표식 | 征求* zhēngqiú (의견을) 구하다 | 意见 yìjiàn 의견 | 公开 gōngkāi 공개하다 | 不得 bùdé 금지하다 | 无添加 wú tiānjiā 무첨가 | 直观 zhíguān 직관적이다 | 添加剂 tiānjiājì 첨가제 | 蒸 zhēng 찌다 | 馒头 mántou 만터우, 찐빵 | 何况* hékuàng 하물며, 더군다나 | 醒目 xǐngmù 눈에 띄다 | 知情权 zhīqíngquán 알 권리

🔊 国家市场监督管理总局은 최근 『식품 표시 감독 관리 방법(의견수렴고)』에 대해 공개적으로 의견을 수렴해 '무첨가' '제로 첨가' 등의 문구를 표시하지 못하도록 규정할 예정이라고 공고했습니다. 현재 많은 식품 포장에 '제로 첨가' '합성 착색료 무첨가' 등의 문구가 적혀 있어 소비자들에게 큰 인기를 끌고 있습니다. '제로 첨가'의 직관적인 이해는 아무런 첨가제가 없다는 것이지만 집에서 만터우를 찌더라도 약간의 첨가제를 넣어야 하는데 더욱이 식품이 산업화되어 생산되는 상황에서 식품 첨가물을 전혀 넣지 않기는 어려울 것입니다. 사실 식품 첨가제는 합법적으로 적정량 사용되면 인체의 건강에 지장이 없습니다. 문제는 많은 업체가 '무첨가'라고 눈에 띄게 표기하고는 실제로는 첨가제를 사용했다는 점입니다. 이는 소비자의 알 권리를 침해한 것입니다. 따라서 해당 의견이 공식적으로 채택되면 여러 의미가 있을 것입니다.

🥷 뉴스 표현 필살기

'何况'은 '하물며, 더군다나'라는 뜻으로 앞선 상황보다 한 단계 더 발전한다는 의미를 나타냅니다. '何况……呢? hékuàng……ne?'의 형식으로 사용되면 반문의 어감을 나타냅니다.

人非圣贤，孰能无过，何况他又年轻。
Rén fēi shèngxián, shú néng wú guò, hékuàng tā yòu niánqīng.
사람이 성현이 아니면 누가 과실이 없겠는가, 하물며 그는 이렇게 젊은데.

学习本国的语言都不容易，何况是外语呢？
Xuéxí běnguó de yǔyán dōu bù róngyì, hékuàng shì wàiyǔ ne?
자국의 언어를 배우기도 쉽지 않은데 하물며 외국어는 오죽하겠는가?

连公司都解决不了的问题，更何况是你呢？
Lián gōngsī dōu jiějué bùliǎo de wèntí, gèng hékuàng shì nǐ ne?
회사도 해결하지 못하는 문제를 하물며 너는 오죽하겠니?

알아두면 뉴스가 들리는 중국 이야기

'恐怕 kǒngpà'는 '아마도 ~일 것이다' '~할까 봐 걱정되다' 등의 뜻을 가진 단어로, 비슷한 뜻을 가진 '担心 dānxīn' '可能 kěnéng'과 혼동하는 경우가 많습니다. 하지만 차이점이 있으므로 정확한 용법으로 사용하시기 바랍니다. '恐怕'와 '担心'은 주로 부정적인 예측을 하고 '可能'은 긍정적인 예측, 부정적인 예측 모두 가능합니다. 또한 '恐怕'는 부사이므로 문장에서 부사어로 쓰이는 반면, '可能'은 조동사, 형용사, 명사로서 다양한 문장성분으로 쓰입니다. 따라서 '很可能 hěn kěnéng(~할 가능성이 매우 크다)' '有可能 yǒu kěnéng(~할 가능성이 있다)'을 '恐怕可能' '有恐怕'로 바꿔 쓸 수 없습니다. 또한 '担心'은 동사, 형용사이므로 문장에서 술어로 쓰입니다. 따라서 '很担心 hěn dānxīn' '不用担心 búyòng dānxīn'을 '很恐怕'를 '不用恐怕'로 바꿔 쓸 수 없습니다.

恐怕感冒了。Kǒngpà gǎnmào le. / 可能感冒了。Kěnéng gǎnmào le. 아마도 감기에 걸렸을 것이다.

可能合格了。Kěnéng hégé le. 아마도 합격했을 것이다. [恐怕合格了。(×)]

恐怕迟到 kǒngpà chídào / 担心迟到 dānxīn chídào 지각할까 봐 걱정되다

很担心不合格 hěn dānxīn hégé 불합격할까 봐 걱정되다 [很恐怕不合格 (×)]

새로운 화장품 규정, 3가지 주의해야

化妆品新规定，这三点要注意!

○ 032-01

国务院6月29日颁布《化妆品监督管理条例》，条例将于
Guówùyuàn liù yuè èrshíjiǔ rì bānbù 《huàzhuāngpǐn jiāndū guǎnlǐ tiáolì》, tiáolì jiāng yú

明年1月1日起施行，三大变化值得注意。第一，条例首次提出
míngnián yī yuè yī rì qǐ shīxíng, sān dà biànhuà zhídé zhùyì.　Dì-yī,　tiáolì shǒucì tíchū

注册人、备案人概念。据统计我国注册备案的化妆品企业有7万
zhùcèrén、　bèi'ànrén gàiniàn.　Jù tǒngjì wǒguó zhùcè bèi'àn de huàzhuāngpǐn qǐyè yǒu qīwàn

多家，持有生产许可证的企业有5000多家，90%以上
duō jiā,　chíyǒu shēngchǎn xǔkězhèng de qǐyè yǒu wǔqiān duō jiā, bǎi fēn zhī jiǔshí yǐshàng

的企业采用委托方式组织生产。此次概念的提出将有效提升
de qǐyè cǎiyòng wěituō fāngshì zǔzhī shēngchǎn.　Cǐ cì gàiniàn de tíchū jiāng yǒuxiào tíshēng

化妆品生产经营者的准入门槛。第二，首次将一般清洁类
huàzhuāngpǐn shēngchǎn jīngyíngzhě de zhǔnrù ménkǎn. Dì-èr,　shǒucì jiāng yìbān qīngjié lèi

及宣称具有防龋、减轻牙龈问题等功效的牙膏参照普通
jí xuānchēng jùyǒu fáng qǔ、　jiǎnqīng yáyín wèntí děng gōngxiào de yágāo cānzhào pǔtōng

化妆品管理。第三，打击假冒伪劣，加强对违法违规行为的处罚
huàzhuāngpǐn guǎnlǐ. Dì-sān,　dǎjī jiǎmào wěiliè,　jiāqiáng duì wéifǎ wéiguī xíngwéi de chǔfá

力度。其中，对严重违法单位的相关责任人员最高处以其上
lìdù.　Qízhōng, duì yánzhòng wéifǎ dānwèi de xiāngguān zérèn rényuán zuì gāo chǔyǐ qí shàng

一年度从本单位取得收入5倍的罚款，禁止其5年直至终身
yī niándù cóng běn dānwèi qǔdé shōurù wǔ bèi de fákuǎn,　jìnzhǐ qí wǔ nián zhízhì zhōngshēn

从事化妆品生产经营活动。
cóngshì huàzhuāngpǐn shēngchǎn jīngyíng huódòng.

○ 032-02

◀ 국무원은 6월 29일 《화장품 감독 관리 조례》를 공포하였으며, 해당 조례는 내년 1월 1일부터 시행될 예정입니다. 이에 따른 3가지 변화에 주목할 필요가 있습니다. 첫째, 조례에 처음으로 등록인, 등기인의 개념이 제시되었습니다. 통계에 따르면 중국의 등록 및 등기된 화장품 업체는 7만여 곳인데, 생산 면허를 보유한 업체는 5000여 곳으로 90% 이상이 위탁 생산으로 운영되고 있는 것으로 집계됐습니다. 이번 개념에 대한 규정은 화장품 생산 사업자의 진입 장벽을 높이는 데 효과적일 것으로 보입니다. 둘째, 일반 세정류 및 충치 예방, 잇몸 문제 해소 등의 효능이 있다고 홍보하는 치약을 처음으로 일반 화장품을 참고하여 관리하게 됩니다. 셋째, 위조품을 단속하고, 위반 행위에 대한 처벌을 강화합니다. 이 중 법률을 심각하게 위반한 사업장의 책임자는 해당 사업장이 전년도에 얻은 수익의 최고 6배에 해당하는 벌금을 부과할 것이고 5년에서 평생토록 화장품 생산 경영 활동을 금지하는 처벌을 받게 될 것입니다.

뉴스 표현 필살기

'提升……准入门槛'은 '~의 진입 장벽을 높이다'라는 뜻으로, '提升'을 '提高 tígāo'로 바꿔 쓸 수 있습니다. 반의어는 '降低……准入门槛 jiàngdī……zhǔnrù ménkǎn'입니다.

新规决定提升保险业从业人员的准入门槛。
Xīn guī juédìng tíshēng bǎoxiǎnyè cóngyè rényuán de zhǔnrù ménkǎn.
새로운 규정에서는 보험업계 종사자의 진입 장벽을 높이기로 결정했다.

深圳提高户籍迁入准入门槛。
Shēnzhèn tígāo hùjí qiānrù zhǔnrù ménkǎn.
선전은 호적 이동의 진입 장벽을 높였다.

政府决定降低市场主体准入门槛，激发市场活力。
Zhèngfǔ juédìng jiàngdī shìchǎng zhǔtǐ zhǔnrù ménkǎn, jīfā shìchǎng huólì.
정부는 시장 주체의 진입 장벽을 낮춰 시장에 활력을 불어넣기로 결정했다.

알아 두면 뉴스가 들리는 중국 이야기

중국에는 '爱美之心人皆有之 Ài měi zhī xīn rén jiē yǒu zhī'라는 말이 있는데, '예뻐지려는 마음은 누구에게나 다 있다'라는 뜻입니다. 중국의 소득 수준이 향상되면서 피부 관리, 미용에 대한 관심이 높아졌고 관련 산업 또한 빠른 속도로 성장하고 있습니다. 중국의 화장품 시장이 발전하는 속도가 이를 방증하고 있는데, 현재 중국의 화장품 시장 규모는 세계 2번째로 부상했습니다.

현재 중국의 화장품 시장에는 두 가지 뚜렷한 변화가 일어나고 있는데요, 첫 번째는 남성을 겨냥한 색조 화장품 시장이 빠른 속도로 성장하고 있다는 것입니다. 최근 2년 동안 50%가 넘는 성장세를 보였고, 한때 쐉스이(双十一 shuāng shíyī) 할인 행사에 남성 수입 색조 화장품의 판매량이 동기 대비 3000% 늘어나기도 했습니다. 두 번째는 새로운 마케팅 채널의 등장입니다. 중국 브랜드는 샤오훙슈(小红书 Xiǎohóngshū), 틱톡(抖音 Dòuyīn) 등의 SNS를 이용해 중국 소비자들의 마음을 사로잡으면서 시장 점유율을 확대해 가고 있습니다.

와이어 불꽃놀이 생산·판매 전면 금지

全面禁止钢丝棉烟花生产、销售

● 033-01

2月16日，国务院安全委员会办公室召开特别会议，要求
Èr yuè shíliù rì, guówùyuàn ānquán wěiyuánhuì bàngōngshì zhàokāi tèbié huìyì, yāoqiú

查处打击涉及冷光烟花和"钢丝棉烟花"生产、运输、销售
cháchǔ dǎjī shèjí lěngguāng yānhuā hé "gāngsīmián yānhuā" shēngchǎn、yùnshū、xiāoshòu

等违法违规行为。该通知强调，目前在实体商店和在线平台
děng wéifǎ wéiguī xíngwéi. Gāi tōngzhī qiángdiào, mùqián zài shítǐ shāngdiàn hé zàixiàn píngtái

上出售的所有冷光烟花和钢丝棉烟花必须全部下架并
shang chūshòu de suǒyǒu lěngguāng yānhuā hé gāngsīmián yānhuā bìxū quánbù xiàjià bìng

妥善处理。原因是因为其存在极大的安全隐患。冷光烟花俗称
tuǒshàn chǔlǐ. Yuányīn shì yīnwéi qí cúnzài jí dà de ānquán yǐnhuàn. Lěngguāng yānhuā súchēng

"冷烟花"，属烟花爆竹产品，其喷口温度高达700至800℃;
"lěng yānhuā", shǔ yānhuā bàozhú chǎnpǐn, qí pēnkǒu wēndù gāo dá qībǎi zhì bābǎi shèshìdù;

钢丝棉是易燃危险物品，燃烧时具有烟花效果，不会造成大量
gāngsīmián shì yì rán wēixiǎn wùpǐn, ránshāo shí jùyǒu yānhuā xiàoguǒ, bú huì zàochéng dàliàng

噪音，是一款广受欢迎的网红产品，但燃烧温度高达
zàoyīn, shì yì kuǎn guǎng shòu huānyíng de wǎnghóng chǎnpǐn, dàn ránshāo wēndù gāo dá

2000℃以上。两者均极易引发火灾或造成人身伤害。历史
liǎngqiān shèshìdù yǐshàng. Liǎng zhě jūn jí yì yǐnfā huǒzāi huò zàochéng rénshēn shānghài. Lìshǐ

上曾因违规燃放冷光烟花引发多起重特大火灾事故，为加强
shang céng yīn wéiguī ránfàng lěngguāng yānhuā yǐnfā duō qǐ zhòng tèdà huǒzāi shìgù, wèi jiāqiáng

春节期间安全管理，特采取此措施。
Chūnjié qījiān ānquán guǎnlǐ, tè cǎiqǔ cǐ cuòshī.

● 033-02

단어+표현

国务院安全委员会办公室 guówùyuàn ānquán wěiyuánhuì bàngōngshì 국무원 안전위원회 판공실 | **召开**＊zhàokāi 열다, 개최하다 | **查处**＊cháchǔ 단속하다 | **涉及**＊shèjí 관련되다 | **实体商店** shítǐ shāngdiàn 오프라인 매장 | **在线平台** zàixiàn píngtái 온라인 플랫폼 | **下架**＊xiàjià 판매를 중지하다 | **妥善处理** tuǒshàn chǔlǐ 적절하게 처리하다 | **喷口** pēnkǒu 분출구 | **燃烧** ránshāo 연소하다 | **噪音** zàoyīn 소음 | **网红** wǎnghóng 왕훙, 인플루언서 | **极易** jí yì 매우 쉽다

🔊 국무원 안전위원회 판공실은 2월 16일 특별 회의를 개최해 스파클러와 '와이어 불꽃놀이'의 생산·운송·판매 등 위반 행위에 대한 단속을 진행할 것을 요구했습니다. 통지문은 현재 오프라인 매장과 온라인 플랫폼에서 판매 중인 모든 스파클러와 와이어 불꽃놀이는 일괄적으로 판매를 중단해야 하며 적절한 처리가 이루어져야 한다고 강조했는데, 안전에 대한 우려가 매우 크기 때문입니다. 흔히 '냉불꽃'으로도 불리는 스파클러는 불꽃놀이 폭죽 제품에 속하며 분출구 온도가 700~800℃에 달합니다. 와이어 불꽃놀이는 인화성 위험 물질로 연소 시 불꽃 효과가 있고 소음을 많이 유발하지 않아 인기 있는 왕훙 제품이지만, 연소 온도는 2000℃ 이상에 달합니다. 두 제품 모두 화재나 인명 피해를 일으킬 우려가 있습니다. 역사적으로 불법 스파클러 불꽃놀이로 인한 대형 화재 사고가 여러 차례 발생한 적이 있어 춘절 연휴 기간 안전 관리를 강화하기 위해 특별히 이번 조치를 채택했습니다.

뉴스 표현 필살기

'**召开**'는 '(회의를) 개최하다, 소집하다'라는 뜻으로 정부나 기업 등이 행사를 개최할 때 관련 기사에서 자주 등장하는 어휘입니다.

安理会昨日**召开**紧急会议。
Ānlǐhuì zuórì zhàokāi jǐnjí huìyì.
안전보장이사회는 어제 긴급 회의를 개최했다.

中国经济高峰论坛在京**召开**。
Zhōngguó jīngjì gāofēng lùntán zài Jīng zhàokāi.
중국 경제 정상 회담이 베이징에서 개최되었다.

召开股东大会的具体流程是什么？
Zhàokāi gǔdōng dàhuì de jùtǐ liúchéng shì shénme?
주주총회 소집의 구체적인 과정은 무엇인가요?

알아 두면 뉴스가 들리는 중국 이야기

중국에서 설을 보낸다면 곳곳에서 하늘을 찌르는 듯한 폭죽 소리를 들을 수 있습니다. 중국에서는 언제부터 설에 폭죽을 터뜨렸을까요? 그리고 왜 폭죽을 터뜨릴까요?

설에 폭죽을 터뜨리는 전통은 2000년 전부터 이어져 왔습니다. 전설에 따르면 머리에 뿔이 달리고 이빨이 날카로우며 몸집이 굉장히 큰 '**年兽** niánshòu'라는 괴물이 있었는데 1년에 한 번 설날쯤이면 사람을 잡아먹었다고 합니다. 그런데 '**年兽**'는 붉은 것, 불빛, 그리고 터지는 소리를 무서워했다고 합니다. 그래서 이 괴물을 물리치기 위해 중국인들은 설날에 빨간 내복을 한 벌 사 입고 폭죽을 터뜨리게 되었다고 합니다. 물론 지금 봤을 때는 미신일 뿐이지만 다른 한편으로는 예로부터 중국인들이 화약을 이용하였다는 것을 알 수 있습니다. 그러나 최근 들어서 베이징, 상하이 등 대도시에서는 폭죽이 대기 오염을 일으킨다는 이유로 폭죽 구입을 제한하고 있습니다. 정해진 기간과 판매점에서만 폭죽을 구입할 수 있도록 제한하고, 실명제를 도입하여 구매량을 통제하는 등 단속을 하고 있습니다.

상하이, 외지 차량 통행 제한

上海，外地车辆限行

● 034-01

上海市公安局消息，为缓解道路拥堵、改善交通秩序，5
Shànghǎi Shì gōng'ānjú xiāoxi, wèi huǎnjiě dàolù yōngdǔ, gǎishàn jiāotōng zhìxù,　　wǔ

月6日起，工作日每日7时至9时、17时至19时，上海市内环内
yuè liù rì qǐ, gōngzuò rì měi rì qī shí zhì jiǔ shí, shíqī shí zhì shíjiǔ shí, Shànghǎi Shì nèi huán nèi

地面道路外省市号牌小客车交通限行。本次地面道路限行
dìmiàn dàolù wài shěng shì hàopái xiǎo kèchē jiāotōng xiànxíng. Běn cì dìmiàn dàolù xiànxíng

措施限制通行的车辆是悬挂外省市机动车号牌的小客车，
cuòshī xiànzhì tōngxíng de chēliàng shì xuánguà wài shěng shì jīdòngchē hàopái de xiǎo kèchē,

执行紧急任务的救护车、警车等特种车辆则除外。对限行时段
zhíxíng jǐnjí rènwù de jiùhùchē、jǐngchē děng tèzhǒng chēliàng zé chúwài. Duì xiànxíng shíduàn

内在相关限行区域周边道路"掐点"等候的车辆，公安机关
nèi zài xiāngguān xiànxíng qūyù zhōubiān dàolù "qiā diǎn" děnghòu de chēliàng, gōng'ān jīguān

交通管理部门将进行严格管理，对违法停车的将依法进行处罚。
jiāotōng guǎnlǐ bùmén jiāng jìnxíng yángé guǎnlǐ, duì wéifǎ tíngchē de jiāng yīfǎ jìnxíng chǔfá.

外省市号牌小客车在限行时段前未及时驶离限行区域的，应当
Wài shěng shì hàopái xiǎo kèchē zài xiànxíng shíduàn qián wèi jíshí shǐ lí xiànxíng qūyù de, yīngdāng

将车辆就近停放在允许停车的地点，不得继续行驶。外省车辆可
jiāng chēliàng jiùjìn tíngfàng zài yǔnxǔ tíngchē de dìdiǎn, bùdé jìxù xíngshǐ. Wài shěng chēliàng kě

在手机搜索并下载"上海停车"APP或在微信及支付宝搜索上海
zài shǒujī sōusuǒ bìng xiàzài "Shànghǎi Tíngchē" APP huò zài Wēixìn jí Zhīfùbǎo sōusuǒ Shànghǎi

停车小程序寻找内环地面道路就近停车场。
tíngchē xiǎo chéngxù xúnzhǎo nèi huán dìmiàn dàolù jiùjìn tíngchēchǎng.

● 034-02

单어+표현

限行 xiànxíng 운행을 제한하다 | 拥堵 yōngdǔ 붐비다, (차가) 막히다 | 秩序 zhìxù 질서 | 内环 nèi huán 내부 순환도로 | 地面道路 dìmiàn dàolù 지상도로 | 小客车 xiǎo kèchē 소형 버스 | 限制* xiànzhì 제한하다 | 悬挂 xuánguà (번호판·깃발 등을) 걸다 | 救护车 jiùhùchē 구급차 | 警车 jǐngchē 경찰차 | 等候 děnghòu 기다리다 | 严格* yángé 엄격하다 | 驶离 shǐ lí 운전하여 옮기다 | 搜索 sōusuǒ 검색하다 | 下载 xiàzài 다운로드하다 | 微信 Wēixìn 위챗, 위챗페이 | 支付宝 Zhīfùbǎo 알리페이 | 小程序 xiǎo chéngxù 미니 앱 [앱 내에서 바로 구동되는 응용 프로그램]

🔊 상하이시 공안국은 도로 정체를 완화하고 교통질서를 개선하기 위해 5월 6일부터 평일 7~9시, 17~19시에 상하이 시내 순환도로 내의 지면도로에서 외지 번호판 소형버스의 통행을 제한한다고 밝혔습니다. 이번 지상도로 통행 제한 조치가 통행을 제한하는 차량은 외지 자동차 번호판을 단 소형버스이며 긴급 업무를 수행하는 구급차, 경찰차 등 특수 차량은 제외됩니다. 통행 제한 시간대에 해당 통행 제한 구역 주변 도로에서 '때를 노리며' 대기하는 차량에 대해 공안기관 교통관리 당국은 엄격한 관리를 진행할 것이고 불법 주정차는 법에 따라 처벌할 것입니다. 외지 간판을 단 소형버스는 통행 제한 시간 전에 통행 제한 구역에서 미처 빠져나오지 못하면 차량을 주차 허용 지점 근처에 세워 둬야 하며 계속 운행해서는 안 됩니다. 외지 차량은 '상하이 주차' 앱을 휴대폰으로 검색해 다운로드하거나 위챗 및 알리페이에서 상하이 주차 미니 앱을 검색해 순환도로 인근의 주차장을 찾을 수 있습니다.

🥷 뉴스 표현 필살기

'对A进行B'는 'A에 B를 진행하다'라는 뜻으로 A는 대상을 나타내며, B에는 '**处罚** chǔfá(처벌하다), **研究** yánjiū(연구하다), **讨论** tǎolùn(토론하다)' 등의 동사가 자주 쓰입니다.

公司将对泄露公司机密员工进行严格处罚。
Gōngsī jiāng duì xièlòu gōngsī jīmì yuángōng jìnxíng yángé chǔfá.
회사는 회사의 기밀을 유출한 직원을 엄중히 처벌할 예정이다.

本次峰会将对国际反倾销问题进行全面探讨。
Běn cì fēnghuì jiāng duì guójì fǎnqīngxiāo wèntí jìnxíng quánmiàn tàntǎo.
이번 정상회담에서는 국제 반덤핑 문제를 전면적으로 토론할 예정이다.

公安部门将对边境地区非法进出口进行严格管制。
Gōng'ān bùmén jiāng duì biānjìng dìqū fēifǎ jìnchūkǒu jìnxíng yángé guǎnzhì.
공안부는 국경 지역의 불법 수출입에 대해 엄격한 단속을 진행할 것이다.

알아 두면 뉴스가 들리는 중국 이야기

'**载** zǎi, zài'는 제3성으로도, 제4성으로도 쓰이는데요, 각각의 쓰임을 알아보겠습니다. 제3성으로 발음하는 경우에는 '~해, ~세' 또는 '기록하다, 기재하다'라는 뜻을 나타냅니다.

这是一个千载难逢的好机会。 Zhè shì yí ge qiānzǎinánféng de hǎo jīhuì.
이것은 천 년에 한 번 만날 수 있는 좋은 기회이다.

他们的成就将永载史册。 Tāmen de chéngjiù jiāng yǒng zǎi shǐcè.
그들의 성과는 역사에 기록될 것이다.

그 밖의 경우에는 모두 제4성으로 발음하는데요, '(물건·사람 등을) 싣다, 감당하다, ~하면서' 등의 뜻을 나타냅니다.

车里载满了顾客。 Chē lǐ zàimǎnle gùkè.
차 안은 탑승객들로 가득 차 있다.

水能载舟亦能覆舟。 Shuǐ néng zài zhōu yì néng fù zhōu.
물은 배를 띄울 수도 있고, 뒤집을 수도 있다.

春节了，各民族载歌载舞迎新春。 Chūnjié le, gè mínzú zàigēzàiwǔ yíng xīnchūn.
춘절이 되면, 각 민족은 춤추고 노래하며 새해를 맞이한다.

'먹방' 금지될 수도

"吃播"或将被禁止

🔵 035-01

12月22日，反食品浪费法草案提请十三届全国人大
Shí'èr yuè èrshí'èr rì, fǎn shípǐn làngfèi fǎ cǎo'àn tíqǐng shísān jiè quánguó réndà

常委会第二十四次会议初次审议。草案规定，制作"大胃
chángwěihuì dì-èrshísì cì huìyì chū cì shěnyì.　　　　Cǎo'àn guīdìng,　　zhìzuò "dà wèi

王吃播"、涉嫌浪费粮食的音视频等内容，或将被追究
wáng chībō"、　　shèxián làngfèi liángshí de yīn shìpín děng nèiróng,　　huò jiāng bèi zhuījiū

法律责任。"大胃王视频"、"吃播"是近年来在短视频平台上
fǎlǜ zérèn.　　"Dà wèi wáng shìpín"、　　"chībō" shì jìnnián lái zài duǎn shìpín píngtái shang

兴起的一类视频形式，内容多以展示惊人的食量、暴饮暴食
xīngqǐ de yí lèi shìpín xíngshì,　　nèiróng duō yǐ zhǎnshì jīngrén de shíliàng,　　bàoyǐn-bàoshí

行为来吸引眼球。其中有不少视频创作者为了达到视频效果，
xíngwéi lái xīyǐn yǎnqiú.　　Qízhōng yǒu bù shǎo shìpín chuàngzuòzhě wèile dádào shìpín xiàoguǒ,

采用了假吃、催吐等手段，造成了不必要的食物浪费，同时宣扬
cǎiyòngle jiǎ chī、　　cuī tù děng shǒuduàn, zàochéngle bú bìyào de shíwù làngfèi, tóngshí xuānyáng

了不健康的生活方式。目前，已有河北省、安徽省、广东省
le bú jiànkāng de shēnghuó fāngshì. Mùqián, yǐ yǒu Héběi Shěng, Ānhuī Shěng, Guǎngdōng Shěng

等地出台相关规定，广播、电视、网络音视频服务提供者禁止
děngdì chūtái xiāngguān guīdìng, guǎngbō、diànshì、wǎngluò yīn shìpín fúwù tígōngzhě jìnzhǐ

制作、传输、传播假吃催吐、夸张猎奇、暴饮暴食等铺张浪费
zhìzuò、chuánshū、chuánbō jiǎ chī cuī tù、　　kuāzhāng lièqí、bàoyǐn-bàoshí děng pūzhāng làngfèi

的行为。
de xíngwéi.

🔵 035-02

단어+표현

吃播 chībō 먹방 ┃ 浪费 làngfèi 낭비하다 ┃ 草案 cǎo'àn 초안 ┃ 全国人大常委会 quánguó réndà chángwěihuì 전국인민대표대회 상임위원회 ┃ 审议* shěnyì 심의하다 ┃ 大胃王 dà wèi wáng 대식가 ┃ 涉嫌 shèxián 혐의를 받다 ┃ 短视频 duǎn shìpín 쇼트클립 ┃ 兴起 xīngqǐ 일어나기 시작하다, 유행하기 시작하다 ┃ 形式 xíngshì 형식 ┃ 食量 shíliàng 식량 ┃ 暴饮暴食 bàoyǐn-bàoshí 폭음 폭식하다 ┃ 吸引眼球 xīyǐn yǎnqiú 이목을 끌다 ┃ 催吐 cuī tù 토하게 만들다 ┃ 宣扬 xuānyáng 홍보하다, 전파하다 ┃ 河北 Héběi 허베이 [지명] ┃ 安徽 Ānhuī 안후이 [지명] ┃ 猎奇 lièqí 기이하다 ┃ 铺张 pūzhāng 지나치게 겉치레하다

🔊 반식품낭비법 초안이 12월 22일 제13기 전국인민대표대회 상무위원회 제 24차 회의에 첫 심의를 요청했습니다. 초안은 '대식가 먹방', 식량 낭비 의혹이 담긴 음성 및 동영상 등의 콘텐츠를 제작하는 것에 대해 법적 책임을 묻도록 규정할 예정입니다. '대식가 동영상' '먹방'은 최근 몇 년 쇼트클립 플랫폼에서 유행하는 동영상 형태로, 주로 놀라운 식사량, 과식 행위를 선보여 눈길을 끌고 있습니다. 이 중 적지 않은 동영상 제작자들이 동영상 효과를 내기 위해 가짜 먹방·억지 구토 등의 수법을 이용해 불필요하게 음식을 낭비하고 건강하지 않은 생활 방식을 퍼뜨렸습니다. 현재 이미 허베이성, 안후이성, 광둥성 등지에서는 관련 규정을 통해 방송·텔레비전·인터넷 음성 및 동영상 서비스 제공자들의 가짜 먹방·억지 구토·과장·엽기·폭식 등 보여 주기식 낭비 행위의 제작·전송·중계를 금지하였습니다.

뉴스 표현 필살기

'或将'은 '～할 것이다'라는 뜻으로 미래에 일어날 일에 대한 예측을 나타냅니다. 주로 정부의 대책, 국제 정세 혹은 사회 현상에 대한 예측을 대상으로 합니다.

2021年或将全面放开生育政策。
Èr líng èr yī nián huò jiāng quánmiàn fàngkāi shēngyù zhèngcè.
2021년에는 출산 정책을 전면적으로 개방할 것이다.

国际局势或将因中美关系而改变。
Guójì júshì huò jiāng yīn Zhōngměi guānxì ér gǎibiàn.
국제 정세는 미중 관계로 인해 바뀔 것이다.

全球疫情大流行或将加速央行数字货币发行。
Quánqiú yìqíng dà liúxíng huò jiāng jiāsù yāngháng shùzì huòbì fāxíng.
글로벌 팬데믹은 중앙은행의 디지털 통화 발행을 가속화할 것이다.

알아 두면 뉴스가 들리는 중국 이야기

중국에서는 음식 낭비를 '舌尖上的浪费 shéjiān shang de làngfèi'라고 합니다. 직역하면 '혀끝의 낭비'라는 뜻인데요, 본문에서 소개한 것처럼 현재 중국 정부에서는 음식 낭비에 대한 단속을 강화하고 있습니다. '혀끝의 낭비'라고 하면 한때 선풍적인 인기를 얻었던 중국의 음식 다큐멘터리 '舌尖上的中国 Shéjiān Shang De Zhōngguó(혀끝으로 만나는 중국)'가 연상됩니다. 중국 각지의 다양한 음식 문화를 소개한 다큐멘터리로, 보고만 있어도 군침이 도는 각양각색의 음식과 지역 고유의 풍습, 문화가 영상에 담겨 있습니다. 2012년 방송을 시작했는데 반응이 아주 뜨거워 시즌3까지 제작되었습니다. 비록 제작된 지 오래되었지만 전무후무한 인기를 얻었던 만큼 완성도가 높고 대중성을 가진 작품입니다. 중국 음식, 중국어, 중국 문화를 한꺼번에 학습할 수 있는 1석 3조의 효과가 있으니 꼭 한번 보시는 것을 적극 추천해 드립니다.

라이브 커머스에서 모조품 판매 시 최고 징역 10년

直播带假货，最高处以10年有期徒刑

🔵 036-01

近年来，直播带货成了互联网销售的一股新潮流，捧红了
Jìnnián lái, zhíbō dài huò chéngle hùliánwǎng xiāoshòu de yì gǔ xīn cháoliú, pěnghóngle

一批"网红"的同时，也产生了不少法律问题。我国刑法规定，
yì pī "wǎnghóng" de tóngshí, yě chǎnshēngle bù shǎo fǎlǜ wèntí. Wǒguó xíngfǎ guīdìng,

销售明知是假冒注册商标的商品，最高可处10年有期徒刑。
xiāoshòu míngzhī shì jiǎmào zhùcè shāngbiāo de shāngpǐn, zuì gāo kě chǔ shí nián yǒu qī túxíng.

近日，上海市杨浦区人民法院一审宣判了一起直播售假案，
Jìnrì, Shànghǎi Shì Yángpǔ Qū rénmín fǎyuàn yìshěn xuānpànle yì qǐ zhíbō shòu jiǎ àn,

拥有百万粉丝的主播李某因犯销售假冒注册商标的商品罪
yōngyǒu bǎi wàn fěnsī de zhǔbō Lǐ mǒu yīn fàn xiāoshòu jiǎmào zhùcè shāngbiāo de shāngpǐn zuì

被判处有期徒刑3年4个月，并处罚金40万元。李某在淘宝
bèi pànchǔ yǒu qī túxíng sān nián sì ge yuè, bìng chǔfá jīn sìshí wàn yuán. Lǐ mǒu zài Táobǎo

网开设直播间销售女装和饰品，短短3年间就积累了百万粉丝。
Wǎng kāishè zhíbō jiān xiāoshòu nǚzhuāng hé shìpǐn, duǎn duǎn sān niánjiān jiù jīlěile bǎi wàn fěnsī.

后来，为了高额提成，李某慢慢走上了歧途。她的直播间中出现
Hòulái, wèile gāo'é tíchéng, Lǐ mǒu mànmān zǒushàngle qítú. Tā de zhíbō jiān zhōng chūxiàn

了一些"特殊"商品，这些服装商标被遮住，只以"香奶奶"、
le yìxiē "tèshū" shāngpǐn, zhèxiē fúzhuāng shāngbiāo bèi zhēzhù, zhǐ yǐ "Xiāng Nǎinai"、

"驴家"等词进行暗示，而且为了规避风险，只要直播结束，就会将
"Lǘ Jiā" děng cí jìnxíng ànshì, érqiě wèile guībì fēngxiǎn, zhǐyào zhíbō jiéshù, jiù huì jiāng

直播回放删除。
zhíbō huífàng shānchú.

🔵 036-02

단어+표현

有期徒刑 yǒu qī túxíng 유기 징역 | 直播带货 zhíbō dài huò 라이브 커머스 [온라인 생중계를 통해 물건을 판매하는 방식] | 捧红 pěnghóng (업계에) 띄우다 | 刑法* xíngfǎ 형법 | 商标 shāngbiāo 상표 | 杨浦区 Yángpǔ Qū 양푸구 [지명] | 人民法院 rénmín fǎyuàn 인민법원 | 宣判* xuānpàn 판결하다 | 粉丝 fěnsī 팬, 팔로워 | 主播 zhǔbō 아나운서, 앵커, 사회자, MC, BJ | 淘宝网 Táobǎo Wǎng 타오바오 [중국의 인터넷 쇼핑몰] | 提成 tíchéng 커미션, 수당 | 歧途 qítú 잘못된 길 | 香奶奶 Xiāng Nǎinai '샤넬'의 별칭 | 驴家 Lǘ Jiā '루이 비통'의 별칭 | 暗示* ànshì 암시하다 | 回放 huífàng 다시 보기, 돌려 보기

🔊 최근 몇 년 동안 라이브 커머스가 인터넷 판매의 새로운 흐름이 되어 '왕훙'을 배출하는 한편, 많은 법률적인 문제도 발생하였습니다. 중국의 형법은 가짜 등록 상표임을 알고도 상품을 판매할 경우 최고 10년의 징역형에 처하도록 규정하고 있습니다. 상하이시 양푸구 인민법원은 최근 생방송에서 모조품을 판매한 사건에 대해 1심 판결을 내렸습니다. 100만 명의 팔로워를 보유하고 있는 BJ 리 모 씨가 가짜 등록 상표 상품을 판매한 혐의로 징역 3년 4개월과 벌금 40만 위안을 선고받았습니다. 리 씨는 타오바오에 생방송 사이트를 개설해 여성복과 액세서리를 판매하며 3년 만에 100만 팔로워를 모았습니다. 그 후 고액 수당을 위해 리 씨는 서서히 잘못된 길로 들어서기 시작했습니다. 그의 생방송에는 '특별한' 상품들이 등장했는데, 옷의 상표가 가려져 있고 '샤O', '루OOO' 등으로 암시할 뿐이었습니다. 또한 위험을 피하기 위해 생방송이 끝나면 생방송 다시 보기를 삭제하였습니다.

뉴스 표현 필살기

'只要A, 就B'는 'A하기만 하면 B하다'라는 뜻으로, 앞선 조건을 만족했을 때 이루어지는 상황을 나타냅니다.

只要一个人利益是合法的，就应该得到法律的保护。
Zhǐyào yí ge rén lìyì shì héfǎ de, jiù yīnggāi dédào fǎlǜ de bǎohù.
한 사람의 이익은 합법적이기만 하다면, 반드시 법률의 보호를 받아야 한다.

只要掌握好发展规律，做决策就不会出现太严重的问题。
Zhǐyào zhǎngwò hǎo fāzhǎn guīlǜ, zuò juécè jiù bú huì chūxiàn tài yánzhòng de wèntí.
발전 규율을 잘 파악하기만 하면, 결정을 내리는 데 큰 문제가 생기지 않을 것이다.

只要解决好主要矛盾，其他问题就能迎刃而解。
Zhǐyào jiějué hǎo zhǔyào máodùn, qítā wèntí jiù néng yíngrèn'érjiě.
주요 갈등만 잘 풀리면 다른 문제는 쉽게 풀릴 수 있다.

알아 두면 뉴스가 들리는 중국 이야기

중국에서는 유명 브랜드에 특별한 '애칭'을 사용하고 있습니다. 샤넬은 중국어로 '香奈儿 Xiāngnài'ér'인데요, 중국인들은 '香奶奶 Xiāngnǎinai' 혹은 '香香 Xiāngxiāng'이라고 부릅니다. 스타벅스는 중국어로 '星巴克 Xīngbākè'인데, '星爸爸 Xīngbàba'로 불립니다. 고야드(高雅德 Gāoyǎdé)는 '狗牙 Gǒuyá'라는 애칭으로 불립니다. 마지막으로 루이 비통은 원래 '路易威登 Lùyìwēidēng'인데 '驴家 Lǘ Jiā'로 불리는 것은 왜일까요? 당나귀(驴 lǘ)와 루이 비통이 무슨 관련이 있는 것일까요? 중국어를 타자로 쳐 보았다면 그 이유를 알 수 있을 거예요. 운모 'ü'는 'v'로 입력하는데, 루이 비통의 약자 'LV'가 중국인에게는 'lǚ'로 읽히기 때문입니다. 이렇게 브랜드에 별도의 이름을 짓는 현상은 중국어의 해음(谐音 xiéyīn)과 관련 있다고 볼 수 있습니다. '해음'이란 한자는 다르지만 소리가 같거나 비슷해서 어떤 단어를 말할 때 동시에 다른 단어를 떠올리는 현상을 말하는데, 이는 중국인의 오래된 습관입니다.

신분증 분실 조심!

警惕丢失身份证!

🔊 037-01

据介绍，最近北京张女士通过"刷脸"核验身份，在某
Jù jièshào, zuìjìn Běijīng Zhāng nǚshì tōngguò "shuā liǎn" héyàn shēnfèn, zài mǒu

银行自动柜员机申办了借记卡账户，并向该银行申请贷款
yínháng zìdòng guìyuánjī shēnbànle jièjìkǎ zhànghù, bìng xiàng gāi yínháng shēnqǐng dàikuǎn

2万余元。然而，在还款日张女士并未还款出现逾期。经
liǎngwàn yú yuán. Rán'ér, zài huán kuǎn rì Zhāng nǚshì bìng wèi huán kuǎn chūxiàn yúqī. Jīng

多次催促未果，银行将张女士起诉至法院，要求其一次性偿还
duō cì cuīcù wèiguǒ, yínháng jiāng Zhāng nǚshì qǐsù zhì fǎyuàn, yāoqiú qí yícìxìng chánghuán

尚欠的贷款本息。经调查才发现，"刷脸"行为并非由她本人
shàng qiàn de dàikuǎn běnxī. Jīng diàochá cái fāxiàn, "shuā liǎn" xíngwéi bìngfēi yóu tā běnrén

完成，在办卡期间，她曾丢失过身份证。本案最终判决驳回
wánchéng, zài bàn kǎ qījiān, tā céng diūshīguo shēnfènzhèng. Běn àn zuìzhōng pànjué bóhuí

银行的全部诉讼请求。专家提醒，近年来有不少人丢失身份证
yínháng de quánbù sùsòng qǐngqiú. Zhuānjiā tíxǐng, jìnnián lái yǒu bù shǎo rén diūshī shēnfènzhèng

等重要证件或信息，让许多不法分子有机可乘。因此一定要保管
děng zhòngyào zhèngjiàn huò xìnxī, ràng xǔduō bùfǎ fènzǐ yǒujīkěchéng. Yīncǐ yídìng yào bǎoguǎn

好本人身份证，如丢失应马上补办。如果被盗用贷了款，先
hǎo běnrén shēnfènzhèng, rú diūshī yīng mǎshàng bǔbàn. Rúguǒ bèi dàoyòng dàile kuǎn, xiān

不要急，要保持冷静，当事人在有充分的证据下是可以上诉的。
búyào jí, yào bǎochí lěngjìng, dāngshìrén zài yǒu chōngfèn de zhèngjù xià shì kěyǐ shàngsù de.

🔊 037-02

단어+표현

刷脸 shuā liǎn 안면 인식 | 核验 héyàn 검증하다 | 自动柜员机 zìdòng guìyuánjī 자동 입출금기(ATM) | 申办* shēnbàn 신청하다 | 借记卡 jièjìkǎ 체크카드 | 贷款* dàikuǎn 대출하다 | 还款 huán kuǎn 상환하다 | 逾期* yúqī 연체하다 | 催促* cuīcù 독촉하다 | 未果 wèiguǒ 결과를 얻지 못하다 | 起诉* qǐsù 기소하다 | 偿还 chánghuán 상환하다 | 尚 shàng 여전히 | 欠 qiàn 빚지다 | 本息 běnxī 원리금 | 并非 bìngfēi ~이 아니다 | 判决 pànjué 판결하다 | 驳回 bóhuí 거절하다, 기각하다 | 有机可乘 yǒujīkěchéng 이용할 기회가 있다 | 补办 bǔbàn 재발급하다 | 盗用 dàoyòng 도용하다

◀ 보도에 따르면 베이징에 거주하는 장 씨는 최근 '안면 인식' 신분 인증을 통해 한 은행의 자동 입출금기에서 체크카드 계좌를 신청했고 해당 은행에서 2만여 위안의 대출을 신청했습니다. 그러나 장 씨는 상환일에 상환을 연체하였고, 대출 상환을 거듭 독촉하여도 실패하자 은행은 장 씨에게 소송을 제기해 연체된 대출 원리금을 일시 상환할 것을 요구했습니다. 하지만 조사 결과 '안면 인식' 행위는 장 씨 본인이 한 것이 아니며, 카드를 신청할 당시 신분증을 분실한 것으로 밝혀졌습니다. 이 사건은 은행의 모든 청구를 기각 판결했습니다. 전문가들은 최근 몇 년 동안 많은 사람이 신분증과 같은 중요한 문서나 정보를 잃어버려 많은 범죄자가 이를 악용할 기회를 얻었다고 상기시킵니다. 따라서 본인의 신분증을 잘 관리해야 하며 분실한 경우 즉시 재발급해야 합니다. 만일 도용되어 대출받았을 경우 걱정하지 말고 침착해야 합니다. (본인이 직접 하지 않았다는) 증거가 충분하면 당사자가 상소할 수 있기 때문입니다.

뉴스 표현 필살기

'由'는 '~가, ~로부터, ~로 인해'라는 뜻으로 동작의 주체, 시간·장소의 시작점, 원인 혹은 방식을 나타냅니다.

政府的项目由我部门负责。
Zhèngfǔ de xiàngmù yóu wǒ bùmén fùzé.
정부의 프로젝트는 우리 팀이 담당한다. [동작의 주체]

公司由最初的5人增加到了现在的20人。
Gōngsī yóu zuìchū de wǔ rén zēngjiā dàole xiànzài de èrshí rén.
회사는 최초의 5명으로부터 현재의 20명까지 늘어났다. [시작점]

两个巨头公司发起诉讼是由一件小事引起的。
Liǎng ge jùtóu gōngsī fāqǐ sùsòng shì yóu yí jiàn xiǎo shì yǐnqǐ de.
두 거물 회사가 소송을 제기한 것은 작은 일에서 야기된 것이다. [원인]

알아 두면 뉴스가 들리는 중국 이야기

중국에서는 상대방의 성별, 연령, 나와의 친밀도에 따라 호칭을 다르게 사용합니다. 우선 성인 남성의 경우 주로 '先生 xiānsheng'이라고 부릅니다. 성인 여성의 경우, 결혼했거나 나이가 좀 있으면 '女士 nǚshì', 미혼이거나 젊으면 '小姐 xiǎojiě'라고 부릅니다. 결혼 여부를 확인하기 어려운 경우에는 조금 더 정중하고 무거운 느낌인 '女士'라고 부르면 됩니다. 젊은 사람을 부르거나 미용실, 식당 등의 가게에서 직원을 부르는 경우에는 '先生' '小姐' 대신 '帅哥 shuàigē' '美女 měinǚ'라고 하는 경우가 더 많습니다. 친한 사람끼리는 '老 lǎo+성씨' '小 xiǎo+성씨'로 부르는 경우가 많은데, 전자는 어린 사람이 연장자를, 후자는 연장자가 어린 사람을 부르는 호칭입니다. 이 호칭은 직장에서 상사와 부하 직원 사이나 선배와 후배 사이에서도 쓸 수 있지만 반드시 친근한 사이에서만 사용해야 하고, 격식을 차려야 할 때는 한국에서처럼 '성씨+직책'을 호칭으로 사용합니다. 마지막으로 식당에서 직원을 부를 때 한국에서는 주로 '저기요'라고 하는데, 중국에서는 어떻게 부를까요? 앞서 언급한 표현 외에도 '你好! Nǐ hǎo!'나 '服务员 fúwùyuán'이라고 부르면 됩니다.

90세 할머니, 보이스피싱에 2.5억 홍콩달러 피해

90岁老太，被一个电话骗走2.5亿港币

🔘 **038-01**

虽然电信诈骗案并非新类型犯案手法，但踏入今年有关
Suīrán diànxìn zhàpiàn'àn bìngfēi xīn lèixíng fàn'àn shǒufǎ, dàn tà rù jīnnián yǒuguān

案件相较于过去仍有增无减。其中一宗案件的受害人为90
ànjiàn xiāng jiào yú guòqù réng yǒu zēng wú jiǎn. Qízhōng yì zōng ànjiàn de shòuhàirén wéi jiǔshí

岁的婆婆，去年接获声称内地公安来电，称怀疑她的身份遭人
suì de pópo, qùnián jiēhuò shēngchēng nèidì gōng'ān láidiàn, chēng huáiyí tā de shēnfèn zāo rén

盗用，涉及严重洗钱案件，接连要求将大约港币2.5亿分十次
dàoyòng, shèjí yánzhòng xǐqián ànjiàn, jiēlián yāoqiú jiāng dàyuē gǎngbì èr diǎn wǔ yì fēn shí cì

存入骗徒的两个银行账户。由于事主未曾听闻同类骗案，对方
cún rù piàntú de liǎng ge yínháng zhànghù. Yóuyú shìzhǔ wèicéng tīngwén tónglèi piàn'àn, duìfāng

又能说出其个人资料，在5个月内先后11次转账共约
yòu néng shuōchū qí gèrén zīliào, zài wǔ ge yuè nèi xiānhòu shíyī cì zhuǎnzhàng gòng yuē

2.5亿港币，成为历来单一最高金额的电话骗案。警方提醒，骗徒
èr diǎn wǔ yì gǎngbì, chéngwéi lìlái dānyī zuì gāo jīn'é de diànhuà piàn'àn. Jǐngfāng tíxǐng, piàntú

熟悉以非法途径获得受害人的个人资料，故来电者能够读出有关
shúxī yǐ fēifǎ tújìng huòdé shòuhàirén de gèrén zīliào, gù láidiànzhě nénggòu dúchū yǒuguān

信息，亦并非为执法人员；因此任何人不应向他人透露银行账号、
xìnxī, yì bìngfēi wéi zhífǎ rényuán; yīncǐ rènhé rén bù yīng xiàng tārén tòulù yínháng zhànghào、

身份证号码等个人信息，以及汇款至陌生人的账户；同时市民应
shēnfēnzhèng hàomǎ děng gèrén xìnxī, yǐjí huìkuǎn zhì mòshēng rén de zhànghù; tóngshí shìmín yīng

留意身边亲友，尤其长者，避免他们成为骗徒猎物。
liúyì shēnbiān qīnyǒu, yóuqí zhǎngzhě, bìmiǎn tāmen chéngwéi piàntú lièwù.

단어+표현

🔘 **038-02**

电信诈骗 diànxìn zhàpiàn 보이스피싱 | **相较于*** xiāng jiào yú ~와 비교하다 | **有增无减** yǒu zēng wú jiǎn 증가할 뿐 줄지는 않다 | **受害人*** shòuhàirén 피해자 | **婆婆** pópo 할머니 | **接获** jiēhuò 입수하다, 접하다 | **声称** shēngchēng 소리 높여 주장하다 | **怀疑** huáiyí 의심하다 | **遭*** zāo (나쁜 일을) 당하다 | **洗钱** xǐqián 돈 세탁 | **骗徒** piàntú 사기꾼 | **账户** zhànghù 계좌 | **骗案** piàn'àn 사기 사건 | **转账** zhuǎnzhàng 이체하다 | **历来** lìlái 예로부터 | **非法*** fēifǎ 불법이다 | **亦** yì 또, 또한 | **执法人员** zhífǎ rényuán 법 집행자 | **陌生** mòshēng 낯설다 | **留意*** liúyì 유의하다 | **猎物** lièwù 사냥감

🔊 보이스피싱은 새로운 유형의 범죄 수법은 아니지만 올해 들어서 관련 사건이 과거에 비해서 줄지 않고 계속 늘어나고 있습니다. 그중 한 사건의 피해자는 90세 할머니로, 지난해 대륙 경찰이라고 주장하면서, 피해자의 신분이 도용되어 심각한 자금 세탁 사건에 연루됐다고 얘기하는 전화를 받았고, 약 2억 5천만 홍콩달러를 10회에 걸쳐 사기꾼의 은행 계좌 두 곳으로 송금할 것을 요구받았습니다. 피해자는 유사한 사기 사건에 대해 들어 본 적이 없었고 상대방이 자신의 개인 정보를 말할 수 있어 5개월 동안 11차례에 걸쳐 약 2억 5천만 홍콩달러를 이체하였고, 단일 사건 사상 최대 규모의 보이스피싱 사건이 되었습니다. 경찰은 사기꾼이 피해자의 개인 정보를 불법적인 경로로 입수하는 방법을 잘 알고 있어 발신자가 관련 정보를 쉽게 읽어 낼 수 있으며 절대 법 집행자가 아니라는 점을 강조했습니다. 따라서 다른 사람에게 은행 계좌번호, 신분증 번호 등 개인 정보를 알려 주거나 낯선 사람의 계좌에 이체해서는 안 된다고 강조했습니다. 또한 시민들이 주변의 친척과 친구, 특히 노인에게 주의를 기울여 사기꾼의 먹잇감이 되지 않도록 해야 한다고 당부했습니다.

뉴스 표현 필살기

'相较于'는 '~에 비해, ~와 비교했을 때'라는 뜻으로 비교 대상이 뒤에 붙습니다. '与……比较 yǔ……bǐjiào'로 바꿔 쓸 수 있습니다. 전자는 글말에, 후자는 입말에 주로 사용됩니다.

相较于过去的营业利润，今年增加了10%。
Xiāng jiào yú guòqù de yíngyè lìrùn, jīnnián zēngjiāle bǎi fēn zhī shí.
과거 매출 이익에 비해 올해는 10% 증가했다.

相较于遥不可及的未来，我选择了触手可及的现在。
Xiāng jiào yú yáo bùkě jí de wèilái, wǒ xuǎnzéle chùshǒu kě jí de xiànzài.
저 멀리 닿을 수 없는 미래와 비교해서 나는 손에 닿는 현재를 선택했다.

相较于国际间接投资，国际直接投资更简单。
Xiāng jiào yú guójì jiànjiē tóuzī, guójì zhíjiē tóuzī gèng jiǎndān.
국제 간접 투자에 비해 국제 직접 투자가 더 쉽다.

알아 두면 뉴스가 들리는 중국 이야기

전화, 문자 메시지, 모바일 메신저, 인터넷 채팅 등을 통해 피해자에게 접근해 금전을 갈취하는 모든 범죄를 '电信诈骗 diànxìn zhàpiàn(보이스피싱)'이라고 하는데요, 중국에서도 그 피해 규모가 심각한 수준입니다. 이에 중국은 국가 차원에서 대대적으로 보이스피싱 범죄에 대한 단속을 진행하고 있으며, 중국 공안부가 개발한 보이스피싱 방지 앱 '国家反诈中心APP Guójiā Fǎnzhà Zhōngxīn APP(국가반사기센터 앱)'이 중국 앱스토어에서 다운로드 수 1위를 기록하기도 했습니다. 보이스피싱 사건을 신고하는 기능과 함께 수상한 전화와 문자 메시지를 탐지하는 기능이 있어 이용자가 급증한 것으로 나타났습니다. 앱을 다운로드해서 실행한 뒤, 거주 지역을 선택하고 휴대폰 전화번호나 위챗, QQ, 웨이보(微博 Wēibó) 등의 메신저 아이디로 로그인할 수 있습니다. 모르는 전화번호로부터 전화나 문자 메시지가 오면, 이 앱이 빅데이터와 AI 기술을 이용해 보이스피싱 여부를 판단하여 보이스피싱이 의심될 경우 '疑似诈骗电话 yísì zhàpiàn diànhuà(피싱 의심 전화)'라는 문구를 화면에 띄워 사용자에게 경고합니다. 중국에 사는 사람들에게는 필수적인 앱이라고 할 수 있죠!

택배에 '파업 붐'? 왜?

快递出现"罢工潮"？ 为何？

🔊 039-01

随着电商的发展，网购人群的不断增加，本应该利益比较
Suízhe diànshāng de fāzhǎn, wǎnggòu rénqún de búduàn zēngjiā, běn yīnggāi lìyì bǐjiào

可观的快递员，为何最近刮起了一阵"罢工潮"呢？ 经分析， 在
kěguān de kuàidìyuán, wèihé zuìjìn guāqǐle yí zhèn "bàgōng cháo" ne?　　Jīng fēnxī,　zài

快递行业刚刚兴起时，快递公司为了抢占更多的市场份额，
kuàidì hángyè gānggāng xīngqǐ shí, kuàidì gōngsī wèile qiǎngzhàn gèng duō de shìchǎng fèn'é,

鼓励并奖励快递员提供送货上门服务，快递员收入高，顾客
gǔlì bìng jiǎnglì kuàidìyuán tígōng sòng huò shàngmén fúwù,　kuàidìyuán shōurù gāo, gùkè

满意度也高。但是随着市场被瓜分完毕，快递公司不仅取消了
mǎnyìdù yě gāo.　Dànshì suízhe shìchǎng bèi guāfēn wánbì, kuàidì gōngsī bùjǐn qǔxiāole

一一配送奖励，还改变了快递员的工资计算方式，将他们的工资
yī yī pèisòng jiǎnglì,　hái gǎibiànle kuàidìyuán de gōngzī jìsuàn fāngshì, jiāng tāmen de gōngzī

和快递件数挂钩，配送件数越多，工资越高。因此快递员们为了
hé kuàidì jiànshù guàgōu, pèisòng jiànshù yuè duō, gōngzī yuè gāo.　Yīncǐ kuàidìyuánmen wèile

提高派件效率，都将快递放到小区的驿站里面，短信通知顾客。
tígāo pài jiàn xiàolǜ,　dōu jiāng kuàidì fàngdào xiǎoqū de yìzhàn lǐmiàn, duǎnxìn tōngzhī gùkè.

但是因出现快递被冒领或丢失的情况，这又会导致顾客投诉。
Dànshì yīn chūxiàn kuàidì bèi màolǐng huò diūshī de qíngkuàng, zhè yòu huì dǎozhì gùkè tóusù.

行业规定，如快递员被投诉，就要扣除一定工资。因此快递员在配送
Hángyè guīdìng, rú kuàidìyuán bèi tóusù, jiù yào kòuchú yídìng gōngzī. Yīncǐ kuàidìyuán zài pèisòng

快递单价降低、顾客投诉风险的双重压力下，选择了罢工。
kuàidì dānjià jiàngdī、　gùkè tóusù fēngxiǎn de shuāngchóng yālì xià, xuǎnzéle bàgōng.

🔊 039-02

단어+표현

罢工 *bàgōng 파업 | **潮** cháo 붐 | **为何** *wèihé 왜 | **网购** wǎnggòu 인터넷 쇼핑 | **可观** kěguān 상당하다 | **刮** guā (바람이) 불다. (붐이) 일다 | **分析** *fēnxī 분석하다 | **份额** *fèn'é 시장 점유율 | **鼓励** *gǔlì 격려하다, 북돋우다 | **送货上门** sòng huò shàngmén 집까지 배달하다 | **瓜分** guāfēn 분할하다 | **挂钩** guàgōu 연동하다 | **派件** pài jiàn 택배를 배송하다 | **驿站** yìzhàn (택배) 보관소 | **冒领** màolǐng 허위로 수령하다 | **投诉** tóusù 불평하다, 컴플레인 | **双重** shuāngchóng 2중

84

◀ 전자 상거래의 발전과 함께 온라인 쇼핑객이 계속 늘어나면서 상당한 혜택을 누려야 할 택배 기사들에게 최근 '파업 붐'이 일어난 이유는 무엇일까요? 분석에 따르면 택배 산업이 막 부상하던 시기에는 더 많은 시장 점유율을 확보하기 위해 택배 회사들이 택배 기사에게 직접 방문 배송을 장려하고 포상하여 택배 기사의 수입이 높았고 고객 만족도도 높았습니다. 하지만 시장 분할이 완료되면서 택배 회사는 1:1 배송 포상을 취소했을 뿐만 아니라, 택배 기사들의 급여 계산 방식을 택배 수에 연동하는 방식으로 바꿨습니다. 배송 건수가 많을수록 수입이 높다는 얘기입니다. 따라서 택배 기사는 배송의 효율을 높이기 위해 택배를 단지 내 택배 보관소에 맡기고 고객에게 문자 메시지로 알리게 되었습니다. 하지만, 택배를 허위로 수령하거나 택배가 분실되는 경우가 생기는데 이로 인해 고객의 불만이 발생할 수 있습니다. 업계 규정에 따르면 택배 기사가 컴플레인을 받으면 일정 금액이 월급에서 공제됩니다. 따라서 택배 기사는 택배 배송 단가 하락과 고객 컴플레인 리스크라는 이중 압박 속에서 파업을 선택했습니다.

뉴스 표현 필살기

'为'는 '~을 위해'라는 뜻으로 어떤 행동의 대상, 원인, 목적 등과 함께 사용됩니다. 목적을 나타낼 때는 '为了 wèile'로 바꿔 말할 수 있습니다.

他是为(了)保护人民的利益而牺牲的。
Tā shì wèi(le) bǎohù rénmín de lìyì ér xīshēng de.
그는 인민의 이익을 보호하기 위해 희생한 것이다. [목적]

大家为公司上市感到高兴。
Dàjiā wèi gōngsī shàngshì gǎndào gāoxìng.
회사의 상장으로 인해 모두 기뻐했다. [원인]

非常高兴为您服务。
Fēicháng gāoxìng wèi nín fúwù.
당신께 서비스하게 되어 매우 기쁩니다. [대상]

알아 두면 뉴스가 들리는 중국 이야기

인터넷 쇼핑이 그 어느 때보다도 많이 늘어나면서 택배 업계 또한 비약적인 발전을 이루게 되었습니다. 일상생활의 일부분이 되어 버린 택배. 중국에서는 택배 기사에게 '快递小哥 kuàidì xiǎogē'라는 별명까지 지어 주었어요. 중국에서 생활하면, 자연스럽게 인터넷 쇼핑을 하게 될 것이고, 택배도 받게 되겠죠? 그렇다면 중국에서 자주 사용되는 택배사는 무엇이 있을까요?
중국 택배 시장은 '四通一达 Sìtōngyìdá'와 '顺丰快递 Shùnfēng Kuàidì'가 절반 이상 점유하고 있는데요, 전자는 '申通快递 Shēntōng Kuàidì, 圆通速递 Yuántōng Sùdì, 中通快递 Zhōngtōng Kuàidì, 百世快递 Bǎishì Kuàidì, 韵达速递 Yùndá Sùdì'를 통합하여 가리키는 명칭입니다. 또 '顺丰快递'는 업계의 '老大哥 lǎo dàgē(큰형)'이라고 불릴 정도로 규모가 큰 회사입니다. 마지막으로 '邮政 Yóuzhèng'은 한국의 우체국 정도로 이해하면 됩니다.

국민 간식에 발암 물질 기준치 초과, 못 먹게 되나?

国民零食致癌物质超标，不能吃了？

● 040-01

煲剧、聊天必不可少的零食，致癌物质竟然严重超标！
Bāo jù、liáotiān bì bùkě shǎo de língshí, zhì'ái wùzhì jìngrán yánzhòng chāobiāo!

早前深圳市消委会从线上线下挑选了15款国内外
Zǎo qián Shēnzhèn Shì xiāowěihuì cóng xiànshàng xiànxià tiāoxuǎnle shíwǔ kuǎn guónèiwài

知名品牌薯片，并送去专业质检公司检测。结果发现，有7款
zhīmíng pǐnpái shǔpiàn, bìng sòngqù zhuānyè zhìjiǎn gōngsī jiǎncè. Jiéguǒ fāxiàn, yǒu qī kuǎn

薯片"2A类致癌物丙烯酰胺"的含量超过欧盟设定的基准水平值
shǔpiàn "èr A lèi zhì'áiwù bǐngxī xiān'àn" de hánliàng chāoguò Ōuméng shèdìng de jīzhǔn shuǐpíngzhí

（750微克/千克），震惊全市市民。丙烯酰胺是什么？它并非
(qībǎi wǔshí wēikè/qiānkè), zhènjīng quán shì shìmín. Bǐngxī xiān'àn shì shénme? Tā bìngfēi

工业添加物品，而是在高温制作食物的过程中，油炸、烤焗，
gōngyè tiānjiā wùpǐn, ér shì zài gāowēn zhìzuò shíwù de guòchéng zhōng, yóu zhá、kǎo jú,

并且在高于120度、水分稀少的情况下产生。所以烹饪的
bìngqiě zài gāo yú yìbǎi èrshí dù、shuǐfèn xīshǎo de qíngkuàng xià chǎnshēng. Suǒyǐ pēngrèn de

方式会直接影响丙烯酰胺的含量。丙烯酰胺被国际癌症研究机构
fāngshì huì zhíjiē yǐngxiǎng bǐngxī xiān'àn de hánliàng. Bǐngxī xiān'àn bèi guójì áizhèng yánjiū jīgòu

归类为2A类致癌物质，就是说可能会对人类致癌。但正常情况
guīlèi wéi èr A lèi zhì'ái wùzhì, jiù shì shuō kěnéng huì duì rénlèi zhì'ái. Dàn zhèngcháng qíngkuàng

下，人体从食物中摄入的丙烯酰胺是很少的，处于安全范围，所以
xià, réntǐ cóng shíwù zhōng shèrù de bǐngxī xiān'àn shì hěn shǎo de, chǔyú ānquán fànwéi, suǒyǐ

不需要过分担心。
bù xūyào guòfèn dānxīn.

● 040-02

단어+표현

致癌物质 zhì'ái wùzhì 발암 물질 | 超标 chāobiāo 기준치를 초과하다 | 煲剧 bāo jù 드라마를 보다 | 必不可少* bì bùkě shǎo 없어서는 안 된다 | 竟然 jìngrán 의외로, 뜻밖에 | 深圳 Shēnzhèn 선전 [지명] | 消委会 xiāowěihuì 소비 위원회 | 线上* xiànshàng 온라인 | 线下* xiànxià 오프라인 | 知名品牌 zhīmíng pǐnpái 유명 브랜드 | 质检公司 zhìjiǎn gōngsī 품질 검사 회사 | 丙烯酰胺 bǐngxī xiān'àn 아크릴아마이드 | 设定 shèdìng 설정하다 | 微克 wēikè 마이크로그램(μg) | 添加物品 tiānjiā wùpǐn 첨가물 | 油炸 yóu zhá 튀기다 | 烤焗 kǎo jú 굽다 | 烹饪* pēngrèn 조리하다 | 归类* guīlèi 분류하다

◀ 드라마 시청, 수다에 꼭 필요한 간식에서 발암 물질이 기준치를 크게 초과하였습니다! 앞서 선전시 소비 위원회는 국내외 유명 브랜드의 감자칩 15개를 온 오프라인에서 골라 전문 품질 검사 회사에 검사를 의뢰했습니다. 그 결과, 7개의 감자칩에서 '2A류 발암 물질인 아크릴아마이드'의 함량이 EU에서 설정한 기준치(750μg/kg)를 초과한 것으로 밝혀져 시민들을 매우 놀라게 했습니다. 아크릴아마이드는 무엇일까요? 이는 공업용 첨가물이 아니라 고온으로 음식을 만드는 과정에서 튀기고 구울 때, 120도를 웃돌면서 수분이 희박한 상태에서 만들어집니다. 따라서 조리 방식이 아크릴아마이드 함량에 직접적인 영향을 미칠 수 있습니다. 아크릴아마이드는 국제 암 연구 기관에서 사람에게 암을 유발할 수 있는 2A류 발암 물질로 분류하고 있으나 정상적인 경우 음식물에서 섭취하는 아크릴아마이드는 적고 안전한 범위이기 때문에 크게 걱정하지 않아도 됩니다.

뉴스 표현 필살기

'并非'는 '결코 ~가 아니다'라는 뜻으로 강한 부정을 표현할 때 사용하는 표현입니다. '并不是 bìng bú shì'로 바꿔 쓸 수 있습니다.

并非所有的数据都是真实的。
Bìngfēi suǒyǒu de shùjù dōu shì zhēnshí de.
모든 데이터가 결코 다 진실인 것은 아니다.

你提出的意见并非所有人都会同意。
Nǐ tíchū de yìjiàn bìngfēi suǒyǒu rén dōu huì tóngyì.
네가 제기한 의견에 모든 사람이 다 동의하는 것은 결코 아니다.

地球的年龄并非46亿年?
Dìqiú de niánlíng bìngfēi sìshíliù yì nián?
지구의 나이가 46억 년이 아니란 말인가?

알아 두면 뉴스가 들리는 중국 이야기

요즘 신문 기사나 일상생활에서 자주 사용되는 표현이 있는데 바로 '煲剧 bāo jù'입니다. '煲 bāo'는 죽이나 국을 오랫동안 '끓이다'라는 뜻이고, '剧 jù'는 '드라마, 연극'이라는 뜻입니다. 두 단어를 합쳐 '주구장창 드라마를 보다'라는 뜻을 나타냅니다. 이와 비슷한 단어로 '追剧 zhuī jù'가 있는데 좋아하는 드라마가 방송하는 날을 기다리다가 방영 시간을 꼭 지켜서 보는 것을 뜻하는데, 한국어로 '본방 사수'와 비슷하겠네요.

'煲'가 죽을 끓이는 것처럼 어떤 행위를 오랫동안 하는 걸 나타낸다고 설명했죠? '煲剧'와 비슷하게 '煲电话粥 bāo diànhuà zhōu'라는 표현이 있는데, 직역하면 '전화 죽을 끓이다'라는 뜻입니다. 마찬가지로 오랜 시간 동안 전화기를 붙잡고 있는 모습을 가리키는 표현입니다.

明天周末，终于可以在家煲剧了。
Míngtiān zhōumò, zhōngyú kěyǐ zài jiā bāo jù le.
내일이면 주말이니, 드디어 집에서 드라마만 주구장창 볼 수 있겠네.

초등학생이 2천 위안을 랜덤 박스에?

小学生花2千买盲盒?

🔊 041-01

近年来, 盲盒以其简单、新颖的新形式进入大众视野,
Jìnnián lái, mánghé yǐ qí jiǎndān, xīnyǐng de xīn xíngshì jìnrù dàzhòng shìyě,

销售模式迅速风靡, 盲盒之风席卷文具领域后, 尚缺乏判断力、
xiāoshòu móshì xùnsù fēngmí, mánghé zhī fēng xíjuǎn wénjù lǐngyù hòu, shàng quēfá pànduànlì,

辨别力和成熟消费观的未成年人成为了主要消费群体, 引发
biànbiélì hé chéngshú xiāofèiguān de wèichéngniánrén chéngwéile zhǔyào xiāofèi qúntǐ, yǐnfā

家长担忧。盲盒, 是指消费者不能提前得知具体产品款式的
jiāzhǎng dānyōu. Mánghé, shì zhǐ xiāofèizhě bù néng tíqián dézhī jùtǐ chǎnpǐn kuǎnshì de

玩具盒子, 具有随机属性。只有打开才会知道自己抽到了什么。
wánjù hézi, jùyǒu suíjī shǔxìng. Zhǐyǒu dǎkāi cái huì zhīdào zìjǐ chōudàole shénme.

据媒体报道, 有小学生为抽到心仪的笔, 连续购买20套装有
Jù méitǐ bàodào, yǒu xiǎoxuéshēng wèi chōudào xīnyí de bǐ, liánxù gòumǎi èrshí tào zhuāng yǒu

24支笔的套装, 花费2000余元, 还有孩子频频向家长要钱
èrshísì zhī bǐ de tàozhuāng, huāfèi liǎngqiān yú yuán, hái yǒu háizi pínpín xiàng jiāzhǎng yào qián

购买盲盒, 导致精神恍惚, 影响学习。盲盒营销对未成年人的
gòumǎi mánghé, dǎozhì jīngshén huǎnghū, yǐngxiǎng xuéxí. Mánghé yíngxiāo duì wèichéngniánrén de

健康成长和人格养成产生的负面影响不可忽视。消保委
jiànkāng chéngzhǎng hé réngé yǎngchéng chǎnshēng de fùmiàn yǐngxiǎng bùkě hūshì. Xiāobǎowěi

建议出台专门措施对针对未成年人的盲盒销售行为进行
jiànyì chūtái zhuānmén cuòshī duì zhēnduì wèichéngniánrén de mánghé xiāoshòu xíngwéi jìnxíng

限制和规范。
xiànzhì hé guīfàn.

단어+표현

🔊 041-02

盲盒 mánghé 랜덤 박스 | 新颖* xīnyǐng 새롭다 | 视野 shìyě 시야 | 风靡 fēngmí 인기몰이를 하다 | 席卷 xíjuǎn 휩쓸다 | 辨别力 biànbiélì 변별력 | 款式 kuǎnshì 스타일 | 随机 suíjī 무작위의 | 属性 shǔxìng 속성 | 抽 chōu 뽑다 | 媒体* méitǐ 매체, 언론사, 방송국 | 心仪* xīnyí 마음에 들다 | 连续* liánxù 연속 | 套装 tàozhuāng 세트 | 频频 pínpín 빈번하다 | 精神恍惚 jīngshén huǎnghū 정신이 산만하다 | 忽视 hūshì 소홀히 하다 | 消保委 xiāobǎowěi 소비자 권익 보호 위원회 [=消费者权益保护委员会] | 针对* zhēnduì (지정된 상대에) 대하여 | 规范* guīfàn 규범

◀ 최근 들어 간단하고 참신한 형태로 대중의 눈길을 사로잡으면서 랜덤 박스 판매 방식이 인기를 몰고 있습니다. 랜덤 박스 열풍이 문구 분야를 휩쓸고 난 뒤, 판단력, 변별력과 성숙한 소비관이 부족한 미성년자들이 주요 소비층으로 떠오르게 돼 학부모들의 우려가 커지고 있습니다. 랜덤 박스는 소비자가 구체적인 제품 스타일을 미리 알 수 없는 장난감 상자로, 무작위의 성격을 띠고 있습니다. 열어 봐야 자신이 무엇을 뽑았는지 알 수 있습니다. 언론 보도에 따르면 초등학생들이 마음에 드는 펜 뽑기 위해 펜 24개가 든 세트를 20세트 연속으로 구입해 2000여 위안을 쓰는가 하면, 학부모에게 랜덤 박스를 살 돈을 자꾸 요구해 정신이 산만해져 공부에 지장을 주는 경우도 있습니다. 랜덤 박스 마케팅이 미성년자의 건전한 성장과 인격 형성에 미치는 부정적 영향을 무시할 수 없습니다. 소비자 권익 보호 위원회는 미성년자를 대상으로 하는 랜덤 박스 판매 행위에 대한 규제와 규범을 마련할 것을 권고했습니다.

뉴스 표현 필살기

'只有A才B'는 'A해야만 비로소 B하다'라는 뜻으로, 앞선 조건이 마련되어야만 뒤의 결과가 이루어질 수 있음을 나타냅니다. '只有'는 생략이 가능합니다.

只有各国共同合作，才能解决环境问题。
Zhǐyǒu gè guó gòngtóng hézuò, cái néng jiějué huánjìng wèntí.
각국이 공동으로 협력해야만 환경 문제를 해결할 수 있다.

只有加强知识产权保护，才可以推动技术发展。
Zhǐyǒu jiāqiáng zhīshì chǎnquán bǎohù, cái kěyǐ tuīdòng jìshù fāzhǎn.
지식 재산권 보호를 강화해야만 기술 발전을 추진할 수 있다.

只有不断完善，才能无限进步。
Zhǐyǒu búduàn wánshàn, cái néng wúxiàn jìnbù.
계속 개선해야만 무한한 발전을 이룰 수 있다.

알아 두면 뉴스가 들리는 중국 이야기

중국 Z세대들의 전형적인 소비 방식인 랜덤 박스는 각 분야에 적용되면서 화제를 모으고 있습니다. 제 주변의 피규어 마니아들도 피규어 랜덤 박스를 사고는 하는데, 원하는 피규어가 나올 때까지 사다 보니 어느덧 5개나 구매하게 되더라고요. 무엇이 나올지 모르는 기대감을 주는 랜덤 박스의 매력에 어른이든 어린아이든 모두 푹 빠지게 되었습니다. 본문에서 소개한 것처럼 피해도 속출하고 있는데요, '买的是盲盒还是盲目? Mǎi de shì mánghé háishi mángmù?(랜덤 박스를 산 것인가, 맹목을 산 것인가?)'라는 말처럼 중독되어서는 안 되겠네요. 가장 신기했던 랜덤 박스는 목적지를 모르는 여행권 랜덤 박스예요. 중국의 여행 예약 플랫폼 취날(去哪儿 Qù Nǎr)에서 출시한 상품인데요, 출발지만 정해져 있고 목적지, 출발 시간에 대한 정보가 전혀 없는 상품입니다. 판매가는 88위안이고, 목적지에 따라 최대 10배 이상의 혜택을 받을 수 있어요. 랜덤 박스의 특성상 생면부지의 도시에 당첨될 수도 있겠죠.

전국 까오카오 응시생 천만 명 돌파, 점점 더 치열해지는 까오카오 경쟁!

全国高考报名人数突破千万，高考竞争越发激烈!

🔵 042-01

据报道，今年全国高考报名人数突破了千万，达到了
Jù bàodào, jīnnián quánguó gāokǎo bàomíng rénshù tūpòle qiān wàn, dádàole

1071万，四川、广西等报考人数再创新高。近两年的
yìqiān líng qīshíyī wàn, Sìchuān、Guǎngxī děng bàokǎo rénshù zài chuàng xīn gāo. Jìn liǎng nián de

高考成绩，高分越来越多，竞争也越来越激烈，很多人都感到
gāokǎo chéngjì, gāo fēn yuè lái yuè duō, jìngzhēng yě yuè lái yuè jīliè, hěn duō rén dōu gǎndào

奇怪，为何会这样？主要原因要归咎于复读生的增多。由于
qíguài, wèihé huì zhèyàng? Zhǔyào yuányīn yào guījiù yú fùdúshēng de zēngduō. Yóuyú

复读生比例增加，高分也随之增加，整体竞争更加激烈。
fùdúshēng bǐlì zēngjiā, gāo fēn yě suí zhī zēngjiā, zhěngtǐ jìngzhēng gèngjiā jīliè.

原本如果没有复读生，可能600分能读重点大学，但是有
Yuánběn rúguǒ méiyǒu fùdúshēng, kěnéng liùbǎi fēn néng dú zhòngdiǎn dàxué, dànshì yǒu

大量的复读生，很多考生650分在全省排名都很靠后。有些
dàliàng de fùdúshēng, hěn duō kǎoshēng liùbǎi wǔshí fēn zài quán shěng páimíng dōu hěn kào hòu. Yǒuxiē

地区为了在一定程度上保护应届生的考试成绩排名，部分
dìqū wèile zài yídìng chéngdù shang bǎohù yīngjièshēng de kǎoshì chéngjì páimíng, bùfen

公立学校表示不再招复读生。复读生的出现，无疑给应届生
gōnglì xuéxiào biǎoshì bú zài zhāo fùdúshēng. Fùdúshēng de chūxiàn, wúyí gěi yīngjièshēng

带来了压力，在心理素质以及考试技巧上，复读生都有相当多的
dàiláile yālì, zài xīnlǐ sùzhì yǐjí kǎoshì jìqiǎo shang, fùdúshēng dōu yǒu xiāngdāng duō de

经验，在这方面明显给了应届生很大的压力。
jīngyàn, zài zhè fāngmiàn míngxiǎn gěile yīngjièshēng hěn dà de yālì.

🔵 042-02

단어+표현

高考 gāokǎo 까오카오 [중국의 대학 입학 시험] | 突破* tūpò 돌파하다 | 广西 Guǎngxī 광시 [지명] | 报考人数 bàokǎo rénshù 응시자 수 | 再创新高 zài chuàng xīngāo 새로운 기록을 세우다 | 奇怪 qíguài 이상하다 | 归咎于* guījiù yú ~의 탓으로 돌리다 | 复读生 fùdúshēng 재수생 | 随之 suí zhī 뒤따라 | 原本 yuánběn 원래 | 重点大学 zhòngdiǎn dàxué 중점 대학 | 靠后 kào hòu 순위가 밀리다 | 应届生 yīngjièshēng 그해의 졸업생 | 公立学校 gōnglì xuéxiào 공립학교 | 无疑 wúyí 틀림없다 | 心理素质 xīnlǐ sùzhì 심리적 소양, 마인드 컨트롤 | 技巧 jìqiǎo 기교, 스킬

◀ 보도에 따르면 올해 전국 까오카오 응시자 수는 천만 명을 돌파해 1071만 명에 이르렀으며 쓰촨과 광시의 응시자 수가 새로운 최고치를 기록했습니다. 지난 2년간 까오카오에서 고득점이 점점 많아지고 경쟁도 더 치열해져 많은 사람이 어떤 이유에서 비롯된 것인지 궁금해했는데 주원인으로 재수생의 증가를 뽑았습니다. 재수생 비율이 높아지면서 고득점 또한 덩달아 많아져 전체적인 경쟁이 더욱 치열해졌기 때문입니다. 재수생이 없었다면 600점으로도 중점 대학에 입학할 수 있지만, 재수생이 많아짐에 따라 650점으로도 전국 순위에서 하위권에 머물게 되었습니다. 일부 지역에서는 당해 졸업생의 성적 순위를 어느 정도 보호하기 위해 일부 공립학교에서는 더 이상 재수생을 모집하지 않겠다고 밝혔습니다. 재수생의 등장이 당해 졸업생들에게 압박감을 더한 것은 분명하며, 마인드 콘트롤과 시험 스킬에 있어서 재수생들이 더 경험이 많기 때문에 당해 졸업생들에게 많은 부담을 안길 수밖에 없습니다.

뉴스 표현 필살기

'归咎于'는 '~의 탓으로 돌리다, ~ 때문이다'라는 뜻으로 뒤에 주로 어떤 결과를 낳은 원인이 쓰입니다.

库克将其原因归咎于中国经济增长放缓。
Kùkè jiāng qí yuányīn guījiù yú Zhōngguó jīngjì zēngzhǎng fànghuǎn.
쿡은 그 이유를 중국 경제 성장 둔화로 꼽았다.

有些人把交通拥堵的原因归咎于汽车数量增长过快。
Yǒuxiē rén bǎ jiāotōng yōngdǔ de yuányīn guījiù yú qìchē shùliàng zēngzhǎng guò kuài.
일부 사람들은 교통 체증의 원인으로 자동차 수량의 급속한 증가를 뽑았다.

我们不应把每次的失败都归咎于客观环境。
Wǒmen bù yīng bǎ měi cì de shībài dōu guījiù yú kèguān huánjìng.
실패할 때마다 객관적인 환경을 탓해서는 안 된다.

알아 두면 뉴스가 들리는 중국 이야기

중국어로 '명문 대학'을 어떻게 표현할까요? '名牌大学 míngpái dàxué, 一流大学 yìliú dàxué'라고 합니다. 중국에서 명문 대학이라고 하면, '211工程 èr yāo yāo gōngchéng(211공정)'이나 '985工程 jiǔ bā wǔ gōngchéng(985공정)'을 함께 언급하게 되는데, 둘 다 세계적 수준의 대학을 양성하기 위한 중국의 국가적 정책입니다. '211工程'은 21세기를 대비하여 세계 일류 대학 100곳을 양성한다는 전략으로 1995년부터 시작되었습니다. '985工程'은 39개의 대학교를 지정하여 세계 일류 대학으로 발전시킨다는 정책으로 중국의 최고 명문대 중 하나인 베이징대학교의 개교 100주년인 1998년 5월에 발표되었습니다. 간략하게 '211' '985'라고 부르기도 합니다. '211' '985' 국가 전략 실시 후에는 세계 일류 대학과 학과를 구축하기 위한 '双一流大学 shuāng yìliú dàxué' 건설이라는 전략을 내놓기도 했습니다. 이렇게 '211' '985' '双一流' 전략에서 국가나 성 차원에서 중점적으로 지원하거나 발전시키는 대학을 '重点大学 zhòngdiǎn dàxué(중점 대학)'라고 합니다.

초중고교 교실 내 휴대폰 반입 금지

手机禁止带入中小学课堂

🔊 043-01

2月2日据本台记者报道，为保护学生视力，让学生在学校
Èr yuè èr rì jù běn tái jìzhě bàodào, wèi bǎohù xuéshēng shìlì, ràng xuéshēng zài xuéxiào

专心学习，防止沉迷网络和游戏，促进学生身心健康发展，
zhuānxīn xuéxí, fángzhǐ chénmí wǎngluò hé yóuxì, cùjìn xuéshēng shēnxīn jiànkāng fāzhǎn,

近日教育部办公厅印发了《关于加强中小学生手机管理工作
jìnrì jiàoyùbù bàngōngtīng yìnfāle 《Guānyú jiāqiáng zhōngxiǎo xuéshēng shǒujī guǎnlǐ gōngzuò

的通知》。通知要求，中小学生原则上不得将个人手机带入
de tōngzhī》. Tōngzhī yāoqiú, zhōngxiǎo xuéshēng yuánzé shang bùdé jiāng gèrén shǒujī dàirù

校园。确有需求的，须经家长同意、书面提出申请，进校后应
xiàoyuán. Què yǒu xūqiú de, xū jīng jiāzhǎng tóngyì、shūmiàn tíchū shēnqǐng, jìn xiào hòu yīng

将手机由学校统一保管，禁止带入课堂。通知强调，应细化管理
jiāng shǒujī yóu xuéxiào tǒngyī bǎoguǎn, jìnzhǐ dàirù kètáng. Tōngzhī qiángdiào, yīng xìhuà guǎnlǐ

措施，学校要将手机管理纳入学校日常管理，制定具体办法，
cuòshī, xuéxiào yào jiāng shǒujī guǎnlǐ nàrù xuéxiào rìcháng guǎnlǐ, zhìdìng jùtǐ bànfǎ,

明确统一保管的场所、方式、责任人，提供必要保管装置。应
míngquè tǒngyī bǎoguǎn de chǎngsuǒ、fāngshì、zérènrén, tígōng bìyào bǎoguǎn zhuāngzhì. Yīng

通过设立校内公共电话、班主任沟通热线等途径，解决学生与
tōngguò shèlì xiào nèi gōnggòng diànhuà、bānzhǔrèn gōutōng rèxiàn děng tújìng, jiějué xuéshēng yǔ

家长通话需求。不得使用手机布置作业或要求学生利用手机完成
jiāzhǎng tōnghuà xūqiú. Bùdé shǐyòng shǒujī bùzhì zuòyè huò yāoqiú xuéshēng lìyòng shǒujī wánchéng

作业。
zuòyè.

🔊 043-02

단어+표현

课堂 kètáng 교실 | **专心** zhuānxīn 전념하다 | **防止*** fángzhǐ 방지하다 | **沉迷** chénmí 중독되다 | **教育部** jiàoyùbù 교육부 | **办公厅*** bàngōngtīng 청사 | **印发** yìnfā 발간하다 | **原则上** yuánzé shang 원칙적으로 | **校园** xiàoyuán 교정, 캠퍼스 | **书面** shūmiàn 서면 | **统一** tǒngyī 통일하다 | **细化** xìhuà 세분화하다 | **纳入** nàrù 집어넣다, 포함하다 | **装置** zhuāngzhì 장치 | **热线*** rèxiàn 핫라인 | **布置*** bùzhì 배치하다

🔊 2월 2일 본사 기자의 보도에 따르면 학생들의 시력을 보호하고 학생들을 학교 공부에 집중시키고 인터넷과 게임에 중독되는 것을 방지하고 학생들의 심신 건강을 강화하기 위해 최근 교육부는 『초중고교생 휴대폰 관리 강화에 관한 통지』를 발표했습니다. 통지문 요구에 따르면 초중고교생들은 원칙적으로 개인 휴대폰을 캠퍼스에 반입할 수 없습니다. 반드시 사용해야 한다면 학부모의 동의와 서면 신청이 있어야 하며, 학교에 반입한 후 학교에서 휴대폰을 일괄 보관해야 하며 교실에는 반입이 금지됩니다. 통지문은 관리 조치를 세분화하고 휴대폰 관리를 학교의 일상적인 관리에 포함하고, 통일된 보관 장소와 방식, 책임자를 지정해 필요한 보관 장치를 제공할 수 있는 구체적인 방법을 마련해야 한다고 강조했습니다. 또한 교내 공중전화, 담임 교사와의 소통을 위한 핫라인 등의 경로를 설치하여 학생과 학부모 간의 통화 수요를 해소해야 하며 휴대폰으로 숙제를 내거나 학생에게 휴대폰을 이용하여 숙제를 하도록 요구해서는 안 됩니다.

뉴스 표현 필살기

'不得'는 '~해서는 안 된다, 금지하다'라는 뜻을 나타내며, 주로 금지되는 내용이 함께 쓰입니다. '禁止 jìnzhǐ'로 바꿔 쓸 수 있습니다. 또한 '얻지 못하다'라는 뜻도 있는데 '求之不得 qiú zhī bùdé(구하여도 얻지 못하다)'와 같은 표현으로 사용됩니다.

公司规定员工不得兼职。
Gōngsī guīdìng yuángōng bùdé jiānzhí.
회사에서는 직원의 겸직을 금지하고 있다.

哪些人员不得担任公司董事?
Nǎxiē rényuán bùdé dānrèn gōngsī dǒngshì?
어떤 사람이 회사 이사가 될 수 없는가?

旅客乘车时不得携带以下物品。
Lǚkè chéng chē shí bùdé xiédài yǐxià wùpǐn.
승객은 승차 시 다음 물품을 휴대할 수 없습니다.

알아 두면 뉴스가 들리는 중국 이야기

수업을 하다 보면 학생들이 발음이 같은 '需 xū'와 '须 xū', 그리고 '必需 bìxū'와 '必须 bìxū'를 헷갈려 하는 경우가 많았습니다. 발음은 같지만 한자가 다른 만큼 정확하게 뜻의 차이를 이해하고 올바르게 사용합시다. '需'는 '필요성, 수요'라는 의미를 강조하고 '须'는 '반드시'라는 의미를 강조합니다. 따라서 '必 bì'와 결합했을 때, '必需'는 '꼭 있어야 한다, 없어서는 안 된다'라는 뜻을 나타내는 동사가 됩니다. 반면 '必须'는 '반드시'라는 뜻을 나타내는 부사로, 동사 앞에 쓰입니다.

生活必需品 shēnghuó bìxū pǐn 생활 필수품
必须努力 bìxū nǔlì 반드시 노력해야 한다
必需的资料 bìxū de zīliào 꼭 있어야 하는 자료
必须知道 bìxū zhīdào 반드시 알아야 한다

3월 1일부터 『초중고교 교육 처벌 규칙』 시행

3月1日起实施《中小学教育惩戒规则》

● 044-01

日前，教育部在前期广泛调研、公开征求意见基础上，
Rìqián, jiàoyùbù zài qiánqī guǎngfàn diàoyán, gōngkāi zhēngqiú yìjiàn jīchǔ shang,

制定颁布《中小学教育惩戒规则》。《规则》首次对教育惩戒的
zhìdìng bānbù《Zhōngxiǎoxué jiàoyù chéngjiè guīzé》.《Guīzé》shǒucì duì jiàoyù chéngjiè de

概念给出定义，是"学校、教师基于教育目的，对违规违纪
gàiniàn gěichū dìngyì, shì "xuéxiào、jiàoshī jīyú jiàoyù mùdì, duì wéiguī wéijì

学生进行管理、训导或者以规定方式予以矫治，促使学生引以
xuéshēng jìnxíng guǎnlǐ、xùndǎo huòzhě yǐ guīdìng fāngshì yǔyǐ jiǎozhì, cùshǐ xuéshēng yǐn yǐ

为戒、认识和改正错误的教育行为"。《规则》指出，在确有必要
wéi jiè、rènshi hé gǎizhèng cuòwù de jiàoyù xíngwéi".《Guīzé》zhǐchū, zài què yǒu bìyào

的情况下，学校、教师可以在学生存在不服从、扰乱秩序、行为
de qíngkuàng xià, xuéxiào、jiàoshī kěyǐ zài xuéshēng cúnzài bù fúcóng、rǎoluàn zhìxù、 xíngwéi

失范、具有危险性、侵犯权益等情形时实施教育惩戒。《规则》
shīfàn、jùyǒu wēixiǎnxìng、qīnfàn quányì děng qíngxíng shí shíshī jiàoyù chéngjiè.《Guīzé》

强调，教育惩戒与体罚和变相体罚是不同性质的行为，明确禁止了
qiángdiào, jiàoyù chéngjiè yǔ tǐfá hé biànxiàng tǐfá shì bù tóng xìngzhì de xíngwéi, míngquè jìnzhǐle

七类不当教育行为，划定教师行为红线，规定了对越界教师的
qī lèi búdàng jiàoyù xíngwéi, huà dìng jiàoshī xíngwéi hóngxiàn, guīdìngle duì yuèjiè jiàoshī de

处罚方式，方便各方监督。
chǔfá fāngshì, fāngbiàn gè fāng jiāndū.

● 044-02

惩戒 chéngjiè 처벌하다 | **调研***diàoyán 연구 조사하다 | **基于***jīyú ~에 기반하다 | **目的***mùdì 목적 | **训导** xùndǎo 훈계하다 | **矫治** jiǎozhì 시정하다 | **引以为戒** yǐn yǐ wéi jiè ~을 교훈으로 삼다 | **服从** fúcóng 복종하다 | **扰乱** rǎoluàn 교란하다 | **行为失范** xíngwéi shīfàn 규칙 위반 | **侵犯权益** qīnfàn quányì 권리 침해 | **体罚** tǐfá 체벌하다 | **变相** biànxiàng 형식만 변하고 내용은 바뀌지 않다 | **红线*** hóngxiàn 가이드라인

🔊 현재 교육부는 전기의 광범위한 연구 및 공개 의견 수렴을 바탕으로 『초중고교 교육 처벌 규칙』을 제정·공포했습니다. 『규칙』은 교육 처벌의 개념을 최초로 정의한 것으로 '학교·교사가 교육 목적에 따라 규칙·규율을 위반한 학생을 관리·훈계하거나 규정으로 바로잡아 학생들이 교훈 삼아 잘못을 인식하고 시정하도록 하는 교육 행위'라고 했습니다. 『규칙』은 반드시 필요한 경우 학교·교사가 학생의 불복종·질서 교란·규칙 위반·위험성·권익 침해 등이 있을 때 교육 처벌을 할 수 있다고 지적했습니다. 또한 『규칙』은 교육 처벌은 체벌과 편법적 체벌과는 별개의 행위라며 7가지 부당 교육 행위를 명확히 금지하고 교사 행위의 가이드라인을 설정하고 위반 교사에 대한 처벌 방식을 규정해 감독해야 한다고 강조했습니다.

뉴스 표현 필살기

'基于……目的'는 '~라는 목적에 기반하다'라는 뜻으로, 구체적인 목적의 내용을 넣어 사용할 수 있습니다.

一切行为都基于目的。
Yíqiè xíngwéi dōu jīyú mùdì.
모든 행위는 목적에 의해 이루어진다.

基于保护女职员权益的目的，公司决定制定相关规定。
Jīyú bǎohù nǚ zhíyuán quányì de mùdì, gōngsī juédìng zhìdìng xiāngguān guīdìng.
여직원의 권리를 보장하려는 목적으로 회사는 관련 규정을 제정하기로 결정했다.

不是很清楚贵公司做出这种决定是基于什么目的。
Bú shì hěn qīngchu guì gōngsī zuòchū zhè zhǒng juédìng shì jīyú shénme mùdì.
귀사가 이런 결정을 내리는 데에 어떤 목적이 있는지 모르겠습니다.

알아 두면 뉴스가 들리는 중국 이야기

뉴스나 신문 기사에서 '促使 cùshǐ'와 '促进 cùjìn'이라는 단어를 많이 보게 되는데요, 학습자들이 많이 혼동하는 단어 중 하나입니다. '促使'는 '~하도록 하다, ~하게 하다'라는 뜻이고 뒤에는 사람, 단체, 회사 등이 목적어로 쓰입니다. '促进'은 '(대상이 발전하도록) 촉진하다, 추진하다'라는 뜻으로 뒤에는 '工作 gōngzuò, 学习 xuéxí, 发展 fāzhǎn' 등이 목적어로 사용됩니다. 가장 큰 차이점은 '促使'는 대상으로 하여금 무엇을 하게 만드는 결과나 변화를 나타낸다는 점입니다.

促使他放弃 cùshǐ tā fàngqì 그로 하여금 포기하게 하다 　　促进工作 cùjìn gōngzuò 업무를 추진하다
促进发展 cùjìn fāzhǎn 발전을 촉진하다 　　促进经济 cùjìn jīngjì 경제를 촉진하다

학교 폭력 사건 빈발,
전문가 "법률·교육이 함께 힘을 합쳐야"

校园霸凌事件频发，专家表示：法律、教育要双管齐下

045-01

近日，一段江苏宜兴未成年人霸凌的视频被爆出。视频
Jìnrì, yí duàn Jiāngsū Yíxīng wèichéngniánrén bà líng de shìpín bèi bàochū. Shìpín

中，一群学生狂扇一名女学生巴掌，过程中，施暴者还
zhōng, yì qún xuéshēng kuáng shān yì míng nǚ xuéshēng bāzhang, guòchéng zhōng, shībàozhě hái

要求被施暴者"给我笑一下"……7月24日上午，宜兴警方详细
yāoqiú bèishībàozhě "gěi wǒ xiào yíxià"…… Qī yuè èrshísì rì shàngwǔ, Yíxīng jǐngfāng xiángxì

通报了调查情况。受害人季某某13岁，为宜兴某初中
tōngbàole diàochá qíngkuàng. Shòuhàirén Jì mǒu mǒu shísān suì, wèi Yíxīng mǒu chūzhōng

学生，4名施暴学生周某某、吴某某、刘某、申某某也
xuéshēng, sì míng shībào xuéshēng Zhōu mǒu mǒu、Wú mǒu mǒu、Liú mǒu、Shēn mǒu mǒu yě

都不过十二三岁，同为宜兴某初中学生。近年来，校园霸凌
dōu bú guò shí'èr-sān suì, tóng wéi Yíxīng mǒu chūzhōng xuéshēng. Jìnnián lái, xiàoyuán bà líng

事件屡屡引起社会关注。如何从根本上防止校园霸凌，成为
shìjiàn lǚlǚ yǐnqǐ shèhuì guānzhù. Rúhé cóng gēnběn shang fángzhǐ xiàoyuán bà líng, chéngwéi

社会各界亟需深入思考的重要问题。解决校园霸凌问题应该双管
shèhuì gè jiè jí xū shēnrù sīkǎo de zhòngyào wèntí. Jiějué xiàoyuán bà líng wèntí yīnggāi shuāngguǎn-

齐下，既从法律入手，修改未成年人保护法，细化未成年人应当
qíxià, jì cóng fǎlǜ rùshǒu, xiūgǎi wèichéngniánrén bǎohù fǎ, xìhuà wèichéngniánrén yīngdāng

守住的行为底线；也从教育入手，让学生形成健康积极的人格，
shǒuzhù de xíngwéi dǐxiàn; yě cóng jiàoyù rùshǒu, ràng xuéshēng xíngchéng jiànkāng jījí de réngé,

形成向善向上的思想品格。
xíngchéng xiàng shàn xiàng shàng de sīxiǎng pǐngé.

045-02

단어+표현

霸凌 bà líng 집단 폭력 및 따돌림 | 双管齐下 shuāngguǎn-qíxià 두 자루의 붓으로 동시에 그림을 그리다, 두 가지 방법을 병행하다 | 江苏 Jiāngsū 장쑤 [지명] | 宜兴 Yíxīng 이싱 [지명] | 爆出* bàochū 폭로하다 | 扇 shān (뺨을) 후려치다 | 巴掌 bāzhang 손바닥 | 施暴者 shībàozhě 가해자 | 详细 xiángxì 상세하다 | 通报 tōngbào 통보하다 | A某某* A mǒu mǒu A 모 씨 | 屡屡 lǚlǚ 여러 차례 | 亟需 jí xū 시급하다 | 底线 dǐxiàn 최저선, 마지노선 | 思想 sīxiǎng 사상 | 品格 pǐngé 품격

최근 장쑤성 이싱의 미성년자 괴롭힘 동영상이 폭로되었습니다. 영상 속에서 한 학생 무리가 한 여학생의 뺨을 마구 때리는 과정에서 가해자는 피해자에게 '웃어 달라'고 요구하기도 했습니다……. 7월 24일 오전 이싱 경찰은 조사 상황을 상세히 알렸습니다. 피해자 찌 모(13세) 씨는 이싱의 모 중학교 학생으로, 가해 학생 저우 모, 우 모, 리우 모, 선 모 씨 4명 또한 모두 열세 살밖에 되지 않았으며 마찬가지로 이싱 모 중학교 학생인 것으로 나타났습니다. 최근 몇 년 동안 학교 폭력 사건은 번번이 사회적 관심을 불러일으켰습니다. 어떻게 근본적으로 학교 폭력을 예방할지는 사회 각계에서 시급히 심사숙고해야 할 중요한 문제가 되었습니다. 학교 폭력 문제의 해결은 법률을 제정하고, 미성년자 보호법을 개정해 미성년자가 지켜야 할 행동의 마지노선을 세분화하면서, 교육도 강화해 학생들이 건강하고 긍정적인 인격과 선한 성품을 형성하도록 하는 등 두 가지 방법을 병행해야 합니다.

뉴스 표현 필살기

'引起……关注'는 '~의 관심을 불러일으키다'라는 뜻으로, 구체적인 대상을 넣어 사용할 수 있습니다.

缅甸政变，引起国际社会高度关注。
Miǎndiàn zhèngbiàn, yǐnqǐ guójì shèhuì gāodù guānzhù.
미얀마 쿠데타는 국제 사회의 높은 관심을 불러일으켰다.

专家们的建议引起了网友们的关注。
Zhuānjiāmen de jiànyì yǐnqǐle wǎngyǒumen de guānzhù.
전문가들의 제안이 네티즌들의 관심을 불러일으켰다.

"人工心脏"医学技术取得重大突破，引起医学界广泛关注。
"Réngōng xīnzàng" yīxué jìshù qǔdé zhòngdà tūpò, yǐnqǐ yīxuéjiè guǎngfàn guānzhù.
'인공 심장' 의학 기술이 중대한 돌파구를 마련해 의료계의 광범위한 관심을 불러일으켰다.

알아 두면 뉴스가 들리는 중국 이야기

'扇巴掌 shān bāzhang'이라는 표현은 '뺨을 후려치다'라는 뜻입니다. '巴掌'은 손바닥이라는 뜻인데 이 단어가 들어간 자주 쓰는 표현을 두 가지 소개해 드리고자 합니다. '一个巴掌拍不响。Yí ge bāzhang pāi bù xiǎng.'은 '손바닥도 마주쳐야 소리가 난다.'라는 뜻으로, 혼자의 힘만으로는 어떤 일을 이루기가 어려움을 나타내는 말입니다. 사자성어 '孤掌难鸣 gūzhǎngnánmíng(고장난명)'으로 바꿔 쓸 수도 있습니다. 한 가지 더, '巴掌没打在你的脸上，你不觉得疼。Bāzhang méi dǎ zài nǐ de liǎn shang, nǐ bù juéde téng.'이라는 표현도 자주 씁니다. 직역하면 '네가 뺨을 맞은 게 아니니, 너는 안 아프겠지.'라는 뜻인데 '입장 바꿔 생각해 봐.'라는 속뜻이 있습니다. '掌 zhǎng'과 관련해서 또 하나 자주 쓰는 표현이 있는데요. 바로 유교 사상가 맹자(孟子 Mèngzǐ)의 시구에 등장했던 '鱼与熊掌不可兼得。Yú yǔ xióng zhǎng bùkě jiān dé.'라는 표현이 광범위하게 사용되고 있습니다. 직역하면 '물고기와 곰 발바닥을 동시에 가질 수 없다.'라는 뜻인데, '두 마리 토끼를 잡을 수는 없으니 한 가지를 선택해야 한다.'는 뜻입니다.

미래 중국 싱글 인구 4억 명에 육박
未来我国单身人口将达到4亿

○ 046-01

根据民政部的统计数据：2018年中国单身成年人口
Gēnjù mínzhèngbù de tǒngjì shùjù: Èr líng yī bā nián Zhōngguó dānshēn chéngnián rénkǒu

高达2.4亿，其中有7700万人独居。另据估计，到2021年，第
gāo dá èr diǎn sì yì, qízhōng yǒu qīqiān qībǎi wàn rén dújū. Lìng jù gūjì, dào èr líng èr yī nián, dì-

二个数字将上升到9200万。在单身的群体中，适婚高学历
èr ge shùzì jiāng shàngshēng dào jiǔqiān èrbǎi wàn. Zài dānshēn de qúntǐ zhōng, shìhūn gāo xuélì

人口中女性占比已超越男性，并在一线城市更为明显。
rénkǒu zhōng nǚxìng zhànbǐ yǐ chāoyuè nánxìng, bìng zài yī xiàn chéngshì gèng wéi míngxiǎn.

在当今社会，单身已经成为了一种极为普遍的现象，此前在一
Zài dāngjīn shèhuì, dānshēn yǐjīng chéngwéile yì zhǒng jíwéi pǔbiàn de xiànxiàng, cǐqián zài yì

本名为《单身社会》的书中就分析道，单身社会正成为一
běn míng wéi 《dānshēn shèhuì》 de shū zhōng jiù fēnxī dào, dānshēn shèhuì zhèng chéngwéi yí

次空前强大、不可避免的社会变革，不少发达经济体都已经
cì kōngqián qiángdà、bùkě bìmiǎn de shèhuì biàngé, bù shǎo fādá jīngjìtǐ dōu yǐjīng

进入了这一社会形态。另有数据显示，瑞典的单身人口已占到总
jìnrùle zhè yí shèhuì xíngtài. Lìng yǒu shùjù xiǎnshì, Ruìdiǎn de dānshēn rénkǒu yǐ zhàndào zǒng

人口的51%，美国为45%，日本为32.4%，
rénkǒu de bǎi fēn zhī wǔshíyī, Měiguó wéi bǎi fēn zhī sìshíwǔ, Rìběn wéi bǎi fēn zhī sānshí'èr diǎn sì,

韩国为23.9%。而近些年我国结婚率接连下降，离婚率
Hánguó wéi bǎi fēn zhī èrshísān diǎn jiǔ. Ér jìn xiē nián wǒguó jiéhūnlǜ jiēlián xiàjiàng, líhūnlǜ

持续上升，由此导致的单身人口越来越多。市场预计，未来我国
chíxù shàngshēng, yóu cǐ dǎozhì de dānshēn rénkǒu yuè lái yuè duō. Shìchǎng yùjì, wèilái wǒguó

单身人口将达到4亿。
dānshēn rénkǒu jiāng dádào sìyì.

○ 046-02

 단어+표현

単身 dānshēn 싱글 | 民政部 mínzhèngbù 민정부 | 独居 dújū 독거하다 | 估计* gūjì 예측하다 | 适婚 shìhūn 결혼 적령기 | 高学历 gāo xuélì 고학력 | 一线城市* yī xiàn chéngshì 1선 도시 | 空前 kōngqián 전례 없다 | 不可避免 bùkě bìmiǎn 피할 수 없다 | 社会变革 shèhuì biàngé 사회 변혁 | 瑞典 Ruìdiǎn 스웨덴 | 结婚率 jiéhūnlǜ 결혼율 | 离婚率 líhūnlǜ 이혼율

민정부의 통계에 따르면, 2018년 중국의 싱글 성인 인구는 2억 4천만 명에 이르렀고 그중 7700만 명은 독거 중이었습니다. 또한 2021년까지 독거 싱글 인구는 9천 2백만 명으로 증가할 것으로 예상됩니다. 싱글 인구 중 결혼 적령기이면서 교육 수준이 높은 여성 인구의 비율이 남성을 넘어섰고, (이 현상은) 1선 도시에서 더욱 두드러집니다. 오늘날 사회에서 싱글은 극히 보편적인 현상이 되었습니다. 『싱글 사회』라는 책에서는 싱글 사회가 전례 없는 큰 규모로, 그리고 피할 수 없는 사회 변화가 되고 있다고 분석했습니다. 적지 않은 선진국은 이미 이러한 사회 형태로 진입했습니다. 또 다른 데이터에 따르면 스웨덴의 싱글 인구는 전체 인구의 51%를 차지하고, 미국은 45%, 일본이 32.4%, 한국은 23.9%에 달했습니다. 한편 최근 몇 년 동안 중국의 결혼율은 계속 감소하고 있는 반면 이혼율은 지속적으로 증가하여 싱글 인구가 점점 많아지고 있습니다. 시장 예측에 따르면 중국의 싱글 인구가 앞으로 4억 명에 이를 것으로 나타났습니다.

뉴스 표현 필살기

'형용사+达+수치'는 '~에 달하다'라는 뜻으로 뒤의 수치가 높거나 규모가 크다는 것을 강조합니다.

据统计，中国近视患者人数多达6亿。
Jù tǒngjì, Zhōngguó jìnshì huànzhě rénshù duō dá liùyì.
통계에 따르면 중국의 근시 환자는 6억 명에 달한다.

中国女性就业率高达73%。
Zhōngguó nǚxìng jiùyèlǜ gāo dá bǎi fēn zhī qīshísān.
중국 여성의 취업률은 73%에 달한다.

今年公务员考试报考人数多达341万。
Jīnnián gōngwùyuán kǎoshì bàokǎo rénshù duō dá sānbǎi sìshíyī wàn.
올해 공무원 시험 접수자는 341만 명에 달한다.

알아 두면 뉴스가 들리는 중국 이야기

뉴스나 기사에서 '一线城市 yī xiàn chéngshì(1선 도시), 二线城市 èr xiàn chéngshì(2선 도시)'라는 단어를 자주 볼 수 있는데요. 중국에서는 해마다 각 도시의 인구·경제·문화·교육 등 전반적인 분야를 평가해 도시 등급을 발표합니다. 2021년의 경우, 기존에 1선~4선으로 나누던 것에 '新一线 xīn yī xiàn'과 '五线 wǔ xiàn'이 추가되었습니다. 구체적으로 베이징, 상하이, 광저우, 선전(深圳 Shēnzhèn)의 4개 1선 도시, 청두(成都 Chéngdū)를 포함한 15개의 신 1선 도시, 쿤밍(昆明 Kūnmíng)을 포함한 32개의 2선 도시, 인촨(银川 Yínchuān)을 포함한 70개의 3선 도시, 창더(常德 Chángdé)를 포함한 90개의 4선 도시 및 바오터우(包头 Bāotóu)를 포함한 128개의 5선 도시가 있습니다. 이 중 1선 도시는 도시의 머리글자를 따서 '北上广深 Běishàngguǎngshēn'이라고도 합니다.

두 자녀 전면 허용 정책, 출생률 오르기는커녕 하락?

全面放开二胎政策，出生率不升反降?

🔊 047-01

据新闻报道，由于我国人口结构发生巨大变化，此前国家
Jù xīnwén bàodào, yóuyú wǒguó rénkǒu jiégòu fāshēng jùdà biànhuà, cǐqián guójiā

全面放开"二胎政策"，但近年来已发现收效甚微，多数地区
quánmiàn fàngkāi "èr tāi zhèngcè", dàn jìnnián lái yǐ fāxiàn shōuxiào shèn wēi, duōshù dìqū

出生率不升反降。由于生存压力大、子女教育成本高、婚姻
chūshēnglǜ bù shēng fǎn jiàng. Yóuyú shēngcún yālì dà, zǐnǚ jiàoyù chéngběn gāo, hūnyīn

观念的改变等原因，年轻人普遍存在"恐婚恐育"心理。尤其是
guānniàn de gǎibiàn děng yuányīn, niánqīngrén pǔbiàn cúnzài "kǒng hūn kǒng yù" xīnlǐ. Yóuqí shì

一二线城市，很多夫妻选择丁克，决定不生孩子。调查显示，
yī-èr xiàn chéngshì, hěn duō fūqī xuǎnzé dīngkè, juédìng bù shēng háizi. Diàochá xiǎnshì,

2016年二胎政策开放后，截止2018年新出生人口还不
èr líng yī liù nián èr tāi zhèngcè kāifàng hòu, jiézhǐ èr líng yī bā nián xīn chūshēng rénkǒu hái bú

到1500万。有专家坦言，按照现在的趋势发展下去，新生儿
dào yìqiān wǔbǎi wàn. Yǒu zhuānjiā tǎnyán, ànzhào xiànzài de qūshì fāzhǎn xiàqù, xīnshēng'ér

的出生数量会在短短几年内跌破1000万。近期，专家根据
de chūshēng shùliàng huì zài duǎn duǎn jǐ nián nèi diēpò yìqiān wàn. Jìnqī, zhuānjiā gēnjù

现状提出应该开放三胎生育政策，然而值得注意的是，黑河
xiànzhuàng tíchū yīnggāi kāifàng sān tāi shēngyù zhèngcè, rán'ér zhídé zhùyì de shì, Hēihé

地区早已开放三胎政策，但短短三年，人口就下降了7.2万，
dìqū zǎoyǐ kāifàng sān tāi zhèngcè, dàn duǎn duǎn sān nián, rénkǒu jiù xiàjiàngle qī diǎn èr wàn,

共下降了7%。
gòng xiàjiàngle bǎi fēn zhī qī.

🔊 047-02

放开* fàngkāi 완화하다, 놓다 | 二胎政策 èr tāi zhèngcè 두 자녀 정책 | 不升反降 bù shēng fǎn jiàng 상승하기는커녕 오히려 하락하다 | 收效甚微 shōuxiào shèn wēi 효과가 미미하다 | 生存压力 shēngcún yālì 생존 스트레스 | 观念 guānniàn 관념 | 恐婚恐育 kǒng hūn kǒng yù 결혼과 양육을 두려워하다 | 丁克 dīngkè 딩크 [아이를 낳지 않고 맞벌이를 하며 사는 부부] | 开放* kāifàng 개방하다 | 坦言 tǎnyán 솔직히 말하다 | 按照* ànzhào ~에 따라 | 趋势* qūshì 추세 | 跌破* diēpò 하락하다 | 现状 xiànzhuàng 현황 | 三胎生育政策 sān tāi shēngyù zhèngcè 세 자녀 정책 | 黑河 Hēihé 헤이허 [지명]

◀ 뉴스 보도에 따르면 중국의 인구 구조에 큰 변화가 나타나, '두 자녀 정책'을 완전히 완화했지만 최근 몇 년 동안 거의 효과가 없는 것으로 나타났으며 대부분의 지역에서 출생률이 상승하기는커녕 오히려 하락했습니다. 강한 생존 스트레스, 높은 자녀 교육 비용, 결혼 개념의 변화 등을 이유로 젊은이들은 일반적으로 '결혼과 양육에 대한 두려움'을 느낍니다. 특히 1·2선 도시에서 많은 부부가 딩크를 선택하고 자녀를 갖지 않기로 결정하고 있습니다. 조사에 따르면 2016년에 두 자녀 정책이 시행된 이후, 2018년까지 신생아 수는 1500만 명에 미치지 못했습니다. 일부 전문가들은 현재의 추세가 계속 이어진다면 신생아 수가 불과 몇 년 안에 1000만 명 이하로 떨어질 것이라고 솔직하게 답했습니다. 최근 전문가들은 현재 상황을 고려하면 세 자녀 정책을 시행해야 한다고 제안했습니다. 하지만 일찍이 세 자녀 정책을 시행한 헤이허 지역에는 불과 3년 만에 인구가 7만 2천 명이 줄어 총 7% 감소했다는 점에 주목할 만합니다.

뉴스 표현 필살기

'按照'는 '～을 따라'라는 뜻으로 뒷부분에 나올 결론의 근거를 제시할 때 사용하는 표현입니다. '根据 gēnjù'와 용법이 같지만, '按照'는 개사로만 쓰일 수 있고, '根据'는 개사뿐만 아니라 명사 '근거'라는 뜻으로도 쓰일 수 있습니다.

可以按照年龄，将参加人数分为两组。
Kěyǐ ànzhào niánlíng, jiāng cānjiā rénshù fēn wéi liǎng zǔ.
나이에 따라 참가자를 두 팀으로 나눈다.

按照公司规定，不可随意早退、迟到。
Ànzhào gōngsī guīdìng, bùkě suíyì zǎotuì、chídào.
회사 규정에 따르면 마음대로 조퇴하거나 지각해서는 안 된다.

按照现在的趋势，今后娱乐产业会得到进一步发展。
Ànzhào xiànzài de qūshì, jīnhòu yúlè chǎnyè huì dédào jìnyíbù fāzhǎn.
지금 추세대로라면 향후 엔터테인먼트 산업은 한층 더 발전을 거둘 것이다.

알아 두면 뉴스가 들리는 중국 이야기

한국과 중국을 포함한 전 세계 대부분의 나라에서 저출생 고령화 문제를 겪고 있습니다. 인구 문제를 언급할 때 중국 뉴스에서 '421家庭模式 Sì èr yī jiātíng móshì(421 가정 모델)'라는 용어가 자주 등장하는데, 4명의 부모와 2명의 부부, 1명의 자녀로 이루어진 가족 형태를 가리킵니다. 1970년대 말 중국에서 한 가정 한 자녀 정책이 시행된 이후 태어난 외동 자녀 남녀가 만나 가정을 이루고 아이를 낳으면서 나타난 가족 구조입니다. 이런 가족 구조에서 젊은 부부는 위로는 4명의 부모를 부양하고, 아래로는 아이를 양육해야 하는 이중 부담을 지고 있습니다. 인구 고령화 문제가 빠르게 진행되자 중국 정부는 두 부부가 모두 외동이면 두 명의 자녀를 낳을 수 있도록 허용하는 '双独二胎政策 shuāng dú èr tāi zhèngcè'를 시행하였습니다. 그 이후로도 2013년부터는 두 부부 중 한 명이라도 외동이면 두 자녀를 허용하는 '单独二胎政策 dāndú èr tāi zhèngcè'를, 2016년부터는 조건 없이 두 자녀를 허용하는 '全面二胎政策 quánmiàn èr tāi zhèngcè'를 시행하며 인구 정책을 단계적으로 완화하고 있습니다. 2021년에도 다시 한번 세 자녀를 허용하며 추가적으로 산아 제한을 완화하였습니다.

"421"家庭引发的一个最主要的社会问题就是养老压力。
"Sì èr yī" jiātíng yǐnfā de yí ge zuì zhǔyào de shèhuì wèntí jiù shì yǎnglǎo yālì.
'421' 가정이 일으키는 가장 주요한 사회 문제는 바로 노인 부양에 대한 부담이다.

텐센트, 『2019 텐센트 OO년대생 연구 보고서』 발표

腾讯发布《2019腾讯00后研究报告》

048-01

10月3日，腾讯发布《2019腾讯00后研究报告》，揭示了
Shí yuè sān rì, Téngxùn fābù《èr líng yī jiǔ Téngxùn línglínghòu yánjiū bàogào》, jiēshìle

00后独特的价值观和消费观念。从价值观上看，00后更
línglínghòu dútè de jiàzhíguān hé xiāofèi guānniàn. Cóng jiàzhíguān shang kàn, línglínghòu gèng

强调开放、思维独立，相比其他代际更加关注社会，有着"世界
qiángdiào kāifàng、sīwéi dúlì, xiāng bǐ qítā dàijì gèngjiā guānzhù shèhuì, yǒuzhe "shìjiè

公民"的胸襟。他们是自我行动的决定者，不给自己设边界，
gōngmín" de xiōngjīn. Tāmen shì zìwǒ xíngdòng de juédìngzhě, bù gěi zìjǐ shè biānjiè,

而是去探索不断成长的更多可能。逐渐掌握话语权的
ér shì qù tànsuǒ búduàn chéngzhǎng de gèng duō kěnéng. Zhújiàn zhǎngwò huàyǔquán de

00后，在消费上展现了极大的潜在势能。他们对金钱的获得和
línglínghòu, zài xiāofèi shang zhǎnxiànle jí dà de qiánzài shìnéng. Tāmen duì jīnqián de huòdé hé

支配有自己的想法，也开始参与更多的家庭消费决策，包括家居
zhīpèi yǒu zìjǐ de xiǎngfa, yě kāishǐ cānyù gèng duō de jiātíng xiāofèi juécè, bāokuò jiājū

装修、旅游等，在国货和与科技相关的消费领域也显现潜力。与
zhuāngxiū、lǚyóu děng, zài guóhuò hé yǔ kējì xiāngguān de xiāofèi lǐngyù yě xiǎnxiàn qiánlì. Yǔ

此同时，他们正能量追星、感受二次元美好，用影音娱乐、追星、
cǐ tóngshí, tāmen zhèng néngliàng zhuīxīng, gǎnshòu èr cìyuán měihǎo, yòng yǐngyīn yúlè、zhuīxīng、

阅读等方式构筑起他们独特的小世界。
yuèdú děng fāngshì gòuzhù qǐ tāmen dútè de xiǎo shìjiè.

048-02

腾讯 Téngxùn 텐센트 [중국의 인터넷 서비스 기업] | **价值观** jiàzhíguān 가치관 | **消费观念** xiāofèi guānniàn 소비 관념 | **代际** dàijì 세대 | **胸襟** xiōngjīn 마음, 품은 생각 | **决定者** juédìngzhě 결정자 | **边界** biānjiè 한계 | **探索*** tànsuǒ 탐색하다 | **逐渐*** zhújiàn 점점 | **话语权** huàyǔquán 발언권 | **潜在** qiánzài 잠재적인 | **支配*** zhīpèi 지배하다 | **装修** zhuāngxiū 인테리어 | **国货** guóhuò 국산품 | **潜力** qiánlì 잠재력 | **追星** zhuīxīng 스타를 우상으로 받들다, '덕질'하다 | **二次元** èr cìyuán 2차원, 2D [일반적으로 애니메이션, 코믹스, 게임 등을 가리킴] | **构筑** gòuzhù 구축하다

◀ 텐센트는 10월 3일 『2019 텐센트 00년대생 연구 보고서』를 통해 00년대생의 독특한 가치관과 소비 관념을 파헤쳤습니다. 가치관을 살펴보면, 00년대생은 더 개방적이고 사고의 독립을 강조하며 다른 세대보다 사회에 관심을 갖는 '세계 시민'의 마음가짐을 가지고 있습니다. 자기 행동의 결정자인 그들은 자신에게 한계를 정하지 않고 끊임없이 성장할 수 있는 더 큰 가능성을 모색합니다. 점차 발언권을 갖게 된 00년대생은 소비 분야에서 커다란 잠재력을 보여 주고 있습니다. 이들은 금전을 얻는 방법과 관리에 대해 자기 생각이 있으며, 인테리어, 관광 등 가정의 소비에 대한 의사 결정에 더 많이 참여하기 시작했으며, 국산품 및 과학 기술과 관련된 소비 분야에서 잠재력을 발휘하고 있습니다. 이와 함께 이들은 긍정적으로 스타를 응원하고, 애니메이션이나 웹툰을 좋아하며 음악 엔터테인먼트, 팬활동, 독서 등으로 그들만의 독특한 작은 세계를 구축하고 있습니다.

뉴스 표현 필살기

'用……方式'는 '~의 방식을 이용하다'라는 뜻으로 어떤 목적을 실현하는 방식이나 수단을 설명합니다. '采用……方式 cǎiyòng……fāngshì' '采取……方式 cǎiqǔ……fāngshì'로 바꿔 쓸 수 있습니다.

中国用自己的方式影响世界。
Zhōngguó yòng zìjǐ de fāngshì yǐngxiǎng shìjiè.
중국은 나름대로의 방식으로 세계에 영향을 미치고 있다.

行政管理可以采用多种方式。
Xíngzhèng guǎnlǐ kěyǐ cǎiyòng duō zhǒng fāngshì.
행정 관리는 여러 가지 방식을 취할 수 있다.

收购上市公司可以采取哪些方式?
Shōugòu shàngshì gōngsī kěyǐ cǎiqǔ nǎxiē fāngshì?
상장 기업을 인수하려면 어떤 방법을 사용할 수 있나요?

알아 두면 뉴스가 들리는 중국 이야기

좋아하는 특정 분야에 심취하여 그와 관련된 것들을 모으거나 찾아 보는 행위를 흔히 '덕질'이라고 하죠. 중국어에서는 이를 '追星 zhuīxīng'이라고 합니다. '追 zhuī'는 '쫓다'라는 뜻이고 '星 xīng'은 별, 즉 스타라는 뜻입니다. 다시 말해 '스타를 쫓아다니다'라는 뜻인데요, 1980년대 중국에서 선풍적인 인기를 끌었던 아이돌 그룹 '小虎队 Xiǎohǔ Duì'가 타이베이(台北 Táiběi)에 공연하러 갔을 때 열성팬들이 자전거를 타고 차량을 따라다녔는데, 이런 현상을 뉴스에서 '追星'이라고 보도하였던 것이 지금까지 사용되고 있습니다. 그리고 연인에게 누가 먼저 대시를 했는지 질문할 때가 있죠? 그럴 때도 이 '追'를 사용합니다. '당연히 그가 먼저 대시했지!'를 중국어로는 '当然是他先追我! Dāngrán shì tā xiān zhuī wǒ!'라고 말할 수 있습니다.
1990년대 말부터 불기 시작한 한류 열풍이 아시아를 넘어 전 세계 곳곳으로 발을 넓히고 있죠. 중국에서는 한국어의 발음을 비슷하게 내는 말이 유행하기도 하고, '덕질'과 관련된 신조어들이 등장하고 있는데, 몇 가지 소개해 보겠습니다.

欧尼 ōuní 언니
偶吧 ǒubā 오빠
思密达 sīmìdá 습니다

爱豆 àidòu 아이돌
颜值担当 yánzhí dāndāng 비주얼 담당
饭拍 fànpāi 팬캠 [팬이 찍은 영상이나 사진]

'탄소 피크' '탄소 중립', 일반 국민이 할 수 있는 것은?

"碳达峰""碳中和"，老百姓能做什么？

🔘 049-01

这两天，碳达峰、碳中和这两个词频频出现在人们的
Zhè liǎng tiān, tàn dá fēng, tàn zhōng hé zhè liǎng ge cí pínpín chūxiàn zài rénmen de

视线中。中国在联合国大会上郑重承诺，力争在2030
shìxiàn zhōng. Zhōngguó zài Liánhéguó dàhuì shang zhèngzhòng chéngnuò, lìzhēng zài èr líng sān líng

年前实现碳达峰，努力争取在2060年前实现碳中和。
nián qián shíxiàn tàn dá fēng, nǔlì zhēngqǔ zài èr líng liù líng nián qián shíxiàn tàn zhōng hé.

同时，全国"两会"的政府工作报告中也明确提出要扎实
Tóngshí, quánguó "liǎnghuì" de zhèngfǔ gōngzuò bàogào zhōng yě míngquè tíchū yào zhāshi

做好碳达峰和碳中和的各项工作。实现碳达峰、碳中和，
zuòhǎo tàn dá fēng hé tàn zhōng hé de gè xiàng gōngzuò. Shíxiàn tàn dá fēng, tàn zhōng hé,

寻常百姓能做哪些贡献呢？最容易付诸行动的方式应该就
xúncháng bǎixìng néng zuò nǎxiē gòngxiàn ne? Zuì róngyì fù zhū xíngdòng de fāngshì yīnggāi jiù

是"绿色出行"，选择公交、地铁、骑行、步行等低能耗、
shì "lǜsè chūxíng", xuǎnzé gōngjiāo, dìtiě, qí xíng, bùxíng děng dī nénghào,

低污染的方式。于先生在接受本台记者采访时说道，自己从去年
dī wūrǎn de fāngshì. Yú xiānsheng zài jiēshòu běn tái jìzhě cǎifǎng shí shuōdào, zìjǐ cóng qùnián

6月开始的骑车上班，目的一方面是为了健身，因为骑行本身就
liù yuè kāishǐ de qí chē shàngbān, mùdì yì fāngmiàn shì wèile jiànshēn, yīnwèi qí xíng běnshēn jiù

是很好的有氧运动，减脂的同时还能增强心肺功能；另一
shì hěn hǎo de yǒuyǎng-yùndòng, jiǎn zhī de tóngshí hái néng zēngqiáng xīnfèi gōngnéng; lìng yì

方面也是为了绿色低碳出行，同时可以避免拥堵。
fāngmiàn yě shì wèile lǜsè dī tàn chūxíng, tóngshí kěyǐ bìmiǎn yōngdǔ.

단어+표현
🔘 049-02

碳达峰 tàn dá fēng 탄소 피크 [연간 이산화탄소 총배출량이 최고치를 찍은 뒤 차츰 감소하는 것] | 碳中和 tàn zhōng hé 탄소 중립 [이산화탄소를 배출한 만큼 흡수하여 실질적인 배출량을 0으로 만드는 것] | 郑重 zhèngzhòng 정중하다 | 承诺 chéngnuò 약속하다, 약속 | 力争 lìzhēng 힘쓰다 | 两会 liǎnghuì 양회 | 政府工作报告 zhèngfǔ gōngzuò bàogào 정부 업무 보고 | 扎实 zhāshi (기초가) 단단하다 | 贡献 gòngxiàn 기여하다, 기여 | 付诸行动 fù zhū xíngdòng 행동으로 옮기다 | 低能耗* dī nénghào 낮은 에너지 소비 | 低污染* dī wūrǎn 저오염 | 有氧运动 yǒuyǎng-yùndòng 유산소 운동 | 减脂 jiǎn zhī 지방 감소 | 心肺功能 xīnfèi gōngnéng 심폐 기능

◀ 요즘 탄소 피크, 탄소 중립이라는 두 단어가 자주 눈에 띕니다. 중국은 유엔(UN) 총회에서 2030년까지 탄소 피크를, 2060년까지 탄소 중립을 달성하기 위해 노력하겠다고 약속했습니다. 또한 전국 '양회'의 정부 업무 보고에서도 탄소 피크와 탄소 중립을 위한 작업을 착실히 해야 한다고 명시했습니다. 탄소 피크, 탄소 중립 달성에 있어 일반 국민들은 어떤 기여를 할 수 있을까요? 가장 손쉽게 실행할 수 있는 방식은 '친환경 외출'을 하여 버스·지하철·자전거·보행 등 저에너지·저오염 방식을 선택하는 것입니다. 위 씨는 본지와의 인터뷰에서 "지난해 6월부터 자전거를 타고 출근하기 시작했다."며 한편으로는 "신체 건강을 위한 운동이며 자전거 타는 것 자체가 좋은 유산소 운동이기 때문에 지방 감소와 함께 심폐 기능을 강화할 수 있고 또 다른 한편으로는 친환경 저탄소 외출을 하기 위함과 동시에 교통 정체를 피할 수 있기 때문이다."라고 말했습니다.

뉴스 표현 필살기

'一方面A，另一方面B'는 '한편으로는 A하고, 다른 한편으로는 B하다'라는 뜻으로, 두 가지 속성을 동시에 나타냅니다.

有人认为，一方面要增加税收，另一方面要减少政府开支。
Yǒu rén rènwéi, yì fāngmiàn yào zēngjiā shuìshōu, lìng yì fāngmiàn yào jiǎnshǎo zhèngfǔ kāizhī.
일각에서는 세수를 늘려야 하는 한편 다른 한편으로는 정부 지출을 줄여야 한다고 여긴다.

一方面整体需求下降，另一方面供应商供货受到限制。
Yì fāngmiàn zhěngtǐ xūqiú xiàjiàng, lìng yì fāngmiàn gōngyìng shāng gōng huò shòudào xiànzhì.
한편으로는 전체적인 수요가 감소했고, 다른 한편으로는 공급 업체의 공급이 제한을 받았다.

一方面要发展经济，另一方面要保护环境。
Yì fāngmiàn yào fāzhǎn jīngjì, lìng yì fāngmiàn yào bǎohù huánjìng.
한편으로는 경제를 발전시켜야 하고, 다른 한편으로는 환경을 보호해야 한다.

알아 두면 뉴스가 들리는 중국 이야기

전 세계의 소식을 다루는 뉴스나 신문 기사의 특성상 국제기구의 명칭이 자주 등장하는데 중국어 명칭과 약칭을 알아 두면 뉴스 청취에 도움이 될 거예요.

联合国安全理事会 Liánhéguó Ānquán Lǐshìhuì = 安理会 Ānlǐhuì 유엔 안전 보장 이사회(UNSC)

联合国经济及社会理事会 Liánhéguó Jīngjì Jí Shèhuì Lǐshìhuì 유엔 경제 사회 이사회(UNECOSOC)

联合国环境计划署 Liánhéguó Huánjìng Jìhuàshǔ 유엔 환경 계획(UNEP)

联合国开发计划署 Liánhéguó Kāifā Jìhuàshǔ 유엔 개발 계획(UNDP)

联合国教育科学文化组织 Liánhéguó Jiàoyù Kēxué Wénhuà Zǔzhī
= 联合国教科文组织 Liánhéguó Jiàokēwén Zǔzhī 유엔 교육 과학 문화 기구(UNESCO)

世界贸易组织 Shìjiè Màoyì Zǔzhī = 世贸 Shìmào 세계 무역 기구(WTO)

世界卫生组织 Shìjiè Wèishēng Zǔzhī = 世卫 Shìwèi 세계 보건 기구(WHO)

世界粮食计划署 Shìjiè Liángshí Jìhuàshǔ 세계 식량 계획(WFP)

亚太经合组织 Yàtài Jīnghé Zǔzhī 아시아 태평양 경제 협력체(APEC)

国际货币基金组织 Guójì Huòbì Jījīn Zǔzhī 국제 통화 기금(IMF)

재생 에너지 산업이 빠른 속도로 발전하는 원인은?

可再生能源产业快速发展的原因是?

◉ 050-01

近日，一份报告显示，中国连续七年保持着全球可再生能源
Jìnrì, yí fèn bàogào xiǎnshì, Zhōngguó liánxù qī nián bǎochízhe quánqiú kě zàishēng néngyuán

最大投资国地位，中国的可再生能源供应日益增长，技术也居
zuì dà tóuzīguó dìwèi, Zhōngguó de kě zàishēng néngyuán gōngyìng rìyì zēngzhǎng, jìshù yě jū

世界领先地位。中国可再生能源强劲发展的背后存在着多重
shìjiè lǐngxiān dìwèi. Zhōngguó kě zàishēng néngyuán qiángjìng fāzhǎn de bèihòu cúnzàizhe duōchóng

推动因素：首先，战略上高度重视。第二，拥有着较为完善的
tuīdòng yīnsù: Shǒuxiān, zhànlüè shang gāodù zhòngshì. Dì-èr, yōngyǒuzhe jiàowéi wánshàn de

支撑政策体系。 第三， 中国巨大的可再生能源技术、产品
zhīchēng zhèngcè tǐxì. Dì-sān, Zhōngguó jùdà de kě zàishēng néngyuán jìshù、 chǎnpǐn

市场以及中国不断增强的制造业能力构成良性循环。
shìchǎng yǐjí Zhōngguó búduàn zēngqiáng de zhìzàoyè nénglì gòuchéng liángxìng xúnhuán.

未来，中国还将通过深化全球供应链布局和专业化分工，
Wèilái, Zhōngguó hái jiāng tōngguò shēnhuà quánqiú gōngyìng liàn bùjú hé zhuānyèhuà fēngōng,

加强可再生能源技术研发和商业模式方面的创新，进一步降低
jiāqiáng kě zàishēng néngyuán jìshù yánfā hé shāngyè móshì fāngmiàn de chuàngxīn, jìnyíbù jiàngdī

可再生能源技术应用成本，扩大全球范围内相关技术和产品
kě zàishēng néngyuán jìshù yìngyòng chéngběn, kuòdà quánqiú fànwéi nèi xiāngguān jìshù hé chǎnpǐn

的市场空间，减少温室气体排放，促进经济繁荣、创造就业机会，
de shìchǎng kōngjiān, jiǎnshǎo wēnshì qìtǐ páifàng, cùjìn jīngjì fánróng、 chuàngzào jiùyè jīhuì,

实现全球经济的再平衡。
shíxiàn quánqiú jīngjì de zài pínghéng.

◉ 050-02

投资 tóuzī 투자하다 | 领先* lǐngxiān 앞서다 | 强劲 qiángjìng 강력하다 | 背后 bèihòu 배후 | 推动* tuīdòng 추진하다 | 体系* tǐxì 체계 | 良性循环 liángxìng xúnhuán 선순환 | 供应链* gōngyìng liàn 공급망 | 专业化 zhuānyèhuà 전문화 | 分工 fēngōng 분업 | 温室气体 wēnshì qìtǐ 온실가스 | 排放* páifàng 배출하다 | 繁荣 fánróng 번영하다 | 创造 chuàngzào 창출하다 | 平衡 pínghéng 평형

◀ 최근 한 보고서에 따르면 중국은 7년 연속으로 세계 최대 재생 에너지 투자국의 위상을 유지하고 있고 중국의 재생 에너지 공급이 계속 증가하고 있으며 기술력이 세계 선두로 올라섰습니다. 중국이 강력한 재생 에너지 발전을 실현할 수 있었던 배후에는 여러 가지 요인이 있습니다. 우선 전략적으로 중시된다는 점입니다. 둘째, 정책 체계가 잘 갖춰져 있다는 점입니다. 셋째, 중국의 거대한 재생 에너지 기술과 제품 시장은 중국의 지속적으로 강화된 제조업 능력과 선순환을 이루었기 때문입니다. 앞으로 중국은 글로벌 공급망 배치와 전문화 분업 심화를 통해 재생 에너지 기술의 연구 개발과 비즈니스 모델에서의 혁신을 강화하고, 더 나아가 재생 에너지 기술 응용 비용을 절감하며, 전 세계적으로 관련 기술과 제품의 시장 공간을 확대하고, 온실가스 배출을 줄여 경제 번영을 촉진하고 취업 기회를 창출하며 글로벌 경제의 재균형을 이룰 것입니다.

뉴스 표현 필살기

'동사+着'는 상태의 지속을 나타냅니다. 단, 주어가 장소인 경우에는 존재를 나타냅니다. 부정형은 '没有+동사+着' 입니다.

目前，我们的社会存在着很多需要解决的问题。
Mùqián, wǒmen de shèhuì cúnzàizhe hěn duō xūyào jiějué de wèntí.
현재, 우리 사회에는 해결해야 할 문제가 많다.

双方一直保持着谨慎的态度。
Shuāngfāng yìzhí bǎochízhe jǐnshèn de tàidù.
양측은 줄곧 신중한 태도를 유지했다.

深圳市一直推行着吸引人才政策。
Shēnzhèn Shì yìzhí tuīxíngzhe xīyǐn réncái zhèngcè.
선전시는 인재 유치 정책을 계속 펼쳤다.

알아 두면 뉴스가 들리는 중국 이야기

세계적으로 환경 오염 문제를 해결하는 것이 최우선 과제로 부상하면서 나라마다 친환경 경제 발전 전략을 세웠는데요, 중국 또한 재생 에너지 발전의 강화를 주 내용으로 하는 '绿色经济发展 lǜsè jīngjì fāzhǎn(친환경 경제 발전)'의 구상을 제시했습니다. 사람들은 재생 에너지에 대해 말할 때 '取之不尽，用之不竭。Qǔ zhī bú jìn, yòng zhī bù jié.(아무리 써도 고갈되지 않고 무궁무진하다.)'라는 표현으로 형용하고는 합니다. 그럼 재생 에너지의 종류와 중국어 표현을 알아보겠습니다.

太阳能 tàiyángnéng 태양광 에너지
水能 shuǐnéng 수력 에너지
风能 fēngnéng 풍력 에너지
生物质能 shēngwùzhìnéng 바이오매스 에너지

波浪能 bōlàngnéng 파도 에너지
潮汐能 cháoxīnéng 조력 에너지
地热能 dìrènéng 지열 에너지

올해 봄, 벚꽃 구경은 어디로?

今年春季，去哪里赏樱花?

🔊 051-01

随着气温上升，春天悄然到来， 不少人都感受到了
Suízhe qìwēn shàngshēng, chūntiān qiǎorán dàolái, bù shǎo rén dōu gǎnshòu dàole

春的气息。这个季节百花齐放，景色迷人，人们自然会安排好
chūn de qìxī. Zhège jìjié bǎihuā-qífàng, jǐngsè mírén, rénmen zìrán huì ānpái hǎo

时机去赏花。说到赏花首先都会想到樱花，那么今年春季，
shíjī qù shǎng huā. Shuōdào shǎng huā shǒuxiān dōu huì xiǎngdào yīnghuā, nàme jīnnián chūnjì,

去哪里欣赏樱花呢? 有一句话常说"三月赏樱，唯有武大"，
qù nǎlǐ xīnshǎng yīnghuā ne? Yǒu yí jù huà cháng shuō "sān yuè shǎng yīng, wéi yǒu Wǔdà",

每年都有成千上万的人慕名去欣赏樱花。 武大樱花开
měi nián dōu yǒu chéngqiān-shàngwàn de rén mùmíng qù xīnshǎng yīnghuā. Wǔdà yīnghuā kāi

于三月中旬，至下旬最为鼎盛，花期较短，仅13-20天左右。
yú sān yuè zhōngxún, zhì xiàxún zuìwéi dǐngshèng, huāqī jiào duǎn, jǐn shísān zhì èrshí tiān zuǒyòu.

具体路线可以先从武汉大学正门进到校园，坐校车到樱园下
Jùtǐ lùxiàn kěyǐ xiān cóng Wǔhàn Dàxué zhèngmén jìndào xiàoyuán, zuò xiàochē dào yīng yuán xià

车。进校园后还有社团的志愿者在做免费导游。武大校园内
chē. Jìn xiàoyuán hòu hái yǒu shètuán de zhìyuànzhě zài zuò miǎnfèi dǎoyóu. Wǔdà xiàoyuán nèi

的樱花最早由侵华战争时期占领武汉大学的日本军人所
de yīnghuā zuì zǎo yóu qīn huá zhànzhēng shíqī zhànlǐng Wǔhàn Dàxué de Rìběn jūnrén suǒ

种植，光复后，武大的师生们又引进了更多的樱花品种，经过
zhòngzhí, guāngfù hòu, Wǔdà de shīshēngmen yòu yǐnjìnle gèng duō de yīnghuā pǐnzhǒng, jīngguò

多年来的培育已经形成很大的规模。
duō nián lái de péiyù yǐjīng xíngchéng hěn dà de guīmó.

🔊 051-02

悄然 qiǎorán 조용하다 | 气息 qìxī 기운, 숨결 | 百花齐放 bǎihuā-qífàng 다양한 꽃들이 동시에 만개하다 | 迷人 mírén 매력적이다 |
赏花 shǎng huā 꽃구경 | 欣赏 xīnshǎng 감상하다 | 慕名 mùmíng 명성을 듣고 찾아오다 | 鼎盛 dǐngshèng 흥성하다 | 花期 huāqī
개화기 | 路线 lùxiàn 노선 | 社团 shètuán 동아리 | 侵华战争 qīn huá zhànzhēng 중국 침략 전쟁 | 光复 guāngfù 광복하다 | 引进
yǐnjìn 수입하다 | 品种 pǐnzhǒng 품종 | 培育 péiyù 육성하다

🔊 기온이 올라가면서 봄이 소리 없이 찾아와 많은 사람이 봄의 기운을 느끼게 되었습니다. 이 계절에는 온갖 꽃이 만발하고 경치가 매력적이어서 사람들은 자연히 때를 맞춰 꽃구경을 하러 갈 것입니다. 꽃구경 하면 첫 번째로 벚꽃을 떠올리게 되는데, 그렇다면 올봄에는 어디로 벚꽃 구경을 가야 할까요? '3월에 벚꽃을 감상하려면 우한대학밖에 없다'라는 말이 있는데 해마다 수천수만 명의 사람들이 명성을 듣고 벚꽃을 구경하러 갑니다. 우한대의 벚꽃은 3월 중순에 펴서 하순에 절정을 이루며 개화 시기는 13~20일 정도로 비교적 짧습니다. 구체적인 노선은 우선 우한대학 정문에서 캠퍼스로 들어가 통학 버스를 타고 잉위안(벚꽃 랜드)에서 내리면 됩니다. 캠퍼스에 들어오면 동아리의 자원봉사자가 무료로 가이드도 해 주고 있습니다. 우한대 캠퍼스 내의 벚꽃은 중일전쟁 때 우한대학을 점령한 일본 군인이 처음으로 심었는데, 광복 후 우한대의 교사와 학생들이 더 많은 벚꽃 품종을 들여와 수년 간의 재배를 거쳐 커다란 규모를 형성했습니다.

뉴스 표현 필살기

'随着'는 '~함에 따라, ~을 따라서, ~을 뒤이어'라는 뜻입니다. 또한 '~의 뜻을 따르다, 원하는 대로 해 주다'라는 뜻도 있으니 함께 알아 두세요.

随着改革开放不断深入，人民的生活水平不断得到提升。
Suízhe gǎigé kāifàng búduàn shēnrù, rénmín de shēnghuó shuǐpíng búduàn dédào tíshēng.
개혁 개방이 계속 심화됨에 따라 국민의 생활 수준이 계속 향상되었다.

随着科技的发展，人机交流已经成为现实。
Suízhe kējì de fāzhǎn, rén jī jiāoliú yǐjīng chéngwéi xiànshí.
과학 기술이 발전함에 따라 인간과 기계의 교류가 현실이 되었다.

你就随着她的意思去做吧。
Nǐ jiù suízhe tā de yìsi qù zuò ba.
당신은 그녀가 원하는 대로 하세요.

알아 두면 뉴스가 들리는 중국 이야기

중국에도 벚꽃 하면 바로 떠오르는 장소가 있는데요. 본문에서 소개된 우한대학교 캠퍼스 외에 베이징의 위위안탄(玉渊潭 Yùyuāntán), 우시(无锡 Wúxī)의 위안터우주(鼋头渚 Yuántóuzhǔ), 쿤밍의 우량산(无量山 Wúliàng Shān)도 추천하고 싶습니다. 세 곳 모두 엄청난 규모를 자랑하고 있는데요. 위위안탄의 경우, 중국 화베이(华北 Huáběi) 지역 최대의 벚꽃 관광 명소로 꼽히고 있고 여러 역사서에서도 봄날에 위위안탄으로 벚꽃 구경을 가는 것을 추천하는 내용을 찾아볼 수 있을 정도로 유명합니다. 위안터우주는 중국에서 세 번째로 큰 담수호인 타이후호(太湖 Tài Hú)의

한 섬에 있으며 총면적은 20만 제곱미터에 이르고, 68가지 종류의 벚꽃나무 3만 그루가 심겨 있어 매년 3~4월이 되면 그야말로 '벚꽃 바다'와 같은 장관을 이룹니다. 마지막으로 우량산은 다원(茶园 cháyuán)에 벚꽃나무가 심겨 있다는 것이 특징입니다. 벚꽃을 단순히 관상용으로 심은 것이 아니라, 햇빛으로부터 찻잎을 보호하는 그늘을 만들기 위해 심은 것이라고 합니다. 안개 사이로 햇빛이 비치고 끝이 안 보이는 차밭 사이로 분홍색 벚꽃이 보이는 풍경, 상상만 해도 정말 아름답지 않나요? 무엇보다 우량산은 무협 소설의 대가 진융(金庸 Jīn Yōng)의 작품에도 등장한 적이 있어 더더욱 유명하답니다.

겨울 여행·겨울 스포츠 인기몰이 중

冰雪旅游、冰雪运动人气火爆

🔊 052-01

2022年北京冬奥会的成功举办不仅让北京成为了
Èr líng èr èr nián Běijīng Dōng'àohuì de chénggōng jǔbàn bùjǐn ràng Běijīng chéngwéile

历史上首个双奥之城，也让全国人民对冰雪旅游和冰雪
lìshǐ shang shǒu ge shuāng Ào zhī chéng, yě ràng quánguó rénmín duì bīngxuě lǚyóu hé bīngxuě

运动的兴趣越来越浓厚。入冬以来，"滑雪"、"赏雪"等关键词
yùndòng de xìngqù yuè lái yuè nónghòu. Rùdōng yǐlái, "huáxuě", "shǎng xuě" děng guānjiàncí

搜索热度大幅上涨，中国的冬季已经不再是传统意义上的旅游
sōusuǒ rèdù dàfú shàngzhǎng, Zhōngguó de dōngjì yǐjīng bú zài shì chuántǒng yìyì shang de lǚyóu

淡季，冰雪旅游也从"冷资源"变为了"热经济"。南方滑雪场等
dànjì, bīngxuě lǚyóu yě cóng "lěng zīyuán" biànwéile "rè jīngjì".   Nánfāng huáxuěchǎng děng

旅游资源的开发，降低了南方居民参与冰雪运动的门槛，滑雪也
lǚyóu zīyuán de kāifā, jiàngdīle nánfāng jūmín cānyù bīngxuě yùndòng de ménkǎn, huáxuě yě

成为了南方冬季出游的热门选择。而且即便不是狂热的爱好者，
chéngwéile nánfāng dōngjì chūyóu de rèmén xuǎnzé. Érqiě jíbiàn bú shì kuángrè de àihàozhě,

普通游客也会考虑在行程中安排滑雪体验。冰雪旅游、冰雪
pǔtōng yóukè yě huì kǎolǜ zài xíngchéng zhōng ānpái huáxuě tǐyàn.   Bīngxuě lǚyóu、   bīngxuě

运动已走入中国普通百姓家，成为冬季消费新时尚。
yùndòng yǐ zǒurù Zhōngguó pǔtōng bǎixìngjiā, chéngwéi dōngjì xiāofèi xīn shíshàng.

🔊 052-02

단어+표현

冬奥会 Dōng'àohuì 동계 올림픽 [=冬季国际奥运会] | 浓厚 nánghòu 짙다 | 滑雪 huáxuě 스키를 타다 | 赏雪 shǎng xuě 눈 구경을 하다 | 关键词 guānjiàncí 키워드 | 热度 rèdù 인기도 | 上涨* shàngzhǎng 증가하다 | 传统 chuántǒng 전통 | 淡季* dànjì 비수기 | 滑雪场 huáxuěchǎng 스키장 | 热门 rèmén 화제의, 인기 있다 | 狂热 kuángrè 열광하다 | 新时尚 xīn shíshàng 최신 트렌드

🔊 2022 베이징 동계 올림픽이 성황리에 개최됨에 따라 베이징이 역사적으로 올림픽을 두 번 개최한 첫 번째 도시가 되었을 뿐만 아니라 전 국민이 겨울 여행과 스포츠에 점점 더 많은 관심을 가지게 되었습니다. 겨울이 시작된 이후 '스키', '눈 구경'과 같은 키워드의 검색이 급증하면서 중국의 겨울은 더 이상 전통적 의미의 여행 비수기가 아니며 겨울 여행 또한 '차가운 자원'에서 '뜨거운 경제'로 전환되었습니다. 남방의 스키장 등 관광 자원의 개발로 남방 거주민이 겨울 스포츠에 참여하는 문턱이 낮아졌습니다. 스키 또한 남방에서 겨울 여행으로 인기 있는 선택지가 되었습니다. 또한 열정적인 마니아가 아니더라도 일반 관광객들도 여행 일정에 스키 체험을 넣는 것을 고려할 것입니다. 겨울 여행과 스포츠는 이미 보통의 중국 가정에 스며들었으며, 겨울 소비의 새로운 트렌드로 자리 잡았습니다.

뉴스 표현 필살기

'即便A, 也B'는 '설령 A할지라도, B하다'라는 뜻으로 '即使A, 也B jíshǐ A, yě B'로 바꿔 쓸 수 있습니다.

如今，即便不出家门，也能"周游"整个世界。
Rújīn, jíbiàn bù chū jiāmén, yě néng "zhōuyóu" zhěnggè shìjiè.
오늘날에는, 집을 나서지 않아도 세계 '일주'를 할 수 있다.

即便没有正式通知我们怎么做，也不耽误我们推进项目。
Jíbiàn méiyǒu zhèngshì tōngzhī wǒmen zěnme zuò, yě bù dānwu wǒmen tuījìn xiàngmù.
우리가 어떻게 해야 할지 공식적으로 알리지 않았더라도, 프로젝트를 추진하는 데에는 영향이 없다.

即便是再强大的国家，在灾难面前，也是苍白无力的。
Jíbiàn shì zài qiángdà de guójiā, zài zāinàn miànqián, yě shì cāngbái wúlì de.
아무리 강한 나라라도 재난 앞에서는 무력하다.

알아 두면 뉴스가 들리는 중국 이야기

여러분은 여행하기 전에 어디서 관광지 정보를 얻나요? 아무래도 인터넷에서 다른 사람들의 여행 후기를 찾아볼 텐데요, 많은 중국 여행객은 마펑워(马蜂窝 Mǎfēngwō)를 통해 여행 계획을 짠다고 해요. 중국판 론리 플래닛(Lonely Planet)으로 불리는 마펑워는 중국 내 최대 규모의 여행 정보 공유 커뮤니티로, 웹 사이트나 앱을 통해 숙박, 맛집, 교통, 관광지 등 광범위한 여행 정보를 얻을 수 있어요. 물론 중국 외에도 세계 각국의 여행 후기가 있으니, 어디로 여행 가든 마펑워에만 접속하면 모든 정보를 얻을 수 있습니다. 검색할 때는 '목적지+攻略 gōnglüè'라는 검색어로 찾아보세요. '攻略'는 '공략'이라는 뜻인데요, '가이드' 정도로 이해할 수 있습니다.

중국을 여행할 때 다운로드해 가면 편리한 앱이 몇 가지 있습니다. 먼저 길을 찾을 때는 바이두 지도(百度地图 Bǎidù Dìtú)나 까오더 지도(高德地图 Gāodé Dìtú)를 이용하는 게 좋습니다. 중국에서는 구글 맵(Google Maps)이나 애플(Apple)의 지도 앱을 이용하기 어렵기 때문입니다. 버스나 지하철 같은 대중교통을 이용하는 것도 좋지만 택시를 타야 할 때도 있겠죠? 그럴 땐 차량 공유 서비스인 디디추싱(滴滴出行 Dīdī Chūxíng)을 이용해 보세요. 목적지와 출발지만 정확하게 입력해 놓으면 운전기사와 따로 이야기할 필요도 없으니 중국어에 자신이 없더라도 이용하는 데 문제없어요. '大众点评 Dàzhòng Diǎnpíng'에서는 맛집을 비롯한 마사지숍, 호텔, 관광지, 배달 등 다양한 업체의 정보와 후기, 순위 등을 조회할 수 있습니다.

1인당 평균 763위안,
'최고의 가성비 관광 도시'는?

人均763元，"最具性价比的旅游城市"是哪里？

🔊 053-01

昨日，界面新闻发布了2020中国最具性价比旅游城市
Zuórì, Jièmiàn Xīnwén fābùle èr líng èr líng Zhōngguó zuì jù xìngjiàbǐ lǚyóu chéngshì

TOP50的榜单。重庆一直以来都是性价比的代名词，是大家
TOP wǔshí de bǎngdān. Chóngqìng yìzhí yǐlái dōu shì xìngjiàbǐ de dàimíngcí, shì dàjiā

公认的"穷游天堂"，此次仅排行第三。排名第一的是旅游
gōngrèn de "qióngyóu tiāntáng", cǐ cì jǐn páiháng dì-sān. Páimíng dì-yī de shì lǚyóu

城市中存在感比较低的宝鸡和运城。不少宝鸡当地人都会质疑：
chéngshì zhōng cúnzàigǎn bǐjiào dī de Bǎojī hé Yùnchéng. Bù shǎo Bǎojī dāngdìrén dōu huì zhìyí:

宝鸡竟然是旅游城市？但其实不然，在去年排行榜中宝鸡拿下
Bǎojī jìngrán shì lǚyóu chéngshì? Dàn qíshí bùrán, zài qùnián páiháng bǎng zhōng Bǎojī náxià

了第二名的好成绩，今年算是更上一层楼了。宝鸡是历史典故
le dì-èr míng de hǎo chéngjì, jīnnián suànshì gèng shàng yì céng lóu le. Bǎojī shì lìshǐ diǎngù

"明修栈道，暗度陈仓"的发源地也是周秦王朝的发祥地，
"míngxiū-zhàndào, àndù-chéncāng" de fāyuándì yě shì Zhōuqín wángcháo de fāxiángdì,

中国迄今为止发掘的最大古墓就在这里。历史文化深厚、旅游资源
Zhōngguó qìjīn wéizhǐ fājué de zuì dà gǔmù jiù zài zhèlǐ. Lìshǐ wénhuà shēnhòu, lǚyóu zīyuán

丰富的宝鸡获得第一名，是不是也在情理之中了？
fēngfù de Bǎojī huòdé dì-yī míng, shì bu shì yě zài qínglǐ zhī zhōng le?

🔊 053-02

界面新闻 Jièmiàn Xīnwén 제몐신문 | 榜单 bǎngdān 순위 명단 | 代名词 dàimíngcí 대명사 | 穷游 qióngyóu 알뜰 여행 | 排行*
páiháng 순위 | 存在感 cúnzàigǎn 존재감 | 宝鸡 Bǎojī 바오지 [지명] | 运城 Yùnchéng 윈청 [지명] | 当地* dāngdì 현지 | 质疑*
zhìyí 질의하다 | 不然 bùrán 그렇지 않다, 그렇지 않으면 | 更上一层楼* gèng shàng yì céng lóu 한 층 더 발전하다 | 典故 diǎngù 전고,
전례와 고사 | 明修栈道，暗度陈仓 míngxiū-zhàndào, àndù-chéncāng 겉으로는 잔도를 만드는 체하면서, 몰래 천창으로 진병하여 기습
하다 | 发源地 fāyuándì 발원지 | 周秦王朝 Zhōuqín wángcháo 주·진 왕조 | 发祥地 fāxiángdì 발상지 | 迄今为止 qìjīn wéizhǐ
지금까지 | 古墓 gǔmù 고대 무덤 | 情理之中 qínglǐ zhī zhōng 합리적이다

🔊 어제 제멘신문은 2020 중국 최고의 가성비 관광 도시 TOP 50 순위를 발표했습니다. 그동안 가성비의 대명사로 자타가 공인하는 '알뜰 여행 천당'이었던 충칭은 이번에는 3위에 그쳤습니다. 1위는 관광 도시 중 존재감이 비교적 낮았던 바오지와 원청이 차지했습니다. 많은 바오지 현지인들은 "바오지가 관광 도시였어?"라며 의문을 제기할 텐데 그렇지 않습니다. 지난해 순위에서 바오지는 2위라는 좋은 성적을 거뒀고, 올해는 한 단계 올라간 셈입니다. 바오지는 '명수잔도, 암도진창'이라는 역사적 전고의 발원지이자 주와 진 왕조의 발상지로, 중국이 지금까지 발굴한 최대의 고대 무덤이 바로 이곳에 있습니다. 역사 문화가 깊고 관광 자원이 풍부한 바오지가 1위를 차지하는 것은 당연하지 않을까요?

뉴스 표현 필살기

'迄今为止'는 '현재까지'라는 뜻을 가진 사자성어로 '目前为止 mùqián wéizhǐ' '截至目前 jiézhì mùqián' '至今 zhìjīn'으로 바꿔 쓸 수 있습니다.

迄今为止，中国的航天事业取得了举世瞩目的成就。
Qìjīn wéizhǐ, Zhōngguó de hángtiān shìyè qǔdéle jǔshì zhǔmù de chéngjiù.
현재까지 중국의 항공 우주 산업은 세계적으로 괄목할 만한 성과를 거두었다.

迄今为止，科学家还没有找到外星人存在的确凿证据。
Qìjīn wéizhǐ, kēxuéjiā hái méiyǒu zhǎodào wàixīngrén cúnzài de quèzáo zhèngjù.
현재까지 과학자들은 외계인이 존재한다는 결정적인 증거를 찾지 못했다.

这是迄今为止规模最大的一场发布会。
Zhè shì qìjīn wéizhǐ guīmó zuì dà de yì chǎng fābùhuì.
이것은 현재까지 규모가 가장 큰 기자 회견이다.

알아 두면 뉴스가 들리는 중국 이야기

중국은 일상생활에서도, 공적인 자리에서도 고사성어를 자주 사용합니다. 현지인들과 대화하는 데에도, 뉴스를 이해하는 데에도 성어에 관한 배경지식이 필요하지요. 본문에 등장한 성어가 만들어진 고사를 소개하겠습니다.

● **明修栈道, 暗度陈仓** míngxiū-zhàndào, àndù-chéncāng 겉으로는 잔도를 만드는 체하면서, 몰래 천창으로 기습하다
유방(刘邦 Liú Bāng)이 항우(项羽 Xiàng Yǔ)를 공격하기 전, 겉으로는 잔도를 만들었지만 비밀리에 천창(陈仓 Chéncāng, 오늘의 바오지)을 점령하여 승리했습니다. '声东击西 shēngdōngjīxī(성동격서)'와 비슷한 뜻으로 상대방이 예상치 못한 방법으로 승리하는 것을 가리킵니다. 앞부분을 빼고 '暗度陈仓'만 사용하기도 합니다.

● **欲穷千里目, 更上一层楼** Yù qióng qiān lǐ mù, gèng shàng yì céng lóu 천 리 멀리까지 보고 싶으면, 한 층 더 올라가야 한다
시인 왕지환(王之涣 Wáng Zhīhuàn)의 유명한 시 「등관작루(登鹳雀楼 dēng guàn què lóu)」에 나왔던 시구입니다. 각종 행사나 연설에서 자주 사용이 되니, 여러분도 외워 두었다가 대표로 나서서 인사해야 할 자리가 있을 때 활용해 보세요. "希望双方能够共同携手, 力推中韩关系更上一层楼。 Xīwàng shuāngfāng nénggòu gòngtóng xiéshǒu, lìtuī Zhōnghán guānxì gèng shàng yì céng lóu. (양측이 함께 손을 잡아 한중 관계를 한 단계 더 끌어올릴 수 있기를 바랍니다.)"처럼 말할 수 있겠네요!

고궁박물원, 온라인으로만 입장권 판매

故宫博物院实施全网络售票

🔊 054-01

2017年，十一小长假期间(10月1日–7日)，故宫博物院
Èr líng yī qī nián, shí-yī xiǎo chángjià qījiān (shí yuè yī rì zhì qī rì), Gùgōng Bówùyuàn

首次实现全网络售票。假期第二天凌晨1点38分，当天
shǒu cì shíxiàn quán wǎngluò shòu piào. Jiàqī dì-èr tiān língchén yī diǎn sānshíbā fēn, dàngtiān

8万张门票均已在网上售出。自此10月10日起，故宫博物院
bāwàn zhāng ménpiào jūn yǐ zài wǎngshàng shòuchū. Zìcǐ shí yuè shí rì qǐ, Gùgōng Bówùyuàn

正式迈入"博物馆全网售票"时代。故宫官方网站可实现
zhèngshì màirù "bówùguǎn quán wǎng shòu piào" shídài. Gùgōng guānfāng wǎngzhàn kě shíxiàn

网络购票，与此同时，未售罄的情况下，游客可以通过现场
wǎngluò gòu piào, yǔ cǐ tóngshí, wèi shòuqìng de qíngkuàng xià, yóukè kěyǐ tōngguò xiànchǎng

手机扫描二维码、票务服务咨询台以及综合服务窗口购买当日
shǒujī sǎomiáo èrwéimǎ, piàowù fúwù zīxúntái yǐjí zōnghé fúwù chuāngkǒu gòumǎi dāngrì

门票。其中接受综合服务的人群，即没有线上支付能力的老人、
ménpiào. Qízhōng jiēshòu zōnghé fúwù de rénqún, jí méiyǒu xiànshàng zhīfù nénglì de lǎorén、

外国人、部分因特殊原因不能线上购票的游客等人群。实行
wàiguórén、 bùfen yīn tèshū yuányīn bù néng xiànshàng gòu piào de yóukè děng rénqún. Shíxíng

此方法后，大大减少了游客整体购票的等候时间，且故宫内不再
cǐ fāngfǎ hòu, dàdà jiǎnshǎole yóukè zhěngtǐ gòu piào de děnghòu shíjiān, qiě Gùgōng nèi bú zài

拥挤，参观展览的游客增加，走马观花的观看方式得以改变。
yōngjǐ, cānguān zhǎnlǎn de yóukè zēngjiā, zǒumǎ-guānhuā de guānkàn fāngshì déyǐ gǎibiàn.

🔊 054-02

단어+표현

博物院 bówùyuàn 박물원 | **网络售票** wǎngluò shòu piào 온라인 티켓팅 | **十一*** shí-yī 양력 10월 1일, 중국의 건국기념일 | **迈入*** màirù 들어서다 | **官方网站** guānfāng wǎngzhàn 공식 웹 사이트 | **售罄*** shòuqìng 매진되다 | **扫描*** sǎomiáo 스캔하다 | **票务** piàowù 티켓팅 | **咨询台** zīxúntái 안내 데스크 | **支付** zhīfù 지불하다 | **展览** zhǎnlǎn 전시회 | **走马观花** zǒumǎ-guānhuā 말을 타고 꽃구경하다, 대강 훑어보다 | **观看** guānkàn 관람하다

◀ 2017년, 10·1 연휴 기간(10월 1일~7일), 고궁박물원은 처음으로 온라인 입장권 판매를 시행했습니다. 공휴일 둘째 날 새벽 1시 38분, 8만 장의 당일 입장권이 온라인에서 판매되었습니다. 이번 10월 10일부터 고궁박물원은 본격적으로 '박물관 온라인 티켓팅'의 시대를 맞이했습니다. 고궁 공식 웹 사이트에서 온라인 입장권을 구매할 수 있으며, 이와 함께 매진되지 않은 경우 방문객은 현장에서 휴대폰으로 QR코드를 스캔하거나, 매표 서비스 안내 데스크와 통합 서비스 창구를 통해 당일 입장권을 구매할 수 있습니다. 이 중 통합 서비스 대상은 온라인 결제가 불가능한 노인, 외국인, 특수한 이유로 인해 온라인 입장권을 구매할 수 없는 일부 방문객 등입니다. 해당 정책이 시행된 후, 방문객이 입장권을 구매하기 위해 대기하는 시간이 크게 단축되었으며, 고궁 내부는 더 이상 혼잡하지 않고 전시를 관람하는 방문객 수가 증가했으며 대충 훑고 지나가는 관람 방식에 변화가 생겼습니다.

뉴스 표현 필살기

'得以'는 '~할 수 있다'라는 뜻으로 앞선 일의 결과로 뒤의 일이 성사되었음을 나타냅니다. '能够 nénggòu, 可以 kěyǐ' 등의 단어로 바꿔 쓸 수 있습니다.

全球气候变暖问题，需要靠各个国家共同合作才能得以解决。
Quánqiú qìhòu biànnuǎn wèntí, xūyào kào gège guójiā gòngtóng hézuò cái néng déyǐ jiějué.
지구 온난화 문제는 모든 나라가 함께 협력해야 해결할 수 있다.

消防队员及时赶到现场，火势得以控制。
Xiāofáng duìyuán jíshí gǎndào xiànchǎng, huǒshì déyǐ kòngzhì.
소방관이 제시간에 도착해 화재가 진압되었다.

在各级政府的支持下，教育经费得以解决。
Zài gè jí zhèngfǔ de zhīchí xià, jiàoyù jīngfèi déyǐ jiějué.
정부 각계 각층의 지지하에 교육 경비 문제가 해결되었다.

알아 두면 뉴스가 들리는 중국 이야기

명청시대에 황제가 거처하던 고궁박물원은 한국에서 '자금성(紫禁城 Zǐjìn Chéng)'이라는 옛 이름으로 더 잘 알려져 있습니다. 수백 년의 역사를 자랑하는 고궁은 건물 자체만으로도 의미가 있지만, 결국 사람의 마음을 움직이고 기억에 남는 것은 고궁에 담긴 이야기가 아닐까 싶습니다. 그런 의미에서 고궁을 방문한다면, 오디오 가이드(讲解器 jiǎngjiěqì)를 대여하는 것을 추천합니다. 이왕 중국어를 배웠으니 듣기 연습 차원에서 중국어 설명을 들어 봐도 좋지만, 한국어 설명도 있으니 부담 갖지 않아도 괜찮습니다.

고궁 하면 왠지 엄숙한 이미지를 떠올리게 됩니다. 그런데 고궁은 2014년부터 젊은 층의 화법으로 온라인 콘텐츠를 제작해 큰 성공을 얻었습니다. '雍正：感觉自己萌萌哒 Yōngzhèng: Gǎnjué zìjǐ méng méng da'라는 제목인데 번역하자면 '옹정: 나는 스스로가 참 귀엽다고 생각해'라는 뜻입니다. 옹정은 청나라 성조의 연호이며, 강희제의 아들이기도 합니다. 고궁은 옹정제가 귀여운 표정을 지으며 'V' 자 포즈를 취하거나 양손으로 꽃받침을 하는 이미지를 제작해 공식 위챗 계정 등에 업로드했습니다. 이런 익살스러운 옹정제의 이미지는 온라인에서 화제가 되어 인기를 끌었고, 이를 이용해 고궁 공식 상품을 판매하거나 유명 화장품 브랜드들과 협업하기도 했습니다.

또 한 가지 '皇帝的一天 huángdì de yì tiān(황제의 하루)'이라는 앱을 추천합니다. 고궁박물원에서 개발한 앱으로, 황제의 하루와 고궁 내 각 건물의 용도를 게임하듯이 재미있게 알아볼 수 있습니다.

세계 최대 규모 유니버설 스튜디오, 베이징에 개장!

世界最大规模环球影城，在京开幕！

🔘 055-01

2021年9月20日，北京环球影城主题公园在万众
Èr líng èr yī nián jiǔ yuè èrshí rì, Běijīng Huánqiú Yǐng Chéng Zhǔtí Gōngyuán zài wànzhòng

瞩目中终于拉开了帷幕。现场景象也不出人们事前的预料，
zhǔmù zhōng zhōngyú lākāile wéimù. Xiànchǎng jǐngxiàng yě bù chū rénmen shìqián de yùliào,

开业以后一直处于门庭若市的状态，在线上同样是热闹非凡，
kāiyè yǐhòu yìzhí chǔyú méntíng-ruòshì de zhuàngtài, zàixiàn shang tóngyàng shì rènào fēifán,

与环球影城相关的话题也迅速占据了各类直播、微博、头条等
yǔ Huánqiú Yǐng Chéng xiāngguān de huàtí yě xùnsù zhànjùle gè lèi zhíbō、Wēibó、tóutiáo děng

社交媒体的话题中心。与火爆现场交相辉映的，是炙手可热的
shèjiāo méitǐ de huàtí zhōngxīn. Yǔ huǒbào xiànchǎng jiāoxiānghuīyìng de, shì zhìshǒu-kěrè de

门票，环球影城的门票始终处于一票难求的状态。即使你
ménpiào, Huánqiú Yǐng Chéng de ménpiào shǐzhōng chǔyú yí piào nán qiú de zhuàngtài. Jíshǐ nǐ

花钱也不一定能够买得到，开园当天的一张门票最高竟然被
huā qián yě bù yídìng nénggòu mǎi de dào, kāiyuán dàngtiān de yì zhāng ménpiào zuì gāo jìngrán bèi

炒到3000元，无论是节假日还是工作日，园区内都是人山人海，
chǎodào sānqiān yuán, wúlùn shì jiéjiàrì háishi gōngzuòrì,　　园区内都是 rénshān-rénhǎi,

很多人都戏称是排队几小时，体验几分钟。据报道，北京环球影
hěn duō rén dōu xìchēng shì páiduì jǐ xiǎoshí, tǐyàn jǐ fēnzhōng.　Jù bàodào, Běijīng Huánqiú Yǐng

城占地约4平方公里，大致相当于560个足球场，规模为
Chéng zhàndì yuē sì píngfāng gōnglǐ,　dàzhì xiāngdāng yú wǔbǎi liùshí ge zúqiúchǎng, guīmó wéi

世界最大。
shìjiè zuì dà.

🔘 055-02

단어+표현

环球影城 Huánqiú Yǐng Chéng 유니버설 스튜디오 ㅣ **主题公园** zhǔtí gōngyuán 테마파크 ㅣ **万众瞩目** wànzhòng zhǔmù 수많은 사람들이 주목하다 ㅣ **拉开帷幕*** lākāi wéimù 막을 올리다 ㅣ **出……预料** chū……yùliào ~의 예상을 벗어나다 ㅣ **门庭若市** méntíng-ruòshì 문전성시를 이루다 ㅣ **占据*** zhànjù 차지하다 ㅣ **直播*** zhíbō 생중계 ㅣ **微博** Wēibó 웨이보 [중국의 SNS] ㅣ **头条** tóutiáo 제1조, 톱뉴스 ㅣ **交相辉映** jiāoxiānghuīyìng 비추어 빛나다 ㅣ **炙手可热** zhìshǒu-kěrè 손을 델 만큼 뜨겁다 ㅣ **一票难求** yí piào nán qiú 표 한 장 구하기 어렵다 ㅣ **炒** chǎo 볶다, 부풀려 광고하다 ㅣ **人山人海** rénshān-rénhǎi 인산인해를 이루다 ㅣ **戏称** xìchēng 농담으로 ~라고 부르다 ㅣ **大致** dàzhì 대략 ㅣ **相当于*** xiāngdāng yú ~에 상당하다

◀ 2021년 9월 20일, 베이징 유니버설 스튜디오 테마파크가 대중의 기대 속에서 마침내 개장했습니다. 현장 상황은 사람들의 예상대로 개장 이후 계속 문전성시를 이루고 있는 가운데, 온라인에서도 마찬가지로 시끌벅적하게 유니버설 스튜디오와 관련된 화제가 생중계, 웨이보, 톱뉴스 등 각종 SNS에서 화제의 중심을 순식간에 차지했습니다. 떠들썩한 현장 못지않게 화제가 되는 것은 인기가 높은 입장권입니다. 유니버설 스튜디오 입장권은 한 장도 구하기 힘든 상태입니다. 돈을 준다고 해도 못 구하는 상황이고, 개장 당일 입장권이 3000위안까지 치솟았습니다. 휴일이든 평일이든 테마파크 내부는 인산인해를 이루고 있습니다. 이에 사람들은 줄은 몇 시간 서고, 경험은 몇 분만 한다고 우스갯소리를 합니다. 보도에 따르면 베이징 유니버설 스튜디오의 면적은 약 4km²로 축구장 약 560개에 해당하는 세계 최대 규모를 자랑하고 있습니다.

뉴스 표현 필살기

'处于……状态'는 '～한 상태에 처해 있다' 또는 '상태를 유지하고 있다'라는 뜻으로, 주로 구체적인 상태를 수식어로 넣어 사용합니다.

从目前的状况来看，世界各国经济还处于疲软状态。

Cóng mùqián de zhuàngkuàng lái kàn, shìjiè gè guó jīngjì hái chǔyú píruǎn zhuàngtài.

현재 상황으로 봤을 때, 세계 각국 경제는 아직 취약한 상태를 유지하고 있습니다.

从世界范围来看，还有部分国家处于分裂状态。

Cóng shìjiè fànwéi lái kàn, hái yǒu bùfen guójiā chǔyú fēnliè zhuàngtài.

전 세계적으로 봤을 때, 일부 국가는 여전히 분단 상태에 처해 있다.

这个项目处于待定状态。

Zhège xiàngmù chǔyú dàidìng zhuàngtài.

해당 프로젝트는 보류 상태입니다.

알아 두면 뉴스가 들리는 중국 이야기

베이징 하면 아마도 여러분은 만리장성(长城 Chángchéng)이나 톈안먼 광장(天安门广场 Tiān'ānmén Guǎngchǎng), 자금성과 같이 역사가 오랜 관광지가 먼저 떠오를 것입니다. 베이징을 대표하는 관광지에 최근 한 곳이 더 추가됐는데, 바로 베이징 유니버설 스튜디오입니다. 아시아에서는 3번째, 전 세계에서는 5번째로 문을 열었으며, 지금까지 세계 최대의 규모를 자랑합니다. 성수기, 비성수기에 따라 입장권 가격이 다르지만 한화로 최소 7만 5천원에서 13만원에 이릅니다. 하지만 개장한 지 1분 만에 입장권이 매진될 정도로 큰 인기를 끌었습니다.

해리포터(哈利波特 Hālì Bōtè), 트랜스포머(变形金刚 Biànxíng Jīngāng), 쥐라기공원(侏罗纪公园 Zhūluójì Gōngyuán), 미니언즈(小黄人 Xiǎohuángrén), 워터월드(水世界 Shuǐ Shìjiè), 쿵푸팬더(功夫熊猫 Gōngfu Xióngmāo) 등 유명 할리우드 영화를 테마로 삼고 있는데, 이 중 가장 반응이 뜨거운 테마는 트랜스포머입니다. '수다쟁이'로 유명한 메카트론이라는 캐릭터가 함께 사진을 찍는 관광객에게 농담을 건네고 티격태격하는 등 친근한 모습을 보이기 때문입니다. 기회가 된다면 현장에서 말을 걸어 보기를 바랍니다.

상하이 디즈니랜드,
음식 반입에 관한 최신 규정 발표

上海迪士尼，携带食品最新规定出台

● 056-01

昨日起上海迪士尼开始正式**实施**主题乐园食品携带新规。
Zuórì qǐ Shànghǎi Díshìní kāishǐ zhèngshì shíshī zhǔtí lèyuán shípǐn xiédài xīn guī.

新规中对可携带物品及不可携带物品均进行了详细说明。
Xīn guī zhōng duì kě xiédài wùpǐn jí bùkě xiédài wùpǐn jūn jìnxíngle xiángxì shuōmíng.

具体内容为，　游客可携带供本人食用的食品及饮料进入上海
Jùtǐ nèiróng wéi,　yóukè kě xiédài gōng běnrén shíyòng de shípǐn jí yǐnliào jìnrù Shànghǎi

迪士尼乐园，　但不允许携带需加热、再加热、加工、冷藏或
Díshìní Lèyuán,　dàn bù yǔnxǔ xiédài xū jiārè、zài jiārè、jiāgōng、lěngcáng huò

保温的食品及带有刺激性气味的食品，具体包括：方便面、
bǎowēn de shípǐn jí dài yǒu cìjīxìng qìwèi de shípǐn, jùtǐ bāokuò: fāngbiànmiàn、

西瓜（一整个）、榴莲、臭豆腐等。游客可在乐园内的指定野餐
xīguā (yì zhěnggè)、liúlián、chòudòufu děng.　Yóukè kě zài lèyuán nèi de zhǐdìng yěcān

区域享用自带的食品和饮料，　但需要遵守垃圾分类准则，　并
qūyù xiǎngyòng zì dài de shípǐn hé yǐnliào,　dàn xūyào zūnshǒu lājī fēnlèi zhǔnzé,　bìng

共同维护干净整洁的乐园环境。另外，旅客如有不可携带入园的
gòngtóng wéihù gānjìng zhěngjié de lèyuán huánjìng. Lìngwài, lǚkè rú yǒu bùkě xiédài rù yuán de

个人物品，可以选择每日每件10元的寄存服务。游客在各个官方
gèrén wùpǐn,　kěyǐ xuǎnzé měi rì měi jiàn shí yuán de jìcún fúwù.　Yóukè zài gège guānfāng

购票渠道和平台上购买乐园门票之前，还需仔细阅读乐园须知。
gòu piào qúdào hé píngtái shang gòumǎi lèyuán ménpiào zhīqián, hái xū zǐxì yuèdú lèyuán xūzhī.

● 056-02

단어+표현

迪士尼 Díshìní 디즈니 ┃ 主题乐园 zhǔtí lèyuán 테마파크 ┃ 新规*xīn guī 새로운 규정 ┃ 保温 bǎowēn 보온 ┃ 方便面 fāngbiànmiàn 인스턴트 라면 ┃ 榴莲 liúlián 두리안 ┃ 臭豆腐 chòudòufu 취두부 ┃ 指定*zhǐdìng 지정하다 ┃ 野餐 yěcān 피크닉 ┃ 准则*zhǔnzé 준칙, 수칙 ┃ 整洁 zhěngjié 단정하고 깨끗하다 ┃ 寄存 jìcún 맡겨 두어 보관하다 ┃ 官方*guānfāng 공식 ┃ 须知*xūzhī 주의 사항, 준칙

◀ 어제부터 상하이 디즈니랜드는 테마파크 내 음식 반입에 대한 새로운 규정을 공식적으로 시행하기 시작했습니다. 새로운 규정에서는 반입이 가능한 품목과 반입이 불가능한 품목을 상세히 설명했습니다. 구체적인 내용은 다음과 같습니다. 방문객은 자신이 섭취할 음식과 음료를 상하이 디즈니랜드에 반입할 수 있지만 가열, 재가열, 가공, 냉장 또는 보온이 필요한 음식과 자극적인 냄새가 나는 음식은 반입할 수 없습니다. 구체적으로 라면, 수박(한 통), 두리안, 취두부 등이 포함됩니다. 방문객들은 놀이공원 내의 지정된 피크닉 구역에서 자신이 가져온 음식과 음료를 즐길 수 있지만, 쓰레기 분류 지침을 따르고 깨끗한 놀이공원 환경을 유지해야 합니다. 또한, 방문객에게 놀이공원에 반입할 수 없는 개인 물품이 있는 경우, 건당 하루 10위안짜리 보관 서비스를 이용할 수 있습니다. 방문객은 공식 입장권 구입 채널과 플랫폼에서 입장권을 구매하기 전에, 놀이공원 규정을 주의 깊게 읽어 보아야 합니다.

뉴스 표현 필살기

'实施'는 '시행하다'라는 뜻으로 주로 '政策 zhèngcè(정책), 规定 guīdìng(규정), 战略 zhànlüè(전략)' 등의 단어와 함께 사용됩니다.

中央政府规定，从明年一月一日起正式实施税收优惠政策。
Zhōngyāng zhèngfǔ guīdìng, cóng míngnián yī yuè yī rì qǐ zhèngshì shíshī shuìshōu yōuhuì zhèngcè.

중앙 정부는 내년 1월 1일부터 조세 우대 정책을 본격적으로 시행할 것을 규정했다.

"一带一路"战略，是国家实施新一轮改革开放的重要举措。
"Yí dài yí lù" zhànlüè, shì guójiā shíshī xīn yì lún gǎigé kāifàng de zhòngyào jǔcuò.

'일대일로' 전략은 국가가 새로운 개혁 개방을 시행하는 중요한 조치이다.

教育部决定，从今年起实施新的教育改革方案。
Jiàoyùbù juédìng, cóng jīnnián qǐ shíshī xīn de jiàoyù gǎigé fāng'àn.

교육부는 올해부터 새로운 교육 개혁 방안을 시행하기로 결정했다.

알아 두면 뉴스가 들리는 중국 이야기

상하이는 국제화와 현대화가 이루어진 대도시로서 중국의 '경제 수도'라고 불리는 곳이죠. 와이탄(外滩 Wàitān), 상하이타워(上海中心大厦 Shànghǎi Zhōngxīn Dàshà), 동팡 밍주 타워(东方明珠塔 Dōngfāng Míngzhū Tǎ), 위위안(豫园 Yùyuán), 상하이 세계 금융 센터(上海环球金融中心 Shànghǎi Huánqiú Jīnróng Zhōngxīn), 난징로(南京路 Nánjīng Lù) 등 수많은 관광 명소가 있습니다. 2016년 한 군데가 추가되었는데, 바로 상하이 디즈니랜드입니다.

상하이 디즈니랜드는 중국 대륙 최초의 디즈니랜드로, 캘리포니아·올랜도·도쿄·파리·홍콩에 이어서 전 세계에서 여섯 번째로 지어진 디즈니랜드입니다. 개장 1년 만에 천만 관광객을 맞이하였고 3년 만에 147억 위안의 매출을 달성하였습니다. 중국 대륙에 위치한 만큼 매우 중국스러운 디즈니랜드로 유명합니다. 중국 전역에서 방문객들이 모여들어 어마어마한 대기 시간을 자랑한다고 하니, 중국 포털 사이트나 SNS에서 '上海迪士尼攻略 Shànghǎi Díshìní gōnglüè'를 검색해서 상하이 디즈니랜드를 최대치로 즐길 수 있는 방법을 찾아보고 가면 좋겠죠?

상하이 최고층 건축물, 상하이 타워 완공

上海最高层建筑——上海中心大厦完工

🔊 057-01

上海中心大厦，位于上海市陆家嘴金融贸易区，建筑主体
Shànghǎi Zhōngxīn Dàshà, wèiyú Shànghǎi Shì Lùjiāzuǐ Jīnróng Màoyì Qū, jiànzhù zhǔtǐ

共119层， 总高为632米。 是目前中国第一高的
gòng yìbǎi yīshíjiǔ céng, zǒng gāo wéi liùbǎi sānshí'èr mǐ. Shì mùqián Zhōngguó dì-yī gāo de

建筑。该建筑在2008年11月29日开工，并于2017年4月
jiànzhù. Gāi jiànzhù zài èr líng líng bā nián shíyī yuè èrshíjiǔ rì kāigōng, bìng yú èr líng yī qī nián sì yuè

26日正式向公众开放。上海中心可分成9大垂直社区，
èrshíliù rì zhèngshì xiàng gōngzhòng kāifàng. Shànghǎi Zhōngxīn kě fēnchéng jiǔ dà chuízhí shèqū,

包括娱乐、商场、酒店以及高端精品办公。因此，也被誉为一座
bāokuò yúlè、shāngchǎng、jiǔdiàn yǐjí gāoduān jīngpǐn bàngōng. Yīncǐ, yě bèi yù wéi yí zuò

"垂直城市"。位于该建筑101层的酒店也成为了热门打卡地。
"chuízhí chéngshì". Wèiyú gāi jiànzhú yìbǎi líng yī céng de jiǔdiàn yě chéngwéile rèmén dǎkǎdì.

在上海中心建成之前，于2008年竣工的上海环球金融
Zài Shànghǎi Zhōngxīn jiànchéng zhīqián, yú èr líng líng bā nián jùngōng de Shànghǎi Huánqiú Jīnróng

中心稳坐"中国第一高楼"宝座。位于陆家嘴的金茂大厦、
Zhōngxīn wěn zuò "Zhōngguó dì-yī gāo lóu" bǎozuò. Wèiyú Lùjiāzuǐ de Jīnmào Dàshà、

上海环球金融中心、上海中心大厦三座地标建筑外观
Shànghǎi Huánqiú Jīnróng Zhōngxīn、 Shànghǎi Zhōngxīn Dàshà sān zuò dìbiāo jiànzhù wàiguān

被网友戏称为"厨房三件套"。
bèi wǎngyǒu xìchēng wéi "chúfáng sān jiàn tào".

🔊 057-02

高层 gāocéng 고층의 | 上海中心大厦 Shànghǎi Zhōngxīn Dàshà 상하이 타워 | 陆家嘴 Lùjiāzuǐ 루쟈주이 [지명] | 建筑主体 jiànzhù zhǔtǐ 건물의 주요 부분 | 开工* kāigōng 착공하다 | 垂直 chuízhí 수직 | 高端 gāoduān 고급의 | 精品办公 jīngpǐn bàngōng 부티크 사무실 | 热门打卡地 rèmén dǎkǎdì 핫 플레이스 | 竣工 jùngōng 준공하다 | 上海环球金融中心 Shànghǎi Huánqiú Jīnróng Zhōngxīn 상하이 세계 금융 센터(SWFC) | 稳坐 wěn zuò 안정적으로 앉아 있다 | 宝座* bǎozuò 왕좌, 옥좌, 보좌 | 金茂大厦 Jīnmào Dàshà 진마오 타워

◀ 상하이 타워는 상하이시 루자주이 금융 무역 지구에 있으며 본관은 총 119층, 높이 632미터로 현재 중국에서 가장 높은 건물입니다. 이 건물은 2008년 11월 29일에 착공해 2017년 4월 26일에 공식적으로 대중들에게 공개되었습니다. 상하이 타워는 엔터테인먼트, 쇼핑몰, 호텔 및 고급 부티크 사무실을 포함한 9개의 수직 단지로 나눌 수 있어 '수직 도시'로 불리기도 합니다. 이 건물 101층에 있는 호텔도 인기 있는 핫 플레이스가 되었습니다. 상하이 타워가 완공되기 전에는 2008년에 준공된 상하이 세계 금융 센터가 '중국에서 가장 높은 빌딩'의 자리를 굳건히 차지하고 있었습니다. 루자주이에 있는 진마오 타워, 상하이 세계 금융 센터, 상하이 타워의 3개 랜드마크 건물의 외관은 네티즌들에 의해 '주방 3종 세트'로 농담 삼아 불리고 있습니다.

뉴스 표현 필살기

'稳坐……宝座'는 '～의 왕좌를 굳건히 차지하다'라는 뜻으로 특정 분야에서 1위임을 강조할 때 사용하는 표현입니다. '稳坐第一把交椅 wěn zuò dì-yī bǎ jiāoyǐ'도 같은 표현입니다.

烟业税收稳坐第一宝座，引人担忧。
Yānyè shuìshōu wěn zuò dì-yī bǎozuò, yǐn rén dānyōu.
담배업의 세수가 부동의 1위를 차지하면서 사람들의 우려를 자아냈다.

王者荣耀游戏稳坐"最受欢迎游戏"宝座。
Wángzhěróngyào yóuxì wěn zuò "zuì shòu huānyíng yóuxì" bǎozuò.
왕자영요[게임]는 '가장 인기 있는 게임'에서 부동의 1위를 차지하였다.

时至今日，该电影依然是稳坐影坛第一把交椅。
Shí zhì jīnrì, gāi diànyǐng yīrán shì wěn zuò yǐng tán dì-yī bǎ jiāoyǐ.
현재까지도 이 영화는 영화계에서 부동의 1위를 차지하고 있다.

알아 두면 뉴스가 들리는 중국 이야기

중국인들은 역사적으로 수많은 왕조의 수도였고 현대 중국에서 정치적, 문화적 중심지인 수도 베이징을 '帝都 dìdū'라고 부르는 반면, 국제적인 금융의 중심지 상하이를 '魔都 módū'라고 부릅니다. '魔都'는 'modern city'에서 따온 것으로 고도로 현대화된 상하이를 나타내는 말이라고 볼 수 있습니다. '모던'이라고 하면 또 하늘을 찌를 듯한 고층 건물들을 빼놓을 수 없죠. 상하이의 국제 금융 지구는 황푸강(黄浦江 Huángpú Jiāng)의 동쪽에 자리 잡고 있는데, 이곳에 상하이 세계 금융 센터, 진마오 타워, 상하이 타워가 나란히 모여 있습니다. 세 빌딩 모두 상하이를 대표하는 랜드마크인 만큼 독특한 외관을 하고 있는데요. 상하이 세계 금융 센터는 병따개(开瓶器 kāipíngqì), 진마오 타워는 주사기(注射器 zhùshèqì), 상하이 타워는 거품기(打蛋器 dǎdànqì)를 닮았다고 해서, 이 셋을 묶어 '厨房三件套 chúfáng sān jiàn tào'라고 부르는 것이랍니다.

144시간 무비자 환승 정책 범위 확대

144小时过境免签政策范围扩大

🔊 058-01

经中国国务院批准，自2019年12月1日起，中国将
Jīng Zhōngguó guówùyuàn pīzhǔn, zì èr líng yī jiǔ nián shí'èr yuè yī rì qǐ, Zhōngguó jiāng

有18个省（自治区、直辖市）23个城市30个口岸对53个
yǒu shíbā ge shěng (zìzhìqū, zhíxiáshì) èrshísān ge chéngshì sānshí ge kǒu'àn duì wǔshísān ge

国家实施过境144小时、72小时免办签证政策。其中，
guójiā shíshī guòjìng yìbǎi sìshísì xiǎoshí, qīshí'èr xiǎoshí miǎn bàn qiānzhèng zhèngcè. Qízhōng,

北京、上海、成都等20个城市27个口岸实施外国人过境
Běijīng、Shànghǎi、Chéngdū děng èrshí ge chéngshì èrshíqī ge kǒu'àn shíshī wàiguórén guòjìng

144小时免办签证政策；长沙、桂林、哈尔滨3个城市
yìbǎi sìshísì xiǎoshí miǎn bàn qiānzhèng zhèngcè; Chángshā、Guìlín、Hā'ěrbīn sān ge chéngshì

3个口岸实施外国人过境72小时免办签证政策。该政策
sān ge kǒu'àn shíshī wàiguórén guòjìng qīshí'èr xiǎoshí miǎn bàn qiānzhèng zhèngcè. Gāi zhèngcè

共适用于全球53个国家，亚洲地区包括韩国在内共有六个
gòng shìyòng yú quánqiú wǔshísān ge guójiā, Yàzhōu dìqū bāokuò Hánguó zàinèi gòng yǒu liù ge

国家。申请人需要准备的材料有：本人有效证件，也就是护照；
guójiā. Shēnqǐng rén xūyào zhǔnbèi de cáiliào yǒu: Běnrén yǒuxiào zhèngjiàn, yě jiù shì hùzhào;

联程旅票，即已确定日期及座位前往第三国的联程客票！
liánchéng lǚ piào, jí yǐ quèdìng rìqī jí zuòwèi qiánwǎng dì-sān guó de liánchéng kèpiào!

值得注意的是，根据规定，144小时过境免签政策是针对过境
Zhídé zhùyì de shì, gēnjù guīdìng, yìbǎi sìshísì xiǎoshí guòjìng miǎn qiān zhèngcè shì zhēnduì guòjìng

前往第三国或地区的外国人，所以出发地和目的地必须不同。
qiánwǎng dì-sān guó huò dìqū de wàiguórén, suǒyǐ chūfādì hé mùdìdì bìxū bù tóng.

🔊 058-02

단어+표현

过境 guòjìng 국경을 넘다 | **批准*** pīzhǔn 승인하다 | **自治区** zìzhìqū 자치구 [중국의 행정 구역 단위] | **直辖市** zhíxiáshì 직할시 [중국의 행정 구역 단위] | **口岸** kǒu'àn 공항만 | **免办签证** miǎn bàn qiānzhèng 비자 면제 | **长沙** Chángshā 창사 [지명] | **桂林** Guìlín 구이린 [지명] | **哈尔滨** Hā'ěrbīn 하얼빈 [지명] | **适用于*** shìyòng yú ~에 적용되다 | **有效证件** yǒuxiào zhèngjiàn 유효 증명서 | **联程旅票** liánchéng lǚ piào 환승 탑승권 | **出发地** chūfādì 출발지 | **目的地** mùdìdì 목적지

◀ 중국 국무원의 승인에 따라 2019년 12월 1일부터 중국은 18개 성(자치구, 직할시)과 23개 도시의 30개의 공항만이 53개국에 대해 144시간 및 72시간 무비자 환승 정책을 시행합니다. 이 중 베이징, 상하이, 청두 등 20개 도시의 27개 공항만은 환승하는 외국인에 대해 144시간 무비자 정책을 시행하고 있으며, 창사, 구이린, 하얼빈 3개 도시의 3개 공항만은 환승하는 외국인에 대해 72시간 무비자 정책을 시행하고 있습니다. 이 정책은 전 세계 53개국에 적용되며, 아시아에는 한국을 포함해 6개국이 있습니다. 신청자가 준비해야 하는 자료는 본인의 유효 증명서, 즉 여권이 있어야 하고 환승 탑승권, 즉 제3국으로 향하는 날짜와 좌석이 확인된 환승 탑승권이 있어야 합니다. 주의해야 할 점은 규정에 따라 144시간 무비자 환승 정책은 제3국이나 지역으로 환승하는 외국인을 위한 것이므로 출발지와 목적지가 반드시 달라야 합니다.

뉴스 표현 필살기

'适用'은 '적용하다'라는 뜻으로 주로 '于 yú'와 함께 사용되어 '~에 적용되다'라는 표현으로 사용됩니다.

政策的制定一定要明确适用范围。
Zhèngcè de zhìdìng yídìng yào míngquè shìyòng fànwéi.
정책의 입안은 반드시 적용 범위를 명확하게 해야 한다.

成功的方法不一定适用于每一个人。
Chénggōng de fāngfǎ bù yídìng shìyòng yú měi yí ge rén.
성공하는 방법이 반드시 모든 사람에게 적용되는 것은 아니다.

对内外资企业分别适用不同的税法。
Duì nèiwàizī qǐyè fēnbié shìyòng bù tóng de shuìfǎ.
내외자 기업에 대해 각각 다른 세법을 적용한다.

알아 두면 뉴스가 들리는 중국 이야기

요즘은 여행객에게는 무비자 입국을 허용하는 나라가 많지만, 중국은 여행 목적으로 입국하는 경우에도 반드시 비자를 발급받아야 합니다. 하지만 중국을 경유하여 제3국으로 향하는 경우에는 무비자 입국이 가능합니다. 중국 국제 수입 박람회 등 대형 국제 행사나 인적 교류가 점점 더 활발해지면서 기존에 72시간이었던 무비자 환승 입국 시간이 대부분의 중국 도시에서 144시간으로 확대되었습니다. 중국이 아닌 제3국이 최종 목적지인 항공권을 소지하고 지정된 공항만으로 입국할 경우 144시간 동안 해당 도시에서 머물 수 있게 된 것입니다. 주의해야 할 점은 출발지와 목적지가 다른 나라, 다른 도시여야 한다는 것입니다. 예를 들어 '인천→베이징→부산'의 항공권인 경우에는 무비자 입국이 불가능합니다. 또한 제3국으로 출국하는 항공권은 출발지에서 꼭 미리 발권받아 놔야 중국으로의 입국이 가능합니다. 144시간의 계산은 익일 0시부터 시작됩니다. 예를 들어 3월 1일 오전 7시에 중국에 입국한다면, 3월 7일 밤 12시까지 중국에 머무를 수 있습니다.

중국에서 가장 행복한 도시는?

中国最具幸福感的城市是?

🔘 059-01

11月18日，"2020中国最具幸福感城市"调查推选
Shíyī yuè shíbā rì, "èr líng èr líng Zhōngguó zuì jù xìngfúgǎn chéngshì" diàochá tuīxuǎn

结果发布，经过大数据采集、问卷调查、材料申报、实地
jiéguǒ fābù,　　　jīngguò dàshùjù cǎijí,　　　wènjuàn diàochá, cáiliào shēnbào,　shídì

调研、专家评审等环节严格选拔，成都、杭州、宁波、广州、
diàoyán, zhuānjiā píngshěn děng huánjié yángé xuǎnbá, Chéngdū, Hángzhōu, Níngbō, Guǎngzhōu,

长沙、南京、郑州、西宁、青岛、西安十座城市被推选为"2020
Chángshā, Nánjīng, Zhèngzhōu, Xīníng, Qīngdǎo, Xī'ān shí zuò chéngshì bèi tuīxuǎn wéi "èr líng èr líng

中国最具幸福感城市"。成都是"2020中国最有幸福感的
Zhōngguó zuì jù xìngfúgǎn chéngshì". Chéngdū shì "èr líng èr líng Zhōngguó zuì yǒu xìngfúgǎn de

城市"的掌门人，获得了"城市吸引力最强的市""幸福就业强的市"
chéngshì" de zhǎngménrén, huòdéle "chéngshì xīyǐnlì zuì qiáng de shì" "xìngfú jiùyè qiáng de shì"

两项荣誉。这是成都第十二次荣获"中国最有幸福感的
liǎng xiàng róngyù. Zhè shì Chéngdū dì-shí'èr cì rónghuò "Zhōngguó zuì yǒu xìngfúgǎn de

城市"称号。成都是一个充满幸福感的城市，地理位置优越，
chéngshì" chēnghào. Chéngdū shì yí ge chōngmǎn xìngfúgǎn de chéngshì, dìlǐ wèizhi yōuyuè,

资源丰富，文化基础深厚，自古以来被称为"天府之国"。目前，
zīyuán fēngfù,　wénhuà jīchǔ shēnhòu,　zìgǔ yǐlái bèi chēng wéi "tiānfǔ zhī guó".　Mùqián,

成都正在加快建设具有人文魅力的世界文化名城，住在这里的
Chéngdū zhèngzài jiākuài jiànshè jùyǒu rénwén mèilì de shìjiè wénhuà míngchéng, zhù zài zhèlǐ de

人们都沉浸在成都的独特魅力中。
rénmen dōu chénjìn zài Chéngdū de dútè mèilì zhōng.

- - - - - - - - - - - - - - 🔘 059-02

단어+표현

推选*tuīxuǎn 추천하다 | 采集 cǎijí 수집하다 | 问卷调查*wènjuàn diàochá 설문 조사 | 材料申报 cáiliào shēnbào 자료 신고 | 实地调研 shídì diàoyán 실사 조사 | 专家评审 zhuānjiā píngshěn 전문가 평가 | 杭州 Hángzhōu 항저우 [지명] | 宁波 Níngbō 닝보 [지명] | 广州 Guǎngzhōu 광저우 [지명] | 南京 Nánjīng 난징 [지명] | 郑州 Zhèngzhōu 정저우 [지명] | 西宁 Xīníng 시닝 [지명] | 青岛 Qīngdǎo 칭다오 [지명] | 西安 Xī'ān 시안 [지명] | 掌门人 zhǎngménrén 수장 | 吸引力 xīyǐnlì 매력 | 称号 chēnghào 명예, 호칭 | 自古以来 zìgǔ yǐlái 예로부터, 자고로 | 天府 tiānfǔ 땅이 비옥하고 천연 자원이 풍부한 지역 | 魅力*mèilì 매력 | 沉浸 chénjìn 빠지다

🔊 11월 18일 '2020 중국에서 가장 행복한 도시' 조사에 따르면, 빅데이터 수집·설문 조사·자료 신고·실사 조사·전문가 심사 등을 거쳐 엄선한 결과 청두·항저우·닝보·광저우·창사·난징·정저우·시닝·칭다오·시안 등 10개 도시가 '2020 중국에서 가장 행복한 도시'로 선정됐습니다. 청두는 '2020 중국에서 가장 행복한 도시'의 수장으로, '도시 매력이 가장 강한 시' '행복한 취업이 이루어지는 시'라는 두 가지 영예를 안았습니다. 청두가 '중국에서 가장 행복한 도시'라는 칭호를 받은 것은 이번이 12번째입니다. 청두는 가장 행복한 도시이며, 지리적 위치가 뛰어나고 자원이 풍부하며 문화적 기반이 두터워 예로부터 '천부지국(天府之国)'으로 불렸습니다. 현재 청두는 인문학적 매력을 지닌 세계적인 문화 도시 건설에 박차를 가하는 한편 이곳에 사는 사람들은 청두의 독특한 매력에 빠져드는 중입니다.

뉴스 표현 필살기

'自古以来'는 '예로부터' '자고로'라는 뜻으로, 문화·관광·역사·문학 등과 관련된 내용에서 자주 사용됩니다.

中国人自古以来就热爱和平。
Zhōngguórén zìgǔ yǐlái jiù rè'ài hépíng.
중국인은 예로부터 평화를 사랑했다.

中韩两国自古以来就有密切的交往。
Zhōnghán liǎng guó zìgǔ yǐlái jiù yǒu mìqiè de jiāowǎng.
한중 양국은 예로부터 밀접한 왕래가 있었다.

自古以来大忠似伪，大伪似真。
Zìgǔ yǐlái dà zhōng sì wěi, dà wěi sì zhēn.
자고로 커다란 충성은 위선 같고 커다란 거짓은 진실인 것 같다.

알아 두면 뉴스가 들리는 중국 이야기

'少不入蜀，老不出川。Shào bú rù shǔ, lǎo bù chū chuān.(어릴 때는 촉[蜀]에 가지 않고, 늙어서는 촨[川]에서 나오지 않는다.)'이라는 말이 있죠. 삼국지를 읽어 본 적이 있다면 '촉'이 삼국시대의 촉나라를 가리킨다는 것을 알고 있을 거예요. 촉과 촨은 모두 쓰촨성을 가리키는데요, 너무나 살기 좋은 곳이기 때문에 꿈을 키울 젊은이에게는 맞지 않고 노후를 보내기에 좋다는 뜻으로도 볼 수 있지만, 사실은 한번 쓰촨성에 들어가면 평생 살 만큼 좋은 곳이라는 뜻입니다. 영화 『아바타』의 촬영지로 잘 알려진 주자이거우(九寨沟 Jiǔzhàigōu)와 황룽 풍경구(黄龙风景区 Huánglóng Fēngjǐng Qū) 등의 세계자연유산이 자리 잡고 있는 곳이기도 합니다.

쓰촨성의 성도인 청두는 3000년의 유구한 역사와 함께 판다의 고향으로 유명하며 훠궈, 마파두부 등 미식의 발원지이기도 합니다. 현재는 세계 500대 기업의 절반 이상을 유치하고 있는 중국 서부의 경제 중심지이기도 합니다. 현대화된 거리 곳곳에 삼국시대의 문화가 살아 숨 쉬고 바쁜 생활 속에서 자신만의 여유를 찾아가는 사람들의 모습을 볼 수 있는 곳으로, 꼭 추천하고 싶은 곳입니다.

항저우 스마트 시티, 얼마나 '스마트'하길래?

杭州智慧城市，到底多"智慧"？

🔊 060-01

近年来，杭州市全面推进智慧城市的发展并且取得了令
Jìnnián lái, Hángzhōu Shì quánmiàn tuījìn zhìhuì chéngshì de fāzhǎn bìngqiě qǔdéle lìng

人瞩目的成果。那么，智慧城市到底有多"智慧"？首先，以杭州
rén zhǔmù de chéngguǒ. Nàme, zhìhuì chéngshì dàodǐ yǒu duō "zhìhuì"? Shǒuxiān, yǐ Hángzhōu

西湖景区为例，景区内69根停车杆全部撤除，"先离场后付费"
Xīhú jǐngqū wéi lì, jǐngqū nèi liùshíjiǔ gēn tíngchē gān quánbù chèchú, "xiān lí chǎng hòu fù fèi"

让出场时间由20秒降至不足2秒。再以东新街道的智慧
ràng chūchǎng shíjiān yóu èrshí miǎo jiàng zhì bùzú liǎng miǎo. Zài yǐ Dōngxīn Jiēdào de zhìhuì

电梯为例，控制中心协同市场监管电梯管理系统，对街区内
diàntī wéi lì, kòngzhì zhōngxīn xiétóng shìchǎng jiānguǎn diàntī guǎnlǐ xìtǒng, duì jiēqū nèi

123部电梯状况在线监测，一旦发现电梯故障，会立即自动
yìbǎi èrshísān bù diàntī zhuàngkuàng zàixiàn jiāncè, yídàn fāxiàn diàntī gùzhàng, huì lìjí zìdòng

向社区、物业等相关工作人员发送短信，从发出警报至
xiàng shèqū、 wùyè děng xiāngguān gōngzuò rényuán fāsòng duǎnxìn, cóng fāchū jǐngbào zhì

现场处置仅需7分45秒……还有你是否听说过在杭州全程
xiànchǎng chǔzhì jǐn xū qī fēn sìshíwǔ miǎo…… Hái yǒu nǐ shìfǒu tīngshuōguo zài Hángzhōu quánchéng

线上买房已经成为了司空见惯的事实？买房人足不出户就能
xiànshàng mǎifáng yǐjīng chéngwéile sīkōng-jiànguàn de shìshí? Mǎifángrén zúbùchūhù jiù néng

线上看房、开具买房资料、完成登记和摇号、查询审核结果、选
xiànshàng kàn fáng、 kāijù mǎi fáng zīliào、 wánchéng dēngjì hé yáohào、 cháxún shěnhé jiéguǒ、 xuǎn

房。也就是说只要你有购房资格，完全可以躺在北京的家里完成买
fáng. Yě jiù shì shuō zhǐyào nǐ yǒu gòu fáng zīgé, wánquán kěyǐ tǎng zài Běijīng de jiā li wánchéng mǎi

🔊 060-02

단어+표현

智慧城市 zhìhuì chéngshì 스마트 시티 | 推进* tuījìn 추진하다 | 令人瞩目 lìng rén zhǔmù 괄목할 만하다 | 西湖 Xīhú 시후호 [지명] | 停车杆 tíngchē gān 주차대 | 撤除 chèchú 철거하다 | 降 jiàng 하락하다 | 东新街道 Dōngxīn Jiēdào 둥신 거리 [지명] | 电梯 diàntī 엘리베이터 | 控制中心 kòngzhì zhōngxīn 관제 센터 | 协同 xiétóng 협력하다 | 监管* jiānguǎn 관리 감독하다 | 监测* jiāncè 모니터링하다 | 故障 gùzhàng 고장 | 自动 zìdòng 자동으로 | 物业 wùyè 관리 사무실 | 处置 chǔzhì 처리하다 | 司空见惯 sīkōng-jiànguàn 평범하다 | 开具* kāijù 발행하다

房的全过程，最后去签字交钱就可以。

fáng de quán guòchéng, zuìhòu qù qiānzì jiāo qián jiù kěyǐ.

🔊 최근 몇 년 동안 항저우시는 전면적으로 스마트 시티의 발전을 추진하여 놀라운 성과를 거두었습니다. 그렇다면 스마트 시티는 얼마나 '스마트'할까요? 우선 항저우 시후호 관광 지구의 경우 지구 내의 주차료 69개가 모두 철거돼 '선 퇴장 후 지불'로 퇴장 시간을 20초에서 2초 미만으로 줄였습니다. 또 둥신 거리의 스마트 엘리베이터의 경우 관제 센터가 시장과 협력해 엘리베이터 관리 시스템을 감독하고, 거리 내 123대의 엘리베이터 상황을 온라인으로 모니터링하고, 엘리베이터가 고장 나면 지역 사회와 관리 사무실 등 관계자에게 즉시 자동으로 문자 메시지를 발송하는데, 경보 발령에서 현장 처치까지 7분 45초밖에 걸리지 않습니다……. 그리고 항저우에서는 집을 사는 모든 과정을 온라인에서 모두 진행하는 것이 일상화되었다는 사실을 들어 본 적이 있습니까? 집을 사는 사람은 집 밖을 나가지 않고 온라인으로 집을 보고, 관련 자료를 작성하고, 등기를 완료해서 번호를 받고, 심사 결과를 조회하고, 집을 고를 수 있습니다. 즉, 집을 살 자격만 있다면, 베이징의 집에 누워서 집을 사는 모든 과정을 마치고, 마지막에 서명하고 돈을 내면 됩니다.

 뉴스 표현 **필살기**

'以……为例'는 '~을 예로 들다'라는 뜻으로 예시를 제시할 때 사용합니다.

以无人驾驶技术为例，分析人工智能给社会带来的变化。

Yǐ wú rén jiàshǐ jìshù wéi lì, fēnxī réngōng zhìnéng gěi shèhuì dàilái de biànhuà.

자율주행 기술을 예로 들어, 인공지능이 사회에 가져다준 변화를 분석한다.

以麦当劳为例，研究连锁经营模式在快餐行业中的应用。

Yǐ Màidāngláo wéi lì, yánjiū liánsuǒ jīngyíng móshì zài kuàicān hángyè zhōng de yìngyòng.

맥도날드를 예로 들어, 체인점 경영 모델의 패스트푸드 분야에서의 응용을 연구한다.

以半导体为例，学会分析全球产业链。

Yǐ bàndǎotǐ wéi lì, xuéhuì fēnxī quánqiú chǎnyè liàn.

반도체를 예로 들어, 글로벌 산업 사슬에 대한 분석 방법을 학습한다.

알아 두면 **뉴스가 들리는 중국 이야기**

항저우 하면 자연스럽게 떠오르는 시구가 있습니다. 바로 '上有天堂，下有苏杭 Shàng yǒu tiāntáng, xià yǒu Sūháng(하늘에는 천당이 있고, 땅에는 쑤저우·항저우가 있다)'입니다. '天堂'이라 함은 사람이 죽은 후 영혼이 사는 곳, 한없이 아름답고 행복한 곳을 가리키는 말입니다. 항저우에는 중국 10대 관광지로 꼽히는 시후호가 있는데, 수많은 시인이 다녀갔던 만큼 풍경이 아름답고, 문학적 정취가 뛰어난 곳이라고 할 수 있습니다. 또한 세계의 원림 설계에도 모범이 된다는 평가를 받아 유네스코 세계문화유산에 등재되기도 했습니다. 현대에 들어서 항저우는 패션, 스마트시티 등의 분야에서 발전 저력을 보이며 활력이 넘치는 도시로서 자리매김하고 있습니다. 타오바오, 알리 익스프레스(Ali Express), 알리페이 등으로 한국에도 잘 알려진 글로벌 IT 기업 알리바바(阿里巴巴 Ālǐbābā)를 배출한 곳이기도 합니다.

베이징·상하이·광저우·선전의
뒤를 이을 '제5도시'는?

继北上广深之后的"第五城"是?

🔘 061-01

北上广深一直是我国的老牌一线城市，地位不可动摇，
Běishàngguǎngshēn yìzhí shì wǒguó de lǎopái yī xiàn chéngshì, dìwèi bùkě dòngyáo,

牢牢地占据着城市排行前四的位置。那么谁将成为继四大一
láo láo de zhànjùzhe chéngshì páiháng qián sì de wèizhi. Nàme shéi jiāng chéngwéi jì sì dà yī

线城市后的中国"第五城"呢？最近答案已被揭晓，是重庆。
xiàn chéngshì hòu de Zhōngguó "dì-wǔ chéng" ne? Zuìjìn dá'àn yǐ bèi jiēxiǎo, shì Chóngqìng.

重庆，简称"渝"，别称"山城"，是中国四大直辖市之一。现
Chóngqìng, jiǎnchēng "Yú", biéchēng "shān chéng", shì Zhōngguó sì dà zhíxiáshì zhī yī. Xiàn

作为我国西部地区发展的重要引擎，凭借产业结构优化、中欧
zuòwéi wǒguó xībù dìqū fāzhǎn de zhòngyào yǐnqíng, píngjiè chǎnyè jiégòu yōuhuà、Zhōng'ōu

班列发展、新兴制造业、新能源汽车发展等战略，经济总量
bān liè fāzhǎn, xīnxīng zhìzàoyè, xīn néngyuán qìchē fāzhǎn děng zhànlüè, jīngjì zǒngliàng

成功反超天津，成为长江上游地区经济中心、国家重要
chénggōng fǎnchāo Tiānjīn, chéngwéi Chángjiāng shàngyóu dìqū jīngjì zhōngxīn、guójiā zhòngyào

的现代制造业基地、西南地区综合交通枢纽。不仅如此，重庆
de xiàndài zhìzàoyè jīdì、 xīnán dìqū zōnghé jiāotōng shūniǔ. Bùjǐn rúcǐ, Chóngqìng

旅游资源丰富，有长江三峡、世界文化遗产大足石刻、世界自然
lǚyóu zīyuán fēngfù, yǒu Chángjiāng Sānxiá、shìjiè wénhuà yíchǎn Dàzú Shíkè、 shìjiè zìrán

遗产武隆喀斯特和南川金佛山等景观，以江城、雾都、桥都
yíchǎn Wǔlóng Kāsītè hé Nánchuān Jīnfó Shān děng jǐngguān, yǐ jiāng chéng、wù dū、qiáo dū

著称。
zhùchēng.

🔘 061-02

单어+표현

老牌 lǎopái 기존의 | 动摇 dòngyáo 흔들리다 | 渝 Yú 충칭 [지명] | 别称 biéchēng 별칭 | 引擎 yǐnqíng 엔진 | 中欧班列
Zhōng'ōu bān liè 중국-유럽 간 화물 열차 | 新能源汽车 xīn néngyuán qìchē 신에너지 자동차 | 反超*fǎnchāo 역전하다 | 基地 jīdì
기지 | 枢纽 shūniǔ 허브 | 世界文化遗产 shìjiè wénhuà yíchǎn 세계문화유산 | 大足石刻 Dàzú Shíkè 따주 석각 | 世界自然遗
产 shìjiè zìrán yíchǎn 세계자연유산 | 武隆喀斯特 Wǔlóng Kāsītè 우룽 카스트 | 以……著称*yǐ……zhùchēng ～로 유명하다

🔊 베이징·상하이·광저우·선전은 중국의 오랜 1선 도시로 흔들림 없이 도시 순위 1~4위를 굳건히 지키고 있습니다. 그렇다면 4대 1선 도시를 이을 중국 '제5도시'는 어디일까요? 최근 답은 충칭으로 발표되었습니다. 충칭은 '渝'라는 약칭과 '산의 도시'라는 별칭이 있으며 중국 4대 직할시 중의 하나입니다. 현재 중국 서부 지역 발전의 중요한 엔진으로 산업 구조 최적화, 중국-유럽 간 화물 열차 발전, 신흥 제조업, 신에너지 자동차 발전 등의 전략에 힘입어 경제 총량이 톈진을 제치고 창장강 상류 지역의 경제 중심지이자, 국가적으로 중요한 현대 제조업 기지, 서남 지역의 종합 교통 허브로 자리 잡았습니다. 이 밖에 충칭은 창장강 삼협, 세계문화유산인 따주 석각, 세계자연유산인 우룽 카스트, 난촨 진포산 등 관광 자원이 풍부하며, 강의 도시, 안개의 도시, 다리의 도시로도 유명합니다.

뉴스 표현 필살기

'凭借'는 '~을 통해, ~을 기반으로'라는 뜻으로 '实力 shílì(실력), 优势 yōushì(우세)' 등의 단어와 자주 호응하여 사용됩니다.

尹汝贞凭借精湛的演绎实力，获得奥斯卡女配角奖。
Yǐn Rǔzhēn píngjiè jīngzhàn de yǎnyì shílì, huòdé Àosīkǎ nǚ pèijué jiǎng.
윤여정은 탄탄한 연기력으로 아카데미 여우조연상을 수상했다.

他们的成功主要是凭借集体的智慧。
Tāmen de chénggōng zhǔyào shì píngjiè jítǐ de zhìhuì.
그들의 성공은 주로 집단의 지혜에 힘입은 것이다.

凭借某一个国家的努力，无法解决地球变暖问题。
Píngjiè mǒu yí ge guójiā de nǔlì, wúfǎ jiějué dìqiú biànnuǎn wèntí.
어느 한 나라의 노력으로는 지구온난화 문제를 해결할 수 없다.

알아 두면 뉴스가 들리는 중국 이야기

중국에서 경제 발전이 가장 빠른 도시 중 하나인 충칭은 역사적으로 이백(李白 Lǐ Bái), 두보(杜甫 Dù Fǔ) 등 유명한 시인들의 시구에 등장하는 배경지입니다. 이백의 시 「早发白帝城 Zǎo Fā Báidì Chéng」은 중국 초등학생들이 필수로 외워야 할 시인데요, 시 전체 내용은 다음과 같습니다.

朝辞白帝彩云间，Zhāo cí Báidì cǎiyún jiān,
아침 일찍 오색 구름이 감도는 백제성에서 이별하고,

千里江陵一日还。qiān lǐ Jiānglíng yí rì huán.
천 리나 되는 장링을 하루 만에 돌아왔네.

两岸猿声啼不住，Liǎng'àn yuán shēng tí bu zhù,
강 기슭(창장강 옆) 원숭이들 울음소리가 끊이지 않는데,

轻舟已过万重山。qīng zhōu yǐ guò wàn chóng shān.
가벼운 배는 만 겹의 산을 지나왔네.

이 시에서 언급된 백제성은 충칭시에 위치해 있습니다. 중국 10위안 지폐의 뒷면에는 창장강 삼협이 그려져 있는데, 백제성은 그곳의 웅장함을 정면에서 관람할 수 있는 명당이기도 합니다.

북방인은 설 쇨 때 왜 쟈오즈를 즐겨 먹는가?

为什么北方人过节喜欢吃饺子?

🔊 062-01

对于很多人来说，饺子是过年过节必不可少的美食。
Duìyú hěn duō rén lái shuō, jiǎozi shì guònián guòjié bì bùkě shǎo de měishí.

大年初一、正月初五、冬至都要吃饺子。当然也有主张称，
Dànián chū yī, zhēngyuè chū wǔ, dōngzhì dōu yào chī jiǎozi. Dāngrán yě yǒu zhǔzhāng chēng,

这种习俗主要存在于北方，比如南方在冬至会吃汤圆年糕
zhè zhǒng xísú zhǔyào cúnzài yú běifāng, bǐrú nánfāng zài dōngzhì huì chī tāngyuán niángāo

等。那么为什么北方人过节喜欢吃饺子？从民俗角度来讲，饺子
děng. Nàme wèi shéme běifāngrén guòjié xǐhuan chī jiǎozi? Cóng mínsú jiǎodù lái jiǎng, jiǎozi

美味可口，特别是在过去物质匮乏，饺子自然是不可多得的
měiwèi kěkǒu, tèbié shì zài guòqù wùzhì kuìfá, jiǎozi zìrán shì bùkě duō dé de

美食，而且形状很像古代的元宝，有"招财"之意，寄托着美好
měishí, érqiě xíngzhuàng hěn xiàng gǔdài de yuánbǎo, yǒu "zhāo cái" zhī yì, jìtuōzhe měihǎo

愿望，可谓味美，意也美。至于北方人过节喜欢吃饺子的原因，
yuànwàng, kěwèi wèi měi, yì yě měi. Zhìyú běifāngrén guòjié xǐhuan chī jiǎozi de yuányīn,

有位网友曾经总结道，其实过节不一定非要吃饺子，与其说喜欢
yǒu wèi wǎngyǒu céngjīng zǒngjié dào, qíshí guòjié bù yídìng fēi yào chī jiǎozi, yǔqí shuō xǐhuan

饺子，不如说大家可能更喜欢那种家人聚在一起包饺子、有说有
jiǎozi, bùrú shuō dàjiā kěnéng gèng xǐhuan nà zhǒng jiārén jù zài yìqǐ bāo jiǎozi, yǒu shuō yǒu

笑热热闹闹的感觉。
xiào rèrènàonào de gǎnjué.

🔊 062-02

단어+표현

过节 guòjié 명절을 지내다 | 过年 guònián 설을 쇠다 | 大年初一 dànián chū yī 정월 초하루, 음력 1월 1일 | 正月初五 zhēngyuè chū wǔ 정월 초닷샛날, 음력 1월 5일 | 冬至 dōngzhì 동지 | 汤圆 tāngyuán 탕위안 | 年糕 niángāo 녠까오 [중국에서 춘절에 먹는 떡] | 民俗 mínsú 민속 | 美味可口 měiwèi kěkǒu 맛있다 | 物质匮乏 wùzhì kuìfá 물질적으로 부족하다 | 不可多得 bùkě duō dé 쉽게 얻을 수 없다 | 元宝 yuánbǎo 위안바오 [중국의 옛 화폐] | 招财 zhāo cái 재운을 부르다 | 寄托 jìtuō 소망을 품다 | 可谓* kěwèi ~라고 할 수 있다 | 非* fēi 반드시, 꼭 | 有说有笑 yǒu shuō yǒu xiào 웃고 떠들다 | 热闹 rènao 떠들썩하다

🔊 쟈오즈는 많은 사람에게 있어 설을 쇨 때 빠질 수 없는 음식입니다. 정월 초하루, 정월 초닷샛날, 동지에 모두 쟈오즈를 먹어야 합니다. 물론 남방에서는 동짓날 탕위안이나 넨까오 등을 먹고, 이런 풍습은 북방에 주로 존재한다는 주장이 있습니다. 그렇다면 왜 북방 사람들은 명절에 쟈오즈를 즐겨 먹는 것일까요? 민속적인 측면으로 봤을 때 쟈오즈는 매우 맛있고, 특히 물질적으로 부족했던 옛날, 쟈오즈는 자연히 쉽게 구할 수 없는 음식이었으며, 또한 모양이 고대의 위안바오와 비슷하여 '재운을 부른다'는 것을 의미하며 아름다운 소망을 품고 있습니다. 맛도 있고 의미도 있다고 할 수 있습니다. 북방 사람들이 명절에 쟈오즈를 즐겨 먹는 이유에 대해 한 네티즌은 사실 명절에 꼭 쟈오즈를 먹어야 하는 것은 아니며, 쟈오즈를 좋아한다기보다는 가족들이 모여 쟈오즈를 빚으면서 웃고 떠드는 떠들썩함을 더 좋아하는 것이라고 결론 내린 바 있습니다.

뉴스 표현 필살기

'与其A，不如B'는 'A하기보다 B하는 것이 낫다, A하느니 차라리 B하다'라는 뜻으로, 두 가지 선택지를 비교한 후 한 가지를 포기하거나 어느 한 쪽에 찬성하지 않을 때 사용합니다.

与其求人，不如求己。
Yǔqí qiúrén, bùrú qiú jǐ.
다른 사람에게 도움을 구하는 것보다 자신이 구하는 것이 낫다.

与其说没有政治头脑，不如说还不是时候。
Yǔqí shuō méiyǒu zhèngzhì tóunǎo, bùrú shuō hái bú shì shíhou.
정치적 사고 방식이 없다고 하기보다 아직 때가 안 되었다고 하는 게 더 나을 것이다.

作为父母，与其口头教导，不如言传身教。
Zuòwéi fùmǔ, yǔqí kǒutóu jiàodǎo, bùrú yánchuán-shēnjiào.
부모로서 말로 가르치기보다는 말과 행동으로 모범을 보이는 것이 더 좋다.

알아 두면 뉴스가 들리는 중국 이야기

"선생님, '馒头 mántou'도 만두고, '包子 bāozi'도 만두, '饺子 jiǎozi'도 만두라고 하는데 도대체 뭐가 달라요?"라는 질문을 받아 본 적 있는데요, 차례대로 '소가 없는 찐빵' '소가 있는 왕만두' '반달 모양의 교자 만두'라고 구분을 할 수 있겠습니다.

쟈오즈는 중국 북방 지역에서 특히 즐겨 먹는 전통 음식인데요, 당나라의 고대 문헌부터 기록이 있습니다. 한편 정월 초하루에 쟈오즈를 먹는 전통은 명나라 때 시작된 것으로 추정된다고 하는데요. 명나라 때는 쟈오즈를 '水点心 shuǐ diǎnxin'이라고 불렀는데《酌中志 Zhuózhōngzhì(작중지)》에는 이 '水点心'을 만들 때 만두 몇 개에 동전을 하나씩 넣었고, 동전이 들어간 것을 먹는 사람에게는 일 년 내내 행운이 따를 것이라고 믿는 풍습이 있었다는 기록이 있습니다. 이것이 현대에 들어서도 그대로 이어져 왔는데, 물론 지금은 위생 문제를 고려해 동전 대신 견과류 등을 넣습니다. 지금은 쟈오즈가 상품화되어 슈퍼나 식당에서 편하게 사 먹을 수 있는데요, 그래도 중국인들은 명절 분위기를 한층 끌어올리기 위해 오랜만에 만난 가족들과 화기애애하게 같이 만들어 먹는 것을 더 좋아합니다.

신축년 춘완, 시청자 11억 4천만 명에 달해

牛年春晚，受众规模11.4亿人

🔊 063-01

2月11日20点，中央广播电视总台《春节联欢晚会》
Èr yuè shíyī rì èrshí diǎn, Zhōngyāng Guǎngbō Diànshì Zǒngtái《Chūnjié Liánhuān Wǎnhuì》

如约而至。据初步统计，截至11日24时，春晚直播受众
rúyuē ér zhì. Jù chūbù tǒngjì, jiézhì shíyī rì èrshísì shí, Chūnwǎn zhíbō shòuzhòng

规模11.4亿人，几乎覆盖了所有中国人家中的屏幕。其中，新
guīmó shíyī diǎn sì yì rén, jīhū fùgàile suǒyǒu Zhōngguórén jiā zhōng de píngmù. Qízhōng, xīn

媒体直播用户规模5.69亿人，观看次数17.78亿次，比去年
méitǐ zhíbō yònghù guīmó wǔ diǎn liù jiǔ yì rén, guānkàn cìshù shíqī diǎn qī bā yì cì, bǐ qùnián

净增5.48亿次；电视端直播受众规模5.71亿人，与去年
jìng zēng wǔ diǎn sì bā yì cì; diànshì duān zhíbō shòuzhòng guīmó wǔ diǎn qī yī yì rén, yǔ qùnián

基本持平。美国、法国、德国等170多个国家和地区的600多家
jīběn chípíng. Měiguó, Fǎguó, Déguó děng yìbǎi qīshí duō ge guójiā hé dìqū de liùbǎi duō jiā

媒体也对春晚进行播出。海外用户通过优兔、脸谱等观看
méitǐ yě duì Chūnwǎn jìnxíng bōchū. Hǎiwài yònghù tōngguò Yōutù, Liǎnpǔ děng guānkàn

春晚直播的触达人次超过1866万次。今年春晚，表现
Chūnwǎn zhíbō de chùdá réncì chāoguò yìqiān bābǎi liùshíliù wàn cì. Jīnnián Chūnwǎn, biǎoxiàn

主题十分丰富，其中既有建党百年、全面小康、脱贫攻坚、抗疫
zhǔtí shífēn fēngfù, qízhōng jì yǒu jiàndǎng bǎinián、quánmiàn xiǎokāng、tuōpín gōngjiān、kàng yì

等重大主题，也包括了亲情、友情、爱情、团圆的民俗民情。
děng zhòngdà zhǔtí, yě bāokuòle qīnqíng、yǒuqíng、àiqíng、tuányuán de mínsú mínqíng.

 🔊 063-02

受众 shòuzhòng 시청자, 청취자 ▪ **中央广播电视总台** Zhōngyāng Guǎngbō Diànshì Zǒngtái 중앙방송총국(CCTV) [중국의 국영방송사] ▪ **如约而至** rúyuē ér zhì 약속한 대로 이르다 ▪ **屏幕** píngmù 모니터 ▪ **新媒体** xīn méitǐ 뉴미디어 ▪ **次数**＊cìshù 횟수 ▪ **持平** chípíng 비슷하다 ▪ **优兔** Yōutù 유튜브 [동영상 스트리밍 플랫폼] ▪ **脸谱** Liǎnpǔ 페이스북 [SNS] ▪ **触达** chùdá 접촉하다 ▪ **人次** ＊réncì 연인원 ▪ **主题** zhǔtí 주제 ▪ **小康**＊xiǎokāng 샤오캉 [모든 국민이 풍족하고 편안한 생활을 누리는 사회] ▪ **脱贫攻坚** tuōpín gōngjiān 빈곤 퇴치 ▪ **抗疫** kàng yì 방역

◀ 2월 11일 20시 CCTV「춘완」이 예정대로 방영되었습니다. 초기 집계에 따르면 11일 24시 기준 춘완 생방송 시청자는 11억 4000만 명으로 거의 모든 중국인 가정의 TV 스크린을 차지했다고 할 수 있습니다. 이 가운데 뉴미디어 생방송 이용자는 5억 6900만 명, 시청 횟수는 17억 7800만 회로 지난해보다 5억 4800만 회 늘었고, TV 생방송 시청자는 5억 7100만 명으로 지난해와 거의 비슷한 수준을 유지했습니다. 미국·프랑스·독일 등 170여 개국 600여 개 언론도 춘완을 방영했습니다. 해외 이용자들이 유튜브, 페이스북 등을 통해 춘완 생방송을 시청한 건수가 1866만 회를 넘었습니다. 올해 춘완은 중국 공산당 창당 100주년·전면적인 샤오캉 사회 건설·빈곤 퇴치·코로나 방역 등의 주제와 함께 가족 간의 정·우정·사랑·가족의 단란함 등 민속과 민심의 풍부한 내용이 표현되었습니다.

뉴스 표현 필살기

'既A，也B'는 'A하기도 하고 B하기도 하다'라는 뜻으로 두 가지 속성을 동시에 포함하고 있을 때 사용되며, '既'와 '也' 뒤에는 반드시 동사가 쓰여야 합니다. 같은 뜻인 '既A，又B jì A, yòu B'는 형용사와 동사 모두 쓰일 수 있습니다.

既要保证生产任务，也要保证生产质量。
Jì yào bǎozhèng shēngchǎn rènwù, yě yào bǎozhèng shēngchǎn zhìliàng.
생산 임무를 보장해야 할 뿐만 아니라 생산 품질 또한 보장해야 한다.

文化交流既要"引进来"，也要"走出去"。
Wénhuà jiāoliú jì yào "yǐn jìnlái", yě yào "zǒu chūqù".
문화 교류는 '수입해 오기도' 해야 하고 동시에 '수출'해야 하기도 하다.

人生是一道选择题，既要懂得坚持，也要学会放弃。
Rénshēng shì yí dào xuǎnzé tí, jì yào dǒng de jiānchí, yě yào xuéhuì fàngqì.
인생은 선택 과제이다. 지속해 나갈 줄도 알아야 하고 포기할 줄도 알아야 한다.

알아 두면 뉴스가 들리는 중국 이야기

중국의 춘절, 말만 꺼냈다 하면 '억' 소리가 나는데요. 통계에 따르면 2021년 춘절 기간 연인원 17억 명이 이동했고 11억 4000만명이 '春晚 chūnwǎn(춘완)'을 시청했습니다. 중국의 총인구가 14억 명인 점을 감안했을 때 놀라운 수치입니다. 그렇다면 해마다 10억 명이 시청한다는 '춘완'은 도대체 무엇일까요? 바로 새해를 맞이하여 CCTV에서 그믐날 밤 8시부터 새벽 1시까지 생방송으로 진행하는 명절 특집 프로그램으로 '春节联欢晚会 Chūnjié Liánhuān Wǎnhuì'의 줄임말입니다. 1986년 처음으로 방송된 춘완은 해마다 춤과 노래, 연극, 코미디 등의 공연을 선보이고 유명 스타들이 출연합니다. 2021년에는 홀로그램 기술이 적용된 무대, 리듬을 타면서 춤을 추는 로봇 소의 출연으로 화제를 모았습니다. 사실 CCTV뿐만 아니라 각 지역 방송국에서도 해마다 지역 문화와 특징을 살린 춘완을 방송합니다. 그러나 대부분 녹화 방송이고 그믐날 전날 방송됩니다.

올해 춘절, 홍빠오 사용자 8억 명에 달해

今年春节，红包使用人数达8亿

🔊 064-01

2月12日消息，微信日前公布大年三十至初五期间的春节
Èr yuè shí'èr rì xiāoxi, Wēixìn rìqián gōngbù dànián sānshí zhì chū wǔ qíjiān de Chūnjié

官方数据，从拜年、发红包、走亲戚等多个维度解读中国年。
guānfāng shùjù, cóng bàinián, fā hóngbāo, zǒu qīnqi děng duō ge wéidù jiědú Zhōngguó nián.

数据显示，除夕至初五期间，微信消息发送量同比增长
Shùjù xiǎnshì, chúxī zhì chū wǔ qíjiān, Wēixìn xiāoxi fāsòng liàng tóngbǐ zēngzhǎng

64.2%，其中除夕当天单日信息量最大。在此期间，共
bǎi fēn zhī liùshísì diǎn èr, Qízhōng chúxī dàngtiān dān rì xìnxī liàng zuì dà. Zài cǐ qíjiān, gòng

有8.23亿人收发红包共享祝福，同比增长7.12%，
yǒu bā diǎn èr sān yì rén shōufā hóngbāo gòngxiǎng zhùfú, tóngbǐ zēngzhǎng bǎi fēn zhī qī diǎn yī èr,

90后占比最大。北京被誉为"年度红包城市"，在一线城市中
jiǔlínghòu zhànbǐ zuì dà. Běijīng bèi yù wéi "niándù hóngbāo chéngshì", zài yī xiàn chéngshì zhōng

收发量达到最高，广州紧随其后。春节期间，带有定制封面
shōufā liàng dádào zuì gāo, Guǎngzhōu jǐn suí qí hòu. Chūnjié qíjiān, dài yǒu dìngzhì fēngmiàn

的特色红包被拆开了近2.5亿次，其中包括26000家企业为其
de tèsè hóngbāo bèi chāikāile jìn èr diǎn wǔ yì cì, qízhōng bāokuò liǎngwàn liùqiān jiā qǐyè wèi qí

2000万员工的特别定制的当地特色封面。微信红包颠覆了发
liǎngqiānwàn yuángōng de tèbié dìngzhì de dāngdì tèsè fēngmiàn. Wēixìn hóngbāo diānfùle fā

纸质红包传统习俗，让每个春节变得更加热闹、更加具有特色。
zhǐzhì hóngbāo chuántǒng xísú, ràng měi ge Chūnjié biàn de gèngjiā rènao、gèngjiā jùyǒu tèsè.

🔊 064-02

红包 hóngbāo 홍빠오 [축의금·세뱃돈 등을 넣는 빨간 봉투] | **拜年** bàinián 세배하다, 새해 인사하다 | **维度** wéidù 차원 | **除夕** chúxī 섣달
그믐날 | **祝福** zhùfú 축복하다 | **收发量** shōufā liàng 수·발신량 | **紧随其后** jǐn suí qí hòu 뒤를 따르다 | **定制**＊dìngzhì 맞춤 제작하다
| **封面** fēngmiàn 표지 | **特色** tèsè 특색 있다 | **拆开** chāikāi 찢어 열다 | **颠覆**＊diānfù 전복하다

134

◀ 2월 12일 소식에 따르면, 위챗이 며칠 전 음력 섣달그믐날부터 초닷샛날까지의 춘절 공식 데이터를 발표해 세배·홍빠오 발송·친척 방문 등 여러 측면에서 중국의 춘절을 분석했습니다. 데이터에 따르면 섣달그믐날부터 초닷샛날까지 위챗 메시지 발송량은 전년도 동기 대비 64.2% 증가했으며, 이 중 섣달그믐날 당일 메시지량이 가장 많은 것으로 나타났습니다. 이 기간에 전년도 동기 대비 7.12% 증가한 8억 2300만 명이 홍빠오를 주고받으며 덕담을 나눴고, 90년대생이 가장 큰 비중을 차지했습니다. 베이징은 '올해의 홍빠오 도시'로 불리며 1선 도시 중 가장 많은 수·발신량을 기록했고, 광저우가 그 뒤를 이었습니다. 춘절 기간 맞춤 제작된 특별 홍빠오가 2억 5000만 회 개봉되었고 그중에는 2만 6000개의 기업에서 2000만 명의 임직원을 상대로 특별히 맞춤 제작한 현지 특색의 표지가 포함됩니다. 위챗 홍빠오는 종이봉투를 보내던 전통 풍속을 전복시킨 한편, 춘절을 더욱 떠들썩하고 특색 있게 바꾸고 있습니다.

뉴스 표현 필살기

'颠覆'는 '전복하다'(기존 정권을) 뒤엎다'라는 뜻의 동사인데, 문맥에 따라 '판을 바꾸다' '완전히 바꿔 놓다' 등으로 자연스럽게 해석할 필요가 있습니다. 또한 뉴스나 기사에서 '颠覆性的 diānfùxìng de'의 형식으로 쓰이는 경우 '획기적인' '파격적인'이라는 뜻으로 해석하면 자연스럽습니다.

外媒评价称，越来越多的中国企业正在颠覆世界市场格局。
Wài méi píngjià chēng, yuè lái yuè duō de Zhōngguó qǐyè zhèngzài diānfù shìjiè shìchǎng géjú.
외국 언론은 점점 더 많은 중국 기업이 세계 시장의 판도를 바꾸고 있다고 평가했다.

勇敢挑战新角色，颠覆以往形象，才是真正的演员。
Yǒnggǎn tiǎozhàn xīn juésè, diānfù yǐwǎng xíngxiàng, cái shì zhēnzhèng de yǎnyuán.
과감하게 새로운 역할에 도전하고, 과거의 이미지를 탈바꿈해야 진정한 배우이다.

颠覆性技术是指可能对经济、商业模式以及人类产生巨大影响的技术。
Diānfùxìng jìshù shì zhǐ kěnéng duì jīngjì、shāngyè móshì yǐjí rénlèi chǎnshēng jùdà yǐngxiǎng de jìshù.
파격적인 기술이란 경제, 비즈니스 모델 및 인류에 거대한 영향을 미치는 기술이다.

알아 두면 뉴스가 들리는 중국 이야기

춘절은 중국 최대의 전통 명절 중 하나입니다. 음력 1월 1일로 새로운 한 해를 시작하는 날이지요. 그래서 춘절에는 서로에 대한 덕담을 나누며 홍빠오를 주고받는 풍속이 있습니다. 홍빠오는 말 그대로 '빨간색 봉투'를 가리키는데, 중국인들은 빨간색을 상서로움과 행운을 나타내는 색으로 여기기 때문입니다. 그래서 세뱃돈이나 축의금 등을 홍빠오에 담는 풍습이 있어요. 그럼 새해에 홍빠오를 주고받을 때 쓸 수 있는 덕담 표현을 정리해 보겠습니다. 먼저, '새해 복 많이 받으세요'라는 뜻을 나타내는 인사말은 '过年好! Guònián hǎo!' '新春快乐! Xīnchūn kuàilè!' '新年快乐! Xīnnián kuàilè!'입니다. 그리고 '祝你 zhù nǐ' 뒤에 구체적인 덕담의 내용을 넣어서 인사말을 건네기도 합니다. 그 내용으로는 '身体健康 shēntǐ jiànkāng(건강하세요)' '万事如意 wànshì rúyì(모든 일이 뜻대로 되기를)' '阖家欢乐 hé jiā huānlè(온 가정이 행복하기를)' '生活美满 shēnghuó měimǎn(삶이 풍요롭기를)' '事业/学业有成 shìyè / xuéyè yǒu chéng(사업·학업이 성공하기를)' 등이 있습니다.

다가오는 3·8 여성의 날,
'나를 즐겁게 하는' 소비 대폭 증가

3·8妇女节临近，"悦己"消费大幅攀升

🔊 065-01

3·8妇女节临近，相关数据显示，女性消费者为自己购置
Sān-bā Fùnǚjié línjìn, xiāngguān shùjù xiǎnshì, nǚxìng xiāofèizhě wèi zìjǐ gòuzhì

礼品的"悦己"消费比例也在大幅攀升。在品类上，女装、美妆
lǐpǐn de "yuèjǐ" xiāofèi bǐlì yě zài dàfú pānshēng. Zài pǐnlèi shang, nǚzhuāng, měizhuāng

等产品订单量增幅显著高于其他产品。在品牌选择上，女性
děng chǎnpǐn dìngdānliàng zēngfú xiǎnzhù gāo yú qítā chǎnpǐn. Zài pǐnpái xuǎnzé shang, nǚxìng

消费者不再集中聚焦国外大牌，特别是90后00后女性买国货已
xiāofèizhě bú zài jízhōng jùjiāo guówài dàpái, tèbié shì jiǔlínghòu línglínghòu nǚxìng mǎi guóhuò yǐ

成为消费新风尚。同时，越来越多的女性更舍得在自我提升上
chéngwéi xiāofèi xīn fēngshàng. Tóngshí, yuè lái yuè duō de nǚxìng gèng shěde zài zìwǒ tíshēng shang

花钱。数据显示2020年女性用户人均购书8.1本高于
huā qián. Shùjù xiǎnshì èr líng èr líng nián nǚxìng yònghù rénjūn gòu shū bā diǎn yī běn gāo yú

男性，很多女性都更愿意选择用书香来润泽心灵。另外，在
nánxìng, hěn duō nǚxìng dōu gèng yuànyì xuǎnzé yòng shūxiāng lái rùnzé xīnlíng. Lìngwài, zài

一些新兴行业中，女性的参与比例也是越来越高，以电竞主播
yìxiē xīnxīng hángyè zhōng, nǚxìng de cānyù bǐlì yě shì yuè lái yuè gāo, yǐ diànjìng zhǔbō

为例，相关数据显示，2019年游戏主播女性占比为19%，
wéi lì, xiāngguān shùjù xiǎnshì, èr líng yī jiǔ nián yóuxì zhǔbō nǚxìng zhànbǐ wéi bǎi fēn zhī shíjiǔ,

到了2020年，这一比例则达到了26%。
dàole èr líng èr líng nián, zhè yì bǐlì zé dádàole bǎi fēn zhī èrshíliù.

단어+표현

🔊 065-02

妇女节 Fùnǚjié 여성의 날 [양력 3월 8일] | 临近 línjìn 근접하다, 가까이 다가오고 있다 | 悦己 yuèjǐ 나를 즐겁게 하다 | 攀升* pānshēng 올라가다 | 购置 gòuzhì 구입하다 | 礼品 lǐpǐn 선물 | 品类 pǐnlèi 품목 | 美妆 měizhuāng 뷰티 | 订单 dìngdān 주문 | 聚焦 jùjiāo 집중하다 | 风尚 fēngshàng 풍조 | 舍得 shěde 아깝지 않다 | 自我提升 zìwǒ tíshēng 자기 계발 | 润泽心灵 rùnzé xīnlíng 마음을 정화하다 | 电竞 diànjìng e-스포츠

◀ 3월 8일 여성의 날을 앞두고 관련 통계에 따르면 여성 소비자들이 나를 위해 선물을 사는 '나를 즐겁게 하는' 소비의 비율이 대폭 늘어나고 있는 것으로 나타났습니다. 품목별로는 여성 패션, 뷰티 상품 주문량의 증가 폭이 다른 제품보다 훨씬 높습니다. 브랜드 선택에 있어서 여성 소비자들은 더 이상 해외 명품 브랜드에만 집중하지 않고 있습니다. 특히 90년대생, 00년대생 여성들 사이에는 국산품을 사는 것이 새로운 소비 트렌드로 자리 잡고 있습니다. 동시에 더 많은 여성이 자기 계발에 돈 쓰기를 아끼지 않습니다. 데이터에 따르면 2020년 여성 1인당 책 구매 수량은 남성보다 높은 8.1권에 달하는데 여성이 책을 통해 삶을 풍부하게 하는 것을 선호하는 것으로 나타났습니다. 또 일부 신흥 업종에서는 여성의 참여율이 점점 높아지고 있는데 게임 BJ의 경우 관련 데이터에 따르면 2019년에 19%를 차지했던 여성 게임 BJ가 2020년에는 26%로 늘어났습니다.

뉴스 표현 필살기

'则'는 동사, 명사, 양사, 접속사 등 다양한 품사와 뜻을 가지고 있습니다. 뉴스에서는 접속사로 가장 많이 등장하는데, 본문에서는 대비를 나타내는 용법으로 사용되었습니다. 이런 경우 정확한 뜻을 나타내기보다는 문맥에 녹아들어 번역되기 때문에 앞뒤 맥락 파악이 더욱 중요합니다.

2020年这一比例则下降到了20%。
Èr líng èr líng nián zhè yì bǐlì zé xiàjiàng dàole bǎi fēn zhī èrshí.
2020년에는 이 비율이 20%로 떨어졌다.

去年销售额为3000万元，今年则达到了6000万元。
Qùnián xiāoshòu é wéi sānqiān wàn yuán, jīnnián zé dádàole liùqiān wàn yuán.
작년 매출은 3000만 위안이었고, 올해는 6000만 위안에 달했다.

市场份额只占15%的公司，今年则突破了40%以上。
Shìchǎng fèn'é zhǐ zhàn bǎi fēn zhī shíwǔ de gōngsī, jīnnián zé tūpòle bǎi fēn zhī sìshí yǐshàng.
시장 점유율이 15%에 불과했던 기업이 올해 40%를 넘어섰다.

알아 두면 뉴스가 들리는 중국 이야기

매년 3월 8일은 세계 여성의 날로, 1908년 3월 8일 미국에서 여성의 참정권(장미)과 생존권 (빵)을 요구하며 시위를 벌였던 것에서 비롯되었습니다. 중국에서는 '三八妇女节 Sān-bā Fùnǚjié'라고 합니다. 중국의 많은 기업은 여성의 날 당일에 여자 직원들에게 꽃을 선물하거나 보너스를 주기도 합니다. 그리고 하루 쉬거나 오후 반차를 쓸 수 있도록 합니다. 한편, 중국에는 '女生节 Nǚshēngjié'라는 날도 있는데요, 매년 3월 7일입니다. 1986년 산둥대학교에서 시작되었는데 주로 여자 대학생이나 직장인을 위한 날이라고 할 수 있습니다. 그날 대학교에서는 여학생들을 위한 이벤트를 열거나 작은 선물을 주기도 합니다. 이날은 전국적으로도 여성들을 대상으로 하는 마케팅 활동이 많아지면서 '女神节 Nǚshénjié', 즉 '여신의 날'이라고도 불립니다.

중국의 단오절, 남북방 쫑즈 맛이 다르다?

中国端午节，南北方粽子味道不同？

🔊 066-01

端午节，本是中国南方用于拜祭龙祖、祈福辟邪的日子。
Duānwǔjié, běn shì Zhōngguó nánfāng yòng yú bài jì lóng zǔ、qífú bìxié de rìzi.

关于端午节的传说多种多样，但得到广泛认可的是战国
Guānyú Duānwǔjié de chuánshuō duō zhǒng duōyàng, dàn dédào guǎngfàn rènkě de shì Zhànguó

时期，楚国爱国诗人屈原在五月五日跳汨罗江自尽，百姓为使
shíqī, Chǔguó àiguó shīrén Qūyuán zài wǔ yuè wǔ rì tiào Mìluó Jiāng zìjìn, bǎixìng wèi shǐ

屈原肉体不被鱼虾吞食，便纷纷将米粮投入江中。后又担心
Qūyuán ròutǐ bú bèi yú xiā tūnshí, biàn fēnfēn jiāng mǐliáng tóurù jiāng zhōng. Hòu yòu dānxīn

投入江中的米粮为龙所食，因而用艾叶包裹、绑上五彩绳，
tóurù jiāng zhōng de mǐliáng wéi lóng suǒ shí, yīn'ér yòng àiyè bāoguǒ、bǎngshàng wǔcǎi shéng,

进而演变成今天端午节的特色饮食——粽子。中国全境疆域
jìn'ér yǎnbiàn chéng jīntiān Duānwǔjié de tèsè yǐnshí——zòngzi. Zhōngguó quán jìng jiāngyù

辽阔，南北方文化习俗差异大，关于粽子口味的争议至今仍是
liáokuò, nánběifāng wénhuà xísú chāyì dà, guānyú zòngzi kǒuwèi de zhēngyì zhìjīn réng shì

每年端午时节网友的热点话题。北方粽子主要以糯米、红枣、
měi nián Duānwǔ shíjié wǎngyǒu de rèdiǎn huàtí. Běifāng zòngzi zhǔyào yǐ nuòmǐ、hóngzǎo、

豆类等原材料制成，口感黏糯、味甜。与北方统一的甜味粽子不
dòu lèi děng yuáncáiliào zhìchéng, kǒugǎn nián nuò、wèi tián. Yǔ běifāng tǒngyī de tián wèi zòngzi bù

同，南方的粽子有甜、有辣、有咸口味较丰富，最为出名的还是
tóng, nánfāng de zòngzi yǒu tián、yǒu là、yǒu xián kǒuwèi jiào fēngfù, zuìwéi chūmíng de háishi

咸味粽子。咸味的肉馅粽子被认为是南方粽子的典型代表。
xián wèi zòngzi. Xián wèi de ròu xiàn zòngzi bèi rènwéi shì nánfāng zòngzi de diǎnxíng dàibiǎo.

단어+표현
🔊 066-02

端午节 Duānwǔjié 단오절 [음력 5월 5일] | 拜祭 bài jì 제사 | 祈福 qífú 복을 빌다 | 辟邪 bìxié 악령을 퇴치하다 | 战国 Zhànguó 전국
| 楚国 Chǔguó 초나라 | 屈原 Qūyuán 굴원 [초나라의 정치가이자 시인] | 汨罗江 Mìluó Jiāng 미뤄강 | 肉体 ròutǐ 육체 | 吞食 tūnshí
삼키다 | 纷纷 fēnfēn 잇달아 | 艾叶 àiyè 쑥 | 绑上 bǎngshàng 묶다 | 五彩绳 wǔcǎi shéng 오색줄 | 演变 yǎnbiàn 발전하다, 변천하
다 | 疆域 jiāngyù 국토 | 辽阔 liáokuò 넓다, 광활하다 | 糯米 nuòmǐ 찹쌀 | 红枣 hóngzǎo 대추 | 黏糯 nián nuò 찰지다 | 肉馅 ròu
xiàn 고기 소 | 典型* diǎnxíng 전형적이다

🔊 단오절은 원래 중국 남방에서 용(중국 고대 신화 속의 용)에게 제사를 지내고 복을 빌며 악령을 퇴치하는 날이었습니다. 단오절에 관한 전설은 다양하지만 가장 광범위하게 인정받는 설은 전국시대 초나라의 애국시인 굴원이 5월 5일 미뤄강으로 뛰어들어 자살하자 백성들은 굴원의 육체를 물고기가 잡아먹지 않도록 음식을 강에 넣었고 강물에 넣은 음식을 용이 먹을까 봐 쑥으로 싸고 오색 줄로 묶은 것이 오늘날 단오절의 별미인 쫑즈가 되었다는 것입니다. 중국은 땅덩어리가 넓어 남북방의 문화 풍습의 차이가 커 쫑즈 맛 논쟁은 지금도 해마다 단오절에 네티즌들 사이에서 화제가 되고 있습니다. 북방 쫑즈는 주로 찹쌀, 대추, 콩류 등의 원재료로 만들어져 맛이 찰지고 달콤합니다. 북방의 통일된 단맛의 쫑즈와 달리 남방의 쫑즈는 단맛, 매운맛, 짠맛 등 풍부한 맛으로 이루어져 있는데 짠맛의 쫑즈가 가장 유명합니다. 짠맛의 고기 쫑즈는 전형적인 남방 쫑즈로 여겨집니다.

뉴스 표현 필살기

'因而'은 '그러므로, 그래서'라는 뜻으로 앞선 원인에 따른 결과를 나타냅니다. '因而' '因此 yīncǐ' '所以 suǒyǐ' 모두 결과를 나타내는 단어이지만 약간의 차이가 있습니다. '因而'은 접속사로 앞뒤 문장을 연결하는 역할을 합니다. '因此'는 '이 때문에, 이것 때문에'라는 뜻이며 앞서 언급된 내용을 강조합니다. 마지막으로 '所以'는 인과 관계를 나타내며 '因为 yīnwèi'와 함께 자주 호응되어 사용됩니다.

公司进行了大刀阔斧的改革，因而业绩有了显著提升。
Gōngsī jìnxíngle dàdāo-kuòfǔ de gǎigé, yīn'ér yèjī yǒule xiǎnzhù tíshēng.
회사는 획기적인 개혁을 수행했으므로 실적이 크게 향상되었다.

他是个天生的舞者，因而舞蹈对他来说就是生命。
Tā shì ge tiānshēng de wǔzhě, yīn'ér wǔdǎo duì tā lái shuō jiù shì shēngmìng.
그는 타고난 무용수이기 때문에 춤은 그에게 있어 생명이다.

高速公路上出了连环车祸，因而造成了交通堵塞。
Gāosù gōnglù shang chūle liánhuán chēhuò, yīn'ér zàochéngle jiāotōng dǔsè.
고속도로에서 일련의 자동차 사고가 발생하여 교통 체증을 일으켰다.

알아 두면 뉴스가 들리는 중국 이야기

중국 3대 전통 명절을 꼽자면 춘절(春节 Chūnjié), 단오절(端午节 Duānwǔjié), 중추절(中秋节 Zhōngqiūjié)을 들 수 있는데요, 단오절은 음력 5월 5일을 가리킵니다. 그럼 중국 사람들은 이 전통 명절을 어떻게 보낼까요? 단오절에 행하는 풍습들은 무려 20여 가지나 되는데요, 대표적인 것으로 '赛龙舟 sài lóngzhōu'가 있습니다. 용 머리를 단 배를 타고 벌이는 경주인데요, 주로 남방에서 진행하는 축제입니다. 다들 아시다시피 용은 중국에서 길함의 상징이고, 이 용신을 모심으로써 수해를 입지 않기를 바라는 염원을 담은 축제입니다. 또한 쑥이나 창포를 대문에 걸고, 향주머니와 오색 실 팔찌를 몸에 차면서 나쁜 기운을 물리치고 건강을 지킬 수 있기를 기원합니다. 마지막으로 쫑즈를 먹는 풍습이 있습니다. 쫑즈는 찹쌀밥을 대나뭇잎, 연잎 등으로 싸서 쪄 먹는 음식으로, 고기나 계란 노른자, 팥 등을 넣어 먹기도 합니다.

칠석, '낭만경제'가 문화 체험 열풍을 일으키다

七夕节，"浪漫经济"掀起文化体验热潮

🔵 067-01

今年8月7日是七夕节，传说中牛郎织女鹊桥相会的日子。
Jīnnián bā yuè qī rì shì Qīxìjié, chuánshuō zhōng Niúláng Zhīnǚ Quèqiáo xiāng huì de rìzi.

传统节日极具古典浪漫气息。商家自然也不会错过这样的"好
Chuántǒng jiérì jí jù gǔdiǎn làngmàn qìxī. Shāngjiā zìrán yě bú huì cuòguò zhèyàng de "hǎo

日子"，节日到来前，"浪漫经济"早已火热。本台记者在采访中
rìzi", jiérì dàolái qián, "làngmàn jīngjì" zǎoyǐ huǒrè. Běn tái jìzhě zài cǎifǎng zhōng

发现，与往年相比，除了鲜花礼品之外，今年七夕文化体验更
fāxiàn, yǔ wǎngnián xiāng bǐ, chúle xiānhuā lǐpǐn zhī wài, jīnnián Qīxì wénhuà tǐyàn gèng

受青睐。时值暑期旅游旺季，众多景区相继推出了文化内涵
shòu qīnglài. Shí zhí shǔqī lǚyóu wàngjì, zhòngduō jǐngqū xiāngjì tuīchūle wénhuà nèihán

丰富的七夕主题节日活动，赢得了年轻人的欢迎。在北京，多家
fēngfù de Qīxì zhǔtí jiérì huódòng, yíngdéle niánqīng rén de huānyíng. Zài Běijīng, duō jiā

公园举办了"七夕游园会"，包括文化展览、互动体验、特色文创
gōngyuán jǔbànle "Qīxì yóuyuánhuì", bāokuò wénhuà zhǎnlǎn、hùdòng tǐyàn、tèsè wén chuàng

等丰富活动。颐和园也举办了多项传统乞巧活动，由面点
děng fēngfù huódòng. Yíhéyuán yě jǔbànle duō xiàng chuántǒng qǐqiǎo huódòng, yóu miàndiǎn

师傅和传统手工艺人现场带领游客体验巧果、面人的制作。
shīfu hé chuántǒng shǒugōngyì rén xiànchǎng dàilǐng yóukè tǐyàn qiǎoguǒ、miànrén de zhìzuò.

当下，随着中国传统文化的传播和发扬，年轻人对七夕节的
Dāngxià, suízhe Zhōngguó chuántǒng wénhuà de chuánbō hé fāyáng, niánqīng rén duì Qīxìjié de

认知越来越回归文化的本源。
rènzhī yuè lái yuè huíguī wénhuà de běnyuán.

🔵 067-02

단어+표현

七夕节 Qīxìjié 칠석 [음력 7월 7일] | **掀起** *xiānqǐ 일으키다 | **文化体验** wénhuà tǐyàn 문화 체험 | **牛郎** Niúláng 견우 | **织女** Zhīnǚ 직녀 | **鹊桥** Quèqiáo 오작교 | **古典** gǔdiǎn 고전의 | **推出** *tuīchū 출시하다 | **内涵** nèihán 내용 | **游园会** yóuyuánhuì 야외 파티, 가든 파티 | **互动** *hùdòng 상호 작용하다 | **文创** wén chuàng 문화 창작 | **乞巧** qǐqiǎo 걸교 | **面点师傅** miàndiǎn shīfu 제빵사 | **巧果** qiǎoguǒ 챠오궈 [칠석에 먹는 과자] | **面人** miànrén 몐런 [찹쌀가루 반죽으로 만든 사람 형상] | **认知** rènzhī 인식하다 | **回归** huíguī 복귀하다 | **本源** běnyuán 본원

올해 8월 7일은 칠석날로, 전설 속에서 견우와 직녀가 오작교에서 만난 날입니다. 전통 명절의 고전적이고 낭만적인 분위기가 물씬 풍기고 있습니다. 판매자들도 자연스럽게 이런 '절호의 기회'를 놓치지 않을 것입니다. 명절을 앞두고 '낭만경제'는 벌써 뜨거운 열기를 띠고 있습니다. 본지 기자 취재 결과, 예년에 비해 꽃 선물 외에 올해는 칠석 문화 체험이 더 주목받았습니다. 여름 관광 성수기를 맞아 많은 관광지에서는 문화 콘텐츠가 풍부한 칠석 테마 활동을 잇따라 선보여 젊은 층의 인기를 끌었습니다. 베이징의 여러 공원에서는 '칠석 야외 파티'를 열었는데, 문화 전시, 현장 체험, 특색 있는 문화 창작 등의 풍부한 활동이 포함되었습니다. 이허위안에서도 다양한 전통 걸교 행사를 열었으며 제빵사와 전통 수공예인들이 현장에서 관람객들을 데리고 챠오궈, 멘런 만들기 체험을 진행했습니다. 중국 전통문화가 확산하면서 칠석날에 대한 젊은이들의 인식이 점점 문화 본원으로 복귀하는 추세를 보이고 있습니다.

뉴스 표현 필살기

'除了……之外'는 '～을 제외하고' '～ 이외에'라는 뜻입니다. '之外'는 '以外 yǐwài'로 바꿔 쓸 수 있습니다. '也 yě' '还 hái' '都 dōu'와 호응하여 사용하기도 하는데, 뜻을 주의해서 구분해야 합니다. '除了A之外，也/还B'는 'A 외에 B하기도 하다'라는 뜻으로 A가 포함되고, '除了A之外，都B'는 'A를 제외하고 모두 B하다'라는 뜻으로, A만 제외되는 경우를 말합니다.

此次会议除了金融危机解决方法之外，还将探讨金融体系改革问题。
Cǐ cì huìyì chúle jīnróng wēijī jiějué fāngfǎ zhī wài, hái jiāng tàntǎo jīnróng tǐxì gǎigé wèntí.
이번 회의는 금융 위기 해결책 외에 금융 시스템 개혁 문제도 논의할 것이다.

除了人事调动以外，公司还会发表薪资调整结果。
Chúle rénshì diàodòng yǐwài, gōngsī hái huì fābiǎo xīnzī tiáozhěng jiéguǒ.
인사 변동 외에 회사는 급여 조정 결과도 발표할 것이다.

除了我们公司之外，其他公司都涉嫌垄断问题。
Chúle wǒmen gōngsī zhī wài, qítā gōngsī dōu shèxián lǒngduàn wèntí.
우리 회사를 제외하고 다른 회사들은 모두 독점 문제가 의심된다.

알아 두면 뉴스가 들리는 중국 이야기

오늘날, 중국에서 칠석날은 단순한 전통 명절을 넘어서 중국판 밸런타인데이인 '연인의 날(情人节 Qíngrénjié)'로 재해석되기도 하는데요. 전통 명절인 만큼 오래된 풍습이 있습니다. 첫 번째로 '교묘한 재주를 구한다'라는 뜻의 걸교(乞巧 qǐqiǎo)가 있습니다. 한나라 때부터 전해져 내려온 풍습으로 미혼 여성들이 마당에 음식을 차려 놓고 직녀 별을 향해 바느질과 길쌈 재주가 좋아지기를 비는 것을 말합니다. 현대에 들어 바늘에 실 꿰기(穿针引线 chuānzhēn-yǐnxiàn)나 챠오궈(巧果 qiǎoguǒ), 멘수(面塑 miànsù) 등의 풍습이 진행되는 것이 모두 걸교의 연장선이라고 이해할 수 있습니다. 챠오궈는 밀가루, 사탕, 깨, 꿀 등으로 반죽을 만들고 틀에 넣어 모양을 내서 만든 음식인데 지역마다 재료가 달라 다양한 맛을 자랑합니다. 멘수는 찹쌀가루를 반죽하여 여러 가지 인물이나 동물의 형상을 빚는 공예인데 사람 형상으로 된 것은 '面人 miànrén'이라고 합니다.

중추절, 월병대전 펼쳐지다
中秋节，月饼大战展开

据报道中秋时节到来之际，商家的月饼大战也在8月底、
Jù bàodào Zhōngqiū shíjié dàolái zhī jì, shāngjiā de yuèbing dàzhàn yě zài bā yuèdǐ、

9月初拉开大幕，并逐渐升温。相关数据显示，2019年
jiǔ yuèchū lākāi dà mù, bìng zhújiàn shēngwēn. Xiàngguān shùjù xiǎnshì, èr líng yī jiǔ nián

我国月饼销售额规模为196.7亿元。为了在这个百亿
wǒguó yuèbing xiāoshòu é guīmó wéi yìbǎi jiǔshíliù diǎn qī yì yuán. Wèile zài zhège bǎi yì

市场中抢夺一席之地，各大商家绞尽脑汁在月饼口味、
shìchǎng zhōng qiǎngduó yìxízhīdì, gè dà shāngjiā jiǎo jìn nǎozhī zài yuèbing kǒuwèi、

包装设计等方面下足功夫。什么样的月饼吸引人？口味
bāozhuāng shèjì děng fāngmiàn xià zú gōngfu. Shénmeyàng de yuèbing xīyǐn rén? Kǒuwèi

绝对是其中一大关键词。据天猫休闲零食行业负责人介绍，
juéduì shì qízhōng yí dà guānjiàncí. Jù Tiānmāo xiūxián língshí hángyè fùzérén jièshào,

天猫平台上目前有近60种口味的月饼产品。而在众多
Tiānmāo píngtái shang mùqián yǒu jìn liùshí zhǒng kǒuwèi de yuèbing chǎnpǐn. Ér zài zhòngduō

新式口味中，最终脱颖而出的是在前两年便已经"红"起来的
xīnshì kǒuwèi zhōng, zuìzhōng tuōyǐng'érchū de shì zài qián liǎng nián biàn yǐjīng "hóng" qǐlái de

奶黄流心口味。据消费数据显示，奶黄流心月饼成为新的
nǎihuáng liúxīn kǒuwèi. Jù xiāofèi shùjù xiǎnshì, nǎihuáng liúxīn yuèbing chéngwéi xīn de

爆款王，同比增139.52%，销量占比近三分之一。
bàokuǎn wáng, tóngbǐ zēng bǎi fēn zhī yìbǎi sānshíjiǔ diǎn wǔ èr, xiāoliàng zhànbǐ jìn sān fēn zhī yī.

到来之际*dàolái zhī jì ~을 앞두다 | 拉开大幕*lākāi dà mù 대막이 열리다, 시작하다 | 升温 shēngwēn 상승하다 | 抢夺 qiǎngduó 빼앗다, 강탈하다 | 一席之地 yìxízhīdì 한 자리, 일정한 지위 | 绞尽脑汁 jiǎo jìn nǎozhī 머리를 쥐어 짜다 | 下足功夫 xià zú gōngfu 온갖 힘을 쓰다 | 吸引*xīyǐn 끌어당기다, 유인하다 | 天猫 Tiānmāo 티몰 [중국의 인터넷 쇼핑몰] | 休闲零食 xiūxián língshí 간식 | 脱颖而出 tuōyǐng'érchū 두각을 나타내다, 눈에 띄다 | 奶黄流心 nǎihuáng liúxīn 노른자 커스터드 크림 | 爆款王*bàokuǎn wáng 히트 상품

◀ 보도에 따르면 중추절 연휴를 앞두고 업체들의 월병대전도 8월 말, 9월 초에 시작되었으며 열기가 점차 달아오르고 있다고 합니다. 관련 데이터에 따르면, 2019년 중국의 월병 매출액은 196억 7천만 위안에 달했습니다. 이 백억 시장에서 한 자리를 차지하기 위해 각 회사는 온갖 아이디어를 짜내 월병의 맛, 포장 디자인 등에 공을 들이고 있습니다. 어떤 월병이 사람의 눈길을 끌 수 있을까요? 맛은 단연 제일 중요한 키워드입니다. 티몰 간식 업계 담당자에 따르면 티몰 플랫폼에는 현재 60종에 가까운 월병 제품이 올라가 있습니다. 여러 새로운 맛 중 단연 돋보인 것은 2년 전 이미 인기를 끌었던 노른자 커스터드 크림 맛이었습니다. 소비 데이터에 따르면, 노른자 커스터드 크림 월병은 판매량이 전년 동기 대비 139.52% 증가해 3분의 1 가까이 차지하는 새로운 히트 상품이 된 것으로 나타났습니다.

뉴스 표현 필살기

'到来之际'는 '~을 앞두고'라는 뜻으로 어떤 시기가 가까워지고 있음을 나타냅니다. 주로 명절이나 주요 행사와 함께 사용합니다. '来临之际 láilín zhī jì'로 바꿔 쓸 수 있습니다.

五四青年节到来之际，中国国家主席寄语新时代青年。
Wǔ-sì Qīngniánjié dàolái zhī jì, Zhōngguó guójiā zhǔxí jìyǔ xīn shídài qīngnián.
5·4 청년의 날을 맞아 중국 국가주석은 새 시대의 청년들에게 메시지를 보냈다.

喜逢新世纪到来之际，人们都沉浸在欢乐之中。
Xǐ féng xīn shìjì dàolái zhī jì, rénmen dōu chénjìn zài huānlè zhī zhōng.
새로운 세기가 시작될 무렵 사람들은 기쁨에 빠져 있다.

在新的一年到来之际，祝福大家新年身体健康，万事如意。
Zài xīn de yì nián dàolái zhī jì, zhùfú dàjiā xīnnián shēntǐ jiànkāng, wànshì rúyì.
새로운 한 해를 맞이하여 모두 새해에는 건강하고 모든 일이 뜻하는 대로 이루어지기를 기원합니다.

알아 두면 뉴스가 들리는 중국 이야기

중추절은 일명 '祭月节 Jìyuèjié'라고도 하는데 '달 축제'라는 뜻입니다. 예로부터 중국인들은 달을 숭배해 왔죠. 그래서 원래 월병은 달의 신(月神 yuè shén)을 모시기 위한 제사 음식이었다고 합니다. '月饼 yuèbing'이라는 단어가 중국에서 처음 등장한 것은 약 1천 년 전 남송(南宋 Nánsòng) 시기인데요, 명나라 때부터 민간에 전해져 온 가족이 제사를 마치고 함께 월병을 나눠 먹었다는 묘사가 있습니다. 그럼 왜 명나라 때 월병이 민간에 갑자기 인기를 얻고 전통 음식이 되었을까요? 역사적 자료에 따르면 명나라를 개국한 황제 주원장(朱元璋 Zhū Yuánzhāng)이 원나라를 무너뜨리기 위해 봉기한다는 쪽지를 월병 안에 숨겨 다른 반란군에게 전달했다고 합니다. 그리고 명나라를 건국한 후 음력 8월 15일 중추절에 모든 장병에게 백성들과 함께 즐거움을 나누라는 명령을 내렸다고 합니다. 이를 계기로 중추절에 가족끼리 함께 모여 달을 구경하고 월병을 먹는 풍습이 생겼고, 점차 월병에 가족의 화목함을 뜻하는 '团圆 tuányuán'의 의미가 녹아들게 된 것으로 추측됩니다.

국경절 황금연휴, 관광객 6억 명, 관광 수입 4500억 위안

国庆黄金周，出游旅客6亿人，旅游收入4500亿元

🔊 069-01

超过6亿人次出游、实现旅游收入4500多亿元、铁路单
Chāoguò liùyì réncì chūyóu、shíxiàn lǚyóu shōurù sìqiān wǔbǎi duō yì yuán、tiělù dān

日发送旅游超1500万人次……今年国庆中秋黄金周非比
rì fāsòng lǚyóu chāo yìqiān wǔbǎi wàn réncì……Jīnnián Guóqìng Zhōngqiū huángjīn zhōu fēi bǐ

寻常，这个"十一"黄金周到底有多火？ 国庆八天假期，游客
xúncháng, zhège "shí-yī" huángjīn zhōu dàodǐ yǒu duō huǒ? Guóqìng bā tiān jiàqī, yóukè

出游意愿高涨，旅游业复苏喜人。截至目前，据不完全统计，
chūyóu yìyuàn gāozhàng, lǚyóuyè fùsū xǐrén. Jiézhì mùqián, jù bù wánquán tǒngjì,

已有26个省份公布国庆假期旅游收入，16个省份旅游
yǐ yǒu èrshíliù ge shěngfèn gōngbù Guóqìng jiàqī lǚyóu shōurù, shíliù ge shěngfèn lǚyóu

收入超百亿。具体来看，在这26个已发布国庆假期旅游收入
shōurù chāo bǎi yì. Jùtǐ lái kàn, zài zhè èrshíliù ge yǐ fābù Guóqìng jiàqī lǚyóu shōurù

的省份中， 江苏以512.55亿的旅游收入暂居榜首；
de shěngfèn zhōng, Jiāngsū yǐ wǔbǎi yīshí'èr diǎn wǔ wǔ yì de lǚyóu shōurù zàn jū bǎngshǒu;

山东以449.3亿元紧随其后，排名第二；贵州367.21
Shāndōng yǐ sìbǎi sìshíjiǔ diǎn sān yì yuán jǐn suí qí hòu, páimíng dì-èr; Guìzhōu sānbǎi liùshíqī diǎn èr yī

亿位列第三。而在接待游客人次方面， 数据显示， 河南以
yì wèi liè dì-sān. Ér zài jiēdài yóukè réncì fāngmiàn, shùjù xiǎnshì, Hénán yǐ

7234.98万人次游客接待量居首， 首次突破7000万
qīqiān èrbǎi sānshísì diǎn jiǔ bā wàn réncì yóukè jiēdài liàng jū shǒu, shǒucì tūpò qīqiān wàn

人次大关， 并创下了国庆黄金周各省份游客接待量纪录。
réncì dàguān, bìng chuàngxiàle Guóqìng huángjīn zhōu gè shěngfèn yóukè jiēdài liàng jìlù.

🔊 069-02

黄金周*huángjīn zhōu 황금연휴 | 非比寻常 fēi bǐ xúncháng 예사롭지 않다 | 意愿 yìyuàn 원하다 | 复苏*fùsū 회복하다 | 不完全
统计*bù wánquán tǒngjì 불완전 통계, 잠정 통계 | 暂居 zàn jū 임시적으로 차지하다 | 榜首*bǎngshǒu 1위 | 山东 Shāndōng 산둥 [지
명] | 贵州 Guìzhōu 구이저우 [지명] | 河南 Hénán 허난 [지명] | 接待量 jiēdài liàng 대접한 인원·수량 | 居首*jū shǒu 1위를 차지하다 |
大关*dàguān 한계 | 创下*chuàngxià 만들어 내다 | 纪录 jìlù 기록하다

◀ 연인원 6억 명이 넘는 관광객, 4500여 억 위안의 관광 수입 달성, 하루 철도 운송 연인원 1500만 명 돌파⋯⋯. 이번 국경절·중추절 황금연휴는 예사롭지 않습니다. 이번 '10·1' 황금연휴는 얼마나 뜨거울까요? 8일간의 국경절 연휴에 관광객들의 여행 의욕이 높아져 관광업이 다시 활기를 띠고 있습니다. 지금까지 잠정 통계에 따르면 26개 성이 국경절 연휴 관광 수입을 발표한 가운데, 16개 성은 100억 위안이 넘는 관광 수입을 올렸습니다. 구체적으로 보면, 국경절 연휴 관광 수입을 발표한 26개 성 중에서 장쑤가 512억 5500만 위안의 관광 수입으로 1위를 차지했고, 산둥이 449억 3000만 위안으로 그 뒤를 이었으며, 구이저우가 367억 2100만 위안으로 3위를 차지했습니다. 방문객 수로는 허난이 7234만 9800명으로 가장 많아 처음으로 7000만 명을 돌파했고 국경절 황금연휴 기간 성별 방문객 수의 기록을 세웠습니다.

🥷 뉴스 표현 필살기

'不完全统计'는 '불완전 통계', 즉 '잠정 통계'라는 뜻으로 뉴스나 기사에서 통계 수치를 설명할 때 자주 사용됩니다.

据不完全统计，国产电视剧存在这七大恶习。
Jù bù wánquán tǒngjì, guóchǎn diànshìjù cúnzài zhè qī dà èxí.
잠정 통계에 따르면, 국산 드라마에는 다음과 같은 7가지 악습이 존재한다.

据不完全统计，国内汽车租赁企业已超过数千家。
Jù bù wánquán tǒngjì, guónèi qìchē zūlìn qǐyè yǐ chāoguò shù qiān jiā.
잠정 통계에 따르면, 국내 렌터카 업체는 수천 곳을 넘은 것으로 나타났다.

据不完全统计，目前已有七八十个国家和地区开展武术活动。
Jù bù wánquán tǒngjì, mùqián yǐ yǒu qī-bāshí ge guójiā hé dìqū kāizhǎn wǔshù huódòng.
잠정 통계에 따르면, 현재 이미 70~80개 국가와 지역에서 무술 활동을 하고 있다.

알아 두면 뉴스가 들리는 중국 이야기

'黄金周 huángjīn zhōu'는 주말까지 7일 정도 쉴 수 있는 긴 연휴를 가리키는데요, 중국에는 일 년에 두 번이 있습니다. 바로 5월 1일 노동절 황금연휴(五一黄金周 wǔ-yī huángjīn zhōu)와 10월 1일 국경절 황금연휴(十一黄金周 shí-yī huángjīn zhōu)입니다. 다른 연휴에 비해 쉬는 날이 길어 '五一长假 wǔ-yī chángjiǎ, 十一长假 shí-yī chángjiǎ'라고도 하죠. 이 기간에는 사람들이 관광·외식·쇼핑 등을 즐기면서 소비가 대폭 증가해 내수 시장을 활성화하는 경제적 효과가 있습니다.

한편 현대 중국의 건국 기념일인 국경절에 빼놓을 수 없는 행사는 바로 베이징의 톈안먼 광장에서 진행되는 열병식인데요, 2019년에는 건국 70주년을 맞이하여 병력 1만 5000명, 군사 장비 580여 대, 군용기 160대가 동원되어 역대 최대 규모의 열병식을 개최하기도 했습니다.

쏭스이 주문 초당 53만 8천 건, 신기록 경신

双十一订单每秒53.8万笔，刷新历史记录

● 070-01

11月12日凌晨，"双11"终于落下帷幕，天猫累计交易
Shíyī yuè shí'èr rì língchén, "shuāng shíyī" zhōngyú luòxià wéimù, Tiānmāo lěijì jiāoyì

规模共4982亿，创历史新高。并于11日凌晨0点
guīmó gòng sìqiān jiǔbǎi bāshí'èr yì, chuàng lìshǐ xīngāo.　Bìng yú shíyī rì língchén líng diǎn

26秒，创建订单峰值，每秒达53.8万笔，提交
èrshíliù miǎo, chuàngjiàn dìngdān fēngzhí,　měi miǎo dá wǔshísān diǎn bā wàn bǐ, tíjiāo

"历史最高分成绩单"。连年刷新纪录的双十一，无疑成为中国
"lìshǐ zuì gāo fēn chéngjì dān".　Liánnián shuāxīn jìlù de shuāng shíyī, wúyí chéngwéi Zhōngguó

互联网最大规模的商业促销狂欢活动，并随着国外品牌
hùliánwǎng zuì dà guīmó de shāngyè cùxiāo kuánghuān huódòng,　bìng suízhe guówài pǐnpái

及商家的加入，海外影响力也在不断扩大。对于品牌商家来说，
jí shāngjiā de jiārù,　hǎiwài yǐngxiǎnglì yě zài búduàn kuòdà.　Duìyú pǐnpái shāngjiā lái shuō,

双十一不仅为品牌增加了曝光的机会，拉近了与消费者的
shuāng shíyī bùjǐn wèi pǐnpái zēngjiāle bàoguāng de jīhuì,　lājìnle yǔ xiāofèizhě de

距离，而且能够利用双十一这个节点，在全球范围内建立起
jùlí,　érqiě nénggòu lìyòng shuāng shíyī zhège jiédiǎn,　zài quánqiú fànwéi nèi jiànlì qǐ

产品印象、提升销售收入并带动地区产业发展，无疑是
chǎnpǐn yìnxiàng、tíshēng xiāoshòu shōurù bìng dàidòng dìqū chǎnyè fāzhǎn,　wúyí shì

双赢的选择。对于消费者来说，在全民狂欢的时候用更低的
shuāngyíng de xuǎnzé. Duìyú xiāofèizhě lái shuō, zài quánmín kuánghuān de shíhou yòng gèng dī de

价格买到自己心仪的产品，也是提升生活品质和幸福感的有趣方式。
jiàgé mǎidào zìjǐ xīnyí de chǎnpǐn, yě shì tíshēng shēnghuó pǐnzhì hé xìngfúgǎn de yǒuqù fāngshì.

● 070-02

刷新* shuāxīn 쇄신하다 | 落下帷幕 luòxià wéimù 막을 내리다 | 创建* chuàngjiàn 세우다 | 峰值 fēngzhí 최고치 | 提交* tíjiāo 제출하다 | 成绩单 chéngjì dān 성적표 | 连年 liánnián 해마다 | 促销狂欢 cùxiāo kuánghuān 빅세일 행사 | 曝光 bàoguāng 노출하다 | 拉近 lājìn 가까이 끌어당기다 | 节点 jiédiǎn 시점 | 产品印象 chǎnpǐn yìnxiàng 상품 이미지 | 双赢* shuāngyíng 윈윈하다

◀ 11월 12일 새벽, '쌍스이'가 마침내 막을 내렸습니다. 티몰 누적 거래 규모는 총 4982억 원으로 사상 최대의 기록을 세웠습니다. 또한 11일 오전 0시 26초에는 주문량 최고점을 기록했는데, 초당 53만 8000건의 주문이 이루어져 '역대 최고점 성적표'를 제출했습니다. 매년 기록을 갈아치운 쌍스이는 최대 규모의 중국 인터넷 상업 판촉 행사로 자리 잡은 것이 분명하고, 해외 브랜드와 판매자들이 참여하면서 해외 영향력도 계속해서 커지고 있습니다. 브랜드 판매자에게 있어 쌍스이는 브랜드 노출 기회를 높였을 뿐 아니라 소비자와의 거리도 좁혔습니다. 게다가 쌍스이 시기를 이용해 전 세계적으로 제품의 이미지를 각인시키고 판매 수입을 높이며 지역 산업 발전을 이끌 수 있는, 두말할 것 없이 윈윈하는 선택입니다. 소비자 입장에서도 쇼핑 페스티벌 때 더 저렴한 가격으로 원하는 제품을 구매하는 것은 삶의 질과 행복감을 높일 수 있는 또 하나의 재미있는 방법이라 할 수 있습니다.

뉴스 표현 필살기

'无疑'는 '~가 틀림없다, 두말할 것 없이 분명하다, 의심할 여지가 없다'라는 뜻으로 확신을 나타냅니다.

这场自然灾害无疑带来了巨大的财产损失。
Zhè chǎng zìrán zāihài wúyí dàiláile jùdà de cáichǎn sǔnshī.
이번 자연재해는 의심할 여지 없이 막대한 재산 손실을 가져왔다.

这无疑是一种侵犯人权的行为。
Zhè wúyí shì yì zhǒng qīnfàn rénquán de xíngwéi.
이는 두말할 것 없이 인권 침해 행위이다.

这对于消费者来说，无疑是一则好消息。
Zhè duìyú xiāofèizhě lái shuō, wúyí shì yì zé hǎo xiāoxi.
이는 소비자에게 희소식이 아닐 수 없다.

알아 두면 뉴스가 들리는 중국 이야기

'쌍스이'는 알리바바 그룹 산하 인터넷 쇼핑몰인 티몰이 11월 11일인 광군절(光棍节 Guānggùnjié)에 청년들을 대상으로 진행했던 온라인 판촉 행사였습니다. 2009년 11월 11일에 처음으로 시작되었으며, 2020년에는 매출액 4982억 위안을 달성하며 최고 거래액을 기록했습니다. 현재는 중국 전 국민이 즐기는 쇼핑 축제가 되었죠. 제 친구는 쌍스이 행사가 시작되는 밤 12시 정각이 되자마자 장바구니에 모아 둔 상품들을 결제했지만 몇 초 사이에 품절된 경험을 하기도 하였습니다. 이런 상황을 줄이기 위해서인지 2020년에는 쌍스이 행사 기간을 보름으로 늘리기도 했어요. 쌍스이 행사 때 판매하는 상품은 의류 같은 자잘한 상품부터 가전용품 등 대형 상품까지 빠지는 것이 없습니다. 게다가 할인 폭도 굉장히 크기 때문에 이날은 알뜰하게 소비할 기회이기도 합니다. 택배 산업이 발달한 중국에서는 배송도 워낙 빠르니, 중국에서 생활하는 동안 이 기회를 놓치지 않기를 바랍니다.

검색만 했는데 관련 광고가 자꾸 뜨는 이유는?

关键词搜索，为何不断自动推送相关广告？

🔊 071-01

网上接连爆出疑似有手机APP"偷听"、"监测"用户，引发
Wǎngshàng jiēlián bàochū yísì yǒu shǒujī APP "tōu tīng"、"jiāncè" yònghù, yǐnfā

社会关注。"现在的科技太发达，你最近在浏览或关注着什么，
shèhuì guānzhù. "Xiànzài de kējì tài fādá, nǐ zuìjìn zài liúlǎn huò guānzhùzhe shénme,

它就一个劲儿给你推送什么。我老公是户外运动爱好者，很多
tā jiù yí ge jìnr gěi nǐ tuīsòng shénme. Wǒ lǎogōng shì hùwài yùndòng àihàozhě, hěn duō

时候他手机里、电脑上都会有户外产品推荐给他，甚至有时
shíhou tā shǒujī lǐ, diànnǎo shang dōu huì yǒu hùwài chǎnpǐn tuījiàn gěi tā, shènzhì yǒushí

邮箱里都会收到一些电商的产品推荐邮件。"一位网友在
yóuxiāng lǐ dōu huì shōudào yìxiē diànshāng de chǎnpǐn tuījiàn yóujiàn." Yí wèi wǎngyǒu zài

接受记者采访时这样抱怨道，并对商家这种做法表示十分
jiēshòu jìzhě cǎifǎng shí zhèyàng bàoyuàn dào, bìng duì shāngjiā zhè zhǒng zuòfǎ biǎoshì shífēn

担忧。记者调查发现，用户在购物网站、APP、搜索引擎等留下
dānyōu. Jìzhě diàochá fāxiàn, yònghù zài gòuwù wǎngzhàn、APP、sōusuǒ yǐnqíng děng liúxià

的"足迹"，系统会用算法把用户和商品抽象成多维特征，然后
de "zújì", xìtǒng huì yòng suànfǎ bǎ yònghù hé shāngpǐn chōuxiàng chéng duōwéi tèzhēng, ránhòu

计算用户和商品之间的相似度、匹配度，实现相关产品的推送和
jìsuàn yònghù hé shāngpǐn zhī jiān de xiāngsìdù、pǐpèidù, shíxiàn xiāngguān chǎnpǐn de tuīsòng hé

推荐。对此专家建议，从目前来看存在很多信息安全隐患，因此
tuījiàn. Duì cǐ zhuānjiā jiànyì, cóng mùqián lái kàn cúnzài hěn duō xìnxī ānquán yǐnhuàn, yīncǐ

应尽早加强在该领域的立法，细化相关法条，保护消费者隐私安全。
yīng jǐnzǎo jiāqiáng zài gāi lǐngyù de lìfǎ, xìhuà xiāngguān fǎ tiáo, bǎohù xiāofèizhě yǐnsī ānquán.

🔊 071-02

단어+표현

推送 tuīsòng (휴대폰에서) 알림을 보내다 | 疑似 yísì 의심하다 | 偷听 tōu tīng 도청하다 | 浏览 liúlǎn 열람하다 | 一个劲儿 yí ge jìnr
계속 | 户外运动 hùwài yùndòng 야외 운동 | 推荐*tuījiàn 추천하다 | 抱怨*bàoyuàn 원망하다 | 搜索引擎 sōusuǒ yǐnqíng 검색 엔
진 | 足迹 zújì 흔적 | 算法*suànfǎ 알고리즘 | 抽象 chōuxiàng 추상적이다 | 多维 duōwéi 다차원적이다 | 相似度 xiāngsìdù 유사성 |
匹配度 pǐpèidù 매칭도

🔊 인터넷에서 휴대폰 앱의 '도청' '감시'를 의심하는 사용자가 잇따라 등장하면서 사회적인 관심을 낳고 있습니다. "현재 기술이 너무 발전되어 있어 최근에 뭔가를 검색하거나 관심을 가지면, 계속 알림을 보냅니다. 저희 남편은 아웃도어 스포츠를 좋아하는데 휴대폰이나 컴퓨터로 아웃도어 제품들이 계속 추천됩니다. 때로는 전자 상거래 사이트의 상품 추천 메일까지 받기도 합니다." 한 네티즌은 취재진과의 인터뷰에서 불만을 표하며 판매자들의 이런 행태에 대해 큰 우려를 표했습니다. 기자의 조사에 따르면 사용자가 쇼핑 사이트·앱·검색 엔진 등에 '발자국'을 남기면 시스템이 알고리즘을 통해 사용자와 제품을 다차원적 특징으로 추상화한 다음, 사용자와 제품 간의 유사성과 매칭도를 분석해 관련 상품 알림을 보내고 추천하는 것으로 나타났습니다. 이에 대해 전문가들은 현 시점에서 정보 보안 리스크가 존재하기 때문에 해당 분야의 입법을 조속히 강화하고 소비자의 사생활 안전을 보호할 수 있는 관련 법규를 정비해야 한다고 조언했습니다.

뉴스 표현 필살기

'从……来看'은 '~로 봤을 때'라는 뜻으로 주장이나 결론을 이끌어 내는 관점을 나타냅니다.

从专业角度来看，这个理论是不成立的。
Cóng zhuānyè jiǎodù lái kàn, zhège lǐlùn shì bù chénglì de.
전문적인 측면에서 볼 때, 이 이론은 성립되지 않는다.

从长远角度来看，公司初期的规划和后期的调整都非常重要。
Cóng chángyuǎn jiǎodù lái kàn, gōngsī chūqī de guīhuà hé hòuqī de tiáozhěng dōu fēicháng zhòngyào.
장기적으로 볼 때, 회사의 초기 계획과 후기 조정이 모두 중요하다.

从互联网发展趋势来看，亚洲、非洲发展空间十分巨大。
Cóng hùliánwǎng fāzhǎn qūshì lái kàn, Yàzhōu、Fēizhōu fāzhǎn kōngjiān shífēn jùdà.
인터넷 발전의 추이를 보면, 아시아·아프리카는 발전 여력이 매우 크다.

알아 두면 뉴스가 들리는 중국 이야기

검색 엔진에서 어떤 키워드를 검색하고 나면, SNS나 인터넷 사이트에서 연관 상품이 추천되는 경험은 누구나 있을 거예요. 빅데이터, AI, 알고리즘 등의 기술 발전이 낳은 산물이라고 할 수 있는데요, 이와 같은 추천 기능은 마케팅 분야에서 엄청나게 활용되고 있습니다. 예를 들어, 예전에는 인터넷 쇼핑몰에 들어가면 누구에게나 같은 상품 배열의 화면이 나타났지만, 지금은 소비자 개개인의 나이, 성별, 검색 패턴, 관심사 등의 정보를 통합하고 세분화하여 '나만의 상품 페이지'가 나타나게 됩니다. 이런 개인 맞춤형 상품 추천 기술을 중국에서는 '千人千面 Qiān rén qiān miàn'이라고 합니다. 말 그대로 사람이 천 명이 있으면, 각자 다른 얼굴을 가지고 있다는 뜻인데, 사람마다 각자의 특징이 다르다는 것을 의미합니다. 예로부터 중국에는 '千人千面，百人百性 Qiān rén qiān miàn, bǎi rén bǎi xìng(사람이 천 명 있으면 천 개의 얼굴이 있고, 사람이 백 명 있으면 백 개의 성격이 있다)'이라는 말이 있었는데, 알리바바에서 맞춤형 광고 서비스를 도입하면서 '千人千面'을 하나의 마케팅 용어로 사용하게 된 것이지요. 중국의 유명 훠궈 프랜차이즈 하이디라오(海底捞 Hǎidǐlāo)에서도 사용자에 따라 화면 레이아웃과 추천 상품을 다르게 구성한 '千人千面' 앱을 출시하여 화제를 모은 적이 있습니다.

안면 인식, 아직 안전한가?

人脸识别还安全吗?

NEWS

🔊 072-01

应用越来越广泛的人脸识别技术，它真的很安全吗?
Yīngyòng yuè lái yuè guǎngfàn de rén liǎn shíbié jìshù, tā zhēnde hěn ānquán ma?

近期，一家科技公司向大众展示了一项异常简单的手机解锁
Jìnqī, yì jiā kējì gōngsī xiàng dàzhòng zhǎnshìle yí xiàng yìcháng jiǎndān de shǒujī jiěsuǒ

攻击技术，只用了15分钟，除一台苹果11，其余19部安卓手机
gōngjī jìshù, zhǐ yòngle shíwǔ fēnzhōng, chú yì tái Píngguǒ shíyī, qíyú shíjiǔ bù Ānzhuó shǒujī

全部解锁成功。攻击测试人员成功解锁手机后，可任意翻阅
quánbù jiěsuǒ chénggōng. Gōngjī cèshì rényuán chénggōng jiěsuǒ shǒujī hòu, kě rènyì fānyuè

机主的微信、信息、照片等个人隐私信息，甚至还可以通过手机
jī zhǔ de Wēixìn, xìnxī, zhàopiān děng gèrén yǐnsī xìnxī, shènzhì hái kěyǐ tōngguò shǒujī

银行等APP的线上身份认证完成开户。那么为什么人脸
yínháng děng APP de xiànshàng shēnfèn rènzhèng wánchéng kāihù. Nàme wèi shéme rén liǎn

识别技术会如此不堪一击? 因为很多手机面部识别所收集的
shíbié jìshù huì rúcǐ bùkān yì jī? Yīnwèi hěn duō shǒujī miànbù shíbié suǒ shōují de

特征点，主要集中在眼睛和鼻子周围。因此，只需要将此区域
tèzhēng diǎn, zhǔyào jízhōng zài yǎnjing hé bízi zhōuwéi. Yīncǐ, zhǐ xūyào jiāng cǐ qūyù

特征点打印出来，制作一副"眼镜"，就有可能骗过人脸识别
tèzhēng diǎn dǎyìn chūlái, zhìzuò yí fù "yǎnjìng", jiù yǒu kěnéng piànguò rén liǎn shíbié

系统。专家建议，在日常场景下，可利用人脸识别接受高效便捷
xìtǒng. Zhuānjiā jiànyì, zài rìcháng chǎngjǐng xià, kě lìyòng rén liǎn shíbié jiēshòu gāoxiào biànjié

的安全服务；但在一些特定场景下，可采取多种认证方式来
de ānquán fúwù; dàn zài yìxiē tèdìng chǎngjǐng xià, kě cǎiqǔ duō zhǒng rènzhèng fāngshì lái

提高安全性，比如：密码、指纹等。
tígāo ānquánxìng, bǐrú: mìmǎ, zhǐwén děng.

🔊 072-02

단어+표현

异常 yìcháng 매우, 몹시 | **解锁**＊jiěsuǒ 잠금을 해제하다 | **攻击** gōngjī 공격하다 | **安卓手机** Ānzhuó shǒujī 안드로이드 휴대폰 | **测试人员** cèshì rényuán 테스터 | **任意** rènyì 임의의 | **翻阅** fānyuè 열람하다 | **机主** jī zhǔ 휴대폰 주인 | **个人隐私** gèrén yǐnsī 개인 사생활 | **开户** kāihù 계좌를 개설하다 | **不堪一击**＊bùkān yì jī 쉽게 무너지다 | **收集** shōují 수집하다 | **特征点** tèzhēng diǎn 특징점 | **打印** dǎyìn 출력하다 | **便捷** biànjié 편리하다

◀ 점점 더 많이 사용되고 있는 안면 인식 기술, 과연 안전할까요? 최근 한 과학 기술 회사는 매우 간단한 휴대폰 잠금 해제 공격 기술을 선보이며 15분 만에 아이폰11 1대를 제외한 나머지 19대의 안드로이드 휴대폰을 모두 잠금 해제하는 데 성공했습니다. 공격 테스터는 휴대폰 잠금 해제에 성공한 후, 기기 주인의 위챗, 메시지, 사진 등 사생활 정보를 마음대로 열람할 수 있었고, 심지어 모바일뱅킹 등 앱의 온라인 신분 인증을 통해 계좌를 개설할 수 있었습니다. 그렇다면 왜 안면 인식 기술은 이렇게 쉽게 무너지는 것일까요? 휴대폰 안면 인식이 수집하는 특징이 주로 눈과 코 주변에 집중돼 있기 때문에 이 부위의 특징을 출력해 '안경'을 만들면 안면 인식 시스템을 속일 수 있는 것입니다. 전문가들은 일상적인 상황에서는 안면 인식을 이용해 효율적이고 편리한 보안 서비스를 이용하고, 특정한 상황에서는 비밀번호, 지문 등 다양한 인증 방식을 채택해 보안성을 높일 것을 조언합니다.

뉴스 표현 필살기

'展示'는 '전시하다'라는 뜻인데, 상품이나 전시물 등을 대상으로 하기도 하고 실험이나 기기 작동 방법을 보여 주거나 추상적인 개념을 보여 줄 때도 사용됩니다.

此次博览会展示出了几十家新款汽车。
Cǐ cì bólǎnhuì zhǎnshì chūle jǐ shí jiā xīnkuǎn qìchē.
이번 박람회에서는 몇 십 개의 신형 자동차를 전시하였다.

工作人员向我们展示了手机的新功能。
Gōngzuò rényuán xiàng wǒmen zhǎnshìle shǒujī de xīn gōngnéng.
직원이 우리에게 휴대폰의 새로운 기능을 보여 주었다.

他向我们展示了一个美好的愿景。
Tā xiàng wǒmen zhǎnshìle yí ge měihǎo de yuànjǐng.
그는 우리에게 아름다운 비전을 보여 주었다.

알아 두면 뉴스가 들리는 중국 이야기

'解锁'는 '잠금 해제'라는 의미인데요, '指纹解锁 zhǐwén jiěsuǒ(지문 잠금 해제)' '人脸解锁 rén liǎn jiěsuǒ(안면 인식 잠금 해제)' 등으로 활용됩니다. 지금은 그 뜻이 확장되어 '새로운 기술을 습득했다' '새로운 지식을 배우다' 등의 의미로도 사용되고 있습니다.

今天妈妈解锁了打视频电话的新技能。
Jīntiān māmā jiěsuǒle dǎ shìpín diànhuà de xīn jìnéng.
오늘 어머니는 영상 통화를 거는 새로운 기능을 습득했다.

当今年轻的职场人会通过解锁各项专业技能来提升自己。
Dāngjīn niánqīng de zhíchǎng rén huì tōngguò jiěsuǒ gè xiàng zhuānyè jìnéng lái tíshēng zìjǐ.
오늘날 젊은 직장인들은 각종 전문 기능을 습득함으로써 자신을 계발한다.

응급실 약 배달 로봇 취직

急诊病房送药机器人上岗

🔊 073-01

近日安徽省中国科学技术大学附属第一医院"雇用"了
Jìnrì Ānhuī Shěng Zhōngguó Kēxué Jìshù Dàxué fùshǔ dì-yī yīyuàn "gùyòng"le

一名送药机器人，受到了社会舆论的广泛关注。这个机器人名
yì míng sòng yào jīqìrén, shòudàole shèhuì yúlùn de guǎngfàn guānzhù. Zhège jīqìrén míng

为"达达"，是医院继在急诊病房投入使用智能药柜之后，智慧
wéi "Dádá", shì yīyuàn jì zài jízhěn bìngfáng tóurù shǐyòng zhìnéng yào guì zhīhòu, zhìhuì

药房建设的又一重要举措。据介绍，达达体内安装有红外测温、
yàofáng jiànshè de yòu yí zhòngyào jǔcuò. Jù jièshào, Dádá tǐ nèi ānzhuāng yǒu hóng wài cè wēn、

无人驾驶、自主导航、自动避障等高科技功能，只要充电两
wú rén jiàshǐ、zìzhǔ dǎoháng、zìdòng bì zhàng děng gāo kējì gōngnéng, zhǐyào chōngdiàn liǎng

小时可以保持"24小时随时待命"，满足急诊病房随时随地的
xiǎoshí kěyǐ bǎochí "èrshísì xiǎoshí suíshí dàimìng", mǎnzú jízhěn bìngfáng suíshí suídì de

药品需要。据统计，从药师开始配药，到达达送完药品返回药房，
yàopǐn xūyào. Jù tǒngjì, cóng yàoshī kāishǐ pèiyào, dào Dádá sòngwán yàopǐn fǎnhuí yàofáng,

每次平均用时只有十分钟。据医院相关人士介绍，虽然目前
měi cì píngjūn yòng shí zhǐyǒu shí fēnzhōng. Jù yīyuàn xiāngguān rénshì jièshào, suīrán mùqián

送药机器人还不能完全代替人工，不过送药机器人的出现，对
sòng yào jīqìrén hái bù néng wánquán dàitì réngōng, búguò sòng yào jīqìrén de chūxiàn, duì

节省医护时间、节约人力成本、提高工作效率和质量都带来了帮助。
jiéshěng yīhù shíjiān、jiéyuē rénlì chéngběn、tígāo gōngzuò xiàolǜ hé zhìliàng dōu dàiláile bāngzhù.

单어+표현 ┄┄┄┄┄┄┄┄┄┄┄┄┄┄┄┄┄┄┄┄┄┄┄┄┄┄┄┄ 🔊 073-02

急诊病房 jízhěn bìngfáng 응급실 | 附属 fùshǔ 부속되다 | 雇用* gùyòng 고용하다 | 舆论* yúlùn 여론 | 继······之后 jì······zhīhòu
~의 뒤를 잇다 | 智能* zhìnéng 지능, 스마트 | 药柜 yào guì 약장 | 举措 jǔcuò 조치 | 红外测温 hóngwài cè wēn 적외선 온도 측정
| 避障 bì zhàng 장애물을 피하다 | 待命 dàimìng 명령을 기다리다 | 满足 mǎnzú 만족하다 | 随时随地* suíshí suídì 언제 어디서나 |
药师 yàoshī 약사 | 配药 pèiyào 약물을 조제하다 | 返回 fǎnhuí 돌아오다 | 代替 dàitì 대체하다

◀ 최근 안후이성 중국과학기술대학 부설 제1병원에서 약 배달 로봇을 '고용'해 여론의 대대적인 주목을 받았습니다. '다다'라는 이름의 이 로봇은 병원이 응급실에 스마트 약장을 도입한 데 이어 스마트 약국을 건설하는 또 하나의 중요한 조치입니다. 소개에 따르면 다다는 적외선 온도 측정, 자율주행, 자율 내비게이션, 자동 장애물 회피 등 첨단 기능을 갖추고 있고, 2시간만 충전하면 '24시간 상시 대기'할 수 있어 응급실의 언제 어디서나 발생하는 약품 수요를 충족할 수 있습니다. 통계에 따르면 약사가 약을 조제하면 다다가 배달한 후 약국까지 복귀하는 데 회당 평균 10분밖에 걸리지 않는 것으로 나타났습니다. 병원 관계자에 따르면 현재는 아직 약 배달 로봇이 인력을 완전히 대체하지는 못하지만 약 배달 로봇의 등장으로 의료 시간 절감, 인건비 절감, 업무 효율과 품질 향상에 도움이 됐습니다.

뉴스 표현 필살기

'继……之后'는 '~ 다음으로' '~의 뒤를 이어' '~한 후에'라는 뜻으로 자주 사용되는 관용구입니다.

继这项措施之后，国家又出台了更详尽的规定。
Jì zhè xiàng cuòshī zhīhòu, guójiā yòu chūtáile gèng xiángjìn de guīdìng.
이 조치에 이어 국가에서는 더 상세한 규정을 또 내놓았다.

继《中国好声音》之后，湖南电视台又播出了很多有趣的综艺节目。
Jì 《Zhōngguó Hǎo Shēngyīn》 zhīhòu, Húnán Diànshìtái yòu bōchūle hěn duō yǒuqù de zōngyì jiémù.
『보이스 오브 차이나』에 이어 후난 방송국에서는 많은 재미있는 예능 프로그램을 또 방송했다.

中韩两国继经济交流之后，又加强了旅游业的交流。
Zhōnghán liǎng guó jì jīngjì jiāoliú zhīhòu, yòu jiāqiángle lǚyóuyè de jiāoliú.
한중 양국은 경제 교류에 이어 관광 산업의 교류도 강화했다.

알아 두면 뉴스가 들리는 중국 이야기

인공지능이란 컴퓨터가 인간의 지능 활동을 모방할 수 있도록 하는 것, 즉 사고·학습·모방·자기 계발 등을 컴퓨터가 할 수 있도록 연구하는 컴퓨터 공학 및 정보 기술 분야를 말합니다. 머신 러닝(机器学习 jīqì xuéxí), 자연어 처리(自然语言处理 zìrán yǔyán chǔlǐ), 음성 인식(语音识别 yǔyīn shíbié) 등의 기술이 포함되죠. 우리 일상생활에서도 AI 기술을 쉽게 접할 수 있는데요, 아이폰의 음성 인식 기능인 시리가 그 예예요. '시리야'라고 부르면 날씨를 묻는 말에 똑 부러지게 대답하기도 하고, 알림을 설정해 주기도 하죠. 간단한 대화를 할 때면 엉뚱한 답을 하며 웃음을 자아내기도 합니다.

아마존(Amazon), 구글(Google), 애플 등 글로벌 IT 기업에서는 음성 인식 기술을 탑재한 AI 스피커를 상품으로 출시했는데요, 바이두(百度 Bǎidù), 샤오미(小米 Xiǎomǐ), 화웨이(华为 Huáwèi)도 자신만의 제품을 선보였습니다. 바이두는 '小度 Xiǎodù', 샤오미는 '小爱同学 Xiǎo'ài Tóngxué', 화웨이는 '小艺 Xiǎoyì'라는 제품을 출시했습니다.

글로벌 블록체인 보고: 향후 2대 주요 트렌드

国际区块链报告：今后两大主要趋势

◉ 074-01

目前，区块链最热门应用领域分别为：金融、支付和数据
Mùqián, qūkuàiliàn zuì rèmén yìngyòng lǐngyù fēnbié wèi: jīnróng, zhīfù hé shùjù

服务，这几个板块是目前区块链项目完成融资较多的领域。
fúwù, zhè jǐ ge bǎnkuài shì mùqián qūkuàiliàn xiàngmù wánchéng róngzī jiào duō de lǐngyù.

2020年可以说是产业区块链元年。区块链企业注册数量
Èr líng èr líng nián kěyǐ shuō shì chǎnyè qūkuàiliàn yuánnián. Qūkuàiliàn qǐyè zhùcè shùliàng

创下新高，从技术发展来看，区块链技术开始走出波谷，进入
chuàngxià xīngāo, cóng jìshù fāzhǎn lái kàn, qūkuài liàn jìshù kāishǐ zǒuchū bōgǔ, jìnrù

复苏期。专家介绍，区块链技术落地将加速并形成两大发展
fùsūqī. Zhuānjiā jièshào, qūkuàiliàn jìshù luòdì jiāng jiāsù bìng xíngchéng liǎng dà fāzhǎn

趋势。第一，"区块链+新基建"。"新基建"概念提出后，区块链
qūshì. Dì-yī, "qūkuàiliàn jiā xīn jījiàn". "Xīn jījiàn" gàiniàn tíchū hòu, qūkuàiliàn

与人工智能、云计算等作为新技术基础设施的代表归属于信息
yǔ réngōng zhìnéng、yúnjìsuàn děng zuòwéi xīn jìshù jīchǔ shèshī de dàibiǎo guīshǔ yú xìnxī

基础设施，同时，在各地"智慧城市"、"城市大脑"的发展战略下，
jīchǔ shèshī, tóngshí, zài gè dì "zhìhuì chéngshì"、"chéngshì dànǎo" de fāzhǎn zhànlüè xià,

与其他技术的融合已成为了新的趋势。第二，"区块链+政务"。
yǔ qítā jìshù de rónghé yǐ chéngwéile xīn de qūshì. Dì-èr, "qūkuàiliàn jiā zhèngwù".

受客观环境影响，政务方面涉及跨区域、跨部门信息管理
Shòu kèguān huánjìng yǐngxiǎng, zhèngwù fāngmiàn shèjí kuà qūyù、 kuà bùmén xìnxī guǎnlǐ

效率问题，需多方加强协作，由此加速了"区块链+政务"等板块的
xiàolǜ wèntí, xū duōfāng jiāqiáng xiézuò, yóu cǐ jiāsùle "qūkuàiliàn jiā zhèngwù" děng bǎnkuài de

应用落地。
yìngyòng luòdì.

◉ 074-02

区块链* qūkuàiliàn 블록체인 | 分别* fēnbié 각각 | 板块 bǎnkuài 분야 | 融资 róngzī 융자 | 元年* yuánnián 원년 | 波谷 bōgǔ 파고 | 复苏期 fùsūqī 회복기 | 落地 luòdì 착지하다 | 新基建 xīn jījiàn 뉴 인프라 [정책] | 云计算 yúnjìsuàn 클라우드 컴퓨팅 | 归属 guīshǔ 귀속하다 | 融合 rónghé 융합하다 | 政务* zhèngwù 정무 | 跨区域 kuà qūyù 지역 간 | 跨部门 kuà bùmén 부처 간 | 协作* xiézuò 협력하다

◀ 현재 가장 인기 있는 블록체인 응용 분야는 금융, 결제, 데이터 서비스로, 이 분야는 현재 블록체인 프로젝트에서 자금 조달 완료가 많이 된 분야입니다. 2020년은 산업 블록체인의 원년이라고 할 수 있습니다. 블록체인 업체 등록 건수가 최대치를 기록하였으며, 기술 발전으로 볼 때 블록체인 기술은 파고에서 벗어나 회복기에 접어들었습니다. 전문가들은 블록체인 기술의 착지가 가속화돼 2대 발전 트렌드가 형성될 것이라고 설명했습니다. 첫째, '블록체인+뉴 인프라'입니다. '뉴 인프라' 개념이 제시된 후, 블록체인과 인공지능, 클라우드 컴퓨팅 등이 신기술 인프라의 대표 주자로서 정보 인프라에 귀속되는 한편 각 지역의 '스마트 시티', '시티 브레인' 등 발전 전략 아래 다른 기술과의 융합이 새로운 트렌드로 자리 잡았습니다. 둘째, '블록체인+정무'입니다. 객관적 환경의 영향으로 정무적으로 지역 간, 부처 간 정보 관리의 효율성 문제와 관련해 다자간 협력을 강화할 필요가 생기면서 '블록체인+정무' 등 영역에서의 활용이 가속화됐습니다.

뉴스 표현 필살기

'加速'는 '가속화하다'라는 뜻으로 속도감 있게 추진되는 일을 설명할 때 사용됩니다.

加速技术运用，促进行业发展。
Jiāsù jìshù yùnyòng, cùjìn hángyè fāzhǎn.
기술 응용을 가속화하여 업계 발전을 촉진한다.

加速形成全新的发展格局。
Jiāsù xíngchéng quán xīn de fāzhǎn géjú.
새로운 발전 구도 형성을 가속화한다.

加速推动绿色经济发展。
Jiāsù tuīdòng lǜsè jīngjì fāzhǎn.
친환경 경제 발전을 가속화한다.

알아 두면 뉴스가 들리는 중국 이야기

'新基建 Xīn jījiàn'이란 중국 정부가 디지털 경제로의 전환을 가속화하기 위하여 디지털 인프라에 적극적으로 투자하는 뉴 인프라 정책입니다. 한국의 '뉴딜' 사업과 비슷하다고 볼 수 있는데요, 대상 영역으로 5G 구축, 인공지능, 빅데이터 센터, 산업용 인터넷, 도시철도, 특고압 설비, 신에너지 자동차 충전기 등 7대 중점 발전 분야를 발표한 바 있습니다.

중국의 뉴 인프라 정책은 발표되자마자 화젯거리가 되었는데요, '화젯거리'는 중국어로 '热点 rèdiǎn'이라고 합니다. 이를 이용한 표현으로 '热点话题 rèdiǎn huàtí(핫이슈)' '实时热点 shíshí rèdiǎn(실시간 이슈)' '社会热点 shèhuì rèdiǎn(사회적 이슈)' 등이 있으니 함께 기억해 두세요. 본문에서는 '热门 rèmén'이라는 표현을 사용했죠. '热点'과 비슷한 뜻인데요, 미세한 차이를 따지자면 '热门'이 '热点'보다 인기 있는 정도가 더 강하고 오래 지속된다고 할 수 있습니다. 예를 들어 '热门话题, 热点话题' 두 단어 모두 '핫이슈'라는 뜻이지만 전자는 좀 더 오래 화젯거리로 남을 수 있습니다. 따라서 인기 있는 전공, 인기 있는 분야는 중국어로 '热门专业 rèmén zhuānyè, 热门领域 rèmén lǐngyù'라고 합니다.

바이두 자율주행 택시 베이징서 운영

百度自动驾驶出租车驶入北京

🔊 075-01

9月10日，百度阿波罗宣布在北京正式开放自动驾驶出租车
Jiǔ yuè shí rì, Bǎidù Ābōluó xuānbù zài Běijīng zhèngshì kāifàng zìdòng jiàshǐ chūzūchē

服务ApolloGo，北京用户可以在百度地图预约的同时，也可以
fúwù ApolloGo, Běijīng yònghù kěyǐ zài Bǎidù Dìtú yùyuē de tóngshí, yě kěyǐ

在阿波罗官网上预约体验。此次开放的自动驾驶载人测试
zài Ābōluó guānwǎng shang yùyuē tǐyàn. Cǐ cì kāifàng de zìdòng jiàshǐ zài rén cèshì

区域总长度约700公里，覆盖亦庄、海淀、顺义的生活圈和
qūyù zǒng chángdù yuē qībǎi gōnglǐ, fùgài Yìzhuāng、Hǎidiàn、Shùnyì de shēnghuó quān hé

商业圈等近百个站点，全国开放区域最广、测试里程最长。
shāngyè quān děng jìn bǎi ge zhàndiǎn, quánguó kāifàng qūyù zuì guǎng、cèshì lǐchéng zuì cháng.

2013年，百度在京开启自动驾驶研发测试。2019年12月，百度
Èr líng yī sān nián, Bǎidù zài Jīng kāiqǐ zìdòng jiàshǐ yánfā cèshì. Èr líng yī jiǔ nián shí'èr yuè, Bǎidù

阿波罗获得北京市首批自动驾驶车辆载人测试许可，获颁40张
Ābōluó huòdé Běijīng Shì shǒu pī zìdòng jiàshǐ chēliàng zài rén cèshì xǔkě, huòbān sìshí zhāng

载人测试牌照。目前，百度阿波罗自动驾驶车队在京完成了超过
zài rén cèshì páizhào. Mùqián, Bǎidù Ābōluó zìdòng jiàshǐ chēduì zài Jīng wánchéngle chāoguò

51.9万公里的道路测试，取得了开启下一阶段面向社会公众
wǔshíyī diǎn jiǔ wàn gōnglǐ de dàolù cèshì, qǔdéle kāiqǐ xià yī jiēduàn miànxiàng shèhuì gōngzhòng

开放载人应用示范的资质。当下，我国正在积极发展智能网联
kāifàng zài rén yìngyòng shìfàn de zīzhì. Dāngxià, wǒguó zhèngzài jījí fāzhǎn zhìnéng wǎng lián

汽车，自动驾驶市场正处于快速发展阶段。
qìchē, zìdòng jiàshǐ shìchǎng zhèng chǔyú kuàisù fāzhǎn jiēduàn.

🔊 075-02

단어+표현

自动驾驶* zìdòng jiàshǐ 자율주행 | 宣布* xuānbù 발표하다 | 百度地图 Bǎidù Dìtú 바이두 지도 | A的同时，也B A de tóngshí, yě B A하는 동시에 B하기도 하다 | 亦庄 Yìzhuāng 이좡 [지명] | 海淀 Hǎidiàn 하이뎬 [지명] | 顺义 Shùnyì 순이 [지명] | 生活圈 shēnghuó quān 생활권 | 商业圈 shāngyè quān 상권 | 站点 zhàndiǎn 지점 | 里程 lǐchéng 거리 | 许可* xǔkě 허가 | 获颁* huòbān 수여받다 | 牌照 páizhào 라이선스 | 资质 zīzhì 자격 | 智能网联 zhìnéng wǎng lián 스마트 네트워킹

🔊 9월 10일 바이두 아폴로는 베이징에서 자율주행 택시 서비스인 '아폴로 고'를 정식으로 시작한다고 밝혔습니다. 베이징의 사용자들은 바이두 지도에서 예약하거나 아폴로 공식 웹 사이트에서 체험 예약이 가능합니다. 이번에 개방된 자율주행 유인 테스트 구역은 총길이가 약 700km로 이창, 하이덴, 순이의 생활권과 상권 등 약 100개의 지점을 포함하며, 전국에서 개방 구역이 가장 넓고, 테스트 거리가 가장 깁니다. 2013년, 바이두는 베이징에서 자율주행 연구 개발 테스트를 시작했으며 2019년 12월 바이두 아폴로는 베이징시의 첫 자율주행 차량 유인 테스트 허가를 받아 40개의 유인 테스트 라이선스를 발급받았습니다. 현재 바이두 아폴로 자율주행 자동차 팀은 베이징에서 51만 9000km가 넘는 도로 테스트를 마치고 다음 단계인 일반 대중을 대상으로 개방할 유인 응용 시범을 시작할 자격을 갖췄습니다. 현재 중국은 스마트 네트워킹 자동차를 적극 육성하고 있으며 자율주행 시장이 빠른 속도로 성장하고 있습니다.

뉴스 표현 필살기

'A的同时，也B'는 'A함과 동시에 B하기도 하다'라는 뜻으로 두 가지 속성을 지니거나 혹은 두 가지 동작을 수행할 때 사용됩니다.

中国在促进经济快速发展的同时，也要兼顾文化发展。
Zhōngguó zài cùjìn jīngjì kuàisù fāzhǎn de tóngshí, yě yào jiāngù wénhuà fāzhǎn.
중국은 급속한 경제 발전을 촉진하는 동시에 문화 발전도 고려해야 한다.

此次措施为市场注入了活力的同时，也给商家带来了希望。
Cǐ cì cuòshī wèi shìchǎng zhùrùle huólì de tóngshí, yě gěi shāngjiā dàiláile xīwàng.
이번 조치는 시장에 활력을 불어넣는 동시에 판매자들에게도 희망을 가져다주었다.

在做好宏观调控的同时，也要做好微观调整。
Zài zuòhǎo hóngguān tiáokòng de tóngshí, yě yào zuòhǎo wēiguān tiáozhěng.
거시적인 관리를 하는 동시에 미시적인 조율도 잘해야 한다.

알아 두면 뉴스가 들리는 중국 이야기

중국 최대 인터넷 업체인 바이두는 2017년 차세대 주력 사업 중 하나로 '자율주행 자동차'를 선정하고, 아폴로 프로젝트를 발표하였습니다. 아폴로 프로젝트는 자율주행 차량을 연구하는 프로젝트를 말하는데 자율주행 기술을 소프트웨어 플랫폼 형태로 파트너사에 제공하고, 파트너사의 자율주행 데이터를 활용해 기술 개발과 보완을 하는 개방형 협력 체계입니다. 협력을 중심으로 하는 산업 생태계를 구축하고 자율주행 기술의 발전과 보급을 추진하는 것을 취지로 하고 있죠. 현재 이 프로젝트에는 마이크로소프트(Microsoft)를 비롯하여 현대자동차, 포드(Ford), 베이징자동차(北京汽车 Běijīng Qìchē), 보쉬(Bosch), 다임러

(Daimler) 등의 완성차 브랜드와 자동차 부품사, 중국의 전기차 스타트업 기업 등 118개의 파트너사가 참여하고 있어, 중국 최대 프로젝트로 거론되고 있습니다. '아폴로 프로젝트'라는 명명은 1961년부터 1972년까지 나사(NASA)의 주도로 이루어진 미국의 유인 달 탐사 계획인 '아폴로 계획'에서 영감을 얻은 것이라고 합니다.

우량예, 아이스크림 출시했다?

五粮液出冰淇淋了?

🔊 076-01

据报道，最近"五粮液金巧冰淇淋"，正在小红书、微博
Jù bàodào, zuìjìn "Wǔliángyè jīn qiǎo bīngqílín", zhèngzài Xiǎohóngshū、Wēibó

等社交平台走红。这款冰淇淋以黑巧克力为主要原料，添加了
děng shèjiāo píngtái zǒuhóng. Zhè kuǎn bīngqílín yǐ hēi qiǎokèlì wéi zhǔyào yuánliào, tiānjiāle

2-3克的五粮液白酒，表面撒有可食用金粉，售价为18元。
èr zhì sān kè de Wǔliángyè báijiǔ, biǎomiàn sǎ yǒu kě shíyòng jīn fěn, shòujià wéi shíbā yuán.

因为酒精含量不高，所以在品尝的时候虽然会闻到酒味，但并
Yīnwèi jiǔjīng hánliàng bù gāo, suǒyǐ zài pǐncháng de shíhou suīrán huì wéndào jiǔ wèi, dàn bìng

不会醉，在呼气式酒精检测仪检测中，数值显示为0。推出此产品
bú huì zuì, zài hū qì shì jiǔjīng jiǎncèyí jiǎncè zhōng, shùzhí xiǎnshì wéi líng. Tuīchū cǐ chǎnpǐn

的商家名为琉璃鲸，于2018年年初在南京起家，目前已有30多
de shāngjiā míng wéi Liúlí Jīng, yú èr líng yī bā nián niánchū zài Nánjīng qǐjiā, mùqián yǐ yǒu sānshí duō

家分店。对于该产品是否属于五粮液集团旗下产品或者是双方
jiā fēndiàn. Duìyú gāi chǎnpǐn shìfǒu shǔyú Wǔliángyè Jítuán qíxià chǎnpǐn huòzhě shì shuāngfāng

合作系列产品等问题，五粮液集团昨日回应称，这是商家自身的
hézuò xìliè chǎnpǐn děng wèntí, Wǔliángyè Jítuán zuórì huíyìng chēng, zhè shì shāngjiā zìshēn de

行为，公司并未接收过商家的沟通，五粮液这边应该暂时不会
xíngwéi, gōngsī bìng wèi jiēshōuguo shāngjiā de gōutōng, Wǔliángyè zhè biān yīnggāi zànshí bú huì

对其进行管理。
duì qí jìnxíng guǎnlǐ.

🔊 076-02

五粮液 Wǔliángyè 우량예 [고량주의 일종] | **冰淇淋** bīngqílín 아이스크림 | **社交平台**＊ shèjiāo píngtái SNS | **款** kuǎn 것, 가지 | **原料** yuánliào 원료 | **添加** tiānjiā 첨가하다 | **白酒** báijiǔ 고량주 | **撒** sǎ 뿌리다 | **可食用金粉** kě shíyòng jīn fěn 식용 금가루 | **售价** shòu jià 판매 가격 | **呼气式酒精检测仪** hū qì shì jiǔjīng jiǎncèyí 호흡식 알코올 측정기 | **数值** shùzhí 수치 | **琉璃鲸** Liúlí Jīng 리우리징 [중국의 음료 프랜차이즈] | **起家** qǐjiā 사업을 일으키다 | **分店** fēndiàn 체인점

보도에 따르면 최근 '우량예 진챠오 아이스크림'이 샤오훙슈, 웨이보 등 SNS에서 인기를 끌고 있습니다. 다크 초콜릿을 주원료로 하는 이 아이스크림은 2~3g의 우량예 고량주를 첨가하였으며, 표면에 식용 금가루가 뿌려져 있으며 판매 가격은 18위안입니다. 알코올 함량이 높지 않아 맛을 볼 때 술 냄새가 날 수 있지만 취하지는 않고, 호흡식 알코올 측정기에서는 수치가 0으로 나타났습니다. 이 제품을 내놓은 업체는 리우리징이라는 곳으로, 2018년 초 난징에서 개점하였고, 현재 30여 개의 지점을 운영하고 있습니다. 이 제품이 우량예 그룹 산하의 제품이거나 양측이 합작한 시리즈 상품인지 등에 대한 질문에 대해 우량예 그룹은 어제 이는 업체의 자체적인 행위라며 회사는 업체로부터 연락을 받은 적이 없고, 우량예 측은 당분간 이 제품에 대해 관리하지 않을 것이라고 답했습니다.

뉴스 표현 필살기

'推出'는 '출시하다, 내놓다'라는 뜻으로, 제품, 상품, 서비스나 영화, 드라마, 음반 등 작품을 대상으로 사용합니다.

本月底，麦当劳将推出夏季全新午餐套餐。
Běn yuèdǐ, Màidāngláo jiāng tuīchū xiàjì quán xīn wǔcān tàocān.
맥도날드는 이달 말 새로운 여름 시즌 런치 세트를 내놓는다.

我们为了推出此作品，做了不少努力。
Wǒmen wèile tuīchū cǐ zuòpǐn, zuòle bù shǎo nǔlì.
우리는 이 작품을 내놓기 위해 많은 노력을 했다.

中国联通将正式在香港推出5G服务。
Zhōngguó Liántōng jiāng zhèngshì zài Xiānggǎng tuīchū wǔ G fúwù.
차이나유니콤이 홍콩에서 5G 서비스를 공식 출시할 예정이다.

알아 두면 뉴스가 들리는 중국 이야기

중국어 속담에 '无酒不成席 wú jiǔ bù chéng xí(술이 없으면 자리가 만들어지지 않는다)' 라는 말이 있습니다. 그만큼 술을 사랑하고 즐기는 중국의 문화를 나타낸 말이라고 할 수 있죠. 중국은 특히 '白酒 báijiǔ'라고도 하는 고량주가 발달했습니다. 2021년의 중국의 8대 명주(八大名酒 bā dà míng jiǔ)는 '마오타이(茅台 Máotái), 우량예(五粮液 Wǔliángyè), 구징궁주(古井贡酒 Gǔjǐng Gòng Jiǔ), 젠난춘(剑南春 Jiànnánchūn), 루저우라오쟈오(泸州老窖 Lúzhōu Lǎo Jiào), 펀주(汾酒 Fénjiǔ), 시펑주(西凤酒 Xīfèngjiǔ), 둥주(董酒 Dǒngjiǔ)입니다. 8대 명주를 생산하는 회사는 그 기업 가치도 어마어마합니다. '중국판 포브스(Forbes)'라 불리는 후룬리포트(胡润百富 Húrùn Bǎifù) 가 선정한 '2020년 브랜드 가치' 순위에서 마오타이가 1위를 차지했고, 우량예는 기업 가치가 2배가 상승하며 2계단 오른 5위를 차지했습니다. 마오타이는 심지어 '국주(国酒 guó jiǔ)'라고 불리기도 하니, 전 국민적인 인기를 실감할 수 있습니다.
중국에는 술만 파는 사이트가 있는데요, 酒仙网 jiǔxiān wǎng'이라고 합니다. 고량주, 와인, 맥주 등 모든 주류가 포함된 주류 판매 플랫폼인데요, 애주가라면 알아 두는 것도 좋겠습니다.

새로운 차 마시기 운동 이끈 기업

掀起新茶饮运动的企业

🔊 077-01

2017年，一个中国现象级茶饮品牌——喜茶，成功进军
Èr líng yī qī nián, yí ge Zhōngguó xiànxiàngjí chá yǐn pǐnpái——Xǐchá, chénggōng jìnjūn

上海，引发全民热议。这个受年轻人追捧的品牌，凭借精准
Shànghǎi, yǐnfā quánmín rèyì. Zhège shòu niánqīng rén zhuīpěng de pǐnpái, píngjiè jīngzhǔn

的目标客户和产品定位、吸睛的门店设计、强大的营销能力在
de mùbiāo kèhù hé chǎnpǐn dìngwèi、xījīng de méndiàn shèjì、qiángdà de yíngxiāo nénglì zài

中国掀起了"新茶饮运动"，引领了全新的茶饮文化。首先，将
Zhōngguó xiānqǐle "xīn chá yǐn yùndòng", yǐnlǐngle quán xīn de chá yǐn wénhuà. Shǒuxiān, jiāng

芝士奶盖与茶搭配在一起，改变了中国传统的纯茶清饮，也
zhīshì nǎi gài yǔ chá dāpèi zài yìqǐ, gǎibiànle Zhōngguó chuántǒng de chún chá qīng yǐn, yě

改变了茶的味道。更重要的是改变了茶热饮的形式，也不需要
gǎibiànle chá de wèidào. Gèng zhòngyào de shì gǎibiànle chá rèyǐn de xíngshì, yě bù xūyào

茶具，将茶饮变为快餐饮品。其次，让年轻人追捧，不惜花费几
chájù, jiāng chá yǐn biàn wéi kuàicān yǐnpǐn. Qícì, ràng niánqīng rén zhuīpěng, bùxī huāfèi jǐ

个小时排队买茶。几年前，喜茶三里屯店外，曾发生过最高
ge xiǎoshí páiduì mǎi chá. Jǐ nián qián, Xǐchá Sānlǐtún diàn wài, céng fāshēngguo zuì gāo

7小时的排队记录，黄牛也放出了三倍之高的倒卖价格，此后喜茶
qī xiǎoshí de páiduì jìlù, huángniú yě fàngchūle sān bèi zhī gāo de dǎomài jiàgé, Cǐhòu xǐchá

不得已施行实名制购茶，而且每人最多购买六杯。这在此前是
bùdéyǐ shīxíng shímíngzhì gòu chá, érqiě měi rén zuì duō gòumǎi liù bēi. Zhè zài cǐqián shì

前所未有的。
qiánsuǒwèiyǒu de.

🔊 077-02

단어+표현

现象级 xiànxiàngjí 선풍적인 | 喜茶 Xǐchá 희차 [중국의 음료 프랜차이즈] | 进军* jìnjūn 진출하다 | 追捧 zhuīpěng 열광하다 | 精准* jīngzhǔn 정확하다 | 定位 dìngwèi 정해진 위치, 타깃 | 吸睛 xījīng 눈길을 끌다 | 门店 méndiàn 매장 | 芝士奶盖 zhīshì nǎi gài 치즈 밀크 폼 | 搭配 dāpèi 배합하다 | 茶具 chájù 다구 | 不惜 bùxī ~도 상관 없다 | 三里屯 Sānlǐtún 산리툰 [지명] | 黄牛 huángniú 암표 | 倒卖 dǎomài 되팔다

◀ 2017년, 중국에서 선풍적인 인기를 끄는 차 음료 브랜드인 희차가 상하이 진출에 성공해 전 국민적인 화제를 모았습니다. 젊은이에게 인기가 높은 이 브랜드는 정확한 타깃 고객과 제품 포지셔닝, 눈에 띄는 매장 디자인, 강력한 마케팅 능력으로 중국에서 '새로운 차 마시기 운동'을 일으키며 새로운 차 마시기 문화를 선도하고 있습니다. 우선 치즈 밀크폼을 차와 함께 곁들여 중국의 전통적인 순수 차인 청음(清饮)을 바꾸고 차 맛도 바꿨습니다. 무엇보다 차를 따뜻하게 마시는 형태를 바꾸고 다구도 필요 없어 차 음료를 패스트푸드로 바꿨습니다. 둘째, 젊은이들이 몇 시간씩 줄을 서서 차를 사도록 하였습니다. 몇 년 전, 희차 산리툰점 밖에서는 최고 7시간의 대기 기록이 있었고, 암표도 4배 높은 되팔이를 내놓아 희차에서 부득이하게 실명으로 차를 구입하고 1인당 최대 6잔까지 구매하도록 했는데 이는 전례가 없던 일입니다.

뉴스 표현 필살기

'不得已'는 '부득이하게, 어쩔 수 없이'라는 뜻으로 본인이 원하지 않음에도 무엇을 해야 할 때 사용하는 표현입니다. '不得不 bù dé bù'로 바꿔 쓸 수 있습니다.

在竞争对手猛烈的资本攻击下，我们不得已退出中国市场。
Zài jìngzhēng duìshǒu měngliè de zīběn gōngjī xià, wǒmen bùdéyǐ tuìchū Zhōngguó shìchǎng.
경쟁자의 맹렬한 자본 공격 아래 우리는 부득이하게 중국 시장에서 퇴출하게 되었다.

由于经营不善，总部不得已决定将店铺转让出去。
Yóuyú jīngyíng búshàn, zǒngbù bùdéyǐ juédìng jiāng diànpù zhuǎnràng chūqù.
경영 부실로 본사에서 부득이하게 점포를 양도하기로 결정했다.

实在抱歉，我方也是不得已而为之。
Shízài bàoqiàn, wǒ fāng yě shì bùdéyǐ ér wéi zhī.
저희도 부득이하게 이런 결정을 내리게 되어 정말 죄송합니다.

알아 두면 뉴스가 들리는 중국 이야기

중국의 사극을 보면서 어떤 학습자가 질문을 합니다. 관리가 분명히 "请喝茶。Qǐng hē chá.(차를 드세요.)"라고 했는데 옆에 있던 하인이 "送客! Sòng kè!(손님을 보내시오!)"라고 소리치면서 손님을 돌려보냈다는 겁니다. 좀 어리둥절하게 느껴질 수 있는 장면인데요, 사실 한국어의 '잘 먹고 잘 살아라'와 비슷하다고 하면 바로 이해가 될 것입니다. 관리가 손님에게 정말로 차를 마시라고 권하는 것이 아니라, 얘기를 듣다가 짜증이 났다거나 더 이상 듣기 싫다는 의사를 표현하고 있는 것입니다. 언어라는 게 참 신기하죠. 상황과 뉘앙스에 따라 본래의 뜻과 정반대되는 뜻을 표현하기도 하니까요.
차라고 하면 당연히 중국의 명차를 빼놓을 수 없죠. 중국에는 지역마다 내세우는 유명한 차가 있는데, 추천하고 싶은 차를 한번 정리해 보겠습니다.

龙井茶 Lóngjǐng Chá 룽징차   **碧螺春** Bìluóchūn 벽라춘

乌龙茶 Wūlóng Chá 우롱차   **铁观音** Tiěguānyīn 철관음

普洱茶 Pǔ'ěr Chá 푸얼차   **大红袍茶** Dàhóngpáo chá 대홍포차

스타벅스, 중국에 매장 600개 더 늘린다

星巴克，将在中国新开600家门店

🔘 078-01

星巴克在本月10日举办的全球投资者大会上公布了未来
Xīngbākè zài běn yuè shí rì jǔbàn de quánqiú tóuzīzhě dàhuì shang gōngbùle wèilái

10年在全球范围内的门店计划。具体计划为到2030年，将
shí nián zài quánqiú fànwéi nèi de méndiàn jìhuà. Jùtǐ jìhuà wéi dào èr líng sān líng nián, jiāng

全球门店从目前的3.3万家扩张至5.5万家，其中
quánqiú méndiàn cóng mùqián de sān diǎn sān wàn jiā kuòzhāng zhì wǔ diǎn wǔ wàn jiā, qízhōng

一半以上门店将是咖啡厅，40%为汽车餐厅，5%
yíbàn yǐshàng méndiàn jiāng shì kāfēitīng, bǎi fēn zhī sìshí wéi qìchē cāntīng, bǎi fēn zhī wǔ

将专注于外带服务。而在中国，下一财年将新开600家门店，
jiāng zhuānzhù yú wài dài fúwù.　Ér zài Zhōngguó, xià yī cáinián jiāng xīn kāi liùbǎi jiā méndiàn,

其中10%将是咖快门店，提供在线点餐、到店自提服务。
qízhōng bǎi fēn zhī shí jiāng shì kākuài méndiàn, tígōng zàixiàn diǎn cān、dào diàn zì tí fúwù.

星巴克还表示，未来将进一步利用星享俱乐部APP向顾客提供
Xīngbākè hái biǎoshì,　wèilái jiāng jìnyíbù lìyòng Xīngxiǎng Jùlèbù APP xiàng gùkè tígōng

具有针对性的产品和服务，以提高销量、鼓励回头客。尽管目前
jùyǒu zhēnduìxìng de chǎnpǐn hé fúwù,　yǐ tígāo xiāoliàng、 gǔlì huítóukè.　Jǐnguǎn mùqián

星巴克在全球的市场渗透率很高，但他们表示还有很多潜在
Xīngbākè zài quánqiú de shìchǎng shèntòulǜ hěn gāo,　dàn tāmen biǎoshì hái yǒu hěn duō qiánzài

空间可以进一步挖掘。
kōngjiān kěyǐ jìnyíbù wājué.

🔘 078-02

星巴克 Xīngbākè 스타벅스 | **扩张*** kuòzhāng 확장하다 | **汽车餐厅** qìchē cāntīng 드라이브 스루 | **专注** zhuānzhù 집중하다 |
外带服务 wài dài fúwù 픽업 서비스 | **财年** cáinián 회계연도 | **咖快** kākuài 스타벅스 나우(Starbucks Now) [모바일로 주문하고 매장에서
수령하는 서비스] | **在线点餐** zàixiàn diǎn cān 온라인 주문 | **到店自提** dào diàn zì tí 현장 픽업 | **星享俱乐部** Xīngxiǎng Jùlèbù
스타벅스 리워드 | **回头客** huítóukè 재방문객 | **渗透** shèntòu 침투하다 | **挖掘** wājué 발굴하다

◀ 스타벅스는 지난 10일 열린 글로벌 투자자 콘퍼런스에서 향후 10년간의 글로벌 매장 계획을 발표했습니다. 구체적으로는 2030년까지 전 세계 매장을 현재 3만 3000개에서 5만 5000개로 늘리고, 이 중 절반 이상은 커피숍, 40%는 드라이브 스루, 5%는 픽업 서비스에 집중한다는 계획입니다. 한편 중국에서는 다음 회계연도에 600개 매장을 새로 개점할 예정이며, 이 중 10%는 스타벅스 나우 매장으로 온라인 주문 및 현장 수령 서비스를 제공합니다. 스타벅스는 앞으로 스타벅스 리워드 앱을 통해 고객들에게 맞춤형 제품과 서비스를 제공해 판매량을 높이고 재방문객을 독려할 계획이라고 덧붙였습니다. 스타벅스 측은 비록 스타벅스의 글로벌 시장 침투율이 현재 매우 높지만 아직 발굴할 여지가 많다고 설명했습니다.

뉴스 표현 필살기

'以'는 문장의 뒤 절에서 '以+동사' 형식으로 사용되어 목적을 나타냅니다. 또는 '以……为目的 yǐ……wéi mùdì' 형식으로도 목적을 나타낼 수 있습니다.

全面深化改革，以促进社会进一步发展。
Quánmiàn shēnhuà gǎigé, yǐ cùjìn shèhuì jìnyíbù fāzhǎn.
사회의 진일보한 발전을 촉진하기 위해 전면적으로 개혁을 심화한다.

加强员工培训，以提高服务质量。
Jiāqiáng yuángōng péixùn, yǐ tígāo fúwù zhìliàng.
서비스의 질을 높이기 위해 직원 교육을 강화한다.

简化身份证补办流程，以缩短签发时间。
Jiǎnhuà shēnfènzhèng bǔbàn liúchéng, yǐ suōduǎn qiānfā shíjiān.
신분증 재발급 절차를 간소화하여 발급 시간을 단축한다.

알아두면 뉴스가 들리는 중국 이야기

'我每天靠咖啡续命。 Wǒ měi tiān kào kāfēi xù mìng.'이라는 말이 있는데요, 직역하면 '나는 매일 커피로 명을 이어간다.'라는 뜻인데 커피 없이는 못 산다는 의미입니다. 특히 젊은 직장인들이 요즘 입에 달고 사는 말이죠. 세계 3대 음료 중 하나인 커피는 중국의 '국민 음료'인 차를 대체하지 못하고 있지만 중국 전국적으로 커피 열풍이 불고 있는 건 사실입니다. 다른 국제적인 도시에 비해 커피 문화의 형성 시간이 짧은 편이지만, 중국 내에서 커피 문화가 가장 발전한 지역은 바로 상하이입니다. 통계에 따르면 2021년 1월 6일 기준, 상하이에는 총 6400개의 커피숍이 영업 중이고, 1인당 커피숍 수가 2.67곳에 달해 전국 1위를 차지하였습니다. 2위를 차지한 베이징은 커피숍 수가 상하이의 60% 정도를 기록했고 3위인 광저우는 상하이의 50%밖에 미치지 못했습니다. 그뿐만 아니라 역사적으로 봤을 때, 상하이 시민은 1843년부터 커피를 마시기 시작했는데 그때는 '磕肥 kēféi'라고 했답니다. 마지막으로 1922~1937년 사이 상영된 중국 영화 33편 중, 13편에서 커피를 마시는 신이 나왔다는 흥미로운 통계도 있습니다.

심부름 업계 고속 성장,
월 액티브 유저 450만 명

跑腿行业发展迅猛，月活跃用户达450万人

● 079-01

跑腿，指为人奔走做杂事。如今产生了很多通过跑腿
Pǎotuǐ, zhǐ wèi rén bēnzǒu zuò záshì. Rújīn chǎnshēngle hěn duō tōngguò pǎotuǐ

衍生出来的职业，跑腿行业已经在国内很多地区成熟，最常见
yǎnshēng chūlái de zhíyè, pǎotuǐ hángyè yǐjīng zài guónèi hěn duō dìqū chéngshú, zuì chángjiàn

的一种服务方式就是跑腿APP。跑腿作为一种行业得到快速
de yì zhǒng fúwù fāngshì jiù shì pǎotuǐ APP. Pǎotuǐ zuòwéi yì zhǒng hángyè dédào kuàisù

发展，并非是偶然因素。可以说，从人类有了社会分工开始，就
fāzhǎn, bìngfēi shì ǒurán yīnsù. Kěyǐ shuō, cóng rénlèi yǒule shèhuì fēngōng kāishǐ, jiù

有了跑腿的存在，只是一直没有被专业化。随着社会消费水平
yǒule pǎotuǐ de cúnzài, zhǐshì yìzhí méiyǒu bèi zhuānyèhuà. Suízhe shèhuì xiāofèi shuǐpíng

不断提升，商品经济社会发展、各行各业不断地被细分化、
búduàn tíshēng, shāngpǐn jīngjì shèhuì fāzhǎn, gè háng gè yè búduàn de bèi xìfēnhuà,

专业化，需求也变得五花八门。这就需要一种专业的服务来
zhuānyèhuà, xūqiú yě biàn de wǔhuā-bāmén. Zhè jiù xūyào yì zhǒng zhuānyè de fúwù lái

满足市场。因此跑腿业务的出现可以说是应时顺人的。历经十年
mǎnzú shìchǎng. Yīncǐ pǎotuǐ yèwù de chūxiàn kěyǐ shuō shì yìngshí shùn rén de. Lìjīng shí nián

的发展，跑腿行业从规模、模式与体验等方面不断迭代。据统计
de fāzhǎn, pǎotuǐ hángyè cóng guīmó, móshì yǔ tǐyàn děng fāngmiàn búduàn dié dài. Jù tǒngjì

2019年月活跃用户量达到450万人。预估今后跑腿行业
èr líng yī jiǔ nián yuè huóyuè yònghù liàng dádào sìbǎi wǔshí wàn rén. Yùgū jīnhòu pǎotuǐ hángyè

需求持续旺盛，市场规模也将保持较快的增长速度。
xūqiú chíxù wàngshèng, shìchǎng guīmó yě jiāng bǎochí jiào kuài de zēngzhǎng sùdù.

● 079-02

단어+표현

跑腿 pǎotuǐ 심부름하다 | 活跃用户* huóyuè yònghù 액티브 유저 | 奔走 bēnzǒu 돌아다니다 | 杂事 záshì 잡일 | 偶然因素 ǒurán yīnsù 우연한 원인 | 细分化* xìfēnhuà 세분화 | 五花八门 wǔhuā-bāmén 가지각색이다 | 应时顺人 yìngshí shùn rén 때를 맞춰 사람들의 필요에 의해 | 历经 lìjīng 두루 경험하다, 여러 번 겪다 | 迭代 dié dài 업그레이드 | 预估* yùgū 예상하다 | 旺盛 wàngshèng 왕성하다

🔊 심부름은 다른 사람 대신 여기저기 다니며 번거로운 일을 해 주는 것을 가리킵니다. 현재 심부름에서 파생된 직업이 많이 생겨났고, 심부름 업계는 이미 국내 여러 지역에서 성숙해 있으며, 가장 흔한 서비스 중 하나는 심부름 앱입니다. 심부름이 하나의 업종으로 급성장한 것은 우연이 아닙니다. 인간에게 사회적 분업이 생겼을 때부터 심부름이 존재했지만 전문화되지 않았을 뿐입니다. 사회의 소비 수준이 끊임없이 높아지고 상품 경제와 사회가 발전하고 각 업계가 끊임없이 세분되고 전문화됨에 따라 수요도 각양각색으로 변했습니다. 이러면 시장을 만족시킬 수 있는 전문적인 서비스가 필요하게 됩니다. 그래서 심부름 일은 때를 맞춰 사람들의 필요에 의해 나타났다고 할 수 있습니다. 10년 동안의 발전을 거쳐 심부름 서비스는 규모, 모델, 체험 등의 측면에서 계속 업그레이드되었습니다. 통계에 따르면 2019년 월 액티브 유저는 450만 명으로 집계됐습니다. 앞으로 심부름 업계의 수요는 계속 왕성하고 시장 규모도 비교적 빠른 성장 속도를 유지할 것으로 예상됩니다.

뉴스 표현 필살기

'只是'는 '다만, 단지'라는 뜻으로 '只不过 zhǐ búguò'로 바꿔 쓸 수 있습니다.

这个问题不是不严重，只是一直没有被发现。
Zhège wèntí bú shì bù yánzhòng, zhǐshì yìzhí méiyǒu bèi fāxiàn.
이 문제는 심각하지 않은 것이 아니라, 다만 줄곧 발견되지 않았을 뿐이다.

不是故意拖延时间，只是决定事关重大，需要再三考虑。
Bú shì gùyì tuōyán shíjiān, zhǐshì juédìng shì guān zhòngdà, xūyào zàisān kǎolǜ.
고의로 시간을 끌려는 것이 아니라, 단지 결정할 사안이 중대하니, 거듭 고려해야 한다.

O2O市场没问题，只是时机还未成熟。
O2O shìchǎng méi wèntí, zhǐshì shíjī hái wèi chéngshú.
O2O 시장은 문제없다. 다만 시기가 아직 적절하지 않을 뿐이다.

알아 두면 뉴스가 들리는 중국 이야기

기술이나 마케팅과 관련된 기사를 보면 '应用 yìngyòng'이라는 단어가 빈번하게 등장하는데요, '응용하다, 적용하다, 사용하다, 활용하다' 등의 의미입니다. 이 밖에 '애플리케이션, 응용 프로그램'이라는 뜻도 있는데요, 문맥에 따라 적절하게 해석해야 합니다.

提高新型科学技术在各领域的应用至关重要。
Tígāo xīnxíng kēxué jìshù zài gè lǐngyù de yìngyòng zhì guān zhòngyào.
각 분야에서 새로운 과학 기술 적용을 높이는 것이 매우 중요하다.

一种全新的功能化合物，将应用于糖尿病领域。
Yì zhǒng quán xīn de gōngnéng huàhéwù, jiāng yìngyòng yú tángniàobìng lǐngyù.
새로운 기능성 화합물이 당뇨병 분야에 사용될 것이다.

最常见的手机应用有那些？
Zuì chángjiàn de shǒujī yìngyòng yǒu nǎxiē?
가장 일반적인 휴대폰 앱은 어떤 것이 있을까요?

시딩 기능의 플랫폼이
새로운 소비 문화를 이끌다

종草功能平台引领全新消费文化

🔊 080-01

近几年，区别于传统社交模式的"种草"平台——小红书，
Jìn jǐ nián, qūbié yú chuántǒng shèjiāo móshì de "zhòng cǎo" píngtái——Xiǎohóngshū,

正在引领中国年轻人全新的消费文化趋势。在互联网社交
zhèngzài yǐnlǐng Zhōngguó niánqīng rén quán xīn de xiāofèi wénhuà qūshì. Zài hùliánwǎng shèjiāo

平台飞速发展的当下，小红书以其独特的属性，成为了最典型
píngtái fēisù fāzhǎn de dāngxià, Xiǎohóngshū yǐ qí dútè de shǔxìng, chéngwéile zuì diǎnxíng

的成功案例。小红书成立于2013年，目前注册用户已超过
de chénggōng ànlì. Xiǎohóngshū chénglì yú èr líng yī sān nián, mùqián zhùcè yònghù yǐ chāoguò

3亿。起初，用户在小红书里分享海外购物经验；此后，除美妆、
sānyì. Qǐchū, yònghù zài Xiǎohóngshū lǐ fēnxiǎng hǎiwài gòuwù jīngyàn; cǐhòu, chú měizhuāng,

个护，还出现了关于运动、旅游、酒店、餐馆等相关信息分享。
gèhù, hái chūxiànle guānyú yùndòng, lǚyóu, jiǔdiàn, cānguǎn děng xiāngguān xìnxī fēnxiǎng.

与基于好友互动的传统社交软件不同，小红书侧重于众多
Yǔ jīyú hǎoyǒu hùdòng de chuántǒng shèjiāo ruǎnjiàn bù tóng, Xiǎohóngshū cèzhòng yú zhòngduō

陌生人之间线上商品、服务体验等内容分享，通过种草
mòshēng rén zhī jiān xiànshàng shāngpǐn, fúwù tǐyàn děng nèiróng fēnxiǎng, tōngguò zhòng cǎo

引导并激发消费者在线上、线下的购买欲望。如今，消费前搜搜
yǐndǎo bìng jīfā xiāofèizhě zài xiànshàng, xiànxià de gòumǎi yùwàng. Rújīn, xiāofèi qián sōu sōu

小红书已经成为众多中国年轻消费者的习惯。
Xiǎohóngshū yǐjīng chéngwéi zhòngduō Zhōngguó niánqīng xiāofèizhě de xíguàn.

🔊 080-02

단어＋표현

种草 zhòng cǎo 시딩(seeding), 좋은 물건이나 장소 등을 추천하다 | **社交模式** shèjiāo móshì 소셜 네트워킹 패턴 | **小红书** Xiǎohóngshū 샤오훙슈 [중국의 SNS] | **案例*** ànlì 사례 | **分享*** fēnxiǎng 공유하다 | **个护** gèhù 생활용품 | **侧重于** cèzhòng yú 치중하다 | **引导** yǐndǎo 이끌다 | **激发** jīfā 자극하다 | **购买欲望** gòumǎi yùwàng 구매욕

◀ 최근 몇 년간 전통적인 소셜 네트워킹 패턴과 차별화된 '시딩' 플랫폼인 샤오홍슈가 중국 젊은이들의 새로운 소비문화 트렌드를 이끌고 있습니다. 온라인 소셜 네트워크 플랫폼이 빠르게 성장하는 요즘, 샤오홍슈는 독특한 속성으로 대표적인 성공 사례로 꼽습니다. 2013년 설립된 샤오홍슈는 현재 가입자가 3억 명을 넘어섰습니다. 최초에 샤오홍슈에서 해외 쇼핑 경험담을 공유하던 이용자들은 이후 뷰티, 생활용품, 스포츠, 여행, 호텔, 레스토랑 등에 대한 정보도 공유하고 있습니다. 지인과의 상호 작용에 기반한 전통적인 SNS 앱과 달리 샤오홍슈는 수많은 낯선 사람들 간의 온라인 상품, 서비스 체험 등의 콘텐츠 공유에 치중하고 시딩를 통해 소비자의 온오프라인 구매욕을 자극합니다. 지금은 쇼핑 전에 샤오홍슈를 검색해 보는 것이 이미 젊은 중국 소비자들의 습관으로 자리 잡았습니다.

뉴스 표현 필살기

'侧重于'는 '~에 치중하다, ~에 역점을 두다'라는 뜻으로 특정 분야에 집중됨을 나타냅니다.

这本书侧重于向读者说明最新技术。
Zhè běn shū cèzhòng yú xiàng dúzhě shuōmíng zuì xīn jìshù.
이 책은 독자에게 최신 기술을 설명하는 데 중점을 둔다.

这个节目侧重于对青少年的智力开发。
Zhège jiémù cèzhòng yú duì qīngshàonián de zhìlì kāifā.
이 프로그램은 청소년의 지적 발달에 중점을 둔다.

中国人看韩剧，侧重于"韩流"明星。
Zhōngguórén kàn Hánjù, cèzhòng yú "Hánliú" míngxīng.
중국인들은 '한류' 스타를 중심으로 한국 드라마를 본다.

알아 두면 뉴스가 들리는 중국 이야기

'중국판 인스타그램'이라고 불리는 샤오홍슈가 등장하면서 '种草 zhòng cǎo'라는 신조어가 생겼는데요, 원래는 '풀을 심다'라는 뜻이지만, 현재는 어떤 상품을 노출하고 추천하여 다른 사람의 구매욕을 자극하거나 좋아하게 만드는 행동이나 과정인 '시딩'을 뜻합니다. 한국에서 말하는 '영업하다, 영업 당하다'라는 표현과 비슷합니다. 기업이 여러 가지 홍보 수단, 특히 SNS 계정을 통해 제품 사진을 업로드해서 소비자에게 노출시키고 홍보하는 모든 과정을 '种草'라고 할 수 있습니다. 상품뿐만 아니라 맛집이나 관광지 등 어떤 것이든 '种草'할 수 있습니다. '种草'는 동사로 많이 사용되는데요, '种草'를 그만두는 것은 '拔草 bá cǎo(풀을 뽑다)'라고 표현합니다.

RED

大家好，今天给大家种草一款香水。
Dàjiā hǎo, jīntiān gěi dàjiā zhòng cǎo yì kuǎn xiāngshuǐ.
여러분, 안녕하세요. 오늘은 여러분께 향수 하나를 추천해 드리고자 합니다.

今天看他推荐一款香水，感觉特别好，我被种草了。
Jīntiān kàn tā tuījiàn yì kuǎn xiāngshuǐ, gǎnjué tèbié hǎo, wǒ bèi zhòng cǎo le.
오늘 그가 추천한 향수를 봤는데, 너무 좋아. 나 시딩 당했어.

这个香水味道好奇怪，今天拔草了。
Zhège xiāngshuǐ wèidào hǎo qíguài, jīntiān bá cǎo le.
향수 냄새가 너무 이상해. 이제는 안 사야겠어.

쇼트클립, 1인당 하루 평균 110분 사용

短视频，人均单日平均使用110分钟

🔘 081-01

中国网络视听节目服务协会10月12日在成都发布《2020
Zhōngguó wǎngluò shìtīng jiémù fúwù xiéhuì shí yuè shí'èr rì zài Chéngdū fābù 《èr líng èr líng

中国网络视听发展研究报告》。该报告基于数据挖掘、调研
Zhōngguó wǎngluò shìtīng fāzhǎn yánjiū bàogào》。Gāi bàogào jīyú shùjù wājué、diàoyán

以及第三方数据，对2019-2020年的网络视听行业
yǐjí dì-sān fāng shùjù，duì èr líng yī jiǔ zhì èr líng èr líng nián de wǎngluò shìtīng hángyè

现状和发展趋势进行权威、全面的研判。《报告》显示，短视频
xiànzhuàng hé fāzhǎn qūshì jìnxíng quánwēi、quánmiàn de yánpàn.《Bàogào》xiǎnshì，duǎn shìpín

已成为用户"杀"时间的利器，人均单日使用时长增幅显著。截至
yǐ chéngwéi yònghù "shā" shíjiān de lìqì，rénjūn dān rì shǐyòng shícháng zēngfú xiǎnzhù. Jiézhì

2020年6月，短视频以人均单日110分钟的使用时长
èr líng èr líng nián liù yuè，duǎn shìpín yǐ rénjūn dān rì yìbǎi yīshí fēnzhōng de shǐyòng shícháng

超越了即时通讯，刷短视频已成为中国社会普遍的社会
chāoyuèle jíshí tōngxùn，shuā duǎn shìpín yǐ chéngwéi Zhōngguó shèhuì pǔbiàn de shèhuì

现象之一。此外，短视频还在向电商、直播、教育等多元领域
xiànxiàng zhī yī. Cǐwài，duǎn shìpín hái zài xiàng diànshāng、zhíbō、jiàoyù děng duōyuán lǐngyù

不断渗透，影响力持续深入，推动网络视听行业格局的变化。
búduàn shèntòu，yǐngxiǎnglì chíxù shēnrù，tuīdòng wǎngluò shìtīng hángyè géjú de biànhuà.

据相关人士介绍，短视频不再只是娱乐，而已经与各领域叠加、
Jù xiāngguān rénshì jièshào，duǎn shìpín bú zài zhǐshì yúlè，ér yǐjīng yǔ gè lǐngyù diéjiā、

渗透，甚至对国民经济都将产生影响。
shèntòu，shènzhì duì guómín jīngjì dōu jiāng chǎnshēng yǐngxiǎng.

🔘 081-02

단어+표현

中国网络视听节目服务协会 Zhōngguó wǎngluò shìtīng jiémù fúwù xiéhuì 중국 인터넷 시청각 프로그램 서비스 협회 | **挖掘***
wājué 마이닝 | **权威** quánwēi 권위적이다 | **研判** yánpàn 연구하고 판단하다 | **利器** lìqì 무기 | **即时通讯** jíshí tōngxùn 메신저, SNS |
叠加 diéjiā 겹치다 | **国民经济** guómín jīngjì 국민 경제

◀ 중국 인터넷 시청각 프로그램 서비스 협회는 10월 12일 청두에서 「2020 중국 인터넷 시청각 발전 연구 보고서」를 발표했습니다. 이 보고서는 데이터 마이닝, 연구 조사 및 제삼자 데이터를 기반으로 2019년부터 2020년까지 인터넷 시청각 산업의 현황 및 발전 추세에 대한 권위 있고 포괄적인 연구와 평가를 수행합니다. 「보고서」에 따르면 쇼트클립은 사용자가 시간을 '죽이는' 무기가 되었으며 1인당 하루 평균 사용 시간이 크게 증가했습니다. 2020년 6월 기준, 쇼트클립의 1인당 평균 일일 사용 시간은 110분으로 메신저를 능가했으며, 쇼트클립 시청은 중국 사회의 일반적인 사회 현상 중 하나가 되었습니다. 또한 쇼트클립은 전자 상거래, 생방송, 교육 등 여러 분야에 지속적으로 침투하고 있으며 그 영향력은 계속 심화되어 온라인 시청각 산업의 변화를 주도하고 있습니다. 한 관계자는 쇼트클립은 더 이상 단순한 오락이 아니라 다양한 분야와 융합되고 침투해 심지어 국민 경제에도 영향을 미칠 것이라고 밝혔습니다.

뉴스 표현 필살기

'不再(是)A，而(是)B'는 '더 이상 A가 아니라 B이다'라는 뜻으로, 반전을 나타냅니다.

工业软件不再是工具，而是未来工业的主宰。
Gōngyè ruǎnjiàn bú zài shì gōngjù, ér shì wèilái gōngyè de zhǔzǎi.
산업용 소프트웨어는 더 이상 도구가 아니라 미래 산업의 주인입니다.

学生该提高的不再只是成绩，而是整体实力。
Xuéshēng gāi tígāo de bú zài zhǐshì chéngjì, ér shì zhěngtǐ shílì.
학생들이 향상시켜야 할 것은 더 이상 성적뿐만이 아니라 전반적인 실력이다.

工业废渣不再是"垃圾"，而是一种全新的资源。
Gōngyè fèizhā bú zài shì "lājī", ér shì yì zhǒng quán xīn de zīyuán.
산업 폐기물은 더 이상 '쓰레기'가 아니라 새로운 자원입니다.

알아 두면 뉴스가 들리는 중국 이야기

뉴스나 일상생활에서 빠짐없이 쓰이는 단어가 있는데요, 바로 '刷 shuā'입니다. 대부분 '솔'이나 '솔질하다'라는 뜻으로만 알고 있는데, 실제로는 훨씬 광범위하게 사용되는 단어입니다. 대표적인 예를 정리해 보면 다음과 같습니다.

刷卡 shuākǎ ① 카드를 긁다, 카드로 결제하다 ② 카드를 태그하여 출퇴근을 체크하다
刷剧 shuā jù 드라마를 몰아서 시청하다, 드라마를 정주행하다
刷朋友圈 shuā péngyǒu quān 위챗 모멘트를 계속 새로고침해서 쭉 훑어보다
刷屏 shuā píng (댓글·이모티콘·게시글·메시지 등을 연달아 올려) 도배하다
刷脸 shuā liǎn ① 안면 인식하다 ② 비즈니스에서 인맥(关系 guānxi)을 이용하여 이익을 얻다

중국 네티즌 10억 명 육박, 라이브 커머스 인기

中国网民接近10亿, 直播购物广受喜爱

🔊 082-01

近日，中国互联网络信息中心发布的报告显示，截至2020
Jìnrì, Zhōngguó hùlián wǎngluò xìnxī zhōngxīn fābù de bàogào xiǎnshì, jiézhì èr líng èr líng

年12月，中国网民规模已达9.89亿，占全球网民
nián shí'èr yuè, Zhōngguó wǎngmín guīmó yǐ dá jiǔ diǎn bā jiǔ yì, zhàn quánqiú wǎngmín

人数的五分之一，即将突破10亿网民大关。与此同时，中国
rén shù de wǔ fēn zhī yī, jíjiāng tūpò shíyì wǎngmín dàguān. Yǔ cǐ tóngshí, Zhōngguó

互联网普及率已达70.4%，高于全球平均水平。报告指出，
hùliánwǎng pǔjílǜ yǐ dá bǎi fēn zhī qīshí diǎn sì, gāo yú quánqiú píngjūn shuǐpíng. Bàogào zhǐchū,

在网络零售方面，自2013年起，我国已连续8年成为全球
zài wǎngluò língshòu fāngmiàn, zì èr líng yī sān nián qǐ, wǒguó yǐ liánxù bā nián chéngwéi quánqiú

最大的网络零售市场。2020年，我国网上零售额达
zuì dà de wǎngluò língshòu shìchǎng. Èr líng èr líng nián, wǒguó wǎngshàng língshòu é dá

11.76万亿元，较2019年增长10.9%。其中，
shíyī diǎn qī liù wàn yì yuán, jiào èr líng yī jiǔ nián zēngzhǎng bǎi fēn zhī shí diǎn jiǔ. Qízhōng,

实物商品网上零售额9.76万亿元，占社会消费品零售
shíwù shāngpǐn wǎngshàng língshòu é jiǔ diǎn qī liù wàn yì yuán, zhàn shèhuì xiāofèipǐn língshòu

总额的24.9%。截至2020年12月，我国网络购物
zǒng'é de bǎi fēn zhī èrshísì diǎn jiǔ. Jiézhì èr líng èr líng nián shí'èr yuè, wǒguó wǎngluò gòuwù

用户规模达7.82亿，较2020年3月增长7215万，
yònghù guīmó dá qī diǎn bā èr yì, jiào èr líng èr líng nián sān yuè zēngzhǎng qīqiān èrbǎi yīshíwǔ wàn,

占网民整体的79.1%。值得一提的是，网络直播成为
zhàn wǎngmín zhěngtǐ de bǎi fēn zhī qīshíjiǔ diǎn yī. Zhídé yì tí de shì, wǎngluò zhíbō chéngwéi

🔊 082-02

단어+표현

网民* wǎngmín 네티즌 | **中国互联网络信息中心** Zhōngguó hùlián wǎngluò xìnxī zhōngxīn 중국 인터넷 정보 센터 | **普及率** pǔjílǜ 보급율 | **网络零售** wǎngluò língshòu 온라인 소매 | **实物商品** shíwù shāngpǐn 실물 상품 | **社会消费品零售总额** shèhuì xiāofèipǐn língshòu zǒng'é 사회소비재 총매출액 | **网络直播** wǎngluò zhíbō 온라인 생방송 | **引流** yǐnliú 트래픽 유입 | **实体** shítǐ 실체 | **数字经济** shùzì jīngjì 디지털 경제 | **直播电商** zhíbō diànshāng 라이브 커머스

"线上引流+实体消费"的数字经济新模式，直播电商成为广受用户喜爱
"xiànshàng yǐnliú jiā shítǐ xiāofèi" de shùzì jīngjì xīn móshì, zhíbō diànshāng chéngwéi guǎng shòu yònghù xǐ'ài

的购物方式，66.2%的直播电商用户购买过直播商品。
de gòuwù fāngshì, bǎi fēn zhī liùshíliù diǎn èr de zhíbō diànshāng yònghù gòumǎiguo zhíbō shāngpǐn.

◀ 최근 중국 인터넷 정보 센터는 보고서를 통해 2020년 12월 기준 중국 네티즌 규모가 9억 8900만 명으로 전 세계 네티즌 수의 5분의 1을 차지해 10억 명 돌파를 눈앞에 두고 있다고 밝혔습니다. 이와 함께 중국의 인터넷 보급률은 70.4%로 세계 평균 수준을 웃돌고 있습니다. 보고서에 따르면 온라인 소매 영역에서 중국은 2013년부터 8년 연속으로 세계 최대의 인터넷 소매 시장이 됐습니다. 2020년 중국의 온라인 소매 판매액은 11조 7600억 위안으로 2019년보다 10.9% 증가한 가운데 실물 상품은 온라인 소매 판매액이 9조 7600억 위안으로 전체 소비재 소매 판매액의 24.9%를 차지했습니다. 2020년 12월 기준 중국의 인터넷 쇼핑 이용자 규모는 7억 8200만 명으로 2020년 3월보다 7215만 명이 증가해 전체 네티즌의 79.1%를 차지했습니다. 특히 인터넷 생방송이 '온라인 트래픽 유입+실물 소비'라는 디지털 경제의 새로운 패러다임으로 자리 잡으면서 라이브 커머스가 소비자의 환영을 받는 쇼핑 방식이 되었다는 점을 주목할 필요가 있습니다. 66.2%의 라이브 커머스 이용자가 생방송을 통해 상품을 구매한 적이 있는 것으로 나타났습니다.

'A广受B喜爱'는 'A는 B에게 널리 사랑받다, B가 A를 좋아하다'라는 뜻으로, 'A广受B欢迎 A guǎng shòu B huānyíng'으로 바꿔 쓸 수 있습니다.

扫地机器人是广受消费者喜爱的一款产品。
Sǎodì jīqìrén shì guǎng shòu xiāofèizhě xǐ'ài de yì kuǎn chǎnpǐn.
청소 로봇은 소비자들에게 널리 사랑받는 제품이다.

他的歌曲广受当地观众喜爱。
Tā de gēqǔ guǎng shòu dāngdì guānzhòng xǐ'ài.
그의 노래는 현지 관중들에게 널리 사랑받고 있다.

京剧是广受中国人喜爱的传统文化。
Jīngjù shì guǎng shòu Zhōngguórén xǐ'ài de chuántǒng wénhuà.
경극은 중국인들에게 널리 사랑받는 전통문화이다.

알아 두면 뉴스가 들리는 중국 이야기

1인 미디어 시대인 현재, 온라인에서는 쇼핑, 여행, 요리, 패션, 게임 등 다양한 분야에서 자신만의 실시간 방송을 하는 채널을 자주 만날 수 있습니다. 이렇듯 온라인 생방송(网络直播 wǎngluò zhíbō)을 진행하는 진행자들, 그중에서도 SNS에서 많은 팬을 보유한 사람을 '网红 wǎnghóng(왕홍)'이라고 합니다. '网红'은 '网络红人 wǎngluò hóng rén'의 줄임말로 '인터넷에서 인기 있는 사람, 인플루언서'를 의미합니다. 왕홍들은 제품을 직접 체험하는 영상 콘텐츠를 제작하기 때문에 기업의 주요 마케팅 수단으로 활용되고 있습니다. '인기 맛집, 핫 플레이스'는 중국어로 '网红餐厅 wǎnghóng cāntīng' '网红打卡地 wǎnghóng dǎkǎdì'라고 합니다. 그러니 여행을 가거나 관광지를 찾을 때 '有名景点 yǒumíng jǐngdiǎn'이라고 검색하기보다는 '지역 이름+网红餐厅' '지역 이름+网红打卡地'라고 검색했을 때 훨씬 더 많은 결과를 얻을 수 있어요. '打卡 dǎkǎ'는 원래 출근할 때 카드를 단말기에 찍는 행위를 가리켰는데요, 지금은 맛집이나 핫 플레이스를 '다녀왔음'이라는 의미로 사용되고 있습니다.

딴무, 신비로운 '동방 현상'

弹幕——神奇的"东方现象"

🔊 083-01

2014年,《纽约时报》登载一篇文章,向读者介绍了一
Èr líng yī sì nián, 《Niǔyuē Shíbào》dēngzǎi yì piān wénzhāng, xiàng dúzhě jièshàole yì

种神秘的东方现象———弹幕。这则新闻介绍的是当年一个
zhǒng shénmì de dōngfāng xiànxiàng———dànmù. Zhè zé xīnwén jièshào de shì dāngnián yí ge

名为《小时代3》的电影,在北京电影院所做的弹幕电影
míng wéi《Xiǎo Shídài Sān》de diànyǐng,   zài Běijīng diànyǐngyuàn suǒ zuò de dànmù diànyǐng

尝试。在那次尝试中现场观众可以一边观看电影一边
chángshì.   Zài nà cì chángshì zhōng xiànchǎng guānzhòng kěyǐ yìbiān guānkàn diànyǐng yìbiān

发送评论,并且评论会以弹幕形式在荧幕上实时滚动。经过
fāsòng pínglùn, bìngqiě pínglùn huì yǐ dànmù xíngshì zài yíngmù shang shíshí gǔndòng. Jīngguò

6年多的发展,虽然在欧美弹幕仍是一种猎奇谈资,但在中国
liù nián duō de fāzhǎn, suīrán zài Ōuměi dànmù réng shì yì zhǒng lièqí tánzī, dàn zài Zhōngguó

已经习以为常,人们已经习惯在观看内容的同时加入自己的评论。
yǐjīng xíyǐwéicháng,   rénmen yǐjīng xíguàn zài guānkàn nèiróng de tóngshí jiārù zìjǐ de pínglùn.

时下不可否认弹幕已经成为了视频内容的另一大看点。弹幕之
Shíxià bùkě fǒurèn dànmù yǐjīng chéngwéile shìpín nèiróng de lìng yí dà kàndiǎn.   Dànmù zhī

所以被称为"东方现象",是因为目前在世界范围内,只有在日本
suǒyǐ bèi chēng wéi "dōngfāng xiànxiàng", shì yīnwèi mùqián zài shìjiè fànwéi nèi, zhǐyǒu zài Rìběn

和中国广泛存在。
hé Zhōngguó guǎngfàn cúnzài.

🔊 083-02

弹幕 dànmù 딴무 [동영상에 댓글을 달면 자막으로 나타나는 방식] | **纽约时报** Niǔyuē Shíbào 뉴욕타임스 | **登载** dēngzǎi 게재하다 |
神秘 shénmì 신비하다 | **评论** pínglùn 평론하다, 논의하다 | **荧幕** yíngmù 스크린, 모니터 | **实时滚动** shíshí gǔndòng 실시간 스크롤 |
谈资* tánzī 화제 | **习以为常*** xíyǐwéicháng 습관이 들다 | **时下** shíxià 현재 | **否认** fǒurèn 부인하다

◀ 2014년 『뉴욕타임스』는 한 편의 글을 통해 독자들에게 신비한 동방 현상인 '딴무'를 소개했습니다. 이 뉴스는 그해 『소시대3』이라는 영화가 베이징 영화관에서 했던 영화 댓글 달기 시도를 소개했습니다. 이번 시도에서 현장의 관객들은 영화를 보면서 댓글을 보낼 수 있으며 댓글은 딴무 형태로 스크린에 실시간으로 스크롤되었습니다. 6년 정도의 발전을 거쳐 유럽·미주 지역에서 딴무는 여전히 신기한 화젯거리이지만, 중국에서는 이미 평범한 일이 되어 사람들은 콘텐츠를 보면서 자신의 댓글을 더하는 데 익숙해졌습니다. 현재 딴무는 이미 동영상 콘텐츠의 또 다른 볼거리로 떠올랐음을 부인할 수 없습니다. 딴무가 '동방 현상'이라고 불리는 것은 현재 세계적으로 오로지 일본과 중국에만 널리 존재하기 때문입니다.

뉴스 표현 필살기

'只有'는 '오직, 오로지'라는 뜻의 부사입니다. '只有A，才B zhǐyǒu A, cái B' 형식으로 쓰여 'A해야만 B할 수 있다'라는 조건을 나타내기도 합니다.

最近只有一家公司在盈利。
Zuìjìn zhǐyǒu yì jiā gōngsī zài yínglì.
최근 한 회사만 흑자를 내고 있다.

能说服大家的只有真实数据。
Néng shuōfú dàjiā de zhǐyǒu zhēnshí shùjù.
모두를 설득할 수 있는 것은 진실된 데이터뿐이다.

只有改革，才能促进发展。
Zhǐyǒu gǎigé, cái néng cùjìn fāzhǎn.
오직 개혁해야만 발전을 촉진할 수 있다.

알아 두면 뉴스가 들리는 중국 이야기

중국의 유명 소설 『홍루몽(红楼梦 Hónglóumèng)』은 1980년대에 드라마로 제작되어 큰 인기를 끈 바 있습니다. 이 드라마가 2020년 빌리빌리(哔哩哔哩 Bìlībìlī)라는 동영상 스트리밍 사이트에 업로드되자, 한 달 만에 조회수가 6천만 회를 돌파하고 2020년 하반기까지 인기 드라마 랭킹 10위 안에 자리 잡았습니다. 1995년 이후에 태어난 Z세대가 이용자의 80%를 차지하는 빌리빌리에서 80년대 드라마가 인기를 끈 이유는 무엇일까요? 바로 딴무 덕분입니다. 딴무는 영상을 보면서 댓글을 달면 화면에 실시간으로 나타나는 기능을 가리킵니다. 가끔 인터넷에 올라온 콘텐츠를 보다 보면 게시글보다 댓글이 더 웃길 때가 있죠. 딴무도 그런 역할을 하는데요, '혼자가 아닌 나'와 같은 기분이 들게 하고, 재치 있는 댓글로 게시글에 재미를 더해 주어 시너지 효과를 내는 점이 Z세대로 하여금 딴무에 열광하게 만듭니다. '중국판 유튜브' 빌리빌리는 'B站 B zhàn'이라고도 불리며, 딴무 기능을 중국에서 처음으로 도입하기도 했습니다. 2020년 3분기에 81억 6천만 위안이라는 영업 실적을 달성해 독보적인 성장세를 보이고 있습니다.

알리페이, '중국 신4대 발명' 중 하나로 선정돼

支付宝成为"中国新四大发明"之一

🔘 084-01

一项**针对**20国在华青年的调查显示，高铁、支付宝、
Yí xiàng zhēnduì èrshí guó zài huá qīngnián de diàochá xiǎnshì, gāotiě, Zhīfùbǎo,

共享单车和网购是他们最想带回本国的东西。因此外国人
gòngxiǎng dānchē hé wǎnggòu shì tāmen zuì xiǎng dài huí běnguó de dōngxī. Yīncǐ wàiguórén

眼中的"中国新四大发明"也随之诞生。移动支付的代表支付宝
yǎnzhōng de "Zhōngguó xīn sì dà fāmíng" yě suí zhī dànshēng. Yídòng zhīfù de dàibiǎo Zhīfùbǎo

被选为公认的"中国新四大发明"，具有充足的理由。首先，使用
bèi xuǎn wéi gōngrèn de "Zhōngguó xīn sì dà fāmíng", jùyǒu chōngzú de lǐyóu. Shǒuxiān, Shǐyòng

起来简单、高效，付款只要通过扫码就可以完成，不需找零、
qǐlái jiǎndān, gāoxiào, fù kuǎn zhǐyào tōngguò sǎo mǎ jiù kěyǐ wánchéng, bù xū zhǎolíng,

节约时间。其次，非常便民。乘坐公交、缴纳水费、电费、煤气费、
jiéyuē shíjiān. Qícì, fēicháng biànmín. Chéngzuò gōngjiāo, jiǎonà shuǐfèi, diànfèi, méiqìfèi,

交通罚款等，日常柴米油盐都可以靠它解决。多国领导人也曾为
jiāotōng fákuǎn děng, rìcháng cháimǐyóuyán dōu kěyǐ kào tā jiějué. Duō guó lǐngdǎo rén yě céng wèi

它"点赞"。第三，支付宝为代表的移动支付成功实现"走出去"，
tā "diǎnzàn". Dì-sān, Zhīfùbǎo wéi dàibiǎo de yídòng zhīfù chénggōng shíxiàn "zǒu chūqù",

为更多国家提供技术支持。特别是蚂蚁集团曾帮助印度本地钱包
wèi gèng duō guójiā tígōng jìshù zhīchí. Tèbié shì Mǎyǐ Jítuán céng bāngzhù Yìndù běndì qiánbāo

Paytm成为国民应用，用户从2500万人，猛增至2.5
Paytm chéngwéi guómín yìngyòng, yònghù cóng liǎngqiān wǔbǎi wàn rén, měng zēng zhì èr diǎn wǔ

亿人，一跃成为全球第三大电子钱包！
yì rén, yí yuè chéngwéi quánqiú dì-sān dà diànzǐ qiánbāo!

🔘 084-02

단어+표현

本国 běnguó 본국 | **诞生** dànshēng 탄생하다 | **移动支付** yídòng zhīfù 모바일 결제 | **便民** biànmín 편리하다 | **缴纳*** jiǎonà 납부
하다 | **水费** shuǐfèi 수도 요금 | **电费** diànfèi 전기 요금 | **煤气费** méiqìfèi 가스 요금 | **柴米油盐** cháimǐyóuyán 땔감·곡식·기름·소금
등의 생활 필수품 | **点赞** diǎnzàn '(SNS상의) 좋아요'를 누르다 | **蚂蚁集团** Mǎyǐ Jítuán 앤트(Ant)그룹 [중국의 핀테크 기업] | **猛增*** měng
zēng 폭증하다 | **电子钱包** diànzǐ qiánbāo 전자 지갑

◀ 중국 내 20개국 청년들을 대상으로 한 조사에서 고속철, 알리페이, 공유 자전거, 인터넷 쇼핑을 자국에 가장 가져가고 싶은 것으로 나타났습니다. 이에 따라 외국인들이 보는 '중국의 신4대 발명'도 자연스럽게 탄생했습니다. 모바일 결제의 대표 알리페이가 공인된 '중국의 신4대 발명'으로 선정된 데는 충분한 이유가 있습니다. 우선, 사용하기에 간단하고 효율적입니다. 돈을 낼 때 QR코드를 스캔하기만 하면 되고, 돈을 거슬러줄 필요가 없어 시간이 절약됩니다. 둘째, 매우 편리합니다. 버스 탑승, 수도·전기·가스 요금·교통 벌금 납부 등 일상적인 잡다한 문제를 모두 해결할 수 있습니다. 여러 나라의 지도자들이 '좋아요'를 누르기도 했습니다. 셋째, 알리페이로 대표되는 모바일 결제가 '해외 진출'에 성공해 더 많은 나라에 기술적 지원을 제공하게 되었습니다. 특히, 앤트그룹은 인도 현지 전자 지갑인 페이티엠(Paytm)이 국민 앱으로 자리매김하도록 도우면서 사용자가 2500만 명에서 2억 5000만 명으로 뛰어올라 단숨에 세계 3위 전자 지갑으로 부상했습니다.

뉴스 표현 필살기

'针对'는 '겨누다, 대하여, 맞추다, 조준하다'라는 뜻으로 특정한 대상을 가리킬 때 사용합니다.

推销产品要针对顾客需求。
Tuīxiāo chǎnpǐn yào zhēnduì gùkè xūqiú.
상품을 판매하려면 고객의 요구에 맞춰야 한다.

请针对这一问题，发表各自的意见。
Qǐng zhēnduì zhè yí wèntí, fābiǎo gèzì de yìjiàn.
이 문제에 대해 각자의 의견을 발표해 주세요.

环境部门针对垃圾处理提出以下几点意见。
Huánjìng bùmén zhēnduì lājī chǔlǐ tíchū yǐxià jǐ diǎn yìjiàn.
환경부는 폐기물 처리와 관련해 다음과 같은 몇 가지 의견을 내놓았다.

알아 두면 뉴스가 들리는 중국 이야기

현재 중국에서는 모바일 결제를 정말 많이 사용합니다. 여러 모바일 결제 플랫폼 중 중국인들이 가장 많이 이용하는 것은 알리페이와 위챗페이(微信支付 Wēixìn Zhīfù)입니다. 노인들도 시장에 가면 현금 대신 휴대폰을 내밀며 '扫一扫。 Sǎo yi sǎo.(스캔하세요.)'라고 합니다. '扫 sǎo'는 '바닥을 쓸다'라는 뜻인데 QR코드를 스캔하거나 찍는 동작도 '扫'로 표현합니다. 아니면 '你扫我还是我扫你? Nǐ sǎo wǒ háishi wǒ sǎo nǐ?'라고 하기도 하는데, '제가 당신 것을 스캔해요, 당신이 제 것을 스캔해요?'라는 뜻이에요. 구매자가 판매자의 QR코드를 스캔하고 결제 금액을 송금할 수도 있고, 판매자가 구매자의 QR코드를 스캔하고 결제 금액을 입력할 수도 있기 때문에 이런 질문을 하는 것인데, 사용 방법을 이해한다면 참 재미있는 표현이라고 느껴집니다.

이번 뉴스에서는 '중국의 신4대 발명'을 소개했는데요. 고속철, 알리페이, 공유 자전거, 인터넷 쇼핑이 모두 중국의 발명품이라는 얘기는 아닙니다. 그만큼 중국에서 널리 보급되고 보편화되어 사람들의 일상생활에 완전히 스며들었다는 의미입니다. 그렇다면 원래 중국의 '4대 발명'은 어떤 것이 있을까요? 바로 화약, 나침반, 인쇄술, 제지술입니다. 고대에 중국을 전성기로 이끌고 정치, 경제, 문화적 발전을 촉진하는 데 큰 역할을 했던 발명들이죠.

텐센트와 알리바바 간의 '링크 차단' 풀린다

腾讯、阿里巴巴解除"相互屏蔽"

🔊 085-01

支付宝、微信这两个APP基本成为了现在人们手机上面
Zhīfùbǎo, Wēixìn zhè liǎng ge APP jīběn chéngwéile xiànzài rénmen shǒujī shàngmiàn

必定会安装的两个软件，这两款软件一款侧重于金融
bìdìng huì ānzhuāng de liǎng ge ruǎnjiàn, zhè liǎng kuǎn ruǎnjiàn yì kuǎn cèzhòng yú jīnróng

支付，一款侧重于网络社交通讯。其实微信同时也具备着支付
zhīfù, yì kuǎn cèzhòng yú wǎngluò shèjiāo tōngxùn. Qíshí Wēixìn tóngshí yě jùbèizhe zhīfù

的功能，而支付宝本身也具备着社交功能。但对于经常网购
de gōngnéng, ér Zhīfùbǎo běnshēn yě jùbèizhe shèjiāo gōngnéng. Dàn duìyú jīngcháng wǎnggòu

的人们来说这两款APP缺一不可。最主要的原因是这两款
de rénmen lái shuō zhè liǎng kuǎn APP quē yī bùkě. Zuì zhǔyào de yuányīn shì zhè liǎng kuǎn

APP不可以互通使用，微信里面的所有商品无法用支付宝进行
APP bù kěyǐ hùtōng shǐyòng, Wēixìn lǐmiàn de suǒyǒu shāngpǐn wúfǎ yòng Zhīfùbǎo jìnxíng

支付。同样的淘宝上面的链接在微信里面也无法直接打开，
zhīfù. Tóngyàng de Táobǎo shàngmiàn de liànjiē zài Wēixìn lǐmiàn yě wúfǎ zhíjiē dǎkāi,

可以说给无数的使用者带来了很多的不方便。但是就在9月9日，
kěyǐ shuō gěi wúshù de shǐyòngzhě dàiláile hěn duō de bù fāngbiàn. Dànshì jiù zài jiǔ yuè jiǔ rì,

传来了一条消息让无数的使用者拍手称快。之所以这样，
chuánláile yì tiáo xiāoxi ràng wúshù de shǐyòngzhě pāishǒu chēngkuài. Zhī suǒyǐ zhèyàng,

是因为工信部召开行政指导会议，要求腾讯、阿里巴巴等互联网
shì yīnwèi gōngxìnbù zhàokāi xíngzhèng zhǐdǎo huìyì, yāoqiú Téngxùn、Ālǐbābā děng hùliánwǎng

公司在9月17日前要将这种"屏蔽网址链接"的行为全面停止，
gōngsī zài jiǔ yuè shíqī rì qián yào jiāng zhè zhǒng "píngbì wǎngzhǐ liànjiē" de xíngwéi quánmiàn tíngzhǐ,

否则将会对这些企业进行直接的处罚措施。
fǒuzé jiāng huì duì zhèxiē qǐyè jìnxíng zhíjiē de chǔfá cuòshī.

🔊 085-02

단어+표현

阿里巴巴 Ālǐbābā 알리바바 [중국의 인터넷 서비스 업체] | 屏蔽* píngbì 차단하다 | 必定 bìdìng 반드시 | 网络社交通讯 wǎngluò shèjiāo tōngxùn 온라인 소셜 커뮤니케이션 | 具备 jùbèi 구비하다 | 缺一不可* quē yī bùkě 하나라도 없어서는 안 된다 | 互通* hùtōng 통용하다 | 链接 liànjiē 링크 | 拍手称快 pāishǒu chēngkuài 박수를 치며 칭찬하다 | 工信部 gōngxìnbù 공신부 [=工业和信息化部] | 行政 xíngzhèng 행정 | 网址 wǎngzhǐ 인터넷 주소

◀ 알리페이, 위챗 두 앱은 오늘날 사람들이 휴대폰에 반드시 설치하는 두 개의 앱이 되었습니다. 이 두 앱 중 하나는 금융 결제에, 다른 하나는 온라인 소셜 커뮤니케이션에 중점을 두고 있습니다. 사실 위챗 또한 결제 기능을 갖추고 있고 알리페이 자체에도 소셜 기능이 있습니다. 하지만 인터넷 쇼핑을 자주 하는 사람들은 두 앱 중 하나라도 없어서는 안 됩니다. 가장 큰 이유는 두 앱이 상호 접속이 불가능해 위챗에 있는 모든 상품을 알리페이로 결제할 수 없고 마찬가지로 타오바오의 링크는 위챗에서 바로 열리지 않아 수많은 이용자가 많은 불편을 겪었다고 할 수 있습니다. 하지만 9월 9일, 수많은 이용자가 반길 소식이 전해졌습니다. 공신부가 행정지도회의를 열어 텐센트, 알리바바 등 인터넷 회사들에 9월 17일까지 '인터넷 주소 링크 접속 차단'을 전면 중단하지 않을 경우 이들 기업에 대해 직접적인 처벌 조치를 취하겠다고 밝힌 데 따른 것입니다.

뉴스 표현 필살기

'之所以A, 是因为B'는 'A한 것은 B 때문이다'라는 뜻으로 인과 관계를 나타냅니다. 결과를 앞 절에 제시하고, 원인을 뒤 절에 제시하면서 강조합니다.

美国之所以**强烈反对恐怖主义，是因为曾经美国深受其害。**
Měiguó zhī suǒyǐ qiángliè fǎnduì kǒngbù zhǔyì, shì yīnwèi céngjīng Měiguó shēn shòu qí hài.
미국이 테러리즘에 강하게 반대하는 이유는 테러로 인해 고통을 겪었기 때문이다.

生活之所以**精彩，是因为谁都不知道下一步会发生什么。**
Shēnghuó zhī suǒyǐ jīngcǎi, shì yīnwèi shéi dōu bù zhīdào xià yí bù huì fāshēng shénme.
삶이 멋진 이유는 다음에 무엇이 일어날지 아무도 모르기 때문이다.

市场预测之所以**很准确，是因为他们做了大量的市场调查。**
Shìchǎng yùcè zhī suǒyǐ hěn zhǔnquè, shì yīnwèi tāmen zuòle dàliàng de shìchǎng diàochá.
시장 예측이 정확한 까닭은 대량의 시장 조사를 했기 때문이다.

알아 두면 뉴스가 들리는 중국 이야기

중국을 넘어 글로벌 IT 기업으로 성장한 바이두, 알리바바, 텐센트는 각 기업의 영문 머리글자를 따서 흔히 'BAT'로 묶어 말하기도 합니다. 세 회사 모두 지금 중국 젊은이들이 가장 입사하고 싶어 하는 기업이기도 해요. 바이두는 세계에서 가장 큰 중국어 검색 엔진을 운영하며 AI, 자동차 등 새로운 분야로 사업을 확장하고 있으며, 알리바바는 타오바오, 티몰, 알리페이, 앤트 그룹 등 여러 서비스와 산하 그룹을 바탕으로 엄청난 시장 점유율을 자랑하고 있으며 해마다 매출 기록을 갈아치우고 있습니다. 텐센트 또한 위챗, QQ 등의 모바일 메신저, 게임, 엔터테인먼트 등 다양한 분야에서 놀라운 속도로 발전해 가고 있습니다.

최근 들어 또 하나의 'T'가 거침없는 속도로 부상하고 있죠? 바로 틱톡의 모회사인 바이트댄스(**字节跳动** Zìjié Tiáodòng)인데요, 하루 액티브 유저가 6억 명, 일평균 동영상 검색 수가 4억 회(2020년 기준)에 달하고 라이브 방송, SNS, 전자 상거래, 검색 등 다양한 분야의 서비스를 제공하고 있습니다. 앞으로 중국의 인터넷 시장이 'BAT+T'의 구도로 발전이 이어질 것이라는 의견이 지배적입니다.

제19회 광저우 모터쇼, 이달 19일 공식 개막

第19届广州车展，本月19日正式开幕

🔊 086-01

11月19日，第十九届广州国际汽车展览会正式拉开帷幕。
Shíyī yuè shíjiǔ rì, dì-shíjiǔ jiè Guǎngzhōu Guójì Qìchē Zhǎnlǎnhuì zhèngshì lākāi wéimù.

不知不觉间，广州车展已经走过了第19个年头。当年诞生
Bùzhī-bùjué jiān, Guǎngzhōu Chēzhǎn yǐjīng zǒuguòle dì-shíjiǔ ge niántóu. Dāngnián dànshēng

于"非典"之下的广州车展，如今则连续两年面临着新冠疫情
yú "fēidiǎn" zhī xià de Guǎngzhōu Chēzhǎn, rújīn zé liánxù liǎng nián miànlínzhe xīnguān yìqíng

的挑战。尽管有48小时核酸阴性证明等诸多限制条件，
de tiǎozhàn. Jǐnguǎn yǒu sìshíbā xiǎoshí hésuān yīnxìng zhèngmíng děng zhūduō xiànzhì tiáojiàn,

但是历来被视为汽车行业当年收官之作的本年度最后一场
dànshì lìlái bèi shì wéi qìchē hángyè dāngnián shōuguān zhī zuò de běn niándù zuìhòu yì chǎng

汽车盛宴依旧如期举行。和去年一样，本届广州车展的主题
qìchē shèngyàn yījiù rúqī jǔxíng. Hé qùnián yíyàng, běn jiè Guǎngzhōu Chēzhǎn de zhǔtí

依旧是"新科技，新生活"。在汽车数量上，本届车展的展车总数
yījiù shì "xīn kējì, xīn shēnghuó". Zài qìchē shùliàng shang, běn jiè chēzhǎn de zhǎn chē zǒngshù

达1020辆，全球首发车54辆。在汽车智能化电动化的
dá yìqiān líng èrshí liàng, quánqiú shǒufā chē wǔshísì liàng. Zài qìchē zhìnénghuà diàndònghuà de

浪潮下，新能源汽车成为了车展中的焦点。数据显示今年十月
làngcháo xià, xīn néngyuán qìchē chéngwéile chēzhǎn zhōng de jiāodiǎn. Shùjù xiǎnshì jīnnián shí yuè

新能源汽车销量持续走高，　同比增长138.1%，
xīn néngyuán qìchē xiāoliàng chíxù zǒugāo, tóngbǐ zēngzhǎng bǎi fēn zhī yìbǎi sānshíbā diǎn yī,

卖出了31.7万辆。
màichūle sānshíyī diǎn qī wàn liàng.

단어＋표현

🔊 086-02

广州车展 Guǎngzhōu Chēzhǎn 광저우 모터쇼 | 不知不觉 bùzhī-bùjué 자기도 모르는 사이에 | 非典 fēidiǎn 사스(SARS) | 新冠疫情 xīnguān yìqíng 코로나19 감염 상황 | 核酸阴性证明 hésuān yīnxìng zhèngmíng 핵산(PCR) 검사 음성 증명 | 限制条件 xiànzhì tiáojiàn 제한적인 조건 | 收官之作 shōuguān zhī zuò 마지막 작품 | 盛宴 shèngyàn 축제 | 依旧* yījiù 여전히 | 如期* rúqī 예정대로 | 首发 shǒufā 처음으로 발표되다 | 焦点* jiāodiǎn 포커스, 초점

◀ 제19회 광저우 국제 모터쇼가 11월 19일 공식 개막했습니다. 어느덧 광저우 모터쇼는 19번째 해를 맞았습니다. 사스 시기 탄생한 광저우 모터쇼는 2년 연속 코로나19의 도전에 직면했습니다. 48시간의 핵산 검사 음성 증명 등 제약 조건이 많지만 예로부터 자동차 업계의 마지막 작품으로 여겨졌던 올해의 마지막 축제는 예정대로 열렸습니다. 이번 광저우 모터쇼의 주제는 지난해와 마찬가지로 '새로운 과학 기술, 새로운 생활'입니다. 이번 모터쇼의 자동차 수량은 전시 차량이 총 1020대, 전 세계에 처음 발표되는 신차가 54대입니다. 자동차 스마트화 및 전기화의 물결 속에 신에너지 자동차가 모터쇼의 화두로 떠올랐습니다. 데이터에 따르면 올 10월 신에너지 자동차 판매량은 계속 증가하여 전년 동월 대비 138.1% 증가한 31만 7000대를 기록 중입니다.

뉴스 표현 필살기

'尽管A，但是B'는 '비록 A할지라도 B하다'라는 뜻으로, '虽然A, 但是B'로 바꿔 쓸 수 있습니다.

尽管现在医学非常发达，但是还有很多不治之症。
Jǐnguǎn xiànzài yīxué fēicháng fādá, dànshì hái yǒu hěn duō búzhì zhī zhèng.
비록 현재 의학이 매우 발달되었지만, 여전히 많은 불치병이 존재한다.

尽管国内外环境不容乐观，但是我们依然要坚持下去。
Jǐnguǎn guónèiwài huánjìng bùróng lèguān, dànshì wǒmen yīrán yào jiānchí xiàqù.
비록 국내외 환경이 낙관적이지 않지만, 우리는 끝까지 버텨야 한다.

尽管美国失业率居高不下，但是股市仍在上涨。
Jǐnguǎn Měiguó shīyèlǜ jū gāo búxià, dànshì gǔshì réng zài shàngzhǎng.
비록 미국의 실업률이 매우 높지만, 증시는 여전히 상승하고 있다.

알아 두면 뉴스가 들리는 중국 이야기

여러분은 광저우의 별칭이 '羊城 yáng chéng(양의 도시)'이라는 것 알고 계셨나요? 전설에 의하면 5명의 선인이 5가지 색의 양을 타고 내려와 벼 종자를 광저우 백성들에게 선물하고 영원히 기근이 없기를 기원해 주고 떠났고, 5마리의 양은 그 자리에 석상으로 굳어 버렸다고 합니다. 그 후, 양은 광저우를 상징하는 동물이 되었고 광저우는 '羊城' 또는 '穗城 suì chéng(벼의 도시)'으로 불리기 시작했다고 합니다. 광저우의 지역 신문사가 '羊城晚报 Yángchéng Wǎnbào', 시내 교통 카드가 '羊城通 Yángchéngtōng'으로 불리는 이유입니다. 또 2010 광저우 아시안게임에서는 5마리의 양이 마스코트로 지정되기도 했어요. 또 광저우는 사계절 내내 꽃이 피는 따뜻한 남방 도시로서, 수출이 활발히 이루어지는 중국 최대의 화훼 시장으로서 '花城 huā chéng(꽃의 도시)'이라고도 불립니다.

올해 수입 박람회 관전 포인트는?

今年进博会看点有哪些?

🔊 087-01

11月5日至10日， 第三届中国国际进口博览会在中国
Shíyī yuè wǔ rì zhì shí rì,　　　dì-sān jiè Zhōngguó Guójì Jìnkǒu Bólǎnhuì zài Zhōngguó

上海举办。展会期间首次设置非银行金融等新题材。本次
Shànghǎi jǔbàn.　Zhǎnhuì qījiān shǒucì shèzhì fēi yínháng jīnróng děng xīn tícái.　Běn cì

进博会共吸引来自124个国家的企业参展，其中42家国际知名
Jìnbóhuì gòng xīyǐn láizì yìbǎi èrshísì ge guójiā de qǐyè cānzhǎn, qízhōng sìshí'èr jiā guójì zhīmíng

参展企业在进博会上举办新产品、新技术、新服务的全球首发、
cānzhǎn qǐyè zài Jìnbóhuì shang jǔbàn xīn chǎnpǐn、xīn jìshù、　xīn fúwù de quánqiú shǒufā、

亚洲首秀、中国首展活动。今年首次开通微信自助查询和
Yàzhōu shǒu xiù, Zhōngguó shǒu zhǎn huódòng. Jīnnián shǒucì kāitōng Wēixìn zìzhù cháxún hé

证件复用两大功能，并实现测温验证一体化，大大提升了进
zhèngjiàn fù yòng liǎng dà gōngnéng, bìng shíxiàn cè wēn yànzhèng yìtǐhuà, dàdà tíshēngle jìn

场速度。在交通出行方面，有关部门配合交通调控，优化
chǎng sùdù.　Zài jiāotōng chūxíng fāngmiàn, yǒuguān bùmén pèihé jiāotōng tiáokòng, yōuhuà

周边交通设施配套。设立临时停车场20处，共享停车场17
zhōubiān jiāotōng shèshī pèitào. Shèlì línshí tíngchēchǎng èrshí chù, gòngxiǎng tíngchēchǎng shíqī

处，并开通智能停车预约系统。同时发布了进博会交通出行攻略，
chù, bìng kāitōng zhìnéng tíngchē yùyuē xìtǒng. Tóngshí fābùle Jìnbóhuì jiāotōng chūxíng gōnglüè,

涵盖轨道交通、地面公交、出租汽车、定制巴士和停车场五大
hángài guǐdào jiāotōng、dìmiàn gōngjiāo、　chūzū qìchē、　dìngzhì bāshì hé tíngchēchǎng wǔ dà

板块，全方位保障参展客商快抵快离。
bǎnkuài, quán fāngwèi bǎozhàng cānzhǎn kèshāng kuài dǐ kuài lí.

🔊 087-02

中国国际进口博览会 Zhōngguó Guójì Jìnkǒu Bólǎnhuì 중국 국제 수입 박람회(CIIE) | **非银行金融** fēi yínháng jīnróng 비은행 금융 | **题材** tícái 주제 | **参展*** cānzhǎn 전시회에 참가하다 | **全球首发** quánqiú shǒufā 세계 최초 발행 | **亚洲首秀** Yàzhōu shǒu xiù 아시안 최초 전시 | **中国首展** Zhōngguó shǒu zhǎn 중국 최초 전시 | **自助查询** zìzhù cháxún 셀프 조회 | **复用** fù yòng 멀티플 렉싱, 다중화, 다중 이용 | **测温** cè wēn 온도를 측정하다 | **验证*** yànzhèng 인증하다, 검증하다 | **一체화*** yìtǐhuà 통합하다 | **配套*** pèitào 세트 | **临时** línshí 임시로 | **涵盖*** hángài 포함하다 | **轨道交通** guǐdào jiāotōng 철로 교통 | **定制巴士** dìngzhì bāshì 맞춤형 버스 | **快抵快离** kuài dǐ kuài lí 빨리 도착하고 빨리 떠나다

🔊 11월 5일부터 10일까지 제3회 중국 국제 수입 박람회가 중국 상하이에서 개최됩니다. 전시 기간에 처음으로 비은행 금융과 같은 새로운 주제가 선정되었습니다. 이번 수입 박람회는 124개국 기업들의 전시 참가를 유치했으며, 그중 42개의 유명 글로벌 기업이 박람회에서 신제품, 신기술, 새로운 서비스의 세계 최초 발표, 아시아 최초 런칭쇼, 중국 최초 전시회를 개최했습니다. 올해 처음으로 위챗 셀프 조회와 증명서 다중 이용이라는 두 가지 주요 기능을 적용하였고, 온도 측정과 신분 인증을 통합하여 입장 속도가 크게 빨라졌습니다. 교통 측면에서 관련 부서는 교통 통제에 협력하고 주변 교통 부대 시설을 최적화했습니다. 임시 주차장 20곳, 공용 주차장 17곳을 설치하고 스마트 주차 예약 시스템을 운영하는 동시에 전시 업체가 신속하게 도착하고 출발할 수 있도록 철로 교통, 지상 버스, 택시, 맞춤형 버스 및 주차장의 5개 주요 부문을 포함하는 수입 박람회의 교통 전략을 발표했습니다.

 **뉴스 표현 필살기**

'吸引'은 사전적으로 '빨아들이다'라는 뜻인데, 주의력을 자신에게 돌린다는 의미도 있어서 '매력적이다, 매료시키다'라는 뜻으로도 사용됩니다. 뉴스나 기사에서 기업, 단체 등을 대상으로 쓰이면 '유치하다' 등의 뜻으로 해석하면 훨씬 자연스럽습니다.

开发区吸引近500家企业入驻。
Kāifā qū xīyǐn jìn wǔbǎi jiā qǐyè rù zhù.
개발구에 500개에 가까운 기업의 입주를 유치했다.

此次金融扶持政策吸引超600家企业申请。
Cǐ cì jīnróng fúchí zhèngcè xīyǐn chāo liùbǎi jiā qǐyè shēnqǐng.
이번 금융 부양책에 600개 이상 기업의 신청을 유치했다.

国际电影展吸引9000名业界人士前来参观。
Guójì Diànyǐng Zhǎn xīyǐn jiǔqiān míng yèjiè rénshì qiánlái cānguān.
국제 영화제는 업계 인사 9000명의 참관을 유치했다.

알아 두면 뉴스가 들리는 중국 이야기

중국 국제 수입 박람회는 중국 상무부와 상하이시가 주최하는 국가급 전시회로, 세계 최초로 수입을 테마로 합니다. 무역 자유화와 경제 글로벌화에 따라 중국 시장을 세계 시장에 적극적으로 개방하기 위하여 2018년 제1회 중국 국제 수입 박람회가 개최된 후 매년 진행되고 있습니다. 박람회는 전시회(국가전, 기업전)와 포럼으로 구성되는데요, 세계 무역 기구, 유엔 무역 개발 회의, 유엔 산업 개발 기구 등의 파트너를 포함해 해마다 80여 개의 국가에서 3000여 개의 기업이 참여하고 있습니다. 행사장은 자동차, 스마트·첨단 장비, 소비 가전, 의류, 생활·의료 기기, 서비스, 식품·농산물 등의 주제별 전시관으로 구성되며, 국가별 기업들을 모은 국가관도 운영됩니다. 아쉽게도 일반인에게는 개방하지 않는데요, 가장 큰 이유는 수입 박람회의 전문성을 높이기 위함입니다. 대신 개막식은 CCTV TV 채널, CCTV 공식 웨이보, 신화망, 수입 박람회 홈페이지를 통해서 생중계로 시청할 수 있습니다.

'초고가' 샤인머스캣 가격 하락, 왜?

"天价"阳光玫瑰葡萄价格下跌，为什么呢?

088-01

据报道，近几年来部分"天价"水果，价格纷纷下跌。
Jù bàodào, jìn jǐ nián lái bùfen "tiānjià" shuǐguǒ, jiàgé fēnfēn xiàdiē.

特别是近些年人气超高并且有着"葡萄中的爱马仕"之称的
Tèbié shì jìn xiē nián rénqì chāo gāo bìngqiě yǒuzhe "pútao zhōng de Àimǎshì" zhī chēng de

阳光玫瑰葡萄，曾经卖到每斤300元，但今年以来批发价却
yángguāng méiguī pútao, céngjīng màidào měi jīn sānbǎi yuán, dàn jīnnián yǐlái pīfājià què

下降至每斤10-20元左右，部分地区甚至跌至每斤10元以下。
xiàjiàng zhì měi jīn shí zhì èrshí yuán zuǒyòu, bùfen dìqū shènzhì diē zhì měi jīn shí yuán yǐxià.

对于"阳光玫瑰葡萄控"来说，这无疑是一个喜讯，那么价格
Duìyú "yángguāng méiguī pútao kòng" lái shuō, zhè wúyí shì yí ge xǐxùn, nàme jiàgé

究竟为何下降? 本台记者在采访中了解到，阳光玫瑰葡萄起初
jiūjìng wèihé xiàjiàng? Běn tái jìzhě zài cǎifǎng zhōng liǎojiě dào, yángguāng méiguī pútao qǐchū

引进自海外，2015年左右才走进大众的视野。其价格昂贵，在
yǐnjìn zì hǎiwài, èr líng yī wǔ nián zuǒyòu cái zǒujìn dàzhòng de shìyě. Qí jiàgé ángguì, zài

一段时间达到了300元左右，还引发了众多谈资。而近几年价格
yí duàn shíjiān dádàole sānbǎi yuán zuǒyòu, hái yǐnfāle zhòngduō tánzī. Ér jìn jǐ nián jiàgé

神话被打破，价格跌幅惊人，与国内阳光葡萄种植面积爆发式
shénhuà bèi dǎpò, jiàgé diēfú jīngrén, yǔ guónèi yángguāng pútao zhòngzhí miànjī bàofā shì

增长有着密切的关系。据统计，2016年全国种植面积仅有
zēngzhǎng yǒuzhe mìqiè de guānxì. Jù tǒngjì, èr líng yī liù nián quánguó zhòngzhí miànjī jǐn yǒu

几万亩，而今年即将突破100万亩，值得一提的是，种植面积还在
jǐ wàn mǔ, ér jīnnián jíjiāng tūpò yìbǎi wàn mǔ, zhídé yì tí de shì, zhòngzhí miànjī hái zài

不断扩增。
búduàn kuò zēng.

088-02

天价 tiānjià 최고가 | 阳光玫瑰葡萄 yángguāng méiguī pútao 샤인머스캣 | 下跌* xiàdiē 하락하다 | 爱马仕 Àimǎshì 에르메스 [명품 패션 브랜드] | 批发价 pīfājià 도매가 | 控 kòng 마니아 | 喜讯 xǐxùn 희소식 | 昂贵 ángguì 비싸다 | 神话 shénhuà 신화 | 打破* dǎpò 깨지다 | 跌幅 diēfú 하락 폭 | 爆发* bàofā 폭발하다 | 亩 mǔ 묘 [약 666.67m²] | 扩增* kuò zēng 확장하다

🔊 보도에 따르면 최근 몇 년 들어 일부 '초고가' 과일의 가격이 하락했습니다. 특히 최근 몇 년간 높은 인기를 자랑하며 '포도의 에르메스'라는 별명을 얻었던 샤인머스캣은 한때 500g당 300위안에 팔렸으나 올해는 도매가가 500g당 10∼20위안 정도로 떨어졌습니다. 일부 지역에서는 심지어 500g당 10위안 아래로 떨어졌습니다. '샤인머스캣 마니아'에게는 반가운 소식이라고 할 수 있는데 그러면 도대체 왜 가격이 내려갔을까요? 저희 취재진은 인터뷰를 통해 샤인머스캣이 처음에는 해외에서 수입되어 2015년 즈음에야 대중의 시야에 들어왔다는 사실을 알게 되었습니다. 가격이 비싸서 한동안 (500g당) 300위안대에 달하기도 해, 많은 화제를 불러일으키기도 했습니다. 최근 몇 년 동안 가격 신화가 깨졌고 가격 하락 폭이 놀랍습니다. 이는 국내 샤인머스캣 재배 면적의 폭발적인 성장과 밀접한 관련이 있습니다. 통계에 따르면 전국 재배 면적이 2016년에는 수만 묘에 불과했던 반면 올해는 곧 100만 묘를 넘어설 것으로 보이며, 여전히 재배 면적이 확대되고 있다는 점은 주목할 만합니다.

뉴스 표현 필살기

'值得一提的是'는 '주목해야 할 것은', '짚고 넘어가야 할 것은'이라는 뜻으로 특별히 설명해야 할 부분을 강조합니다.

值得一提的是，明天的参赛选手并非都是职业球员。
Zhídé yì tí de shì, míngtiān de cānsài xuǎnshǒu bìng fēi dōu shì zhíyè qiúyuán.
주목해야 할 점은 내일 시합의 참가 선수가 모두 프로 선수가 아니라는 점이다.

值得一提的是，今年的预算需要提前一个月完成。
Zhídé yì tí de shì, jīnnián de yùsuàn xūyào tíqián yí ge yuè wánchéng.
주목해야 할 점은 올해 예산을 한 달 앞당겨 완성해야 한다는 점이다.

值得一提的是，我公司的市场份额在不断扩大。
Zhídé yì tí de shì, wǒ gōngsī de shìchǎng fèn'é zài búduàn kuòdà.
우리 회사의 시장 점유율이 지속적으로 확대되고 있다는 것은 주목할 만하다.

알아 두면 뉴스가 들리는 중국 이야기

'∼마니아', 중국어로는 어떻게 표현할까요? 주로 '迷 mí'라는 표현을 많이 쓰는데, 한 가지가 더 있습니다. 바로 영어 'complex'에서 따온 '控 kòng'입니다. 예를 들어 '애플 마니아'일 경우, '苹果控 píngguǒ kòng'이라고 할 수 있습니다. '控'과 '迷'는 의미가 같지만, '控'은 과일, 주스 등 음식과 쓰일 수 있고 '迷'는 음식과 쓰일 수 없습니다. 다음 예문을 통해 뉘앙스를 파악해 보세요.

据说每一个车厘子控，都是可爱的人。
Jùshuō měi yí ge chēlízi kòng, dōu shì kě'ài de rén.
체리 마니아들은 하나같이 귀여운 사람이라고들 한다.

他们是不折不扣的棒球迷/棒球控。
Tāmen shì bù zhé bú kòu de bàngqiúmí / bàngqiú kòng.
그들은 진정한 야구 마니아이다.

돼지고기 가격 폭등, 왜?

猪肉价格为何猛涨?

● 089-01

近期，猪肉价格上涨，平均价格已突破每斤20元，随之也
Jìnqī, zhūròu jiàgé shàngzhǎng, píngjūn jiàgé yǐ tūpò měi jīn èrshí yuán, suí zhī yě

带动了其他肉制品、蛋类的价格同步上调。国家统计局发布的
dàidòngle qítā ròu zhìpǐn、dàn lèi de jiàgé tóngbù shàngtiáo. Guójiā tǒngjìjú fābù de

最新数据显示，今年10月，全国居民消费价格同比上涨
zuì xīn shùjù xiǎnshì, jīnnián shí yuè, quánguó jūmín xiāofèi jiàgé tóngbǐ shàngzhǎng

3.8%， 食品价格上涨15.5%。 很多民众
bǎi fēn zhī sān diǎn bā, shípǐn jiàgé shàngzhǎng bǎi fēn zhī shíwǔ diǎn wǔ. Hěn duō mínzhòng

询问，猪肉价格短期内能否出现下跌，何时能恢复到原来的
xúnwèn, zhūròu jiàgé duǎnqī nèi néngfǒu chūxiàn xiàdiē, hé shí néng huīfù dào yuánlái de

价格区间。据估计要在春节之后才能恢复。原因有以下两点：
jiàgé qūjiān. Jù gūjì yào zài Chūnjié zhīhòu cái néng huīfù. Yuányīn yǒu yǐxià liǎng diǎn:

一是， 生猪存栏量比去年同期下降1亿多头生猪， 缺口达到
Yī shì, shēng zhū cúnlánliàng bǐ qùnián tóngqī xiàjiàng yī yì duō tóu shēng zhū, quēkǒu dádào

1400万吨以上，因此在短期内无法弥补，这也是近期猪肉上涨
yìqiān sìbǎi wàn dūn yǐshàng, yīncǐ zài duǎnqī nèi wúfǎ míbǔ, zhè yě shì jìnqī zhūròu shàngzhǎng

的最大原因。 二是， 即使是现在国家解除对中小养殖户的各种
de zuì dà yuányīn. Èr shì, jíshǐ shì xiànzài guójiā jiěchú duì zhōngxiǎo yǎngzhíhù de gè zhǒng

限制，鼓励农户来养猪，但是，猪肉生产是有周期性的，至少要
xiànzhì, gǔlì nónghù lái yǎng zhū, dànshì, zhūròu shēngchǎn shì yǒu zhōuqīxìng de, zhìshǎo yào

半年以上。
bànnián yǐshàng.

● 089-02

猛涨* měng zhǎng 폭등하다 | 肉制品 ròu zhìpǐn 육류 제품 | 蛋类 dàn lèi 계란류 | 同步 tóngbù 동시에 | 上调* shàngtiáo 상
향 조정하다 | 国家统计局 guójiā tǒngjìjú 국가통계국 | 询问 xúnwèn 자문하다 | 何时 hé shí 언제 | 区间 qūjiān 구간 | 存栏量
cúnlánliàng 사육량 | 缺口 quēkǒu 부족한 부분, 결함 | 吨 dūn 톤(t) | 弥补* míbǔ 메우다 | 养殖户 yǎngzhíhù 양식 농가 | 周期性
zhōuqíxìng 주기적인

◀ 최근 돼지고기 가격이 오르면서 평균 가격이 500g당 20위안을 넘어서자 다른 고기류, 계란류의 가격도 잇따라 인상되었습니다. 국가통계국이 발표한 최신 데이터에 따르면 올해 10월 전국 주민 소비자 가격은 작년 동기 대비 3.8% 올랐으며, 식료품 가격은 15.5% 올랐습니다. 이에 국민들은 당장 돼지고기 값이 내려갈지, 언제 원래 가격대로 회복될 수 있을지에 대한 질문을 내놓았는데 예측에 따르면 춘절 이후에나 회복될 것으로 보입니다. 이유는 두 가지로 나눌 수 있습니다. 첫째, 작년 동기보다 사육 중인 돼지가 1억 마리 이상 줄어들어 1400만 톤 이상이 부족한데 단기간에 메울 수 없는 정도인 것이 최근 돼지고기 가격 상승의 가장 큰 원인입니다. 둘째, 현재 나라에서는 중소 축산 농가에 대한 각종 규제를 풀고 농가에 돼지 사육을 권장하고 있지만 돼지고기 생산은 주기적으로 이루어지는 것으로 최소 반년 이상 걸립니다.

뉴스 표현 필살기

'至少'는 '최소한, 적어도'라는 뜻으로 하한선을 나타냅니다. '起码 qǐmǎ'로 바꿔 쓸 수 있습니다.

据统计，每年至少有800万吨塑料进入海洋。
Jù tǒngjì, měi nián zhìshǎo yǒu bābǎi wàn dūn sùliào jìnrù hǎiyáng.
매년 최소 800만 톤의 플라스틱이 바다로 빠져나가는 것으로 집계됐다.

今天到场人员至少有三千人。
Jīntiān dàochǎng rényuán zhìshǎo yǒu sānqiān rén.
오늘 출석한 인원은 최소 3천 명이다.

印度客机事故至少14人死亡。
Yìndù kèjī shìgù zhìshǎo shísì rén sǐwáng.
인도 여객기 사고로 최소 14명이 사망했다.

알아 두면 뉴스가 들리는 중국 이야기

평소에 사람들이 즐겨 먹는 만큼 돼지고기 가격이 폭등하면 일상생활에 큰 영향을 미치게 됩니다. 돼지고기 가격이 급격하게 인상될 때 친구들이 '天价 tiānjià'라는 단어를 쓰면서 돼지고기를 먹을 엄두가 안 난다고 하소연하던 때가 생각이 납니다. '天价'는 터무니 없을 정도로 높은 가격, 최고가라는 뜻이에요.
일상생활에서 자주 쓰이는 돼지와 관련된 속담도 있는데, '没吃过猪肉, 也见过猪跑。Méi chīguo zhūròu, yě jiànguo zhū pǎo.'입니다. 직역하면 '돼지고기를 먹어 보지는 못했지만 돼지가 달리는 모습은 본 적 있다.'라는 뜻인데 어떤 일에 대해 비록 직접 경험해 보지는 못했어도 보고 들은 것이 있다는 뜻입니다.

没吃过猪肉，也见过猪跑啊，这方面我还是知道一点的。
Méi chīguo zhūròu, yě jiànguo zhū pǎo a, zhè fāngmiàn wǒ háishi zhīdào yìdiǎn de.
돼지고기를 먹어 보지는 못했어도 돼지가 달리는 모습은 본 적 있거든요. 이 분야는 제가 좀 알아요.

고공행진하는 물가, 왜?

物价为何上涨?

● 090-01

今年注定是一个不平凡之年, 全球不确定因素增加,
Jīnnián zhùdìng shì yí ge bù píngfán zhī nián, quánqiú bú quèdìng yīnsù zēngjiā,

无论是国内还是国外, 无一例外物价都纷纷上涨。分析物价
wúlùn shì guónèi háishi guówài, wú yí lìwài wùjià dōu fēnfēn shàngzhǎng. Fēnxī wùjià

上涨原因, 可以归结为以下几点。首先, 从宏观层面分析是
shàngzhǎng yuányīn, kěyǐ guījié wéi yǐxià jǐ diǎn. Shǒuxiān, cóng hóngguān céngmiàn fēnxī shì

因为世界大环境不确定因素导致的。目前欧美地区通货
yīnwèi shìjiè dà huánjìng bú quèdìng yīnsù dǎozhì de. Mùqián Ōuměi dìqū tōnghuò

膨胀严重, 供应链断裂, 劳动力短缺, 海上运输成本
péngzhàng yánzhòng, gōngyìng liàn duànliè, láodònglì duǎnquē, hǎishàng yùnshū chéngběn

上涨, 在世界经济一体化格局下, 我国难免受到一些影响。
shàngzhǎng, zài shìjiè jīngjì yìtǐhuà géjú xià, wǒguó nánmiǎn shòudào yìxiē yǐngxiǎng.

第二, 是能源上涨的因素。今年不管是石油价格和煤炭价格,
Dì-èr, shì néngyuán shàngzhǎng de yīnsù. Jīnnián bùguǎn shì shíyóu jiàgé hé méitàn jiàgé,

由于受到产油国和需求不断增加的双重压力, 能源价格一直
yóuyú shòudào chǎn yóu guó hé xūqiú búduàn zēngjiā de shuāngchóng yālì, néngyuán jiàgé yìzhí

处于高位, 也是推高物价上涨的重要原因。第三, 极端天气导致
chǔyú gāowèi, yě shì tuī gāo wùjià shàngzhǎng de zhòngyào yuányīn. Dì-sān, jíduān tiānqì dǎozhì

蔬菜结构性供应不足。由于极端天气, 蔬菜种植受到严重影响,
shūcài jiégòuxìng gōngyìng bùzú. Yóuyú jíduān tiānqì, shūcài zhòngzhí shòudào yánzhòng yǐngxiǎng,

导致上市时间推迟, 加上运输及人工成本都大幅增加, 最终导致
dǎozhì shàngshì shíjiān tuīchí, jiāshàng yùnshū jí réngōng chéngběn dōu dàfú zēngjiā, zuìzhōng dǎozhì

蔬菜比肉贵的现象。
shūcài bǐ ròu guì de xiànxiàng.

● 090-02

단어+표현

注定 zhùdìng 필연적이다 | 平凡 píngfán 평범하다 | 无一例外 wú yí lìwài 예외 없다 | 归结为* guījié wéi ~로 귀결되다 | 宏观* hóngguān 거시적이다 | 通货膨胀* tōnghuò péngzhàng 인플레이션 | 断裂 duànliè 단절하다 | 难免* nánmiǎn 피하기 어렵다 | 煤炭 méitàn 석탄 | 产油国 chǎn yóu guó 산유국 | 高位 gāowèi 높은 수준 | 极端天气 jíduān tiānqì 극단 기후 | 结构性 jiégòuxìng 구조적이다 | 供应不足 gōngyìng bùzú 공급 부족 | 推迟* tuīchí 지연시키다

◀ 올해는 결코 평범하지 않은 해로 전 세계적으로 불확실성이 증가하여 국내든 국외든 예외 없이 물가가 모두 잇달아 상승하고 있습니다. 물가 상승 요인을 분석하면 다음 몇 가지를 꼽을 수 있습니다. 우선 거시적인 측면에서 보면 세계 환경의 불확실성 때문입니다. 현재 유럽·미주 지역의 인플레이션이 심각하고, 공급 사슬이 끊겼으며 노동력이 부족하고, 해상 운송 비용이 상승하고 있어, 세계 경제가 통합되는 구조하에서 중국은 약간의 영향을 받을 수밖에 없습니다. 둘째, 에너지 상승 요인입니다. 올해는 석유·석탄 가격을 막론하고 산유국과 지속적인 수요 증가라는 이중고를 겪고 있습니다. 에너지 가격이 고공행진하는 것도 물가 상승을 부추기는 중요한 요인입니다. 셋째, 극단 기후로 인해 구조적인 채소 공급 부족 문제가 발생했습니다. 극단 기후로 인해 채소 재배가 심각한 영향을 받아 출하 시기가 늦어지고 운송비와 인건비가 대폭 증가하여 결국 채소가 고기보다 비싼 현상을 초래하였습니다.

뉴스 표현 필살기

'无论是A，还是B'는 'A나 B나 할 것 없이' 'A이든 B이든'이라는 뜻으로, 어떤 상황을 막론하고 모든 선택지가 가능함을 나타냅니다.

无论是线上还是线下，都要把服务放在第一位。
Wúlùn shì xiànshàng háishi xiànxià, dōu yào bǎ fúwù fàng zài dì-yī wèi.
온라인이든 오프라인이든 모두 서비스를 최우선 순위에 두어야 한다.

无论是大都市还是小城镇都具有自己的特色。
Wúlùn shì dà dūshì háishi xiǎo chéngzhèn dōu jùyǒu zìjǐ de tèsè.
대도시든 소도시든 모두 각자의 특색을 가지고 있다.

无论是过去还是现在，亲情永远都不会变。
Wúlùn shì guòqù háishi xiànzài, qīnqíng yǒngyuǎn dōu bú huì biàn.
예나 지금이나 가족의 정은 영원히 변하지 않는다.

알아 두면 뉴스가 들리는 중국 이야기

중국의 거시 경제와 정책 기조를 파악하기 위해 반드시 살펴보아야 할 정부 발표가 있는데 바로 5개년 규획입니다. 2021~2025년은 14차 5개년 규획이 실시되는 해이고, 정식 명칭은 《中华人民共和国国民经济和社会发展第十四个五年规划和2035年远景目标纲要 Zhōnghuá Rénmín Gònghéguó guómín jīngjì hé shèhuì fāzhǎn dì-shísì ge wǔ nián guīhuà hé èr líng sān wǔ nián yuǎnjǐng mùbiāo gāngyào(중화인민공화국 국민경제 사회발전 제14차 5개년 규획과 2035년 비전 목표 요강)》인데, 줄여서 간단히 '十四五 shísìwǔ'라고 합니다. 5개년 규획이란 중국의 발전 계획, 특히 경제 발전 계획을 5년 단위로 수립하고, 이에 상응하는 정책과 관련 법률·법규를 마련하며, 그 계획을 집행한 후 이를 분석해 차기 회차의 중기 계획을 수립하는 것을 말합니다. 5개년 계획의 시작은 1929년 소비에트 연방인데요, 1949년 사회주의 정치 체제를 수립한 중국은 경제 체제에서도 소비에트 연방의 영향을 받아 1953년 제1차 5개년 계획(第一个五年计划 dì-yī ge wǔ nián jìhuà)을 수립하고 집행했습니다. 1963~1965년을 제외하고 5년마다 편제되었으며, 11차부터 시장 친화적인 '규획(规划 guīhuà)'으로 명칭을 바꾸었습니다.

각 지역 최저임금 인상

多地上调最低工资标准

🔊 091-01

最近多个省份宣布上调当地最低工资标准，目前
Zuìjìn duō ge shěngfèn xuānbù shàngtiáo dāngdì zuì dī gōngzī biāozhǔn, mùqián

江西省已经明确具体金额，大部分地区还在调整工资上涨
Jiāngxī Shěng yǐjīng míngquè jùtǐ jīn'é, dà bùfen dìqū hái zài tiáozhěng gōngzī shàngzhǎng

方案。江西省调整后最低工资标准为：一类区域每月
fāng'àn. Jiāngxī Shěng tiáozhěng hòu zuì dī gōngzī biāozhǔn wéi: Yī lèi qūyù měi yuè

1850元，二类区域每月1730元，三类区域每月
yìqiān bābǎi wǔshí yuán, èr lèi qūyù měi yuè yìqiān qībǎi sānshí yuán, sān lèi qūyù měi yuè

1610元。非全日制用工小时最低工资标准，按照类别
yìqiān liùbǎi yīshí yuán. Fēi quánrì zhì yònggōng xiǎoshí zuì dī gōngzī biāozhǔn, ànzhào lèibié

分别为每小时18.5元、每小时17.3元、每小时16.1
fēnbié wéi měi xiǎoshí shíbā diǎn wǔ yuán、měi xiǎoshí shíqī diǎn sān yuán、měi xiǎoshí shíliù diǎn yī

元。目前，31个省份中，上海月最低工资标准最高，达到了
yuán. Mùqián, sānshíyī ge shěngfèn zhōng, Shànghǎi yuè zuì dī gōngzī biāozhǔn zuì gāo, dádàole

每月2480元。随着最低工资标准的上调，低收入劳动者
měi yuè liǎngqiān sìbǎi bāshí yuán. Suízhe zuì dī gōngzī biāozhǔn de shàngtiáo, dī shōurù láodòngzhě

的收入也会水涨船高，与最低工资挂钩的一些待遇标准也会
de shōurù yě huì shuǐzhǎng-chuángāo, yǔ zuì dī gōngzī guàgōu de yìxiē dàiyù biāozhǔn yě huì

相应上涨。最低工资标准一般采取月最低工资标准和小时最低
xiāngyìng shàngzhǎng. Zuì dī gōngzī biāozhǔn yìbān cǎiqǔ yuè zuì dī gōngzī biāozhǔn hé xiǎoshí zuì dī

工资标准的形式。月最低工资标准适用于全日制就业劳动者，
gōngzī biāozhǔn de xíngshì. Yuè zuì dī gōngzī biāozhǔn shìyòng yú quánrìzhì jiùyè láodòngzhě,

小时最低工资标准适用于非全日制就业劳动者。
xiǎoshí zuì dī gōngzī biāozhǔn shìyòng yú fēi quánrìzhì jiùyè láodòngzhě.

🔊 091-02

단어+표현

最低工资 zuì dī gōngzī 최저임금 | **江西** Jiāngxī 장시 [지명] | **非全日制用工** fēi quánrìzhì yònggōng 비전일제 근무 | **类别** lèibié 유형 | **水涨船高**＊shuǐzhǎng-chuángāo 물이 불어나면 배도 높아진다, 주위 환경의 변화에 따라 부수적인 상황도 변한다 | **待遇**＊dàiyù 대우, 처우 | **相应**＊xiāngyìng 상응하다, 호응하다

🔊 최근 여러 성이 현지의 최저임금 인상을 발표하는 가운데 현재 장시성은 구체적인 금액을 확정했고 대부분 지역은 임금 인상안을 조율 중입니다. 장시성의 조정 후 최저임금 기준은 1종 구역이 월 1850위안, 2종 구역이 월 1730위안, 3종 구역은 월 1610위안입니다. 비전일제 근무 최저임금 기준은 종류별로 각각 시간당 18.5위안, 시간당 17.3위안, 시간당 16.1위안입니다. 현재 31개 성 중 상하이의 최저임금이 월 2480위안으로 가장 높습니다. 최저임금 인상에 따라 저소득 근로자의 소득도 함께 높아지고 최저임금과 연동되는 일부 대우 기준도 상응하여 오를 것으로 보입니다. 최저임금은 월 최저임금과 시간 최저임금 형태로 운영되는데 월 최저임금은 전일제 취업 근로자에게, 시간 최저임금은 비전일제 취업 근로자에게 적용됩니다.

뉴스 표현 필살기

'为'는 제2성 'wéi'로 발음하는 경우 '〜이 되다, 〜이다, 〜에 의해'라는 뜻을 나타냅니다.

中国跃升为全球第二大经济体。
Zhōngguó yuèshēng wéi quánqiú dì-èr dà jīngjìtǐ.
중국은 전 세계에서 두 번째로 큰 경제체로 부상했다.

客流高峰时间分别为上午九点和晚上六点。
Kèliú gāofēng shíjiān fēnbié wéi shàngwǔ jiǔ diǎn hé wǎnshàng liù diǎn.
러시아워 시간은 각각 오전 9시와 저녁 6시이다.

这种艺术形式为广大观众所喜爱。
Zhè zhǒng yìshù xíngshì wéi guǎngdà guānzhòng suǒ xǐ'ài.
이런 예술 형식은 많은 관중들에게 사랑받는다.

알아 두면 뉴스가 들리는 중국 이야기

한국에서 일자리를 구하면 국민연금, 건강보험, 고용보험, 산재보험의 4대 보험을 의무적으로 가입해야 하는 것처럼 중국에도 비슷한 제도가 있습니다. 바로 '五险一金 wǔ xiǎn yì jīn'입니다. '五险 wǔ xiǎn'은 5개의 보험을 가리키는데 '养老保险 yǎnglǎo bǎoxiǎn(양로보험), 医疗保险 yīliáo bǎoxiǎn(의료보험), 失业保险 shīyè bǎoxiǎn(실업보험), 工伤保险 gōngshāng bǎoxiǎn(산재보험), 生育保险 shēngyù bǎoxiǎn(출산보험)'이 있습니다. 요즘에는 출산보험과 의료보험을 통합한 4대 보험을 시범적으로 운영하는 곳도 있다고 합니다. 그리고 나머지 '一金 yì jīn'은 '住房公积金 zhùfáng gōngjījīn(주택 공적금)'으로 주택 마련 자금을 위해 직원과 회사가 납부하는 적립금을 말합니다. '五险一金'은 회사마다 다르겠지만 외국인 직원에게는 대부분 회사의 가입 의무가 적용되지 않습니다. 대신 '商业保险 shāngyè bǎoxiǎn(상업보험)'을 회사에서 가입해 주는 경우가 많습니다.

전국 17개 도시 집값
제곱미터당 2만 위안 넘어서

全国17个城市房价超过2万/平方米

🔊 092-01

据统计，全国17个城市房价超过每平方米2万元，深圳
Jù tǒngjì, quánguó shíqī ge chéngshì fángjià chāoguò měi píngfāngmǐ liǎngwàn yuán, Shēnzhèn

的平均单价已经达90049元，位居全国之首。另外，国家
de píngjūn dānjià yǐjīng dá jiǔwàn líng sìshíjiǔ yuán, wèijū quánguó zhī shǒu. Lìngwài, guójiā

统计局发布数据显示，1月，房地产市场运行总体平稳，但各
tǒngjìjú fābù shùjù xiǎnshì, yī yuè, fángdìchǎn shìchǎng yùnxíng zǒngtǐ píngwěn, dàn gè

线城市房价环比涨幅均较此前有所扩大。其中，一线城市的
xiàn chéngshì fángjià huánbǐ zhǎngfú jūn jiào cǐqián yǒusuǒ kuòdà. Qízhōng, yī xiàn chéngshì de

市场需求量依然旺盛，房价继续领跑。具体来看，一线城市新房
shìchǎng xūqiúliàng yīrán wàngshèng, fángjià jìxù lǐngpǎo. Jùtǐ lái kàn, yī xiàn chéngshì xīnfáng

和二手房涨幅和增速均高于二、三线城市。其中，相较于新房，
hé èrshǒufáng zhǎngfú hé zēngsù jūn gāo yú èr、sān xiàn chéngshì. Qízhōng, xiāngjiào yú xīnfáng,

二手房的上涨更为突出。总体来看，资金充裕和预期升温，被
èrshǒufáng de shàngzhǎng gèng wéi tūchū. Zǒngtǐ lái kàn, zījīn chōngyù hé yùqī shēngwēn, bèi

认为是房价普遍上涨的主要原因。另外，对学区房的追捧，
rènwéi shì fángjià pǔbiàn shàngzhǎng de zhǔyào yuányīn. Lìngwài, duì xuéqū fáng de zhuīpěng,

导致一线城市的房价涨幅领先于其他城市，也使得二手房价格
dǎozhì yī xiàn chéngshì de fángjià zhǎngfú lǐngxiān yú qítā chéngshì, yě shǐde èrshǒufáng jiàgé

涨幅明显高于新房。
zhǎngfú míngxiǎn gāo yú xīnfáng.

🔊 092-02

平方米 píngfāngmǐ 제곱미터(m²) | 全国之首* quánguó zhī shǒu 전국 1위 | 房地产 fángdìchǎn 부동산 | 总体 zǒngtǐ 전체 | 环
比* huánbǐ 전 분기 대비하다 | 涨幅* zhǎngfú 증가 폭 | 依然 yīrán 여전히 | 领跑* lǐngpǎo 선도하다 | 新房 xīnfáng 새 집 | 二手房
èrshǒufáng 중고 주택 | 充裕 chōngyù 충분하다 | 学区房 xuéqū fáng 학군 주택

◀ 통계에 따르면 전국 17개 도시의 집값이 제곱미터당 2만 위안을 넘어섰고 선전의 평균 단가는 9만 49위안으로 전국 1위를 차지했습니다. 또한 국가통계국이 발표한 자료에 따르면 1월 부동산 시장은 전반적으로 안정적이었지만 각 도시 집값은 전 분기 대비 증가 폭이 모두 확대된 것으로 나타났습니다. 그중 1선 도시는 여전히 강한 시장 수요를 보이고 있고 집값은 계속해서 전국을 앞서고 있습니다. 구체적으로 보면 1선 도시의 신축 및 기존 주택의 상승 폭과 상승 속도가 모두 2·3선 도시보다 높고 그중 신축 주택에 비해 기존 주택의 상승이 더 두드러집니다. 전반적으로 보면 충분한 자금과 기대감 상승이 집값 상승의 주요 원인으로 뽑히고 있습니다. 또한 학군 내 주택에 대한 인기 쏠림으로 인해 1선 도시의 집값 상승 폭이 다른 도시를 앞서고 있으며 기존 주택의 가격 상승 폭도 신축 주택에 비해 두드러집니다.

뉴스 표현 필살기

'有所'는 '다소, 어느 정도, 좀, ~할 것'이라는 뜻으로 주로 동사와 함께 글말에 쓰입니다.

人，有所为，有所不为。
Rén, yǒu suǒ wéi, yǒu suǒ bù wéi.

사람은, 해야 할 것이 있고, 하지 말아야 할 것이 있다.

[정확히 판단해서 선택이나 포기할 때를 제때 파악해야 한다는 의미]

两国关系有所改善。
Liǎng guó guānxì yǒu suǒ gǎishàn.

양국 관계는 어느 정도 개선되었다.

整体工作效率有所提高。
Zhěngtǐ gōngzuò xiàolǜ yǒu suǒ tígāo.

전반적인 업무 효율이 어느 정도 향상되었다.

알아 두면 뉴스가 들리는 중국 이야기

만일 중국에서 생활하는데 학교나 직장에서 숙소가 제공되지 않는다면 직접 임대해야 할 수도 있고, 주변 사람들과 부동산 이야기를 하게 될 수 있겠죠. 이때 쓸 만한 표현에는 어떤 것이 있을까요?

'여기는 집값이 평당 얼마 정도 하나요?'라는 질문, 중국어로는 어떻게 물어볼까요? '这边的房子多少钱一平? Zhè biān de fángzi duōshao qián yì píng?'이라고 합니다. 하지만 주의해야 할 점! 중국에서 말하는 '平 píng'은 '平方米 píngfāngmǐ(제곱미터)'의 줄임말입니다. 한국의 평(坪 píng)은 3.3m²를 뜻하기 때문에 발음은 같아도 단위가 완전히 다릅니다. 집값과 더불어 중요한 것은 집의 구조겠죠. '방 셋, 화장실 둘, 주방과 거실이 있는 집'은 중국어로 어떻게 표현할까요? 중국어에서는 '방, 거실, 주방, 화장실' 순으로 표현하니 '三室一厅一厨一卫 sān shì yì tīng yì chú yí wèi'라고 합니다.

중국에는 한국처럼 전세 제도가 없어서 부동산을 임대하려면 월세로 구하는 수밖에 없습니다. 집을 구하다 보면 '押三 yā sān'이라는 표현을 듣게 될 텐데, 3개월 치 월세를 보증금으로 내야 한다는 뜻입니다. 마찬가지로 '押一 yā yī'는 1개월 치 월세를 보증금으로 내는 조건이 되겠습니다.

중앙은행 예대 금리 인하

央行下调存贷款利率

🔊 093-01

重磅消息！中国人民银行决定，自今年8月26日起，
Zhòng bàng xiāoxi! Zhōngguó Rénmín Yínháng juédìng, zì jīnnián bā yuè èrshíliù rì qǐ,

下调金融机构人民币贷款和存款基准利率。其中，金融机构
xiàtiáo jīnróng jīgòu rénmínbì dàikuǎn hé cúnkuǎn jīzhǔn lìlù.　Qízhōng, jīnróng jīgòu

一年期贷款基准利率下调0.25个百分点至4.6%；一年
yī nián qī dàikuǎn jīzhǔn lìlù xiàtiáo líng diǎn èr wǔ ge bǎifēndiǎn zhì bǎi fēn zhī sì diǎn liù; yī nián

期存款基准利率下调0.25个百分点至1.75%。近期，多
qī cúnkuǎn jīzhǔn lìlù xiàtiáo líng diǎn èr wǔ ge bǎifēndiǎn zhì bǎi fēn zhī yī diǎn qī wǔ. Jìnqī, duō

场高层主持召开的会议传递出了经济发展存在压力，并将始终
chǎng gāocéng zhǔchí zhàokāi de huìyì chuándì chūle jīngjì fāzhǎn cúnzài yālì, bìng jiāng shǐzhōng

坚持稳中求进的工作基调。不少分析人士认为，实现稳增长的
jiānchí wěn zhōng qiú jìn de gōngzuò jīdiào. Bù shǎo fēnxī rénshì rènwéi, shíxiàn wěn zēngzhǎng de

目标，除财政发力外，通过降息降准补充流动性也存在必要性。
mùbiāo, chú cáizhèng fālì wài, tōngguò jiàng xī jiàng zhǔn bǔchōng liúdòngxìng yě cúnzài bìyàoxìng.

同时，在我国经济仍面临一定的下行压力下，企业层面特别是中小
Tóngshí, zài wǒguó jīngjì réng miànlín yídìng de xiàxíng yālì xià, qǐyè céngmiàn tèbié shì zhōngxiǎo

企业的生产经营还相对比较困难，为了做好长期的宏观调控，
qǐyè de shēngchǎn jīngyíng hái xiāngduì bǐjiào kùnnán, wèile zuòhǎo chángqī de hóngguān tiáokòng,

下调存贷款基准利率以进一步降低企业融资成本、刺激企业贷款
xiàtiáo cúndàikuǎn jīzhǔn lìlù yǐ jìnyíbù jiàngdī qǐyè róngzī chéngběn,　cìjī qǐyè dàikuǎn

需求也是十分必要的。
xūqiú yě shì shífēn bìyào de.

🔊 093-02

단어+표현

下调* xiàtiáo 하향조정하다 | 中国人民银行 Zhōngguó Rénmín Yínháng 중국인민은행 [중국의 중앙은행] | 金融机构 jīnróng jīgòu 금융기구 | 存款 cúnkuǎn 저금하다 | 基准利率 jīzhǔn lìlù 기준 금리 | 一年期 yī nián qī 1년의 기간 | 百分点 bǎifēndiǎn 퍼센트포인트(%p) | 传递 chuándì 전달하다 | 稳中求进 wěn zhōng qiú jìn 온중구진, 안정 속에서 성장을 추구하다 | 基调 jīdiào 기조 | 财政发力 cáizhèng fālì 재정 정책 | 降息 jiàng xī 금리 인하 | 降准 jiàng zhǔn 지준율 인하 | 流动性 liúdòngxìng 유동성 | 下行压力 xiàxíng yālì 하방 압력 | 融资成本* róngzī chéngběn 융자 비용

🔊 중대 사항입니다! 중국인민은행은 오는 8월 26일부터 금융 기관의 위안화 대출과 예금 기준금리를 인하하기로 결정했습니다. 그중 금융 기관의 1년 만기 대출 기준금리는 0.25%p 내린 4.6%, 1년 만기 예금 기준금리는 0.25%p 내린 1.75%입니다. 최근 고위층 주재로 여러 차례 열린 회의에서 경제 발전에 대한 압박감을 전달하면서 온중구진(안정 속에서 성장을 추구하다)이라는 업무 기조를 견지해 나갈 것으로 나타났습니다. 안정적인 경제 성장이라는 목표를 달성하는 것은 재정 정책 외에 금리와 지준율 인하를 통한 유동성 공급도 필요하다는 분석이 많습니다. 이와 함께 중국 경제가 여전히 하방 압력에 직면해 있는 상황에, 기업 측면에서, 특히 중소기업의 생산과 경영이 상대적으로 어려워, 장기적인 거시 조정을 위해서는 예대 기준금리를 인하하여 기업의 융자 비용을 한층 낮추고, 기업의 대출 수요를 진작할 필요가 있음을 지적했습니다.

뉴스 표현 필살기

'在……下'는 '~하에, ~ 속에'라는 뜻으로 시간, 공간, 범위, 상황 또는 조건을 나타냅니다.

在政府正确领导下，我省成功实现全民脱贫。
Zài zhèngfǔ zhèngquè lǐngdǎo xià, wǒ shěng chénggōng shíxiàn quánmín tuōpín.
정부의 정확한 지도하에 우리 성은 성공적으로 국민 빈곤 퇴치를 실현하였다.

中国在内忧外患下如何实现经济增长？
Zhōngguó zài nèiyōu wàihuàn xià rúhé shíxiàn jīngjì zēngzhǎng?
중국은 내우외환 속에서 어떻게 경제 성장을 이룰 수 있을까?

在这种情况下，如何能够转危为机？
Zài zhè zhǒng qíngkuàng xià, rúhé nénggòu zhuǎn wēi wéi jī?
이런 상황에서 어떻게 위기를 기회로 전환할 수 있겠는가?

알아 두면 뉴스가 들리는 중국 이야기

뉴스 기사뿐만 아니라 영화 상영 전과 광고에서도 정말 자주 등장하는 표현이 하나 있는데요, 바로 '重磅 zhòng bàng'입니다. '重磅消息 zhòng bàng xiāoxi, 重磅人物 zhòng bàng rénwù, 重磅推出 zhòng bàng tuīchū'와 같이 쓰입니다. '重 zhòng'은 무겁다는 뜻이고, '磅 bàng'은 무게 단위인 파운드라는 뜻인데, 둘이 결합한 '重磅'은 '매우 중요한 사건이나 소식'을 가리킵니다. 그렇지만 앞서 언급한 세 표현을 똑같이 '중요하다'라고 번역하면 조금 어색하게 느껴질 수 있습니다. 따라서 '重磅消息'는 '중대한 소식', '重磅人物'는 '거물급 인물', '重磅推出'는 '야심 차게 출시하다'라고 번역하면 훨씬 자연스럽죠? 이렇듯 여러 가지 중국어 자료를 접할 때 단어의 뜻을 표면적으로만 해석하지 말고 문맥에 맞는 표현을 찾는 연습을 하면 학습에 더 도움이 될 것입니다.

마이너스 금리 시대의 도래, 우리 생활에 미치는 영향은?

负利率时代即将到来，会对我们的生活造成什么影响？

🔊 094-01

一般来说，负利率往往出现在经济危机爆发后。据浙商
Yìbān lái shuō, fùlìlǜ wǎngwǎng chūxiàn zài jīngjì wēijī bàofā hòu. Jù Zhèshāng

证券统计，在过去的150年里，世界主要经济体在危机爆发后，
Zhèngquàn tǒngjì, zài guòqù de yìbǎi wǔshí nián lǐ, shìjiè zhǔyào jīngjìtǐ zài wēijī bàofā hòu,

短期利率均急剧下行。专家称中国未来也会大概率进入负利率
duǎnqī lìlǜ jūn jíjù xiàxíng. Zhuānjiā chēng Zhōngguó wèilái yě huì dà gàilǜ jìnrù fùlìlǜ

时代，只是时间早晚的问题。那么负利率是什么？在市场中，
shídài, zhǐshì shíjiān zǎowǎn de wèntí. Nàme fùlìlǜ shì shénme? Zài shìchǎng zhōng,

负利率指的是市场利率为负值。利率，有名义利率和真实利率
fùlìlǜ zhǐ de shì shìchǎng lìlǜ wéi fù zhí. Lìlǜ, yǒu míngyì lìlǜ hé zhēnshí lìlǜ

之分。如果去银行存钱，告诉你的一年期存款利率就是名义
zhī fēn. Rúguǒ qù yínháng cún qián, gàosù nǐ de yī nián qī cúnkuǎn lìlǜ jiù shì míngyì

利率。当名义利率低于通货膨胀时，真实利率就是负利率。那么
lìlǜ. Dāng míngyì lìlǜ dī yú tōnghuò péngzhàng shí, zhēnshí lìlǜ jiù shì fùlìlǜ. Nàme

负利率对我们有什么影响呢？首先，最直接的影响，就是物价上涨，
fùlìlǜ duì wǒmen yǒu shénme yǐngxiǎng ne? Shǒuxiān, zuì zhíjiē de yǐngxiǎng, jiù shì wùjià shàngzhǎng,

导致购买力下降。其次，是财富缩水。当利率走低时，富人可以
dǎozhì gòumǎilì xiàjiàng. Qícì, shì cáifù suōshuǐ. Dāng lìlǜ zǒudī shí, fùrén kěyǐ

借到更便宜的钱，然后进行投资，在负债端和资产端进行套利，
jièdào gèng piányi de qián, ránhòu jìnxíng tóuzī, zài fùzhài duān hé zīchǎn duān jìnxíng tàolì,

"躺着赚钱"。
"tǎngzhe zhuàn qián.

🔊 094-02

负利率 fùlìlǜ 마이너스금리 | **浙商证券** Zhèshāng Zhèngquàn 저상증권 [중국의 증권사] | **短期利率** duǎnqī lìlǜ 단기 금리 | **急剧** jíjù 급격하다 | **大概率** dà gàilǜ 확률이 크다 | **负值** fùzhí 마이너스 | **名义利率** míngyì lìlǜ 명목금리 | **真实利率** zhēnshí lìlǜ 실질 금리 | **购买力**＊ gòumǎilì 구매력 | **财富缩水** cáifù suōshuǐ 부의 감소 | **走低**＊ zǒudī 낮아지다 | **端** duān 측, 쪽 | **套利**＊ tàolì 이익을 얻다 | **赚钱** zhuàn qián 돈을 벌다

◀ 일반적으로 마이너스 금리는 경제 위기가 발생한 이후에 나타납니다. 저상증권의 통계에 따르면 지난 150년간 세계 주요 경제체는 경제 위기가 발생한 이후 단기 금리가 급락했습니다. 전문가들은 앞으로도 중국이 마이너스 금리 시대로 진입할 확률이 높으며, 시간문제일 뿐이라고 평가했습니다. 그렇다면 마이너스 금리는 무엇일까요? 시장에서 마이너스 금리는 시장 금리가 마이너스라는 뜻입니다. 금리는 명목 금리와 실질 금리로 구분됩니다. 은행에 가서 돈을 맡기면 1년 만기 예금 금리를 알려 주는데 바로 명목 금리입니다. 명목 금리가 인플레이션보다 낮을 때 실질 금리는 마이너스 금리입니다. 그렇다면 마이너스 금리는 우리에게 어떤 영향을 미칠까요? 우선, 가장 직접적인 영향은 물가 상승으로 인한 구매력 감소입니다. 둘째, 부의 감소입니다. 금리가 낮아지면 부자들은 더 싸게 돈을 빌려 투자해서 부채와 자산 사이에서 차익을 챙기며 '누워서 돈 벌기'를 할 수 있습니다.

뉴스 표현 필살기

'当……时'는 '~할 때'라는 뜻으로 '当…… dāng……'으로 줄여 쓰기도 합니다. '当……的时候 dāng……de shíhou'로 바꿔 쓸 수도 있는데 '当……时'는 글말에, '当……的时候'는 입말에 주로 사용됩니다.

当利率走低时，融资的成本就会降低。
Dāng lìlǜ zǒudī shí, róngzī de chéngběn jiù huì jiàngdī.
금리가 하락할 때, 융자의 비용은 낮아진다.

当国际形势发生变化时，需要注意观察。
Dāng guójì xíngshì fāshēng biànhuà shí, xūyào zhùyì guānchá.
국제 정세에 변화가 생겼을 때, 주의 깊게 관찰해야 한다.

当遇到不公待遇时，应该通过合法的方法保障自己的权益。
Dāng yùdào bùgōng dàiyù shí, yīnggāi tōngguò héfǎ de fāngfǎ bǎozhàng zìjǐ de quányì.
부당한 대우를 받았을 때, 합법적인 방법을 통해 자신의 권익을 보장해야 한다.

알아 두면 뉴스가 들리는 중국 이야기

중국의 증권 시스템을 이해하는 데 있어 꼭 알아야 할 개념이 한 가지 있는데 바로 후강퉁(沪港通 Hù Gǎng tōng)입니다. '沪 Hù'는 상하이를, '港 Gǎng'은 홍콩을 뜻하며 이 두 주식시장을 연결한다(通 tōng)는 의미입니다. 후강퉁 정책 시행 전에 외국인 투자자는 적격외국기관투자가(QFII) 자격을 얻은 기관 투자자들만 상하이 거래소와 선전 거래소에 상장된 A주에 투자할 수 있었고, 개인 투자자가 중국 시장에 투자하기 위해서는 펀드를 통해 간접 투자하는 수밖에 없었습니다. 후강퉁의 도입으로 일반 개인 투자자들도 홍콩을 통해 개별 본토 A주 투자가 가능해졌기 때문에 의미가 있습니다. 현재는 홍콩 투자자가 위탁사에서 계좌를 개설하면 홍콩의 증권 거래 관련 서비스 회사들이 상하이 주식시장에 거래를 신청하는 방식으로 주식을 매매할 수 있으며, 상하이 투자자들도 이러한 과정을 거쳐 홍콩 주식시장에서 주식을 매매할 수 있습니다. 홍콩 투자자에게 상하이 거래소 주식의 거래를 개방하는 것을 후구퉁(沪股通 Hù gǔ tōng), 상하이 투자자에게 홍콩 거래소 주식의 거래를 개방하는 것을 강구퉁(港股通 Gǎng gǔ tōng)이라고 합니다.

중국인민은행, 새해 지준율 인하

中国人民银行，新年下调基准率

🔊 095-01

为支持实体经济发展，降低社会融资实际成本，中国人民
Wèi zhīchí shítǐ jīngjì fāzhǎn,　jiàngdī shèhuì róngzī shíjì chéngběn, Zhōngguó Rénmín

银行决定于1月6日下调金融机构存款准备金率0.5个
Yínháng juédìng yú yī yuè liù rì xiàtiáo jīnróng jīgòu cúnkuǎn zhǔnbèijīnlǜ líng diǎn wǔ ge

百分点(不含财务公司、金融租赁公司和汽车金融公司)。中国
bǎifēndiǎn (bù hán cáiwù gōngsī, jīnróng zūlìn gōngsī hé qìchē jīnróng gōngsī).　Zhōngguó

人民银行将继续实施稳健的货币政策，保持灵活适度，兼顾
Rénmín Yínháng jiāng jìxù shíshī wěnjiàn de huòbì zhèngcè,　bǎochí línghuó shìdù,　jiāngù

内外平衡，保持流动性合理充裕，货币信贷、社会融资规模
nèiwài pínghéng, bǎochí liúdòngxìng hélǐ chōngyù,　huòbì xìndài、　shèhuì róngzī guīmó

增长同经济发展相适应，激发市场主体活力，为高质量发展和
zēngzhǎng tóng jīngjì fāzhǎn xiāng shìyìng, jīfā shìchǎng zhǔtǐ huólì,　wèi gāo zhìliàng fāzhǎn hé

供给侧结构性改革营造适宜的货币金融环境。此次全面降准中，
gōngjǐ cè jiégòuxìng gǎigé yíngzào shìyí de huòbì jīnróng huánjìng. Cǐ cì quánmiàn jiàng zhǔn zhōng,

释放长期资金约8000多亿元，中小银行获得长期资金1200
shìfàng chángqī zījīn yuē bāqiān duō yì yuán, zhōngxiǎo yínháng huòdé chángqī zījīn yìqiān èrbǎi

多亿元，这将十分有利于增强中小银行立足当地，服务小微、
duō yì yuán,　zhè jiāng shífēn yǒulì yú zēngqiáng zhōngxiǎo yínháng lìzú dāngdì, fúwù xiǎo wēi、

民营企业的资金实力。同时，此次降准降低银行资金成本每年约
mínyíng qǐyè de zījīn shílì.　Tóngshí, cǐ cì jiàng zhǔn jiàngdī yínháng zījīn chéngběn měi nián yuē

150亿元，小微、民营企业融资成本将大大降低。
yìbǎi wǔshí yì yuán, xiǎo wēi、mínyíng qǐyè róngzī chéngběn jiāng dàdà jiàngdī.

🔊 095-02

存款准备金率 cúnkuǎn zhǔnbèijīnlǜ 지급준비율 | **稳健*** wěnjiàn 안정적이다 | **灵活*** línghuó 융통성 있다 | **适度** shìdù (정도가)
적당하다 | **兼顾** jiāngù 골고루 살피다 | **信贷** xìndài 신용 대출 | **营造** yíngzào 만들다 | **释放** shìfàng 방출하다 | **立足*** lìzú 입각하다 |
小微 xiǎo wēi 소형, 마이크로

🔊 중국인민은행은 실물 경제의 발전을 지원하고 사회의 실제 융자 비용을 줄이기 위해 1월 6일 금융 기관의 예금 지급준비율을 0.5%p(금융 회사, 금융리스 회사 및 자동차 금융 회사 제외) 낮추기로 결정했습니다. 중국인민은행은 계속해서 신중한 통화 정책을 시행하고, 유연성과 적절성을 유지하며, 대내외 균형을 고려하고, 합리적이고 충분한 유동성을 유지하여 통화, 신용 및 사회적 융자 규모의 성장이 경제 발전과 발맞출 수 있도록 하고 시장 주체의 활력을 자극하여 양질의 발전과 공급 측의 구조적 개혁을 위해 적절한 통화 및 금융 환경을 조성할 것입니다. 이번 지준율 인하를 통해 약 8천여 억 위안의 장기 자금이 풀려 중소 은행이 1200여 억 위안의 장기 자금을 받았는데, 이는 중소 은행이 현지에 입각해 소형 기업과 민간 기업을 대상으로 하는 서비스의 자금 능력을 강화하는 데 큰 도움이 될 것입니다. 이와 동시에 이번 지준율 인하는 은행의 자금 비용을 연간 약 150억 위안 줄이고 소형 기업과 민간 기업의 융자 비용을 크게 줄일 것입니다.

 뉴스 표현 **필살기**

'约'는 '대략, 대충, 얼추'라는 뜻으로, 정확하지 않은 수치를 나타냅니다. '大约 dàyuè'로 바꿔 쓸 수 있습니다.

中国GDP总量约占世界经济的16.4%。
Zhōngguó GDP zǒngliàng yuē zhàn shìjiè jīngjì de bǎi fēn zhī shíliù diǎn sì.
중국의 GDP 총량은 세계 경제의 약 16.4%를 차지한다.

通信技术领域全球专利申请量约为3.8万项。
Tōngxìn jìshù lǐngyù quánqiú zhuānlì shēnqǐngliàng yuē wéi sān diǎn bā wàn xiàng.
통신 기술 분야의 전 세계 특허 출원 건수는 약 3만 8000건이다.

项目实施以来，社会成本节省规模约达300亿元。
Xiàngmù shíshī yǐlái, shèhuì chéngběn jiéshěng guīmó yuē dá sānbǎi yì yuán.
사업 시행 후 사회적 비용의 절감 규모는 약 300억 위안에 달했다.

알아 두면 **뉴스가 들리는 중국 이야기**

지급준비율은 중국에서만 쓰이는 개념은 아니지만 본문의 이해에 돕고자 간단하게 소개하고자 합니다. 지급준비율은 은행이 고객으로부터 받아들인 예금 중에서 중앙은행에 의무적으로 적립해야 하는 비율을 말합니다. 중앙은행이 지급준비율을 조절함으로써 시중 자금 수위를 조절하는 식으로 금융 정책의 주요 수단으로 활용되고 있습니다. 즉 지급준비율을 높이면 시중 은행이 중앙은행에 적립해야 할 돈이 많아지므로 대출할 수 있는 자금이 줄어들고 결과적으로 시중 자금이 줄어들게 됩니다. 반대로 지급준비율을 낮추면 시중 은행은 대출할 수 있는 자금이 늘어나 기업에 좀 더 많은 자금을 공급할 수 있고, 시중 자금이 늘어나게 됩니다. 한국에서는 한국은행법에 의해 금융통화위원회가, 중국은 중국인민은행이 지급준비율을 결정합니다.

위안화 환율 6위안대 돌파할까?

人民币汇率会破六吗?

🔊 096-01

2021年1月，人民币汇率升值步伐延续。2020年12月
Èr líng èr yī nián yī yuè, rénmínbì huìlǜ shēngzhí bùfá yánxù. Èr líng èr líng nián shí'èr yuè

31日1美元兑人民币6.5249元，2021年1月29日
sānshíyī rì yī měiyuán duì rénmínbì liù diǎn wǔ èr sì jiǔ yuán, èr líng èr yī nián yī yuè èrshíjiǔ rì

1美元兑人民币6.4709元。人民币汇率今年还会涨到多
yī měiyuán duì rénmínbì liù diǎn sì qī líng jiǔ yuán. Rénmínbì huìlǜ jīnnián hái huì zhǎngdào duō

高? 分析称，2020年美联储超宽松货币政策导致美元
gāo? Fēnxī chēng, èr líng èr líng nián Měiliánchǔ chāo kuānsōng huòbì zhèngcè dǎozhì měiyuán

资产相对收益下降，2021年美国的量化宽松和低利率将继续
zīchǎn xiāngduì shōuyì xiàjiàng, èr líng èr yī nián Měiguó de liànghuà kuānsōng hé dī lìlǜ jiāng jìxù

维持。总体判断，2021年美元走弱将是一个大概率事件。美国
wéichí. Zǒngtǐ pànduàn, èr líng èr yī nián měiyuán zǒuruò jiāng shì yí ge dà gàilǜ shìjiàn. Měiguó

大选尘埃落定、欧洲疫情反复，美元指数也存在阶段性回弹的
dàxuǎn chén'āi-luòdìng、Ōuzhōu yìqíng fǎnfù,   měiyuán zhǐshù yě cúnzài jiēduànxìng huí tán de

可能。经验表明，美元走弱情况下，资金会流向新兴市场，有利
kěnéng. Jīngyàn biǎomíng, měiyuán zǒuruò qíngkuàng xià, zījīn huì liúxiàng xīnxīng shìchǎng, yǒulì

于新兴市场优质资产的价值重估。中国经济率先复苏且增长
yú xīnxīng shìchǎng yōuzhì zīchǎn de jiàzhí chóng gū. Zhōngguó jīngjì shuàixiān fùsū qiě zēngzhǎng

速度最快，中国资产将更为受益。那么，人民币2021年"破6"的
sùdù zuì kuài, Zhōngguó zīchǎn jiāng gèng wéi shòuyì. Nàme, rénmínbì èr líng èr yī nián "pò liù" de

可能有多大? 专家表示，人民币过快升值面临政策约束。预期
kěnéng yǒu duō dà? Zhuānjiā biǎoshì, rénmínbì guò kuài shēngzhí miànlín zhèngcè yuēshù.   Yùqī

2021年人民币汇率整体升值，但"破6"这样快速的升值可能性不大。
èr líng èr yī nián rénmínbì huìlǜ zhěngtǐ shēngzhí, dàn "pò liù" zhèyàng kuàisù de shēngzhí kěnéngxìng bú dà.

단어+표현 ┈┈┈┈┈┈┈┈┈┈┈┈┈┈┈┈┈┈┈ 🔊 096-02

升值*shēngzhí 비싸지다 | 步伐 bùfá 발걸음 | 延续 yánxù 이어지다 | 美联储*Měiliánchǔ 미 연준, 미국 연방 준비 제도 이사회 | 宽松
货币政策 kuānsōng huòbì zhèngcè 완화 통화 정책 | 量化宽松*liànghuà kuānsōng 양적 완화 | 判断 pànduàn 판단하다 | 走弱*
zǒuruò 약해지다 | 大选 dàxuǎn 대선 | 尘埃落定 chén'āi-luòdìng 확정하다 | 指数*zhǐshù 지수 | 回弹 huí tán 반복되다 | 价值
jiàzhí 가치 | 重估 chóng gū 재평가하다 | 政策约束 zhèngcè yuēshù 정책적 구속

◀ 2021년 1월 위안화 평가 절상 행보는 계속됐습니다. 2020년 12월 31일 위안화/달러 환율은 달러당 6.5249위안이었고, 2021년 1월 29일에는 달러당 6.4709위안이었습니다. 위안화의 환율은 올해 또 얼마나 오를까요? 2020년 미 연준의 초(超)완화 통화 정책으로 달러 자산의 상대적 수익성이 하락했고, 2021년 미국의 양적 완화와 저금리가 계속 유지될 것이라는 분석입니다. 전반적으로 2021년에 달러 약세는 계속 이어질 것으로 판단됩니다. 미국 대선이 마무리되고 유럽의 전염병 사태가 반복되면서 달러 지수의 단계적 반등 가능성도 존재합니다. 경험적으로 봤을 때 달러화가 약세를 보이면 신흥 시장으로 자금이 흘러가고, 신흥 시장의 양질의 자산 가치가 재평가되는 데에 도움이 됩니다. 경제가 가장 먼저 회복되고, 성장 속도가 가장 빠른 중국 자산은 더 큰 수혜를 입을 것으로 보입니다. 그렇다면 2021년 위안화가 '6위안대를 돌파'할 가능성은 얼마나 될까요? 전문가들은 위안화의 빠른 평가 절상이 정책적 구속에 직면하고 있어 2021년 위안화 환율이 전반적으로 절상될 것으로 예상되지만 '6위안대를 돌파'할 만큼 빠르게 절상될 가능성은 크지 않다고 짚었습니다.

뉴스 표현 필살기

'率先'은 '남보다 앞장서서, 남보다 빨리, 최초로'라는 뜻으로 어떤 조치를 빠르고 적절하게 취했거나 완료했을 때 사용됩니다.

华为率先通过了国家5G安全测试标准。
Huáwèi shuàixiān tōngguòle guójiā wǔ G ānquán cèshì biāozhǔn.
화웨이는 국가 5G 보안 테스트 기준을 먼저 통과했다.

我省率先完成交通运输综合改革。
Wǒ shěng shuàixiān wánchéng jiāotōng yùnshū zōnghé gǎigé.
우리 성이 앞장서서 교통 운수 종합 개혁을 완성했다.

率先制定世界上第一个绿色建筑评估体系。
Shuàixiān zhìdìng shìjiè shang dì-yī ge lǜsè jiànzhù pínggū tǐxì.
세계 최초의 친환경 건축물 평가 체계를 앞장서서 제정하다.

알아 두면 뉴스가 들리는 중국 이야기

한국의 중앙은행이 '한국은행'이니 중국의 중앙은행은 '中国银行 Zhōngguó Yínháng'일 것이라고 착각할 수 있는데요, 중국의 중앙은행은 '中国人民银行 Zhōngguó Rénmín Yínháng(중국인민은행)'입니다. 시중 은행은 중국어로 '商业银行 shāngyè yínháng'이라고 하는데요, 중국에는 전국적으로 '中国工商银行 Zhōngguó Gōngshāng Yínháng(중국공상은행), 中国农业银行 Zhōngguó Nóngyè Yínháng(중국농업은행), 中国建设银行 Zhōngguó Jiànshè Yínháng(중국건설은행), 中国邮政储蓄银行 Zhōngguó Yóuzhèng Chǔxù Yínháng(중국우정저축은행), 交通银行 Jiāotōng Yínháng(교통은행)'의 6대 국유 은행이 있습니다.
한국에 오기 전 중국어 교육 연수를 받을 때, 이런 이야기를 들은 적이 있습니다. 중국어를 막 배우기 시작한 어떤 유학생이 중국 시내를 한 바퀴 돌고 오더니 '중국인은 참 겸손하지 않네요!'라고 했다는 것입니다. 이유를 물으니 길거리의 간판에 '中国农业银行，中国建设银行，中国银行 Zhōngguó nóngyè hěn xíng, Zhōngguó jiànshè hěn xíng, Zhōngguó hěn xíng'이라고 쓰여 있는데, 온통 중국 자랑만 하나는 것이었습니다. '银行 yínháng'을 '很行 hěn xíng'으로 착각한 것이죠. '行'에는 'xíng'과 'háng' 두 가지 발음이 있는데 '很行'은 '잘한다'라는 뜻입니다. 들은 지 오래되었지만 외국인 학습자에게 한자가 그만큼 어렵다는 것을 말하는 이야기이기 때문에 아직도 기억에 남아 있습니다.

디지털 화폐, 4개 시험 도시서 테스트 진행

数字货币将在四个试点城市进行测试

🔊 097-01

据报道，央行数字货币将在深圳、雄安、成都、苏州四
Jù bàodào, yāngháng shùzì huòbì jiāng zài Shēnzhèn、Xióng'ān、Chéngdū、Sūzhōu sì

个试点城市进行测试。1948年诞生的人民币将迎来史无前例
ge shìdiǎn chéngshì jìnxíng cèshì. Yī jiǔ sì bā nián dànshēng de rénmínbì jiāng yínglái shǐwúqiánlì

的升级，中国又向"无现金社会"靠近了一步。那么什么是
de shēngjí, Zhōngguó yòu xiàng "wú xiànjīn shèhuì" kàojìnle yí bù. Nàme shénme shì

数字货币？简单的理解就是功能属性与纸钞完全一样，只
shùzì huòbì? Jiǎndān de lǐjiě jiù shì gōngnéng shǔxìng yǔ zhǐchāo wánquán yíyàng, zhǐ

不过是数字化形态，它是具有价值的数字支付工具。那么它和
búguò shì shùzìhuà xíngtài, tā shì jùyǒu jiàzhí de shùzì zhīfù gōngjù. Nàme tā hé

支付宝、微信有什么区别？首先后两者都是支付工具，下载
Zhīfùbǎo、Wēixìn yǒu shénme qūbié? Shǒuxiān hòu liǎng zhě dōu shì zhīfù gōngjù, xiàzài

APP后要和银行账号绑定，先把钱转到这些公司的账户来
APP hòu yào hé yínháng zhànghào bǎngdìng, xiān bǎ qián zhuǎndào zhèxiē gōngsī de zhànghù lái

完成支付。也就是说没有钱（货币）是无法完成支付的。而央行
wánchéng zhīfù. Yě jiù shì shuō méiyǒu qián (huòbì) shì wúfǎ wánchéng zhīfù de. Ér yāngháng

数字货币既是一种货币，也是一种支付手段。据相关人士介绍，
shùzì huòbì jì shì yì zhǒng huòbì, yě shì yì zhǒng zhīfù shǒuduàn. Jù xiāngguān rénshì jièshào,

届时只要手机上都有DC/EP的数字钱包，只要手机有电，两个手机
jièshí zhǐyào shǒujī shang dōu yǒu DC/EP de shùzì qiánbāo, zhǐyào shǒujī yǒu diàn, liǎng ge shǒujī

碰一碰就能把钱包里的数字货币，转给另一个人。
pèng yi pèng jiù néng bǎ qiánbāo lǐ de shùzì huòbì, zhuǎn gěi lìng yí ge rén.

*DC/EP(Digital Currency/Electric Payment): 디지털 화폐와 전자 결제

단어+표현
🔊 097-02

数字货币 shùzì huòbì 디지털 화폐 | 试点* shìdiǎn 시험적으로 해 보다 | 雄安 Xióng'ān 슝안 [지명] | 苏州 Sūzhōu 쑤저우 [지명] |
迎来 yínglái 맞이하다 | 史无前例* shǐwúqiánlì 사상 유례없다 | 升级* shēngjí 승급하다, 업그레이드하다 | 纸钞 zhǐchāo 지폐 | 绑定
bǎngdìng 연동하다 | 转 zhuǎn 전달하다 | 碰 pèng 터치하다

◀ 보도에 따르면 중앙은행의 디지털 화폐는 선전·슝안·청두·쑤저우 4개 시범 도시에서 테스트가 실시됩니다. 1948년 탄생한 위안화가 사상 유례없는 업그레이드를 맞으면서 중국은 '현금 없는 사회'로 한 발짝 더 다가섰습니다. 그렇다면 디지털 화폐란 무엇일까요? 쉽게 이해하면 기능적으로는 지폐와 완전히 같은데 디지털 형태이며, 가치 있는 디지털 지불 도구입니다. 그렇다면 디지털 화폐는 알리페이, 위챗페이와 어떤 차이가 있을까요? 먼저 두 후자(알리페이, 위챗페이)는 모두 결제 도구여서 앱을 내려받은 뒤 은행 계좌번호를 연동해 먼저 이들 회사 계좌로 돈을 송금해 결제를 마쳐야 합니다. 다시 말해 돈(화폐)이 없으면 지불을 마칠 수 없다는 얘기입니다. 반면 중앙은행의 디지털 화폐는 일종의 화폐이자 지불 수단입니다. 관계자의 소개에 따르면 만약 휴대폰에 DC/EP의 디지털 지갑이 설치돼 있고, 휴대폰 배터리만 있다면 두 개의 휴대폰을 터치해서 지갑 속의 디지털 화폐를 다른 사람에게 이체할 수 있다고 합니다.

뉴스 표현 필살기

'也就是说'는 '다시 말해' '그 말인 즉'이라는 뜻으로 추가적으로 설명할 때 사용하는 표현입니다.

也就是说，现代计算机是由于科学计算的推动而得到发展的。
Yě jiù shì shuō, xiàndài jìsuànjī shì yóuyú kēxué jìsuàn de tuīdòng ér dédào fāzhǎn de.
즉, 현대의 컴퓨터는 과학 계산의 추진 때문에 발전한 것이다.

也就是说，需要依据一些被论证过的道理。
Yě jiù shì shuō, xūyào yījù yìxiē bèi lùnzhèngguo de dàolǐ.
그 말인 즉슨, 논증된 도리를 근거로 해야 한다는 것이다.

也就是说，这是一个客观现实问题。
Yě jiù shì shuō, zhè shì yí ge kèguān xiànshí wèntí.
다시 말해, 이것은 객관적인 현실 문제라는 것이다.

알아 두면 뉴스가 들리는 중국 이야기

디지털 위안화 시범 도시 중 하나로 선정된 선전은 베이징, 상하이, 광저우에 이은 제4도시로 중국에서 중요한 지역입니다. 하지만 과거의 선전은 농산물을 거래하는 거점 지역으로서 비중 있는 도시는 아니었습니다. 1978년 중국의 개혁 개방이 시작되면서 선전은 첫 번째 경제 개발 특구로 지정된 것을 계기로 급속도로 발전하게 되었습니다. 개혁 개방 초기에는 값싼 노동력, 화교의 자본, 외국 기업과의 합작을 통해 공업이 빠르게 발전하여 근대적인 공업 도시로 변모하였습니다. 작은 어촌 마을이었던 선전은 현재 인구가 1760만 명(2020년 기준)에 달하고 경제 규모는 중국 4위에 이르는 거대 도시로 성장하였습니다. 외국인 투자도 점차 증가하면서 세계적인 기업들이 선전에서 사업체를 운영하고 있고, 첨단 기술을 선도하는 주요 도시로서 '젊음의 도시' '혁신의 도시' '중국의 실리콘밸리'로 불리고 있습니다.

2021년 양회 개최 시간 확정

2021年两会召开时间确定

098-01

第十三届全国人民代表大会第四次会议和政协第十三届
Dì-shísān jiè quánguó rénmín dàibiǎo dàhuì dì-sì cì huìyì hé zhèngxié dì-shísān jiè

全国委员会第四次会议，将分别于2021年3月5日和3月4日
quánguó wěiyuánhuì dì-sì cì huìyì, jiāng fēnbié yú èr líng èr yī nián sān yuè wǔ rì hé sān yuè sì rì

在北京开幕。主要议程将包括：审议政府工作报告、审查
zài Běijīng kāimù. Zhǔyào yìchéng jiāng bāokuò: Shěnyì zhèngfǔ gōngzuò bàogào, shěnchá

国民经济和社会发展第十四个五年规划和2035年远景目标
guómín jīngjì hé shèhuì fāzhǎn dì-shísì ge wǔ nián guīhuà hé èr líng sān wǔ nián yuǎnjǐng mùbiāo

纲要草案等。"十四五"时期是我国在全面建成小康社会、实现
gāngyào cǎo'àn děng. "Shísìwǔ" shíqī shì wǒguó zài quánmiàn jiànchéng xiǎokāng shèhuì, shíxiàn

第一个百年奋斗目标之后，乘势而上开启全面建设社会主义
dì-yī ge bǎinián fèndòu mùbiāo zhīhòu, chéngshì ér shàng kāiqǐ quánmiàn jiànshè shèhuì zhǔyì

现代化国家新征程、向第二个百年奋斗目标进军的第一个五年。
xiàndàihuà guójiā xīn zhēngchéng, xiàng dì-èr ge bǎinián fèndòu mùbiāo jìnjūn de dì-yī ge wǔ nián.

在新的历史起点上，各地如何确定新一年的经济社会发展目标、如何
Zài xīn de lìshǐ qǐdiǎn shang, gè dì rúhé quèdìng xīn yī nián de jīngjì shèhuì fāzhǎn mùbiāo, rúhé

绘制未来五年经济和社会发展以及2035年远景目标，无疑将
huìzhì wèilái wǔ nián jīngjì hé shèhuì fāzhǎn yǐjí èr líng sān wǔ nián yuǎnjǐng mùbiāo, wúyí jiāng

成为公众关注的焦点。新的一年里，政府将作出哪些民生
chéngwéi gōngzhòng guānzhù de jiāodiǎn. Xīn de yì nián lǐ, zhèngfǔ jiāng zuòchū nǎxiē mínshēng

承诺和部署，同样备受期待。
chéngnuò hé bùshǔ, tóngyàng bèi shòu qīdài.

098-02

단어+표현 ....

全国人民代表大会 quánguó rénmín dàibiǎo dàhuì 전국인민대표대회 [중국의 최고 국가권력기관] | **政协** zhèngxié 정협, 정치협상회의[=政治协商会议] | **议程** yìchéng 의제, 어젠다 | **审查** shěnchá 심사하다 | **社会发展** shèhuì fāzhǎn 사회 발전 | **第十四个五年规划** dì-shísì ge wǔ nián guīhuà 제14차 5개년 규획 | **2035年远景目标纲要** èr líng sān wǔ nián yuǎnjǐng mùbiāo gāngyào 2035년 비전 목표 요강 | **乘势而上**[*] chéngshì ér shàng 기세를 몰아 일을 완수하다

◀ 제13기 전국인민대표대회 제4차 회의와 정치협상회의 제13기 전국위원회 제4차 회의가 각각 2021년 3월 5일, 3월 4일 베이징에서 열릴 예정입니다. 주요 안건은 정부 업무 보고 심의, 국민경제와 사회발전 제14차 5개년 규획 및 2035년 비전 목표 요강 초안 검토 등입니다. '14·5' 시기는 중국이 전면적으로 샤오캉 사회를 건설하고 첫 번째 백 년 목표를 실현한 후, 여세를 몰아 전면적인 사회주의 현대화 국가 건설의 새로운 길을 열고 두 번째 백 년 목표를 향해 출발하는 첫 5년입니다. 새로운 역사의 출발점에서 각자가 새로운 한 해의 경제 사회 발전 목표를 어떻게 확정할 것인지, 향후 5년간의 경제 사회 발전과 2035년의 비전 목표를 어떻게 그릴 것인지는 틀림없이 대중의 관심사가 될 것입니다. 새로운 한 해 동안 정부가 어떤 민생 공약과 계획을 안배할지도 기대를 모으고 있습니다.

뉴스 표현 필살기

'在……上'은 '~에서' '~으로'라는 뜻으로 시점이나 범위, 문제점 등을 나타냅니다.

在民生问题上，不能有一点儿疏忽。
Zài mínshēng wèntí shang, bù néng yǒu yìdiǎnr shūhu.
민생 문제에 있어서 조금도 소홀히 해서는 안 된다.

在此基础上，可以做一些修改。
Zài cǐ jīchǔ shang, kěyǐ zuò yìxiē xiūgǎi.
이를 기초로 약간 수정하면 된다.

在原则问题上，双方都不会做出让步。
Zài yuánzé wèntí shang, shuāngfāng dōu bú huì zuòchū ràngbù.
원칙적인 문제에 있어, 양측은 모두 양보하지 않을 것이다.

알아 두면 뉴스가 들리는 중국 이야기

양회(两会 liǎnghuì)는 1959년부터 개최된 중화인민공화국 전국인민대표대회(全国人民代表大会 quánguó rénmín dàibiǎo dàhuì)와 전국인민정치협상회의(全国人民政治协商会议 quánguó rénmín zhèngzhì xiéshāng huìyì)의 통칭입니다. 각각 '全国大会 quánguó dàhuì(전인대)' '政协 zhèngxié(정협)'로 줄여 말합니다. 두 회의는 매년 3월 수도 베이징에서 개최되며, 국가 운영에 매우 중요한 회의입니다. 일반적으로 전국의 유권자 대표들이 참여하여 정부 유관 부서에 의견과 요구 사항을 제출합니다.
전인대는 중국 최고의 국가 권력 기관으로, 형사, 민사, 국가기관 및 기타 기본법을 제정하고 수정할 권리가 있습니다. 또한 헌법을 수정하고 헌법의 시행을 감독하고 중국 국가주석 및 부주석 등을 선출할 수 있습니다. 한국의 의회와 비슷하다고 볼 수 있어요. 정협은 중국의 최고 정책 자문회의이며 중국 공산당의 주도하에 여러 당파와의 협력 및 정치 협상이 이루어지는 기구입니다.

일대일로는 일반인과 어떤 관계가 있나?

一带一路和老百姓有什么关系?

099-01

提起"一带一路", 很多人认为只是国家外交行动, 距离
Tíqǐ "yí dài yí lù", hěn duō rén rènwéi zhǐshì guójiā wàijiāo xíngdòng, jùlí

自己的生活太遥远, 但其实不然。那么它会给老百姓带来
zìjǐ de shēnghuó tài yáoyuǎn, dàn qíshí bùrán. Nàme tā huì gěi lǎobǎixìng dàilái

哪些好处呢? 第一,《关于深化中欧班列合作协议》正式签署,
nǎxiē hǎochù ne? Dì-yī,《Guānyú shēnhuà Zhōng'ōu bān liè hézuò xiéyì》zhèngshì qiānshǔ,

这意味着今后我们可以坐着高铁直达欧洲游览。同时, 中国
zhè yìwèizhe jīnhòu wǒmen kěyǐ zuòzhe gāotiě zhídá Ōuzhōu yóulǎn. Tóngshí, Zhōngguó

公民申办签证也越来越便捷、手续越来越简化, 法国、意大利
gōngmín shēnbàn qiānzhèng yě yuè lái yuè biànjié、shǒuxù yuè lái yuè jiǎnhuà, Fǎguó、Yìdàlì

和英国分别将签证受理时间缩短至48小时、36小时和24
hé Yīngguó fēnbié jiāng qiānzhèng shòulǐ shíjiān suōduǎn zhì sìshíbā xiǎoshí、sānshíliù xiǎoshí hé èrshísì

小时,"说走就走"更加简单。第二, 除了留学, 海外学术交流、
xiǎoshí, "shuō zǒu jiù zǒu" gèngjiā jiǎndān. Dì-èr, chúle liúxué, hǎiwài xuéshù jiāoliú、

就业、创业, 机会将越来越多。第三, 我们将欣赏到沿线国家
jiùyè、chuàngyè, jīhuì jiāng yuè lái yuè duō. Dì-sān, wǒmen jiāng xīnshǎng dào yánxiàn guójiā

顶尖艺术家们的经典芭蕾、歌剧等。第四, 除了常见的外国餐厅,
dǐngjiān yìshùjiāmen de jīngdiǎn bālěi、gējù děng. Dì-sì, chúle chángjiàn de wàiguó cāntīng,

还可以品尝到格鲁吉亚等国家的"小众"料理。第五, 我们可以
hái kěyǐ pǐncháng dào Gélǔjíyà děng guójiā de "xiǎo zhòng" liàolǐ. Dì-wǔ, wǒmen kěyǐ

通过海淘更便宜、更便捷地买到物美价廉的进口商品。
tōngguò hǎitáo gèng piányi、gèng biànjié de mǎidào wù měi jià lián de jìnkǒu shāngpǐn.

099-02

단어+표현

一带一路 yí dài yí lù 일대일로 | 提起* tíqǐ 언급하다 | 外交 wàijiāo 외교 | 意味着* yìwèizhe 의미하다 | 直达欧洲 zhídá Ōuzhōu 유럽 직행 | 签证 qiānzhèng 비자 | 手续 shǒuxù 수속 | 简化 jiǎnhuà 간화하다 | 受理时间 shòulǐ shíjiān 수리 시간 | 学术交流 xuéshù jiāoliú 학술 교류 | 创业 chuàngyè 창업 | 沿线 yánxiàn 연선 | 顶尖 dǐngjiān 톱(top), 최고 | 歌剧 gējù 오페라 | 格鲁吉亚 Gélǔjíyà 조지아 [국가명] | 小众 xiǎo zhòng 소수, 비주류 | 海淘 hǎitáo 해외 직구

◀ '일대일로'를 언급하면 국가의 외교 행보일 뿐 자신의 삶과는 거리가 멀다고 생각하는 사람이 많지만 사실은 그렇지 않습니다. 그렇다면 일대일로가 일반인에게는 어떤 혜택을 가져다줄까요? 첫째로, 「중·유럽 화물 열차 협력 심화에 관한 협약」이 정식으로 서명된 것은 우리가 앞으로 고속철을 타고 유럽에 직행으로 갈 수 있다는 것을 의미합니다. 또한 중국 국민이 비자를 신청하는 것도 더욱더 간편해지고 수속 또한 점차 간소화됩니다. 프랑스, 이탈리아, 영국은 비자 발급 시간을 각각 48시간, 36시간, 24시간으로 단축해 '무작정 떠나는 여행'이 더욱 쉬워졌습니다. 둘째로, 유학을 넘어 해외 학술 교류, 취업, 창업까지 기회가 점점 많아질 것입니다. 셋째로, (일대일로) 연선 국가의 정상급 예술가들의 고전 발레, 오페라 등을 감상할 수 있습니다. 넷째로, 흔한 외국 식당 외에 조지아 등 국가의 '비주류' 요리도 맛볼 수 있게 됩니다. 다섯째로, 해외 직구를 통해 더 저렴하고 간단하게 값싸고 좋은 수입품을 구매할 수 있게 됩니다.

뉴스 표현 필살기

'将'에는 여러 가지 용법이 있습니다. 첫째로 부사로 쓰여 '～할 것이다'라는 뜻의 미래를 나타내며, '要……了 yào……le, 快……了 kuài……le'와 바꿔 쓸 수 있습니다. 둘째로 개사로 쓰여 '～을'이라는 뜻을 나타내며, '把 bǎ'와 바꿔 쓸 수 있는데, '将'은 주로 글말에, '把'는 입말에 쓰입니다.

未来五年，我们的生活将迎来什么样的改变？
Wèilái wǔ nián, wǒmen de shēnghuó jiāng yínglái shénme yàng de gǎibiàn?
앞으로 5년 동안 우리의 삶은 어떤 변화를 맞이할 것인가?

五一假期，我市将迎来出行小高峰。
Wǔ-yī jiàqī, wǒ shì jiāng yínglái chūxíng xiǎo gāofēng.
5·1 연휴 동안 우리 시는 여행의 작은 성수기를 맞이할 것이다.

公司决定将物流中心搬迁至开发区。
Gōngsī juédìng jiāng wùliú zhōngxīn bānqiān zhì kāifā qū.
회사는 물류 센터를 개발 구역으로 이전하기로 결정했다.

알아 두면 뉴스가 들리는 중국 이야기

꼭 알아 둬야 할 중국 시사 상식 중 하나인 '일대일로'. 중국어로는 '一带一路 yí dài yí lù'인데요, 시진핑 주석이 2013년 9월 중앙아시아를 방문한 후 10월 동남아 국가를 방문할 때 제안한 '실크로드 경제 벨트(丝绸之路经济带 sīchóu zhī lù jīngjì dài)'와 '21세기 해상 실크로드(21世纪海上丝绸之路 èrshíyī shìjì hǎishàng sīchóu zhī lù)'를 합한 것으로 중국 주도의 新실크로드 전략입니다. '일대'는 중국에서 중앙아시아를 거쳐 유럽으로 뻗는 육상 실크로드이고 '일로'는 동남아를 경유해 아프리카와 유럽으로 이어지는 해상 실크로드입니다. 상호 연결을 강화해 교류를 촉진하고 경제를 부흥시키는 데 그 목적이 있죠. 실크로드는 2000년 전에 탄생했으며 고대 중국과 중앙아시아, 지중해 연안 지방이 교역하던 무역로입니다. 이 길을 통해 중국의 비단이 유럽으로 전해져 비단길이라고 부르게 된 것입니다. 비단 외에도 종이, 인쇄술, 화약, 나침반 등이 유럽에 전해졌고 반대로 불교, 이슬람교 등이 중국으로 들어오는 등 동서양 간의 정치·경제·문화 교류가 활발히 이루어졌습니다.

한중 수교 30주년, '한중 문화교류의 해' 개막식 한국서 열려

中韩建交30周年，"中韩文化交流年"开幕式活动在韩举行

🔊 100-01

1992年8月24日中韩两国正式建交，今年迎来了
Yī jiǔ jiǔ èr nián bā yuè èrshísì rì Zhōnghán liǎng guó zhèngshì jiànjiāo, jīnnián yíngláile

第29周年。建交后两国在政治经济领域的合作取得丰硕
dì-èrshíjiǔ zhōunián. Jiànjiāo hòu liǎng guó zài zhèngzhì jīngjì lǐngyù de hézuò qǔdé fēngshuò

成果，双方政府为纪念2022年中韩建交30周年将
chéngguǒ, shuāngfāng zhèngfǔ wèi jìniàn èr líng èr èr nián Zhōnghán jiànjiāo sānshí zhōunián jiāng

2021-2022年指定为"中韩文化交流年"，并就推进文化
èr líng èr yī zhì èr líng èr èr nián zhǐdìng wéi "Zhōnghán wénhuà jiāoliú nián", bìng jiù tuījìn wénhuà

艺术、体育、旅游、人员等领域的全面交流与合作达成共识。于
yìshù, tǐyù, lǚyóu, rényuán děng lǐngyù de quánmiàn jiāoliú yǔ hézuò dáchéng gòngshí.　　　Yú

当地时间9月15日，"中韩文化交流年"开幕式活动在韩国首尔
dāngdì shíjiān jiǔ yuè shíwǔ rì, "Zhōnghán wénhuà jiāoliú nián" kāimùshì huódòng zài Hánguó Shǒu'ěr

拉开序幕。中国文化和旅游部部长以视频方式致辞，中国
lākāi xùmù.　　　Zhōngguó wénhuà hé lǚyóubù bùzhǎng yǐ shìpín fāngshì zhìcí,　　　Zhōngguó

驻韩国大使和韩国文化体育观光部长官出席并致辞。开幕式
zhù Hánguó dàshǐ hé Hánguó wénhuà tǐyù guāngguāngbù zhǎngguān chūxí bìng zhìcí.　　Kāimùshì

上，双方宣布了"中韩文化交流年"宣传大使并向其授予同心
shang, shuāngfāng xuānbùle "Zhōnghán wénhuà jiāoliú nián" xuānchuán dàshǐ bìng xiàng qí shòuyǔ tóngxīn

结，观看了庆祝演出。与会嘉宾还观看了民众希望中韩关系
jié, guānkànle qìngzhù yǎnchū.　　　Yùhuì jiābīn hái guānkànle mínzhòng xīwàng Zhōnghán guānxì

取得更好发展的愿望寄语视频。期待2021-2022年，双方能够
qǔdé gèng hǎo fāzhǎn de yuànwàng jìyǔ shìpín. Qīdài èr líng èr yī zhì èr líng èr èr nián, shuāngfāng nénggòu

🔊 100-02

단어+표현

建交*jiànjiāo 수교하다 | 开幕式 kāimùshì 개막식 | 丰硕 fēngshuò 풍성하다 | 纪念 jìniàn 기념하다 | 共识*gòngshí 합의, 컨센서스 | 当地时间 dāngdì shíjiān 현지 시간 | 拉开序幕 lākāi xùmù 막을 올리다 | 文化和旅游部 Wénhuà Hé Lǚyóubù 문화여행부 [중국 정부조직] | 中国驻韩国大使 Zhōngguó zhù Hánguó dàshǐ 주한 중국 대사 | 致辞*zhìcí 축사를 하다 | 文化体育观光部 Wénhuà Tǐyù Guānguāngbù 문화체육관광부 [한국 정부조직] | 出席*chūxí 참석하다 | 宣传大使 xuānchuán dàshǐ 홍보대사 | 授予*shòuyǔ 수여하다 | 同心结 tóngxīnjié 동심결 매듭 | 寄语 jìyǔ 말을 전하다 | 文化盛宴 wénhuà shèngyàn 문화 축제 | 增进*zēngjìn 증진하다

通过丰富多彩的活动，共享精彩的文化盛宴、增进双方友谊。

tōngguò fēngfù duōcǎi de huódòng, gòngxiǎng jīngcǎi de wénhuà shèngyàn, zēngjìn shuāngfāng yǒuyì.

◀️ 1992년 8월 24일 한중 양국이 공식 수교하였으며, 올해로 29주년을 맞았습니다. 수교 이후 양국은 정치·경제 분야 협력에서 수많은 결실을 맺었으며 양국 정부는 2022년 한중 수교 30주년을 기념하기 위해 2021~2022년을 '한중 문화 교류의 해'로 지정하고 문화 예술, 스포츠, 관광, 인적 교류 등의 분야에서 포괄적 교류와 협력을 추진하는 것에 대해 공감대를 형성하였습니다. 현지 시간 9월 15일, 한국 서울에서 '한중 문화교류의 해' 개막 행사가 열렸습니다. 중국 문화관광부 부장이 영상으로 축사를 하고, 주한 중국 대사와 한국 문화체육관광부 장관이 참석해 축사를 했습니다. 개막식에서 양측은 '한중 문화교류의 해' 홍보대사를 발표하고 동심결 매듭을 수여하고 축하 공연을 관람했습니다. 행사에 참석한 내빈들은 또한 한중 관계의 더 나은 발전을 위한 국민들의 염원을 담은 영상을 시청했습니다. 2021~2022년을 양측이 다양한 활동을 통해 멋진 문화 축제를 공유하고 우정을 강화할 수 있기를 기대합니다.

뉴스 표현 필살기

'就……达成共识'는 '~에 대해 합의를 이루다' '~에 대해 컨센서스를 이루다'라는 뜻입니다. '就'는 '对 duì'로 바꿔 쓸 수 있습니다.

欧盟与英国就未来关系达成共识。

Ōuméng yǔ Yīngguó jiù wèilái guānxì dáchéng gòngshí.

EU와 영국은 미래 관계에 대한 컨센서스를 이루었다.

中韩两国就友好关系发展战略达成共识。

Zhōnghán liǎng guó jiù yǒuhǎo guānxì fāzhǎn zhànlüè dáchéng gòngshí.

한중 양국은 우호 관계 발전 전략에 있어 합의를 이루었다.

据报道，沙特和俄罗斯即将就石油减产达成共识。

Jù bàodào, Shātè hé Èluósī jíjiāng jiù shíyóu jiǎn chǎn dáchéng gòngshí.

보도에 따르면 사우디아라비아와 러시아는 곧 석유 감산에 있어 합의를 이룰 것이다.

알아 두면 뉴스가 들리는 중국 이야기

중국어 수준이 중고급 단계로 올라서면, 문법적인 의미만을 가진 허사의 용법을 구분하고 이해하는 것이 매우 중요해집니다. '于 yú'도 그 중의 하나로 용법이 다양한데요, 6개의 예문으로 정리해 보겠습니다.

(1) 生于首尔。Shēng yú Shǒu'ěr. 서울에서 태어났다. : '~에, ~에서'라는 뜻이며, '在 zài'로 바꿔 쓸 수 있습니다.

(2) 献身于教育事业。Xiànshēn yú jiàoyù shìyè. 교육 사업에 헌신했다. : '~에, ~에게'라는 뜻이며, '给 gěi'로 바꿔 쓸 수 있습니다.

(3) 出于好心 chū yú hǎoxīn 좋은 마음에서 : '~부터'라는 뜻이며, '自 zì'로 바꿔 쓸 수 있습니다.

(4) 多于前者。Duō yú qiánzhě. 전자보다 많다. : 형용사 뒤에서 '~보다'라는 뜻을 나타냅니다.

(5) 求助于人。Qiúzhù yú rén. 다른 사람으로부터 도움을 받다. : '~로부터'라는 뜻이며, '向 xiàng'과 같은 의미입니다.

(6) 忠于家庭。Zhōngyú jiātíng. 가정에 충성하다. : '~에 대하여, ~에게'라는 뜻이며, '对 duì'와 같은 의미입니다.

나의 겁없는
중국뉴스 중국어

지은이 권미령
펴낸이 정규도
펴낸곳 (주)다락원

초판 1쇄 발행 2022년 4월 15일
초판 3쇄 발행 2024년 7월 30일

기획·편집 정아영, 이상윤
디자인 윤지영, 이승현
일러스트 낫노멀
사진 Shutterstock
녹음 王乐, 朴龙君, 허강원

🐲**다락원** 경기도 파주시 문발로 211
전화 (02)736-2031(내선 250~252/내선 430~437)
팩스 (02)732-2037
출판등록 1977년 9월 16일 제406-2008-000007호

ISBN 978-89-277-2299-1 13720

Photo Credits (Shutterstock)

TonyV3112 (p.11) | Dr. Victor Wong (p.47) | cherry-hai (p.117) | Jpg.
show (p.153) | Heng Lim (p.159) | Tada Images (p.167) | EQRoy (p.181)

www.darakwon.co.kr
다락원 홈페이지를 방문하시면 상세한 출판 정보와 함께 동영상 강좌, MP3 자료 등
다양한 어학 정보를 얻으실 수 있습니다.